Dieses Buch wurde durch die Sparkassen im Kreis Steinfurt, Emsdetten, Ibbenbüren, Lengerich, Ochtrup, Rheine und Steinfurt und durch die Kulturstiftung der Sparkasse Steinfurt finanziell unterstützt.

Die Deutsche Bibliothek - Cip-Einheitsaufnahme
Berger, Eva: 1648 1998 Dem Frieden die Zukunft.
Sozialgeschichtliche Beiträge aus dem Kreis Steinfurt:
Der Dreißigjährige Krieg und die Hoffnung auf Frieden / Eva Berger /
Hrsg.: Kreis Steinfurt, Die Landrätin, Kreisarchiv -
1. Aufl. - Steinfurt: Landrätin des Kreises Steinfurt, 1998
(Greven: Druckhaus Cramer)
ISBN 3-926619-58-9

1. Auflage 1998

Umschlag, Bildnachweis:
Ausschnitt aus der Karte Grenzstreitigkeiten zwischen Münster und der Grafschaft Bentheim wegen der Brechte, um 1742, Franz Meinolph Schwinck nach einer Zeichnungsvorlage von 1615, Federzeichnung, aquarelliert, Münster, Nordrhein-Westfälisches Staatsarchiv;
Soldat, Gewehr im Anschlag, um 1600, Nr. 12 aus: Niederländisches Unterweisungsbuch;
Ausschnitt aus: Die Befreiung der Burg Bevergern von feindlicher Besatzung durch fürstbischöfliche Truppen und dem Amtsdrosten Jan Beveren von Twickel, nach 1652, Aquarell auf Papier, Havixbeck, Archiv Freiherr von Twickel.

ISBN 3-926619-58-9

Eva Berger

1648
1998

Dem Frieden die Zukunft

Sozialgeschichtliche
Beiträge aus dem Kreis Steinfurt:
Der Dreißigjährige Krieg
und die Hoffnung auf Frieden

Inhaltsverzeichnis

Vorwort

Zur Erinnerung an den Friedensschluß von Münster und Osnabrück im Jahre 1648 gibt der Kreis Steinfurt im Jubiläumsjahr 1998 „350 Jahre Westfälischer Friede" dieses Buch mit dem appellierenden Titel „Dem Frieden die Zukunft" heraus.
Das Zusammenwirken vieler Personen und Institutionen führte zu einer außerordentlichen, auf dem Gebiet der regionalgeschichtlichen Forschung des 17. Jahrhunderts einmaligen Arbeit. Mein Dank gilt dem Arbeitsamt Rheine für seine Unterstützung durch eine Arbeitsbeschaffungsmaßnahme ebenso wie den Sparkassen des Kreises Steinfurt. Ohne die finanzielle Unterstützung der Sparkassen Emsdetten, Ibbenbüren, Lengerich, Ochtrup, Rheine und Steinfurt hätte diese Forschungsarbeit nicht realisiert werden können.
In besonderer Weise danke ich Frau Dr. Eva Berger. Als Autorin dieses Buches war sie über zwei Jahre im Kreisarchiv Steinfurt tätig. Sie hat in äußerst intensiver Weise Quellen des 17. Jahrhunderts zur Geschichte der Städte und Gemeinden des Kreises Steinfurt erforscht. Ihr besonderer Verdienst liegt darin, daß sie die häufig schwer verständliche Sprache und Denkweise des 17. Jahrhunderts so eindrucksvoll, wissenschaftlich fundiert und überzeugend für den heutigen Leser übersetzt und dokumentiert hat.
Es sind spannend geschriebene Geschichten entstanden, von menschlichen Schicksalen der Bauern, Bürger, Soldaten und Stiftsfrauen aus dem Kreis Steinfurt, die durch den Dreißigjährigen Krieg betroffen waren. Sozialkritisch untersucht die Autorin die Zeitumstände und kommt zu dem Schluß, daß alle Gesellschaftsschichten gleichermaßen unter der Kriegssituation gelitten haben, denn die Lebensbedingungen waren damals katastrophal.
Nach dreißig Jahren Krieg Frieden schließen zu können, war nur möglich durch zielgerichtete Verhandlungen aller am Krieg beteiligten Nationen und Reichsstände. Ihre Ziel war der Frieden.
Der Appell des Buches ist eindeutig: Wir müssen aus den Fehlern des Dreißigjährigen Krieges lernen. Menschenrechte, Toleranz, Wahrung der kulturellen Vielfalt und Identität sind heute die Gebote der Stunde, damit wir auch in Zukunft in einem vereinten Europa friedlich miteinander leben können.

Christina Riesenbeck

Christina Riesenbeck
Landrätin

Danksagung

Das vorliegende Buch „Dem Frieden die Zukunft“ versteht sich als Beitrag zum 350jährigen Jubiläum des Westfälischen Friedens. Es behandelt die Auswirkungen des Dreißigjährigen Krieges in der Region des heutigen Kreises Steinfurt. Als Grundlage der thematischen Strukturierung dienen die damaligen politischen und religiösen Konflikte und deren Spiegelung an Einzelbeispielen. Der Wandel des Söldnerberufes während der Kriegsdauer, die Auswirkung der Rekatholisierung auf ein Frauenkloster oder die Reduktion städtischer Selbstverwaltung durch die ökonomischen Krisen werden ebenso aufgezeigt, wie der Funktionswandel fürstlicher Verwaltungseinheiten in der Armen- und Altersversorgung. Im Ergebnis ist ein anschauliches Bild- und Lesebuch entstanden, das die chronologische Abfolge des Dreißigjährigen Krieges vermittelt, ohne die sozialhistorischen Aspekte zu vernachlässigen. Hierfür habe ich besonders der Kreisverwaltung Steinfurt zu danken, die die Arbeit in Auftrag gegeben hat und mir die Realisierung dieses vom Arbeitsamt Rheine unterstützten Projektes ermöglichte; in einer Zeit allgemeiner Etatkürzungen und Einsparungen ist die Herausgabe einer Jubiläumsschrift in dieser Form nicht selbstverständlich und verdient, besonders erwähnt zu werden.
Herrn Dr. Hoffschulte, der 1995 als Oberkreisdirektor Initiator der Jubiläumsschrift war, gebührt Dank, daß er mir – trotz seiner eigenen Gestaltungsvorstellungen – ‘freie Hand’ in der Buchkonzeption ließ. Stellvertretend für die hilfreichen Gespräche und Diskussionen mit den Kollegen und Kolleginnen in der Kreiverwaltung sei hier der Leiterin des Kreisarchivs, Ute Langkamp, mein herzlicher Dank ausgesprochen. Ohne die wichtigen Hinweise von Fachleuten verschiedener Archive wäre das Buch noch nicht geschrieben; in diesem Sinne besonders verpflichtet bin ich Oskar, Prinz zu Bentheim und Steinfurt, Leiter des Fürstlichen Archivs Burgsteinfurt, Dr. Thomas Gießmann, Leiter des Stadtarchivs Rheine, Dr. Gerd Steinwascher, Direktor des Niedersächsischen Staatsarchivs Osnabrück und Dr. Gerd Dethlefs, Kustos im Westfälisches Landesmuseum für Kunst und Kulturgeschichte Münster. Für den besonders unterstützenden Beistand beim Korrekturlesen möchte ich Irma Selbitschka, Bielefeld, Dorothea Frommann und Dr. Ulrich Winzer, Stadtarchiv Münster, auf diese Weise danken, ebenso Evelyn Holz, Druckhaus Cramer, und Mechthild Brebaum, Kreisarchiv Steinfurt, die die Korrekturen trotz Zeitnot noch umsetzten. Herzlichen Dank an Susanne Franzus, Osnabrück, die in der letzten Arbeitsphase eine große Unterstüzung war und Dr. Susanne Tauss, deren wissenschaftliches Interesse und freundliche Bereitschaft zur kritischen Auseinandersetzung dem Projekt zugute kamen. Einige Personen, ohne die diese Arbeit nicht entstanden wäre, bleiben unerwähnt, ihnen allen sei an dieser Stelle mein aufrichtiger Dank ausgesprochen.

Eva Berger, Osnabrück

MEMORIA
Theatri Europæi
oder
Historischer Beschrei
bung der denckwürdigsten
Geschichten vom Jahr 1647
biß 1651. exclusivè
Sechster vnd letzter Theil.
Mit Kupfferstücken gezieret
vnnd Verlegt
durch
Matth: Merians Seel:
Erben.
BELLONA
PAX
VICTORIA

1618–1625
Der böhmisch-pfälzische Krieg

Bayerische Standarte, um 1620
Damast rot, floriert mit Brokatstickerei
Bentheim, Schloßmuseum
Foto: Christian Grovermann, Osnabrück

Auf der Vorderseite ist ein nackter Arm mit erhobenem Schwert zu sehen, der – wie der verlängerte Arm Gottes – aus der Wolke kommt. Die Schrift lautet „pro fide et caesare“ [für den Glauben und den Kaiser].

1618

23. 5.: Prager Fenstersturz (böhmischer Aufstand gegen die habsburgische, katholische Gegenreformation im Königreich Böhmen.

1619

Januar: Neubildung der Liga. *Februar–April:* Bürgerkrieg in Frankreich.
26. 8.: Friedrich V. von der Pfalz wird zum böhmischen König gewählt.
28. 8.: Kaiserwahl Ferdinands II. in Frankfurt.

1620

8. 11.: Die Schlacht am Weißen Berg vor Prag, Sieg der kaiserlichen Truppen unter Tilly, Vertreibung des „Winterkönigs“ Friedrich V. von Böhmen.

1621

21. 1.: Friedrich V. in Reichsacht. *April:* Wiederbeginn des spanisch-niederländischen Krieges nach zwölfjährigem Waffenstillstand.
14. 5.: Auflösung der Union. *August:* Ernst von Mansfeld in kaiserlicher Acht. *Dezember:* Christian von Braunschweig nimmt Winterquatier in Paderborn.

1622

Westfalen wird durch Christian von Braunschweig in die Kriegsereignisse einbezogen.
20. 6.: Schlacht bei Höchst, Niederlage Christian von Braunschweigs gegen Tilly. *Juni–November:* Friedensverhandlungen in Brüssel.
13. 7.: Friedrich V. entläßt Ernst von Mansfeld und Christian von Braunschweig aus seinen Diensten; beide treten in holländische Dienste.
19. 9.: Heidelberg wird gestürmt. *Oktober:* Ernst von Mansfeld nimmt Winterquatier in Ostfriesland. *2. 11.:* Mannheim wird gestürmt.

1623

Januar: Deputationstag deutscher Fürsten in Regensburg; Übertragung der Pfälzer Kurwürde auf Maximilian von Bayern. *Mai:* Tilly führt sein Heer nach Norden. *6. 8.:* Tilly schlägt Christian von Braunschweig in der Schlacht bei Stadtlohn, Christian flüchtet in die Niederlande.

1624

England gibt seinen Verhandlungspart auf und verbündet sich mit Frankreich.
Januar: Auflösung des Mansfeldschen Heeres in Ostfriesland.

vorhergehende Seite:
Dem Frieden gehört die Zukunft, um 1650
Matthaeus Merian d. J. (1621-1687)
Kupferstich
in: Theatri Europaei oder Historischer Beschreibung der denckwürdigsten Geschichten vom Jahr 1647 bis 1651. exclusivè Sechster vnd letzter Theil: Mit Kupfferstücken gezieret vnnd Verlegt durch Matth: Merians Seel: Erben. [1663]
Foto: Wolfenbüttel, Herzog August Bibliothek

Die Schlacht im Lohner Bruch

Der Konflikt zwischen dem Kaiser und den evangelischen Fürsten

Der „Prager Fenstersturz"

Mit dem „Majestätsbrief" vom 9. Juli 1609 hatten sich die Stände des Königreichs Böhmen das Recht bestätigen lassen, neben dem katholischen Bekenntnis auch die „Confessio Bohemica"[1] zu erlauben. Ein ständischer Ausschuß, die sogenannten „Defensoren", sollten über die Einhaltung der von Rudolf II. gemachten Konzessionen wachen. Als mit Wissen des Kaisers 1611 Erzherzog Leopold von Österreich in Böhmen einmarschierte, setzte man Rudolf II. ab und krönte im Mai 1611 Matthias zum König. 1615 bestätigten die Stände Ferdinand II. als Thronfolger Matthias'. Im März 1618 beriefen die Defensoren einen Ständetag ein, um gegen die zunehmende Vergabe von Krongütern an katholische Prälate zu protestieren; eine dementsprechende Petition, die man an Matthias von Österreich richtete, war jedoch erfolglos. Dieser forderte im Gegenteil sogar die Stände auf, die Versammlung aufzulösen. Als sich die Stände, die der Aufforderung nachgekommen waren, am 23. Mai zu einer weiteren Beratung trafen, wurden sie, diesmal vom Regentenrat, angewiesen, sofort die Zusammenkunft aufzulösen. Erzürnt über die unrechtmäßige Anordnung marschierten einige Ständevertreter auf den Hradschin, drangen in die Ratskammer und warfen – bewußt den Fenstersturz von 1418 nachahmend – zwei der katholischen Räte und deren Sekretär aus dem Fenster.

Der „Böhmische Aufstand"

Eine provisorische Regierung wurde bevollmächtigt, eine Armee anzuwerben. Im Juni 1618 baten die böhmischen Stände die Protestantische Union, sie als vollwertiges Mitglied aufzunehmen. Gleichzeitig ersuchten sie um militärische Unterstützung. Als Gegenleistung boten sie an, den Führer der Union, Kurfürst Friedrich V. von der Pfalz, zum König zu wählen. Am 22. August setzte man Ferdinand II. als Kandidat der böhmischen Thronfolge ab und benannte offiziell Kurfürst Friedrich V.[2] Ferdinand II., der die böhmische Krone als Nachfolger seines verstorbenen Bruders Matthias beanspruchte und dessen Wahl zum deutschen Kaiser am 28. August 1619 in Frankfurt von allen sieben Kurfürsten[3] bestätigt worden war, bekämpfte mit Hilfe der ligistischen Armee, die unter dem Oberbefehl des Fürsten Maximilian von Bayern stand,[4] die Aufständischen. Mit der Schlacht 'Am Weißen Berg' im November 1620 wurde der Aufstand in Böhmen vorerst beendet.

Bayerische Standarte, um 1620
Damast rot, floriert mit Brokatstickerei
Bentheim, Schloßmuseum
Foto: Christian Grovermann, Osnabrück

Die Rückseite zeigt einen Ritter auf dem Pferd, der mit erhobenem Arm zum Schlag auf einen bereits am Boden liegenden, feindlichen Ritter ansetzt. Die Schrift lautet „Haeresis" [Ungläubigkeit]. Die Darstellung ist dem Bildmotiv des heiligen Georgs nachempfunden, der den Drachen tötet.

„Durch diese Schlacht ob es wol das Ansehen hatte, daß des Keysers Feinde angewendete Macht zimlich gedempffet, so gabe es jedoch noch hin und wider von deß Pfalzgraffen hinderbliebenen Trouppen, sonderlich unter dem Generalat deß Graffen Ernst von Mansfeld, underschiedliche Invasiones, Scharmützel und Verderben der Unterthanen, ja, es warfen sich noch andere mehr Feind auff, als der Herzog Christian von Braunschweig, (den man den tollen Bischoff von Halberstatt genannt) der König in Dennemarck, Marggraff von Durlach, und andere mehr, und weil denselbigen, so wol von den Ligistischen Völckern (welche nach Abgang Graf Bucquoy, Graff Tilly commandierte) als den Kayserischen nit allein Widerstand geschahe, sondern auch der Hertzog Christian von Braunschweig bey Höchst gantz geschlagen, der König in Dennemarck bey Lutter auch, biß auff das Haupt erlegt, wurden, also wurden die Feinde gezwungen ein wenig einzuhalten."
Joh. Godtfridt Schönwittern: Hundtägige Erquickstund: Das ist Schöne Lustige Moralische und Historische Discurß und Abbildungen: Von wunderbahrlichen geheimen und offnen Sachen der Natur und Verlauff der Welt und Zustand deß Römischen Reichs Das schwäre Gemüht der Menschen zu erfrischen und in Staats-Sachen unterrichtet zu werden. Darinnen neben Erziehung geheimen natürlichen und unnatürlichen Händeln auch die große Verenderung deß Teutschen und anderer Königreichen vor Augen gestellet wird Itzo mit newen Discursen hinc inde augirt mit Indicibus Capitum & Rerum in 2. Theil abgetheilet und in Truck gegeben, Erster Theil Durch Drey Weltweise Reyßgesellen zu dem Heil-Land in den Hundstagen Gehalten und erzehlt und selbst erfahren. Franckfurt 1651, 47

Friedrich V. in Reichsacht

Auf diplomatischem Wege hatte Jakob I., König von England, die seit Herbst 1620 besetzte Rheinpfalz[5] für seinen Schwiegersohn Friedrich V. zurückzuerlangen versucht und im April 1621 einen Waffenstillstand zwischen den in der Pfalz operierenden Armeen erreicht.
Die Mitglieder der Union hatten der geforderten Auflösung ihrer gemeinsamen Streitmacht zugestimmt, um ihre Länder vor Angriffen spanischer und ligistischer Truppen zu schützen. Daraufhin hatten sich große Teile der spanischen Armee unter ihrem Befehlshaber Ambrogio Spinola wieder in die spanischen Niederlande begeben. Die verbliebenen 11.000 Soldaten eroberten unter dem Kommando Don Gonzalo Fernández de Córdoba nach Ablauf des Waffenstillstands Frankenthal, und Graf Tilly führte die Armee der Liga in die Oberpfalz.
Über Friedrich V. war bereits im Januar 1621 die Reichsacht verhängt worden. Nach kurzem Aufenthalt am Hofe in Wolfenbüttel hatte er sich im April 1621 zusammen mit seiner Familie nach Den Haag zu seinem Onkel, Moritz von Nassau, zurückgezogen und versuchte, aus dem Exil um seine Rechte zu kämpfen.

Christian von Braunschweig auf Seiten Friedrichs V.

Nur noch wenige der ehemaligen Unionsmitglieder bekannten sich offen dazu, dem pfälzischen Fürsten beim Kampf um seine Kurwürde beistehen zu wollen. Ohne Vorbehalte setzten sich nur die Herzöge von Sachsen-Weimar und Braunschweig-Wolfenbüttel für ihn ein. Letzterer hatte im Winter 1621/22 mit seiner Armee Quartier im Hochstift Paderborn genommen – ganz im Verständnis damaliger Kriegstaktik schädigte er Land und Leute des Gegners und dessen Verbündete. In diesem Fall war der Geschädigte Ferdinand von Bayern, u.a. Bischof der Fürstbistümer Paderborn und Münster.

Ernst von Mansfeld in Diensten des Kurpfälzers

Als im Januar 1622 Bethlen Gabor von Siebenbürgen, der bis dahin auf Seiten der evangelischen Fürsten gestanden hatte, Frieden mit dem Kaiser schloß, versuchte Friedrich V. im April 1622 erneut, Kräfte im Ausland für seine Sache zu mobilisieren. Dabei war ihm der schon 1618 auf Seiten der Union kämpfende Heeresführer Ernst von Mansfeld behilflich. Der erfahrene Söldnerführer hielt sich im Frühjahr 1622 im Elsaß auf. Mansfeld warb für den Fürsten 43.000 Männer unter schweizer Protestanten und französischen Hugenotten zum Soldatendienst.[6] Doch der Versuch, mit dem neu geworbenen Heer zusammen mit Georg von Baden-Durlach und dessen 11.000 Mann die Pfalz für Friedrich V. zurückzuerobern, scheiterte.[7]
Auch die Streitmacht Christians von Braunschweig wurde von Tilly bei Höchst am Main abgefangen und besiegt. Friedrich V. von der Pfalz sah sich genötigt, Friedensverhandlungen einzuleiten, und entließ am 13. Juli 1622 die beiden Heerführer aus seinen Diensten.[8]

Die beiden Söldnerführer in niederländischen Diensten

Die beiden entlassenen Feldherren traten in niederländische Dienste und kämpften erfolgreich gegen die Spanier, die sich 1621, nach Ablauf des zwölfjährigen Waffenstillstandes, erneut in Kriegshandlungen mit den niederländischen Gerneralstaaten befanden. Am 26. August 1622 schlugen sie Córdobas Truppen bei Fleurus, und am 4. Oktober 1622 zwangen die beiden Söldnerführer Ambrogio Spinola, die Belagerung von Bergen-op-Zoom aufzugeben.
Zum Winterquartier zog das Mansfeldsche Heer nach Ostfriesland. Christian von Braunschweig, der in der Schlacht bei Fleurus seinen linken Arm verloren hatte, begab sich nach Wolfenbüttel zu seinem Bruder, Herzog Friedrich Ulrich.
Teile seiner Regimenter verblieben in den Niederlanden und versorgten sich, zum Leidwesen der Bevölkerung, im angrenzenden Fürstbistum Münster.

Graf Ernst II von Mansfeld (1580-1626)
FORCE M'EST TROP
Kupferstich
Münster, Westfälisches Landesmuseum für Kunst und Kulturgeschichte

Der als Heerführer abgebildete Ernst von Mansfeld war der natürliche Sohn des Grafen Peter Ernst von Mansfeld, Statthalter von Luxenburg und Brüssel. Katholisch erzogen, legitimierte ihn Rudolf II., ohne jedoch seine Ansprüche an die niederländischen Güter seines Vaters zu akzeptieren. 1610 wurde Mansfeld protestantisch und diente im Heer des Herzogs Georg Friedrich von Baden. Nach Auflösung der Union stellte er sich in niederländische Dienste. 1622/23 besetzte er mit seinen Söldnern Gebiete des Fürstbistums Münster und der Grafschaft Ostfriesland.

Die Raubzüge der Söldner

Christian von Braunschweig hatte nicht nur im Winter 1621/22 das Stift Paderborn besetzt, sondern seine Söldner drangen immer wieder auch in das Fürstbistum Münster ein. In Metelen, Wettringen, Epe, Ochtrup und Nienberge waren besonders die Männer aus dem Regiment des Grafen zu Limburg-Styrum aufgefallen, die sich gewaltsam ihren Lebensunterhalt bei den Bauersleuten besorgten.

Der Schutz des Fürstbistums

Der Bischof zu Münster, Kurfürst Ferdinand von Bayern, hatte an die Landstände appelliert, Truppen und finanzielle Mittel zur Verfügung zu stellen, um gegen die feindlichen Einfälle in sein Hoheitsgebiet vorgehen zu können.[9] Die Wehrkraft des Fürstbistums Münster sollte verstärkt, die Wehrleute unter das Kommando Alexanders von Velen I. gestellt werden. Doch der Plan fand keine sonderliche Resonanz bei den Ständen. Man erhöhte zwar die Truppen auf insgesamt 2.500 Mann, doch die Verteilung der Soldaten auf vier Quartiere[10] erwies sich als wenig effektiv gegen die einfallenden Horden.
Ebenso scheiterte ein Versuch, gemeinsam mit den Fürstbistümern Münster und Paderborn wie auch dem Herzogtum Westfalen ein Verteidigungsabkommen zu schließen.[11] Die dafür notwendigen zusätzlichen Steuern zur Finanzierung eines gemeinsamen Heeres wurden von den Ständen nicht bewilligt.
Zur Sicherung seiner Territorien bat der Bischof zu Münster schließlich seinen Bruder, Maximilian von Bayern, um unterstützende Hilfe durch das ligistische Heer. Im November 1622 rückte Graf von Anholt in das Hochstift Münster ein.

Erneute Kampfhandlungen im Zwist zwischen Kaiser und evangelischen Fürsten

Im Februar 1623 wurde auf dem Deputationstag deutscher Fürsten in

Christian von Braunschweig-Lüneburg-Wolfenbüttel (1599-1626), um 1620
Paulus Moreelse (1571-1638)
Öl auf Leinwand
Braunschweig, Herzog Anton Ulrich-Museum
Foto: Museumsfoto B. P. Keiser

Herzog Christian von Braunschweig-Lüneburg-Wolfenbüttel, geb. am 20. September 1599, war der dritte Sohn Herzogs Heinrich Julius von Braunschweig-Wolfenbüttel und Elisabeth von Dänemark, einer Schwester Christians IV. Seine Jugend und sein kämpferisches Wesen brachten ihm den Ruf von Wildheit und Erbarmungslosigkeit ein.
Herzog Christian starb, nachdem er zuletzt in Diensten Christians IV. von Dänemark gekämpft hatte, am 16. Juni 1626 an den Folgen einer schweren Kriegsverletzung.

Regensburg Maximilian von Bayern die Kurwürde der Kurpfalz übertragen. Diese Entscheidung brachte Friedrich V. wieder neue Unterstützung bei alten Verbündeten. Im Frühjahr 1623 konnte er einen weiteren Vorstoß planen, die Kurpfalz zurückzuerobern.
Die Truppen Christians von Braunschweig und Ernsts von Mansfeld, unterstützt von den niederländischen Generalstaaten, sollten gegen Böhmen marschieren. Von der östlichen Flanke her erwartete man Bethlen Gabor, der sich inzwischen wieder kampfbereit zeigte und in seiner Haltung von Verbannten des böhmischen Adels unter Führung des Grafen von Thurn unterstützt wurde.[12]

Der Sturm braut sich zusammen – Truppenbewegungen im Münsterland

Im Mai 1623 weiß das Amt Ahaus Neuigkeiten über feindliche Truppen zu berichten. Es hieß, die Söldner des Mansfelders würden vom König von Frankreich bezahlt, der Sold würde sogar für vier Monate im voraus bereitgestellt, doch der so unterrichtete Amtsdrost vermutete die wirklichen Geldgeber in den niederländischen Generalstaaten.
Der Herzog von Sachsen-Weimar und Obrist Frenck hätten bereits 20.000 Mann im Namen der „Evangelischen newen union" geworben, und Christian von Braunschweig marschiere, unterstützt von Dänemark, nach Böhmen.[13]

Die 'Kaiserlichen' sind vorbereitet

Doch man war gegen die Pläne der 'Rebellen' gewappnet. General Tilly sollte die Truppen Anholts verstärken. Er war mit seinen Soldaten seit Anfang Mai zur niedersächsischen Grenze unterwegs, um den beiden feindlichen Heerführern, Christian von Braunschweig und Ernst von Mansfeld, den Weg nach Böhmen abzuschneiden.[14] Zudem erwartete die Liga Beistand von den Spaniern. Mehrere Regimenter unter Führung des kampferprobten Oberst Don Gonzalo Fernández de Córdoba bewegten sich in Richtung Norden, um in Warendorf mit den Regimentern Anholts und Tillys zusammenzutreffen.

Kontakte zwischen den feindlichen Heeresführern

Herzog Christian von Braunschweig-Wolfenbüttel wußte, daß Graf Tilly ihn verfolgte. Es hatte zwischen den beiden Heerführern sogar schriftliche Kontakte gegeben. Am 16. Juni 1623 hatte der Herzog dem Generalfeldmarschall sein Unverständnis darüber mitgeteilt, daß man ihm kriegerische Handlungen vorwerfe. In dem Schreiben hatte der Herzog betont, daß er nur auf das kaiserliche Pardon wartete: „Nun geben wir der gantzen Welt zu erkennen, ob wir uns nicht von stund an da wir in mehrhochgedachtes unsers Herrn Bruders L. Dienste getretten, unsern außgegebenen Revers [....] biß dahero Fürstlich und redlich gehalten, und deß Kayserl. Perdons mit Gedult erwartet und noch erwarten, mitlerweil auch alle Offensiones gentzlich eingestellt".[15] Graf Tilly versicherte in seinem Antwortschreiben vom 3. Juli, daß er nichts anderes im Sinne hätte, als auf Befehl des Kaisers für Ordnung und Ruhe im Reich zu sorgen und „auch Relegation und ewiger bandisirung Land und Leut verderblicher Kriegs und Feindseligkeiten" zu unterbinden.[16] Daraufhin unterrichtete der Herzog am 11. Juli den Niedersächsischen Kreis, daß er die Verhandlungen zwischen Kaiser und Kreis nicht stören wollte. Um das Land seines Bruders, das Fürstentum Braunschweig-Lüneburg, vor Kriegshandlungen zu schützen, gedachte er, das Reich zu verlassen. Er versicherte dem Kreis, daß er aus diesem Grunde „allda abdancken, oder andere außländische Dienste annemmen, und nicht weiter als mit dem blossen Durchzug einigen Standt berühren unnd beleidigen wollen, im Fall der General Tilly dagegen dem Kayserlichen Erbieten nach gleicher gestalt seine untergebene Armee wieder zurück und vom Nider Sächsischen Craiß führen, und hinfür diß uns mitconcernierendes Fürstenthumb unnd die Walländer ungemolestirt und unangefeindet lassen wird".[17]

Der Rückzug des Herzogs

Mit Argusaugen wurde der Rückzug des Herzogs in niederländisches Gebiet verfolgt. Die Beobachtungen wurden der bischöflichen Kanzlei in Münster gemeldet, die ihrerseits dem Landesherrn, Kurfürst Ferdinand von Bayern, Bericht nach Bonn erstattete. Christian von Braunschweig zog, so wußte man zu berichten, durch die Grafschaft Lippe, tangierte Bielefeld und Ravensberg und nahm Richtung auf das Fürstbistum Münster. Am 27. Juli 1623 hatte der Drost Julich Neuenhaus die Armee Herzog Christians „in der Grafschaft Lippe auff der Hempsterheiden zwischen Lemgo und Uffeln" wahrgenommen, „wo weiters hin, ist

Johann Tserclaes Graf Tilly (1559–1632), um 1635/40
Pieter de Jode nach einer Ölskizze von Anton van Dyck
Kupferstich
Privatbesitz

Johann Tserclaes Graf Tilly wurde 1559 in Brabant geboren und hatte das Jesuitenkolleg in Köln besucht. Seit 1574 in kaiserlichen Diensten, ging er 1610 als Generalleutnant in bayerische Dienste. 1619 erhielt er das Oberkommando der katholischen Liga, 1630 den Oberbefehl über das kaiserliche Heer.
Der Kupferstich zeigt ihn als erfahrenen Kriegsführer. Im Hintergrund erinnern die aufeinandergetürmten Mauerquader und das hoch auflodernde Feuer an die Zerstörung Magdeburgs im Jahre 1631. Im April 1632 wurde Tilly im Kampf tödlich verwundet.

Christian von Braunschweig-Lüneburg-Wolfenbüttel (1599-1626), 1623
Willem Jacobsz Delff nach Michiel van Mierefeld
Kupferstich
Münster, Westfälisches Landesmuseum für Kunst und Kulturgeschichte

ungewiß". „Mons. Tilly folget mit seiner armada nach. Ist gestern Abend zu Beverungen, Lemfede an die Weser und auff die greintzen deß Stifts ankommen, wolt Gott der vonn Anholt und von Cordua weren mit Ihren Auffbruch auch fertigs".[18]

Die Hilfe der Spanier verzögert sich

Die Unterstützung der Spanier ließ auf sich warten. Aus einem Bericht vom 15. Juni 1623 geht hervor, daß sie von Hamm Richtung Münster unterwegs waren: Am Abend um vier Uhr hatte man Hamm verlassen, „ungefehr mit zwölf hundert man spanische Infantrie sampt Vier stücken munition Und was dazugehort". Doch das Weiterkommen gestaltete sich beschwerlicher als vorgesehen. Anfangs fehlte es an Pferden für den Transport der schweren Last, und als endlich „nun etlige wenigh pferde kommen, Und endtlich mher zu handen gebracht, haett ahn gezeugh und wagens gemangeltt". Der Mangel an Pferden und Wagen war immer wieder ein Problem, das auch so manche Bauern zu spüren bekamen, denen man kurzerhand Pferde und Fuhrwerke abnahm. Der Führer, Diedrich Haverkenschedt, der die Spanier nach Warendorf zu begleiten hatte und den Bericht nach Münster verfaßte, klagte, daß die Ausrüstung an Geschützen, Munition und anderen Dingen in keinem besonders guten Zustand war. Erschwerend kam hinzu, daß die wenigen vorhandenen Wagen so voll bepackt werden mußten, daß Gefahr drohte, den Großteil auf dem Wege zu verlieren. Um dies zu verhindern, sollte alles fest verschnürt werden. Deshalb hatte Haverkenschedt „alle Korden Und seill welche in Ham eben zubekommen gewesen, auffkauffen müßen“. Der Aufbruch hatte sich dadurch verzögert. Es hatte nicht nur viel Zeit in Anspruch genommen, die Seile und Schnüre zu besorgen, sondern auch das mühevolle Bepacken der Wagen und Befestigen der Last hatte länger gedauert als vorgesehen, besonders, da „die Herrn Spaniols solcher flickerei“ ungewohnt ihm keine Hilfe waren und er alles, so seine Klage, alleine bewältigen mußte. Aus den Worten des Führers wird allerdings nicht deutlich, ob sich die spanischen Herren nur ungeschickt angestellt hatten oder ob sie sich gar zu fein waren, bei solcher Art Packerei mit Hand anzulegen. Der offensichtlich entnervte Haverkenschedt schloß seinen Bericht allerdings mit der Zuversicht, daß man „also morgen guett zeitt auff sein umb die Musica aldha zu vermehren“. In seiner Nachschrift vermerkte er, wahrscheinlich um aufkommende Kritik über eine Verspätung gleich im Keime zu ersticken: „Viele werden sagen, man hette woll einen leichteren wegh können nhemen, aber werden vielleicht nicht bedenken die Ungelegenheit der brügken, und sunder daß die Spanische ordinantz in den nit überschreiten willen.“[19]

1. augusti hat herzoch Christian ein trompetter an die Münsterische herrn gesonden, etlich 1000 [Pfd – Zeichen] brodt und etlich 100 thone pier begert, ist aber abkaufft.
Selbiges tages ist Don Cordua zum Hamm mit etlich 1000 man ankommen, welchem die herren mit verehrung entgegen gezogen, umb das stifft zu verschonen.
Item rittmaister Snavel, so in Verden gelegen durch Münster gezogen.
Den 2. augusti hertzoch Christian uf Iborg komen, und seint zu Lengerich etlich corneth reuter gelegen.
Den 3. dito bemelter hertzog das hauss Schöneflieth berant und selbiges tages einbekommen.“
Den 4. dito davon wider abgezogen, darauf M. Tilli ankommen, etlich 1000 [Pf. Zeichen] brodt auss münster gefolget, und ist den 5. dito bei das hauss Schöneflieth eilig vorbeigezogen, dem herzog Christian nachzueilen.
Den 6. dito M. Tilli 2000 pferdt commendirt, so maistens crabaten, die den herzog Christian verfolget und auf dem streidtfeldt angetroffen, das fuessvolck ganz zertrennet und die reutherei mit den hertzog in die flucht gebracht; etlich taussent tod geschlagen, die ubrige vor Münster nackend vorbei gelaufen.
Den 9. dito bey 3000 gefangene for der frawen pforten zu Münster gesehen worden.
Die fürsten Sachss-Weimar und Altenburg gefangen worden mit den obristen Franck neben viel anderen herren, capitainen und officirern, so den 12. dis in Münster gebracht.“
Stevermann's Chronik, in: Joh. Janssen [Hrsg.], Die Münsterischen Chroniken von Röchell, Stevermann und Corfey, (Die Geschichtsquellen des Bistums Münster, Bd. 3), Münster 1856, 246-256, hier 250-251.

Auch die Hilfe für Herzog Christian von Braunschweig bleibt aus

Die Truppen des Mansfelders, so wurde am 20. Juli vom Drosten zu Ahaus gemeldet, hatte man bei Aschendorf, Rheda und Hertig gesichtet. Der Droste schätzte ihre Zahl auf 30.000 Mann. Was die Stärke des Lagers bei Aschendorf betraf, so schränkte der Amtmann ein, könnte nichts Genaues darüber gesagt werden, da für das Lager strengste Sperre herrschte. Man habe aber „Haußleute nach dem Lager geschickt, um auszukundschaftern“. Als post scriptum ist vermerkt, daß zwar niemand in das Feindeslager ein- oder ausgehen konnte, doch ca. 2.000 Mann zu Roß und Fuß zu Aschendorf lagerten. Vermutlich wollten die Soldaten in Richtung Grafschaft Lippe, um sich dort mit den Söldnern des Herzogs zu treffen.[20] Noch am gleichen Tag konnten die Angaben zur Stärke des Lagers in Aschendorf präzisiert werden: Man zählte 3.000 Mann zu Fuß, acht Kompanien zu Pferd und aus Lingen eine Kompanie mit etlichen Lastpferden.[21]

Christian von Braunschweig und seine Truppen fliehen

Gut zehn Tage später, zwischen dem 1. und 3. August, überquerte Christian von Braunschweig in Begleitung seiner Führer und mehrerer tausend (!) Soldaten die Ems bei Greven. Man kann davon ausgehen, daß die Flußüberquerung schwierig war: mit überladenen Wagen, nervösen Pferden und aufgeregten Führern. Zwar gab es bei Schöneflieth eine Brücke, aber um schneller über den Fluß zu kommen, wird man wohl auch versucht haben, Pferde und Wagen durch das Flußbett zu treiben. Die Brücke, so heißt es, wurde vom Herzog nach dem Übergang zerstört, um seine Verfolgung zu erschweren. Es ist aber auch vorstellbar, daß die Brücke den Belastungen nicht standhielt und deshalb zusammenbrach.

Landschaft mit Steinbrücke und Steg, 1628
Esaias van de Velde (1591-1630)
Schwarze Kreide, grau laviert
Wien, Graphische Sammlung Albertina

Auf der Burg Schöneflieth

Der Herzog selbst, so sagt eine Chronik, soll am 2. August auf der Iburg übernachtet haben.[22] Am 3. August befand er sich bereits auf der Burg Schöneflieth bei Greven. Das Heer verteilte sich in der Gegend. Zur gleichen Zeit hielten sich Graf Tilly und seine Leute bei Sassenberg auf, die Vorhut des ligistischen Heeres aber, so eine Nachricht, hatte ihr Nachtlager in Iburg aufgeschlagen.[23] Ob diese Beobachtungen tatsächlich korrekt waren, sei dahin gestellt. Was die Späher sahen, waren Soldaten; ob es nun die Vorhut des ligistischen oder die Nachhut des Braunschweiger Heeres war, konnte sicher niemand so recht unterscheiden. Denn damals waren die Soldaten nicht einheitlich gekleidet, eine Uniform nicht üblich. Es ist zwar überliefert, daß die 1619 zusammengestellten 'blauen' Regimenter Christians von Braunschweig blaue Uniformen getragen haben sollen, doch ist dies eher unwahrscheinlich. Mit den 'roten' des Mansfelders meinte man jedenfalls nicht die Kleidung, sondern die Farbe ihrer Fahnen und Standarten, und die ähnelten von weitem den bayerischen.[24] Die Truppe des spanischen Oberst Córdoba, so der Bericht an den Kurfürsten, war im Aufbruch begriffen - Kriegsvolk, so heißt es, wurde am 3. August bei Ascheberg gesehen.[25]

Der 5. August 1623

Das „Scharmützel" vom 5. August 1623 fand nicht nur „im Lohner Bruch" oder „bei Stadtlohn" statt, sondern in einem größeren Bereich. Im Kupferstich von Matthaeus Merian, der für das „Theatrum Europaeum" von der Schlacht eine große Karte anfertigte, ist im unteren linken Quadrat der Zug der Heere von Borghorst und Burgsteinfurt über Metelen und Ahaus

„...bey dem Hauß Schönvliet (welches dem Thumb Capittul daselbst zustendig, drey stunden von der Statt Münster gelegen) uber die Embs gezogen, die Brücken hinter sich abgeworffen, ferners nach Burgsteinfort gewendet, und bösem brauch nach nicht zum besten mit Brandschatzen, und sonsten gehauset. Dieser Armaden ist durch das Stifft Paderborn Herr General Tilly auff frischen Fueß unauffhörlich Tag und Nacht erfolget, endlich nach dem Er sich mit Herrn Feldt Marschalcken Graven von Anholt conjungirt, jenseit Steinfurth Sambstags den fünfften Augusti selbige ertapt, also das die Keyserliche Avaniguardia [Vorhut] diesen abendt des Feindes Retroguardia [Nachhut] erreicht, darauff biß in die Nacht scharmützirt, das der Weg mit Todten erfüllet worden. Folgende Nacht vom Sambstag biß Sontag hat sich der Feindt von Metelen (so ein Adelich frey Jungfrauwen Stifft, und ein begraben Flecken dabei) nach Nienborg (welches ein Fleck, und Adelich Burgmans Collegium und schloß) retirirt, welchem der Herr General Graff von Tylli nach dem Er sein Volck ein wenig ruhen lassen, die Nacht durch, und vor dem Tag ernstlich gefolget und avancirt. Hiemit ist Er dem Feindt so nahe kommen, das mann auff allen Pässen, unnd sonsten starck scharmützirt, darinnen Graff Hans Adolff von Styrumm geblieben. [.....]
Bericht, Frankfurt am Main, 1623, in: Zeitschrift für vaterländische Geschichte und Altertumskunde 23 (1863), 350-351.

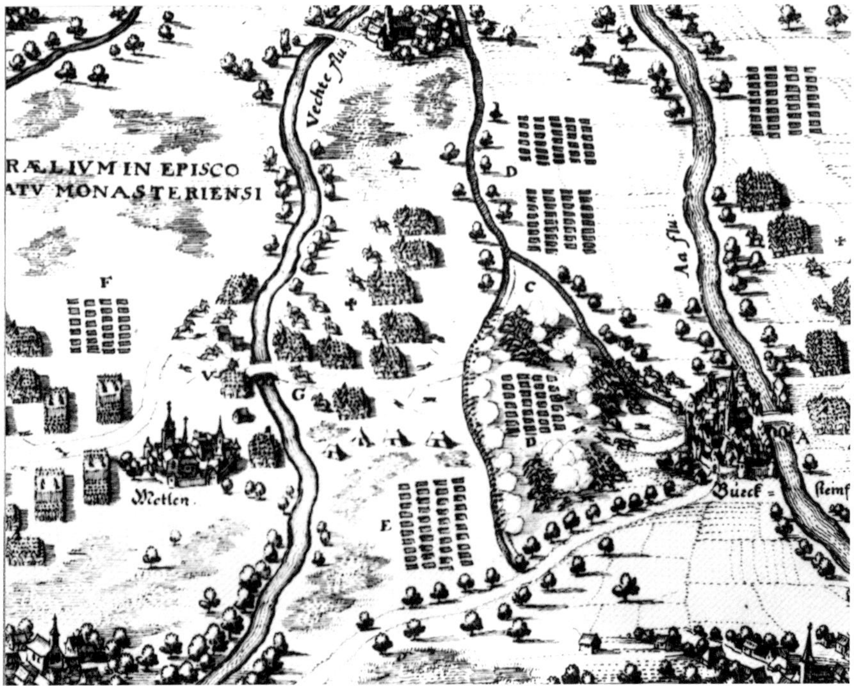

Die Schlacht im Lohner Bruch mit Aufsicht Burgsteinfurt und Metelen [Ausschnitt], 1634
Mathaeus Merian (1596-1650)
Kupferstich, unsigniert und undatiert

nach Stadtlohn aufgeführt: Die flüchtenden Soldaten des Herzogs Christian von Braunschweig-Lüneburg, Administrator des Bistums Halberstadt[26], verfolgt von den Soldaten des Grafen Johann Tserclaes von Tilly, Generalfeldmarschall des ligistischen Heeres. In dem Getümmel hat man sich Trosse vorzustellen, in denen über 70.000 Männer, Frauen und Kinder mitzogen. Zu Fuß, in Wagen oder auf Pferden trafen die beiden Heere aufeinander.

Die Stärke der beiden sich gegenüberstehenden Heere

Das Heer Christians von Braunschweig war über 30.000 Personen stark. Die ca. 21.000 Soldaten waren in Regimenter und Kompanien unterteilt. Der Herzog selbst kommandierte ein 500 Mann starkes Reiterregiment, ihm zur Seite stand der Graf von Limburg-Styrum mit ebenfalls 500 Reitern. Unter der Fahne des Herzogs Friedrich von Sachsen marschierten 1.000 Männer, Wilhelm von Sachsen befehligte 500 Reiter. Weitere Regimenter zu Pferd mit jeweils über 1.000 Mann wurden von Graf Ysenburg und Graf von Thurn angeführt. Es folgten Oberst von Westphalen und Oberst von Helbron mit je 500 Reitern und Jacques von Megan mit 300 Männern zu Pferd. Unter den Fahnen der Herzöge von Weimar marschierten, ebenfalls in mehreren Regimentern, weitere 16.000 Mann zu Fuß. Das Heer Tillys zählte ca. 40.000 Menschen, davon 21.000 Soldaten zu Fuß und 11.000 zu Pferd. Hinzu kam der zum Heer gehörende Troß, der nicht nur die Wagenlenker für Munition und Verpflegung einschloß, sondern auch die begleitenden Angehörigen der Soldaten.

So diese stille Gegend auch
In ihrem Abendfriedenhauch;
Sie ruht, doch wie in Schreck erstarrt,
Und todbereit des Schlages harrt.
Noch hat die Flur kein Feind betreten,
Noch zittert nur die fromme Luft
Vom Klang der Glocke, welche ruft
Die Klosterfrauen zu Gebeten,
Wo dort aus dichtem Buchenkranz
Sich Meteln hebt im Abendglanz.
Ach, mancher Seufzer quillt hinauf!
Und stöhnend manche Stimme bricht
Der schonungslosen Hora Pflicht.
Bei jeder Pause horcht man auf:
Und dann die Melodie sich hebt,
So angstvoll wie die Taube bebt,
Wenn über ihr der Falke schwebt.
Ein Landmann, heimgekehrt vom
Pfluge, Hat alle Sinne aufgestört;
Er glaubte in des Windes Zuge
Zu horchen wüster Stimmen Schall,
Und war es Furcht, was ihn betört,
Doch hatte jedes Ohr gehört
Des donnernden Geschützes Hall.
Es ist gewiß, sie sind bedroht,
Die Hilfe fern und groß die Not.

Auszug aus dem Versepos „Die Schlacht im Loener Bruch 1623" von Annette von Droste-Hülshoff, in: Annette von Droste-Hülshoff. Sämtliche Werke, hrsg. vom Clemens Heselhaus, Darmstadt 1960, 744-814, hier 747-748.

Stift und Wigbold Metelen

Metelen ist vom Schlachtgeschehen betroffen

Die Menschenmassen waren so weit versprengt, daß die 'Schlacht' auch vor den Augen der Einwohner Metelens stattfand. Wie die Einwohner Metelens die Kampfhandlungen, die am 5. und 6. August stattfanden, aufgenommen und erlebt haben, ist nicht überliefert. Doch die Dichterin Annette von Droste-Hülshoff hat im Jahre 1838 in einem Versepos über die „Schlacht im Loener Bruch 1623" der Nacht vor dem großen Zusammentreffen einem Gefühl der Bedrohung nachgespürt, das die Menschen im Wigbold Metelen empfunden haben mögen.[27]

Das „Adelich frey Jungfrauwen Stifft"

Die „Klosterfrauen", die die Dichterin in ihrem Epos ins Gebet vertieft sah, waren Stiftsfrauen. 1532 war das ehemalige Augustinerkloster in ein weltliches Stift umgewandelt worden. Zwar waren die Frauen seit 1616 zum 'alten' Glauben zurückgekehrt, doch hatten sie sich nicht wieder der Ordensregel unterstellt.[28] Das mit päpstlichen und kaiserlichen Privilegien ausgestattete Stift, in dem ausschließlich Frauen aus dem Adel lebten, hatte sich seine Autonomie gegenüber dem bischöflichen Landesherrn erfolgreich erhalten können.[29]
Die Selbstbehauptung des Stifts gegen eine Vereinnahmung durch den Landesherrn spiegelt sich in Konflikten zwischen Landesherr und Äbtissin um das Wigbold Metelen wider. Die Äbtissin verstand das Wigbold Metelen als zum Kloster- bzw. Stiftsgut gehörig, das gegenüber dem Landesherrn als geistliches Kirchengut Immunität[30] genoß. Der Bischof sah Metelen als Wigbold seines Territoriums an und bekämpfte seinerseits Eigenmächtigkeiten der Äbtissin.

Die Äbtissin Maria Clara Gräfin zu Spaur, Pflaum und Vallier

Seit 1621 war Maria Clara Gräfin zu Spaur, Pflaum und Vallier Äbtissin im Frauenstift zu Metelen.[31] Die Tochter des Freiherrn Leo von Spaur stammte aus einem alten Tiroler Adelsgeschlecht und galt als hochgebildete Frau, die fünf Sprachen beherrschte. Ihre „unerschütterliche" Haltung „im katholischen Glauben" und ihr Einsatz für die ihr Anbefohlenen hatten ihr den Ruf einer „Mutter der Armen" eingebracht.[32]
Zum Zeitpunkt des Geschehens, im Sommer 1623, hielt sie sich vermutlich in der Fürstabtei Essen auf, der sie seit 1614 als Äbtissin vorstand.[33]

Herzog Christian von Braunschweig und die Äbtissin

Sowohl ihre Herkunft als auch ihre Konfession weisen die Äbtissin als Mitstreiterin des Hauses Habsburg aus. Zudem hatte sie bereits unliebsame Erfahrungen mit Christian von Braunschweig gemacht. Dieser hatte der Gräfin im Januar 1622 von Soest eine schriftliche Botschaft zukommen lassen und ihr nahegelegt, Kontributionen zu leisten. Die Aufforderung beinhaltete bereits die Drohung, sich anderenfalls durch Plünderungen und Brandschatzungen die nötigen Mittel selbst zu besorgen.

Hochwolgeborner, hertzliebster Herr Vater!
Weilen es so lange ist, daß ich kein Zeitung von E.L. bekommen hab, wiewol ich unterschiedliche Schreiben an E.L. gethan hab und nie kein Antwort bekommen, furcht ich, bei E.L. in Vergeß gesteldt zu sein, welches ich dan nicht hoffen will, sonder eins Bessern zu E.L. versehen und auff das gute alte Vertrauen und affection die Freiheit geprauchen und E.L. piten, daß Dieselben bei prince Moritz wil helffen erlangen, das Sein Excelence mich undt meine Stiffter in sein protection wil nehmen und nicht gestaten, daß der Herzog von Brunsweig mitt solcher Unfugen und durch falsch Anpringen meiner Misgunstigen dergestaldt mainen Stiffdt feindlich zusetzen soldt, wie er sich betraulich durch sein an mich abgangen Schreiben verlauten leßt, dessen copai E.L. hierbey empfangen; pitendt mich darin nicht zu verlassen; wil gern E.L. wider dienen, worin Dieselben mich capabel vindt zu sein und pleiben. E.L. getreue Dienerin Maria Clara, Abdissin zu Essen
Schreiben der Äbtissin zu Essen, Maria Clara Gräfin von Spaur. Essen, 4. Februar 1622.
Zit. n. Ferd. Schmidt, Privatbriefe Essener Äbtissinnen im Reichsarchiv zu Arnheim, in: Heimat 5 (1923), 5-8, hier 6.

Ehrwürdigh wolgeborne Gravinne! Deroselben sei unser dienstfreundtlich Grüß undt was wir sonsten vermögens bevoren. Bei itzigem Zustandt haben Wir nit verbeigehen mögen: Weill Ewer anbefolen Stifft Essen Ihrer Keys. Maytt. contribuirt undt Dieselb sich gantz Partheiligh gegen die Unserigen erzeiget: So ist, daß Wir hiemit wollen, daß Sie Jemanten auß den Irigen zu Unß absenden, so sich wegen des Stiffts Essen gleicher gestalt mit Contribuirung an Gelde vergleichen, dhamit den Unterthanen nichts unzimblichß sonsten zugemutet werde, alß vast anderen Stifftern, so hoher, beschehen. Warnach sich Dieselbe solle wißen zu verhaltten undt also Deroselben Erklerung sonder Auffenthalt gewertigen.

Sign. Soest, am 19. Januarii Ao 1622 stylo veteri. Christian Schreiben des Herzogs von Braunschweig an die Äbtissin zu Essen. Soest, 19. Januar 1622. Zit. n. Ferd[inand] Schmidt, Privatbriefe Essener Äbtissinnen im Reichsarchiv zu Arnheim, in: Heimat 5 (1923), 5-8, hier 6.

Inwieweit die Äbtissin den Forderungen des Herzogs nachgekommen war, ist nicht überliefert. Sie hatte jedoch versucht, über die Vermittlung des Grafen Floris' von Kuilenburg den Schutz des Prinzen von Oranien zu erhalten.[34]

Die bescheidene Ausstattung des Stifts

Die eher bescheidenen Einkünfte des Stifts Metelen im Vergleich zur Fürstabtei Essen hätten mögliche Forderungen des Braunschweigers auch gar nicht befriedigen können.

Allein um die standesgemäße Versorgung der adeligen Stiftsfrauen sicherzustellen, hatten die Äbtissinnen zu Metelen meist weitere Ämter in anderen Stiften inne.[35] Die aus dem Hochadel stammende Äbtissin Clara Maria hatte wahrscheinlich sogar dafür gesorgt, die Stiftskirche besser auszustatten.[36]

Metelen – ein „begraben Flecken"

Für die Einwohner Metelens bedeutete die Anwesenheit der beiden feindlichen Heere eine existentielle Bedrohung. Anders als die Stiftsfrauen, konnten sie nicht ohne weiteres der Gefahr entfliehen. Der Ort selbst war der Übermacht an Soldaten hilflos ausgeliefert. Zwar hatte man seit 1591 die Befestigung und Wehranlage Metelens verbessert, doch fehlte es ständig an finanziellen Mitteln, die Anlage in Stand zu halten, vor allem, da durch den spanisch-niederländischen Konflikt seit Jahrzehnten immer wieder Soldaten über Metelen herfielen und die Einwohner beraubten oder sich bei ihnen einquartierten. Auch die Überlassung der Steuereinnahmen an „Korn, Wand u. grobem Tuche, Butter, Hering, Stockfisch, Salz, Teer, Seife, Schinken, Holz, Heu, Stroh, holländischem, Groninger und grünem Käse", die der Rat für die Erhaltung des Schutzwalls, der Tore und Brücken verwandte, hatte die Wehrkraft des Ortes nicht grundsätzlich verbessert.[37]

Man war „ein begraben Flecken", der zum „Adelich frey Jungfrauwen Stifft" gehörte und hatte Mühe, den aufwendigen Erhalt der Wallanlage zu leisten.[38]

Das Auskommen der Einwohner

Die Steuern, die die Äbtissin seit 1603 dem Rat überließ – im Gegenzug hatte Metelen ihr jährlich einen Goldgulden zu entrichten – wurden auf die Grundnahrungsmittel der Einwohner erhoben. Hohe Einnahmen konnte der Rat damit wahrscheinlich nicht erwirtschaften. Versuche, den Handel mit qualitativ hochwertigen Gütern zu beleben, blieben bescheiden: Die Tuchmacher-Gilde mußte nicht nur gegen auswärtige Konkurrenz bestehen, sondern hatte sich auch innerhalb des Ortes als Zunft gegen 'wilde' Tuchmacher, die für die Stiftsfrauen arbeiteten, durchzusetzen.[39]

Ein 1618 von der Äbtissin genehmigter Bau einer Walkmühle – ein damals durchaus kostspieliges Vorhaben – konnte bei den bescheidenen Mitteln des Wandmacher-Amts erst nach fünfzehn Jahren fertiggestellt werden.[40]

Die Alltagskonflikte in Metelen

Das Wigbold hatte sich nicht nur gegenüber der Äbtissin zu behaupten, sondern mußte ebenso Übergriffe benachbarter Grundherren auf eigene Rechte und Privilegien abwehren. Darauf verweisen die Proteste und Beschwerden des Rats, die sich besonders gegen den Burgmann zu Nienborg richteten.[41] Aber auch gegen das bischöfliche Amt in Horstmar hatte man sich zu behaupten und sich gegen die Anmaßungen benachbarter Bauerschaften zu wehren, so etwa wenn sich wieder einmal Bauern aus Schöppingen des Viehs bemächtigt hatten, weil es angeblich unrechtmäßig auf fremdem Weideland gegrast hatte.[42]

Den Soldaten schutzlos ausgeliefert

Die Einwohner Metelens waren, wie die Menschen in anderen Wigbolden dieser Größe, schon den kleinsten Gruppen bewaffneter Soldaten ausgeliefert. Wieviel mehr mußten sie sich von den Massen, die Anfang August 1623 die Gegend verunsicherten, bedroht gefühlt haben.

Der 5. August 1623

Am 5. August sahen sich die Einwohner den Soldaten des Herzogs gegenüber, die sich direkt südlich vor Metelen auf dem Strönfeldt formierten.[43] Weitere Kompanien des Braunschweigers lagerten bei Laer und Horstmar. Den Herzog selbst vermutete man in der Nacht vom 4. auf den 5. August bei Burgsteinfurt. Metelen, Horstmar und Schöppingen waren

Schlachtszene, um 1650
Schieferschnitt
Privatbesitz
Foto: Christian Grovermann, Osnabrück

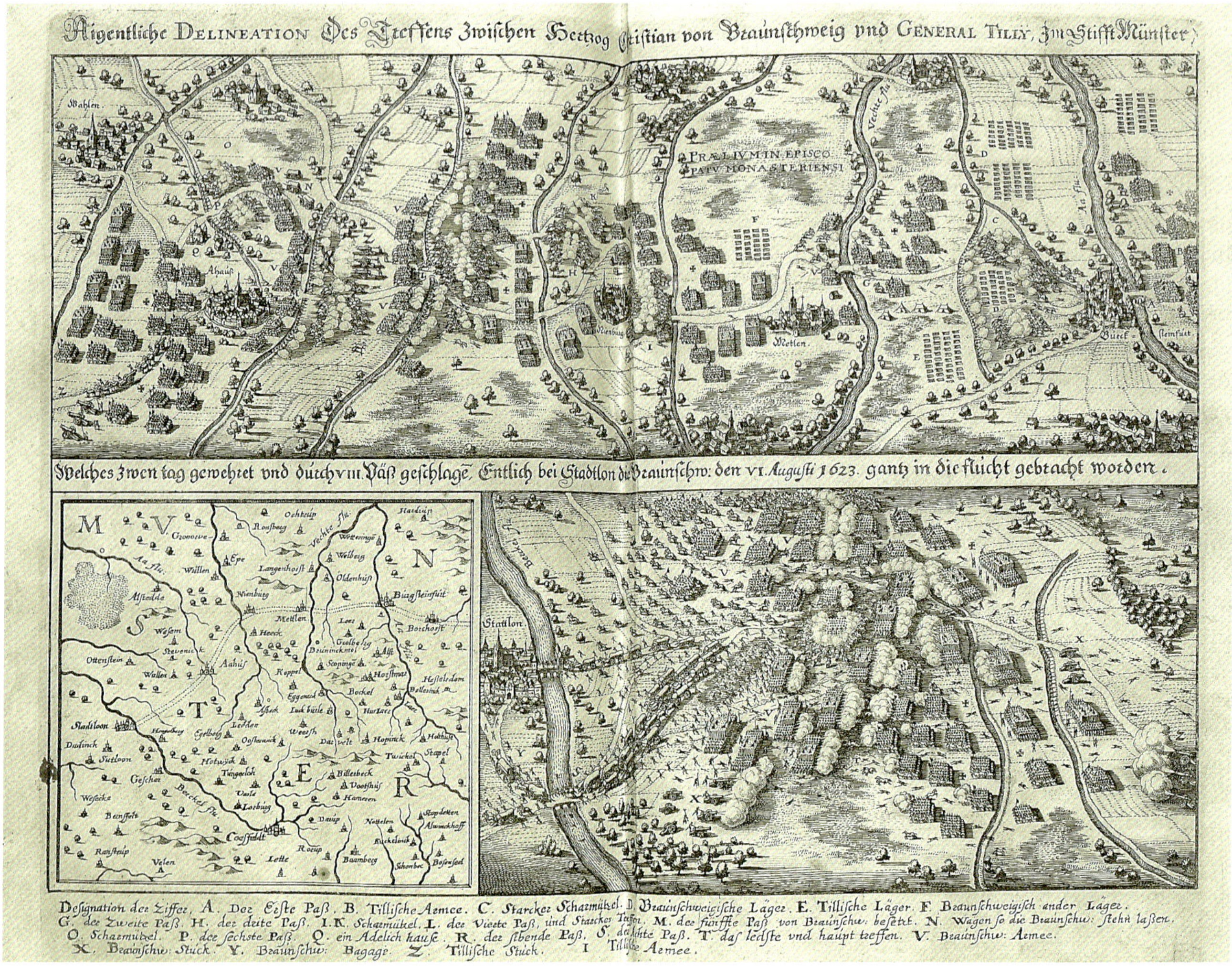

„Aigentliche DELINEATION Des Treffens Zwischen Hertzog Christian von Braunschweig und GENERAL TILLY im Stifft Münster, welches zwen tag gewehret und durchvum Päst geschlage. Entlich bei Stadtlon die Braunschw: den VI. Augusti 1623 gantz in die flucht gebracht worden", 1634
Mathaeus Merian (1596-1650)
Kupferstich, unsigniert und undatiert
Privatbesitz

„Wahrhafftiger und eygentlicher Bericht, Des gewaltigen Treffens, So im Bistumb Münster in Westphalen, zwischen General Graff Tilly und Hertzog Christian Bischoff zu Halberstadt gehalten worden, darüber deß Halberstädtische gantze Armada zertrennet und in die Flucht geschlagen, auch etliche Tausent auff der Wahlstadt Todt funden worden. Deßgleichen alle Munition, Geschütz, Pagagyen Wägen, Geldt und andere Güter seind im Stich geblieben. Unnd ist dergleichen Schlachten in vielen Jahren nicht erhöret worden."
Bericht, Frankfurt am Main, 1623, in: Zeitschrift für vaterländische Geschichte und Altertumskunde 23 (1863), 339.

eingenommen, so berichteten die bischöflichen Räte dem Landesherrn. Positiv konnte man ihm nur vermelden, daß es diesmal dem Amtsdrosten zu Horstmar gelungen war, Burg und Amtssitz des Landesherrn zu verteidigen und vor feindlichen Übergriffen zu schützen – ein Unterfangen, das auf Burg Schöneflieth Tage zuvor nicht gelungen war.[44]
Was bisher noch auf Feldern und Wiesen gestanden hatte, war nun endgültig von den Tausenden zu Fuß, zu Pferd und zu Wagen vernichtet worden. Bei der katastrophalen Versorgungslage hat man sich vielleicht auch in Metelen nach Eßbarem umgeschaut. Doch ist anzunehmen, daß die Kornspeicher des Stifts Metelen leer standen und nichts zu finden war – wenn schon das wohlhabendere und besser geschützte Münster weder Brot noch Getreide liefern konnte.
Die Kanonissen – sofern sie überhaupt in Metelen anwesend waren – hatten sich sicher verbarrikadiert.[45] Die bei solcher Gelegenheit oft getätigte Geiselnahme hat man offenbar unterlassen, obwohl es hieß, Herzog Christian habe „ein paar Leute geistlichen, und weltlichen Standes mitgenommen, um seinen Geldforderungen Nachdruck zu verleihen".[46] Möglicherweise handelte es sich um Gefangene aus Schöneflieth. Vielleicht nahm die Gegenseite eine Geiselnahme auch nur an, weil es zur üblichen (Verteidigungs-) Strategie der Kriegsführung gehörte. Für zeitraubende Verhandlungen, mit dem Ziel Lösegelder zu ertrotzen, blieb dem Herzog jedenfalls keine Zeit. Die Grenze der rettenden Niederlande war noch nicht in Sicht und er hatte sich in der zu erwartenden Konfrontation mit Tilly und dessen Mannen auf eine günstige Kampfposition zu konzentrieren.

Die propagandistische Ausbeute der Schlacht

Die „Schlacht bei Stadtlohn"

Bereits am 6. August wußte die bischöfliche Kanzlei nach Bonn zu berichten, daß die Auseinandersetzung dem „Halberstädter" das Leben vieler seiner Soldaten gekostet hatte. Was den bischöflichen Beamten damals noch nicht bewußt war, ist, daß das Zusammentreffen der beiden Kriegsparteien am 5. und 6. August als „Schlacht bei Stadtlohn" in die Geschichte des Dreißigjährigen Krieges eingehen würde.
Dabei hatte die „Schlacht bei Stadtlohn" nicht ausschließlich „im Loener Bruch" stattgefunden. Die Kampfhandlungen mit dem siegreichen Ausgang für die Kaiserlichen hatten sich aus der Flucht- und Verfolgungssituation der beiden Heere ergeben und waren an mehreren Schwerpunkten über größere Distanzen gleichzeitig aufgetreten.
Die dynamische Verfolgungsjagd, die im Kupferstich von Merian zwar angedeutet ist, doch durch die aufgezeigte Ordnung der Formationen letztlich idealtypisch dargestellt wurde, zeigt sicher kein reales Bild des damaligen Geschehens – und sollte dies auch nicht.
In einem der vielen Berichte über die 'Schlacht' heißt es, daß „kaum die halbe Keyserliche Infanteria bey dieser Feltschlacht gewesen". Offen-

„Fünff und achtzig Fahnen, sechszehen Cornet hat man bekommen. Sechszehen grosse und herrliche Stück Geschütz, so in diesen Landen nie schöner gesehen, davon vier unlengst auß Hollandt gesandt worden, auch etliche der Statt Braunschweig gewesen, wie auch drey grosse Fewrmörser, so heut Dato 11. Augusti in der Statt Coßfelt auff dem Marckt voter dem freien Himmel sampt ansehentlicher Zugehör, offentlich zu sehen. Viel hundert Wagen, Pferde ohn Zahl, unzehlich von Musqueten, Harnischen, und anderer provision. Viel schöne Pickent daruff ins gemein P.F. stehet, welches etzliche 'populi famulam, Perditionem Frederici, Pugnam fatalem, etc. andere anders deuten, und zu Deutsch machen Pfaffen Fried, Freundt und Frewd" jeder nach seinen Gedancken, scheint doch es solle Pfaffen feinde heissen, die ihm doch mehr schädlich, als Er der Freundschafft Gottes, deren Er sich auff seiner Müntz rühmet, versichert ist. Viel Gelt, Silberwerck, Munition, Proviant, darunter ein Newe weit außsehende Cantzuley sein soll, in summa alles hat man bekommen, außgenommen was zu Pferde entrunnen.
Bericht, Frankfurt am Main, 1623, in: Zeitschrift für vaterländische Geschichte und Altertumskunde 23 (1863), 354.

Nach dem aber Herr General von Tylli sein Volck in guter Ordnung gestelt, und auff den Feind starck zugedrungen, hat Er sich allgemach verlohrn, und neben Ahauß durch einen Paß retirirt, an welchem die Keyserische viel scharmutzirns und widerstands gefunden, also zimblichen schaden gelitten. [...] Hierauff hat sich auffs new die Keyserliche Armada in Ordnung gestelt, und mit groben Stücken etliche mahl auff den Feind loß gebrandt, darauff der Feindt geantwortet, wie man aber ihm etwas näher zugesetzt, auffs new verlohren, und durch einen Paß biß uff den Lohner bruch retirirt, daselbsten sich zu seinem Vortheil, so viel möglich, in volle Bataglia [.....] gestelt. Bey jetzgemelten Paß hat der Feind auch die Keyserische so viel möglich uffgehalten, entlich aber seinen Vortheil ubergeben, und in voller Schlachtordnung zum Haupt Treffen nachmittags etwan umb drey uhren sich praesentirt. Allhie ist zu wissen, das wegen starken marchirens kaum die halbe Keyserliche Infanteria bey dieser Feltschlacht gewesen. Nach dem aber beiderseits die Ordnung gemacht, haben die Canons und Musquetten angefangen zu musicirn, und spilen, das alles erzittert, gleich als wann Himmel und Erde vergehen wolten. Nachdem nun diß ein zeitlang gewehret, ists zum angriff kommen, darinn sich der Feindt anfangs wol gehalten, aber bald in die flucht mit grosser Unordnung gerahten, und ob wol Fürst Christian und seine Officierer die Soldaten mit abgezogenen Hüten gebeten, sie sollen sich wol halten, ist doch alles vergebens gewesen [...]"

Bericht, Frankfurt am Main, 1623, in: Zeitschrift für vaterländische Geschichte und Altertumskunde 23 (1863), 351-352.

gegenüberliegende Seite:

Wahrhafft vnd eigentlicher Bericht/ was massen Herzog Christian von Braunschweig Armada den 6. August 1623 im Stifft Münster auffs Häupt erlegt.

Flugschrift, 1623

Kupferstich

Münster, Westfälisches Landesmuseum für Kunst und Kulturgeschichte

sichtlich war das langsamere Fußvolk der Braunschweiger hauptsächliches Ziel der Angriffe gewesen.

Vielleicht wäre das „Scharmützel" nicht weiter politisch ausgeschlachtet worden, wenn sich nicht die Chance geboten hätte, mit diesem Sieg die Stärke des Hauses Habsburg zu demonstrieren, und zwar nicht nur den evangelischen Fürstenhäusern, sondern auch den niederländischen Generalstaaten und ihrem Statthalter, dem Prinzen von Oranien. Zum einen propagierte man diesen Sieg, weil der eben in die Flucht geschlagene Christian von Braunschweig ein Jahr zuvor den spanischen Habsburgern in der Schlacht bei Fleurus und mit der Befreiung von Bergen-op-Zoom einigen Verdruß bereitet hatte, zum anderen, um vor einer zukünftigen Unterstützung des 'Verlierers' zu warnen.

Der Triumph der Kaiserlichen

Zudem bedeutete der siegreiche Ausgang der Schlacht eine politische Stärkung der Position gegenüber den 'Aufständischen'. Der Fürst Siebenbürgens, Bethlen Gabor, hatte seine Verbündeten verloren und schloß daraufhin erneut Frieden mit dem Kaiser. Nach der Niederlage bei Stadtlohn versuchte Friedrich V. im übrigen nicht wieder, eine Armee gegen den Kaiser aufzustellen. Er überließ die weiteren Verhandlungen seiner Interessen dem König von England.

In der historischen Bewertung gilt der Sieg bei Stadtlohn als vorläufiger Abschluß der ersten Phase des Dreißigjährigen Krieges, des „böhmisch-pfälzischen Krieges".

In zahlreichen Publikationen wurde der politische Triumph des Hauses Habsburg nachvollziehbar geschildert. Stolz zählte man auf, welche Beute gemacht worden war: 85 Fahnen, 16 Cornets hatte man dem Feind abgetrotzt, wobei die Zahl der Feldzeichen, Symbol einer Kompanie oder eines Regiments, nicht hoch genug sein konnte, um die Überlegenheit des Sieges zur Schau zu stellen. Zur Kriegsbeute gehörten zudem mehrere Geschütze, die – so konnte man nachlesen – das Neueste und Schönste waren, was man bisher gesehen hatte und deren Herkunft man aus Holland vermutete.

Die Niederlande hatten damals den Ruf, in militärischen Dingen besonders gut gerüstet zu sein. Zudem war Christian von Braunschweig 1616 Dragonerhauptmann im Heer des Prinzen Wilhelm von Oranien gewesen und hatte dort die Neuerungen in der militärischen Taktik kennengelernt. Doch weder eine wendigere Formation noch die größere Zahl an Feuerwaffen hatten dem Herzog gegen den Kaiser geholfen. Die drei großen Feuermörser, die neben anderen Waffen in die Hände der Sieger gelangt waren und zum Staunen und Ergötzen der Leute auf dem Marktplatz in Coesfeld gezeigt wurden, konnten dies bezeugen.

Die reichliche Kriegsbeute wurde genauestens beschrieben. Sie bestand aus Waffen, Munition, vielen hundert Wagen und Pferden, Musketen, Harnischen und anderen nützlichen Dingen. Besondere Erwähnung fanden die schönen Piken, auf denen ein P.F. zu sehen war. Ein Chronist der Schlacht bot den Lesern mehrere Varianten der Abkürzung: 'populi famu-

Warhafft vnd eigentlicher Bericht / was massen Hertzog Christian von Braunschweig Armada den 6. Augusti 1623. im Stifft Münster auffs Häupt erlegt.

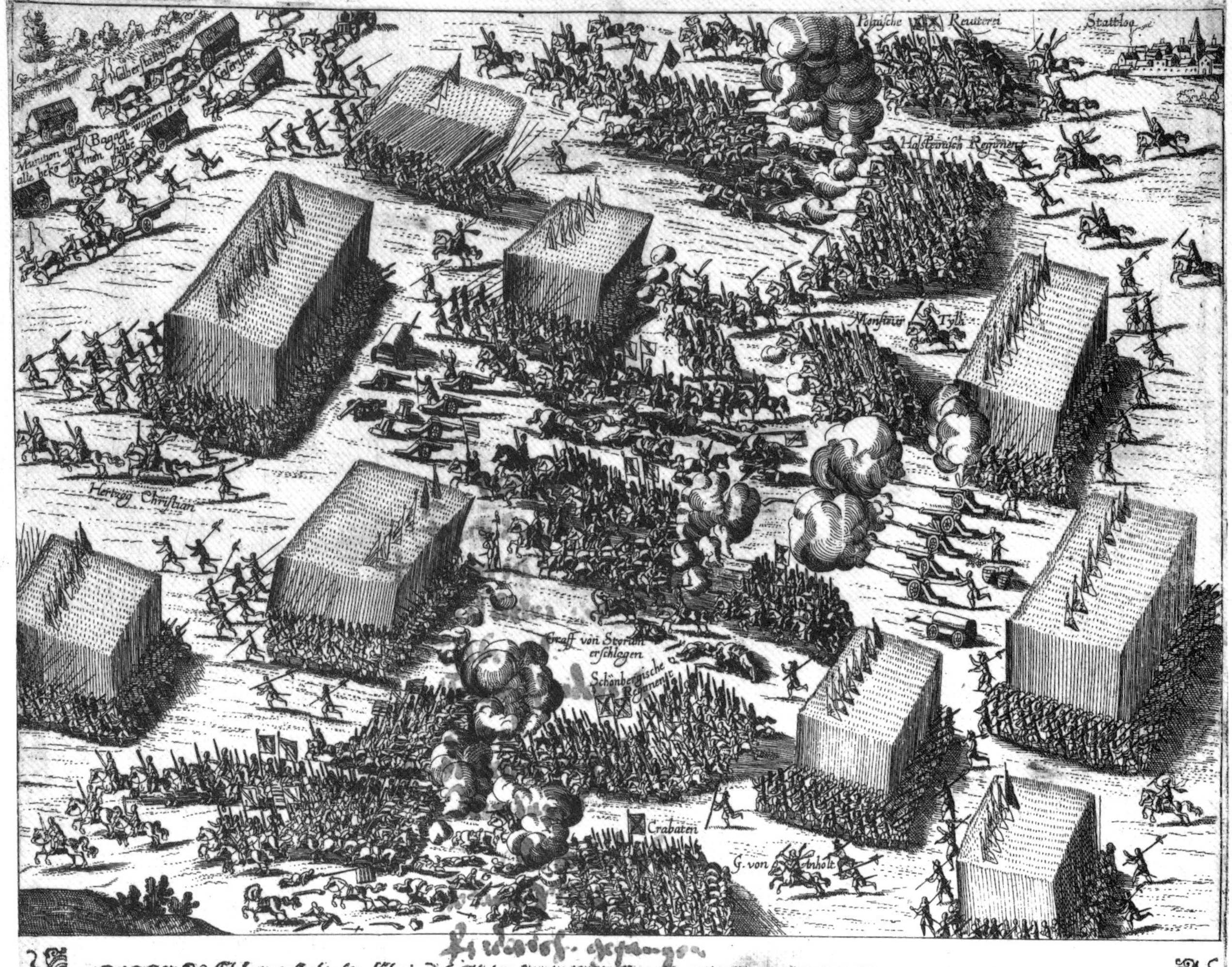

Welcher gestalt H. Christian von Braunschweig / ein zeitlang hero ein stattliche Armada versamblet mit derselben in Westphalen vnd Eyßfeldt sich gelegt / ist menniglich vnuerborgen. Es ist aber Herr Graff von Tilli als General der Käyserlichen Armada / allen vngelegenheiten für zubawen / jhme Hertzogen entgegen gezogen: Derowegen / vnnd weil der Nidersächsische Träyß auch solcher Armada vberdrüssig gewesen / hat sich dieselbe vber die Weser / vnd so fort durch die Graffschafften Lipp vnnd Rauenspurg ins Stifft Münster begeben / vnd fürhabens fort auff Niderlandt zu zumarchieren. Dieser Armaden ist durch das Stifft Paderborn Herr Generall Tylli vnauffhörlich Tag vnnd Nacht gefolget / deme sich nun auch Herr Feldt-Marschalck Graff von Anholt beygefügt / haben also gesampte Aneinander die Braunschweigische verfolgt / vnd Sambstag den 5. Aug. den Nachzug auff jenseit Steinfurt erreicht / auch biß in die Nacht scharmutzirt / da es beyder seiden nicht lär abgangen / folgende Nacht hat sich die Braunschweigische Armada von Metlen nach Nienburg retterirt / der HErr Generall Tylli nach dem er sein Volck ein wenig ruhen lassen / die Nacht durchgefolgt vnd so nach kommen / daß man auff allen Pässen zu scharmutzieren angefangen / da dann Graff Hans Adolff von Styrumb geblieben: Immittelst ist die Braunschweigische Armada nit weit von Ahuß angelangt / vnnd hat sich auff einer Heiden in Schlachtordnung sehen lassen / vnd etliche Schüß auß groben Stücken gethan / aber fast ohne schaden.

Hingegen hatte der HErr Generall Tylli sein Volck auch in guter Ordnung gehalten / vnd auff die Braunschweigische starck zugetrungen / welche aber nicht standt gehalten / sondern sich bey Ahuß durch einen Paß begeben / an welchem die Käyserische viel widerstands gefunden vnd zimblichen schaden gelitten / doch endtlich hindurch kommen / vnd haben die Braunschweigische nechst dem Dorff Wüllen ein guter ordnung gefunden / so auff . Schüß auff die Käyserische gethan. Hierauff nun haben sich dieselbe wider in ordnung gestelt / vnd mit groben Stücken etlich mahl auff die Braunschweigische loß gebrandt / als man jhnen aber näher zugesetzt / durch einen Paß biß auff dz Lohner Bruch sich begeben / bey welchem Paß die Keyserische auch so viel möglich auffgehalten worden / doch endlich durchgedrungen: darauff sich Hertzog Christian in Schlachtordnung gestelt: daß es also vngefehr vmb 3. Vhren Nachmittag zum haupttreffen gerahten / bey welches anfang doch die halbe Keyserliche Infanterey / so wegen müdigkeit nicht fortkommen können / nicht gewesen. Seindt also anfencklich etliche schüß beyderseits auß groben Stücken geschehen / darauff der angriff erfolgt / in welchem die Braunschweigische anfencklich sich wol gehalten / aber bald in die flucht mit grosser vnordnung gerahten / vnd ob wol H. Christian / vnd Obristen die Soldaten vmb Gottes willen gebetten / sie solten sich wol halten / ist doch alles vergeblich gewesen / vnangesehen sie den vortheil vom Wind gehabt / welcher den Keyserischen sehr hinderlich gewesen.

Auff diese vnordnung vnd flucht / hat sich ein grewliches Metzgen erhebt / nachdem aber HErr Generall der Victori versichert / hat er gebotten niemandt mehr vmbzubringen / sondern gefangen zu nemen. Wie viel aber geblieben / kan mann eigentlich nicht wissen weil die Cörper hin vnnd wider zerstrewet / gleichwol sollen etliche tausent / der gefangnen aber bey 9000 seyn / vnter welchen sich befunden / Hertzog Wilhelm võ Sachsen Weymar / so durch den Arm vnd Bauch geschossen / Hertzog Friedrich von Sachsen Altenburg / Wolff-Heinrich Graff von Isenburg Budingen / ein Graff von Lewenstein / Graff von Wiegenstein / ein Graff von Slick / Hans Philips Reingraff / Franck General Commissarius / Obrister Mey / Obrister Spaar / Obrister Sydon / , o. Captein / vnnd viel andere Officirer. Neben dem haben die Keyserische erobert die gantze Artillerey / darunter 16. Stück / vnnd 3. Fewrmörser / sampt alle Munition / Bagagi Proviandt vnd Silberwägen / neben 85 Fahnen.

Was nun weiter diese Keyserliche Armada fürnemen / vnd welcher gestalt sie diese Victori persequiren werde / gibt die zeit. Der Allmächtige verleihe vns ein seligen friden.

Gedruckt Im Jahr / M. DC. XXIII.

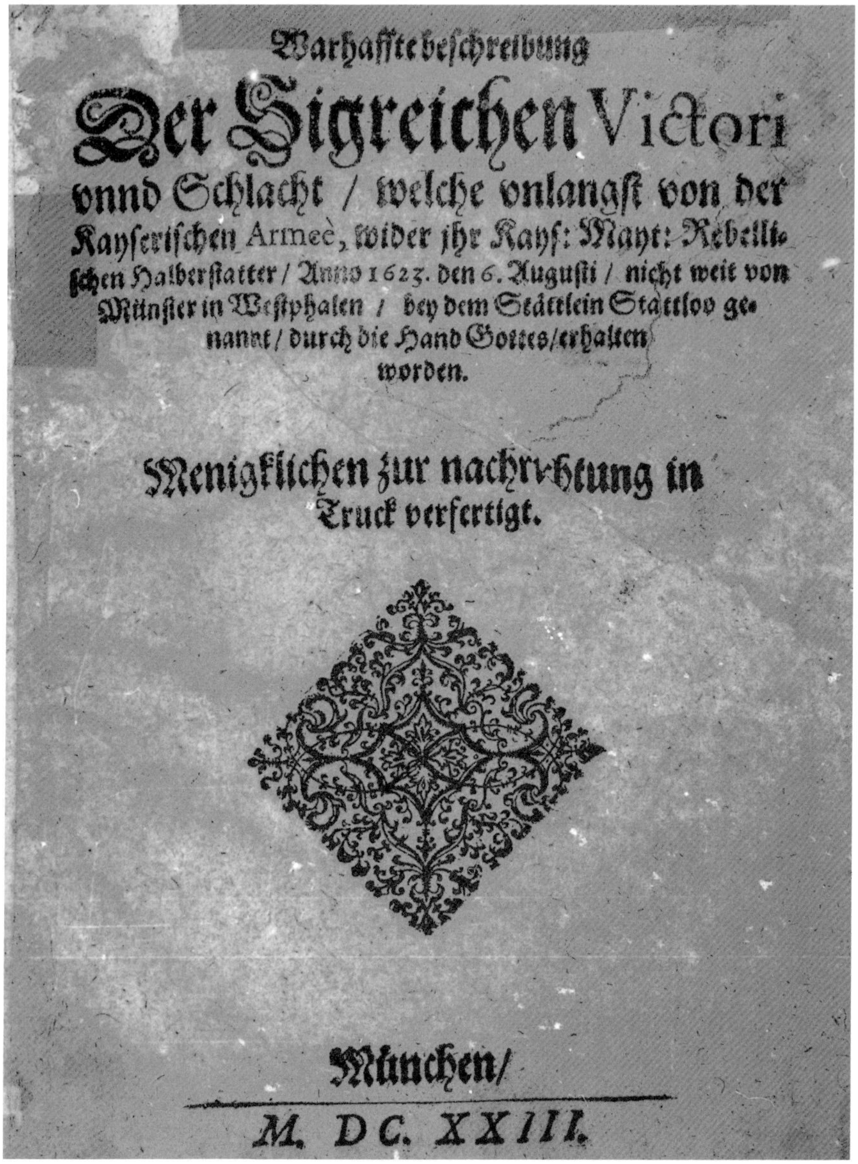
Warhaffte beschreibung
Der Sigreichen Victori
vnnd Schlacht / welche vnlangst von der
Kayserischen Armeè, wider jhr Kays: Mayt: Rebellischen Halberstatter / Anno 1623. den 6. Augusti / nicht weit von
Münster in Westphalen / bey dem Stättlein Stattloo genannt / durch die Hand Gottes / erhalten
worden.

Menigklichen zur nachrichtung in
Truck verfertigt.

München /
M. DC. XXIII.

Wahrhaffte beschreibung Der Sigreichen Victori vnnd Schlacht/welche vnlangst von der Kayserischen Ameè, wider jhr Kays: Mayt: Rebellischen Halberstatter/Anno 1623 den 6. Augusti/nicht weit von Münster in Westphalen/bey dem Stättlein Stateloo genannt/durch die Hand Gottes/erhalten worden.
Titelblatt des Berichtes über die Schlacht bei Stadtlohn, gedruckt in München, 1623
Dortmund, Stadtbibliothek

lam, Perditionem Frederici, Pugnam fatalem,' oder 'Pfaffen Fried, und Freundt und Frewd". Hinter dem P.F. verbarg sich – so die Auflösung – das vom Herzog gewählte Motto der „Pfaffen feinde". Spöttisch gibt der Schreiber zu bedenken, daß sie ihm „doch mehr schädlich" waren, „als Er der Freundschafft Gottes, deren Er sich auff seiner Müntz rühmet, versichert ist."

Dies war eine Anspielung auf die Taler mit der Umschrift „Gottes freund und aller Pfaffen feind", die der Herzog aus dem eingeschmolzenen Paderborner Kirchenschatz hatte münzen lassen. Nun hatte die 'katholische' Seite gesiegt: Die Seite, auf der sich nicht nur die als 'Pfaffen' geschmähten Jesuiten befanden, sondern auch – und daran sollte niemand zweifeln – auf der auch der Allmächtige selbst stand.

Versorgungsnot – eine Realität auch für die 'Sieger'

Die beiden siegreichen Heeresführer, Tilly und Anholt, blieben vorerst im Fürstbistum Münster. Den Soldaten sollte eine kurze Ruhepause gegönnt werden, um danach gestärkt auch den Söldnerführer Ernst von Mansfeld endgültig zu besiegen.

Der Rückzug der Mansfelder

Graf Ernst von Mansfeld hatte von der Niederlage seines Kampfgefährten gehört und sich wieder nach Leer zurückgezogen. Am 9. August empfahl er seinem Obristen Isaac von Limbach, das von ihm besetzte Meppen aufzugeben und ein anderes Quartier zu suchen. Proviant, Munition und Waffen sollte er aus Meppen mitnehmen. Sollte ihm der Abzug nicht problemlos gelingen, so sollte er alles „Derben und verbrennen, damit der Feindt solches keinen Nießung haben kan".[48]

Kein Korn - kein Brot

Im Sommer 1623 reichten die Nahrungsmittel nicht mehr aus, die Soldaten zu versorgen. Das sonst „mäßig fruchtbare Land" schien seit Juni kahl und brach zu liegen.
Es gab kaum noch Korn, um das notwendige Brot für die Soldaten zu backen. Selbst die Stadt Münster, die von keinem der Regimenter aufgesucht worden war, konnte die Tagesrationen der Soldaten nicht vollständig liefern. Zuerst hatte man die Verpflegungsansprüche mit Geld ausgelöst. Als die Kornknappheit auch mit Geld nicht zu ändern war, bestand Heerführer Tilly auf der Lieferung von Brot und Bier für seine Leute. Zwar gelang es den bischöflichen Räten, wenigstens 5.000 Malter Getreide und ca. 200 Malter Roggen statt der geforderten 100.000 Tausend Brot zu „dreyen pfunden" kurzfristig aufzutreiben,[49] doch so schnell, wie die Männer das Gelieferte verzehrten, konnte für den Nachschub nicht gesorgt werden. Man ließ von Haus zu Haus ansagen, „alles was die bürger ahn brott entrathen könten, mitzutheilen, und ferners zu aller mögligkeit sich erbotten" abzugeben, und erhielt so weitere 6.000 dreipfündige Brote.[50] Die Androhung der Beschlagnahme von „victualien, getraid speiß und dranck", für die die Heeresführung sogar bare Münze versprach, hatte keine größere Wirkung.[51] Die Ämter im Fürstbistum verfügten über keine Vorräte mehr. Seit November 1622 hatten sie die Regimenter Antholts versorgt, täglich waren „42 1/2 Malt Roggen" allein nach Warendorf abgegangen. Die Kornkammern waren aufgebraucht. Im Juni hatte die Kanzlei dem Heerführer Anholt melden müssen, daß durch der „Soldaten übermessiges verschwenden aller vorrhat uffgethan". Nun sollten die benachbarten Fürstbistümer Osnabrück und Paderborn zur Beschaffung der Verpflegung mit herangezogen werden.[52]

Rheine, so arm wie die „türcken" und „heiden"

Innerhalb einer kurzen Zeitspanne von nur wenigen Wochen hatte Rheine 70.000 Reichstaler zur Versorgung einiger weniger Regimenter

„Unsern gl. gruß bevor Edler Gestrengl. und Manhafter lieber her Obrister, Waß wir heut Morgen Meppen betreffendt, so woll die abführung der früchten alß die demolition der P/Fatihiration Wie auch die Jenige früchten Welche ihr nicht werdet abführen konnen, zuvor; Derben und verbrennen, damit der Feindt solches keinen Nießung haben kan, an Euch habe glangen laßen, werdet Ir nunmehr woll und recht empfangen haben. Ist Unße nochmahligl. gl. gesinnen und begeren In denselben Unßen befelch so tagh so nachts vort zu fahren, haben auch Unserm Obristen Steiff befelch erteilt. Euch mit der Reuterey zu serondieren, damit Ir im fall der noth mit Ordnungh abziehen moget, die Stunde sollet Ihr in keinem Vergessen stellen Und wan Ihr hieher vorts marchieren werdet solt Ir die beut alßbalt nach Euch laßen abwerffen, so wir Euch uf Ewer heutiges schreiben in antwort nicht haben bringen wollen und verpleiben Euch mit gl. gueten willen wolbeigethan signat Ler den 30. July 1623
PS.
Wir haben Unßerm Obrist Steiff befelch erteilt, morgenstags 300 Reuter nacher Meppen zu schicken, Ir sollet algemach die Specifirat/spanforat sachn vortschiken
Schreiben Ernst Graf von Mansfeld an seinen Obristen Limbach. Leer
10. August 1623 [30. Juli = neue Zeit: 10. August]. Nordrhein-westfälisches Staatsarchiv Münster FM Landesarchiv-Militaria, Nr. 24, fol. 157.

aufbringen müssen. Neben den einquartierten Soldaten aus dem Anholtschen Regiment, die ständig verpflegt werden mußten, waren zusätzlich zwei Kompanien Fußvolk für drei Tage in die Stadt gekommen. Gleich darauf hatten sich drei Kompanien Reiter und eine Kompanie zu Fuß eingefunden. Diesen folgte Obrist Divors, der mit seinem ganzen Troß ebenfalls verpflegt und ausgestattet werden wollte.
Die Stärke einer Kompanie konnte zwischen 50 bis 150 Mann betragen, der Troß des Obristen dagegen mochte möglicherweise nur zwanzig Personen stark gewesen sein, doch hatte er aufgrund seiner Stellung höhere Anspruchsrechte bezüglich seiner Verpflegung.
Zur gleichen Zeit, als sich der Obrist in Rheine aufhielt, kam zusätzlich „spanische Artellerie [...] mit ihren Pferden", die nun die stadteigenen Wiesen abweideten. „Was solle ein verhoffen, daß es unter türcken und heiden so arm, elendig und iämerlich, alß, leider, bei unnß geschieht, zugehen khonne", klagte der Bürgermeister nach Münster.[53]

Es fehlt an Transportmitteln

Die um Steinfurt und Rheine lagernden Truppen sollten nun mit Brot- und Getreidelieferungen aus Coesfeld versorgt werden. Die Coesfelder sahen sich jedoch nicht in der Lage, die Massen von Brot zu liefern. Es fehlte ihnen zwar nicht am nötigen Korn, doch an ausreichend Wagen und Pferden für den Transport.[54] Die vielen 'hundert Wagen und Pferde ohne Zahl', die man dem Feind bei der „Schlacht bei Stadtlohn" abgenommen hatte, standen offenbar nicht mehr zur Verfügung, sondern waren von Tillys Mannen bereits anderweitig eingesetzt.
Inzwischen hatte die Kanzlei in Münster aus dem Fürstbistum Paderborn Brot organisiert. Die Lieferung nach Steinfurt sollte über die Spanndienste der Untertanen organisiert werden. Doch die mit dem Transport beauftragten Eingesessenen erschienen gar nicht erst zum vereinbarten Ort; die einen hatten ihre Pferde bereits an Soldaten verloren, die anderen fürchteten die Gefahr des Verlusts durch das lagernde Kriegsvolk.
So blieb den bischöflichen Beamten nichts weiter, als an den General zu appellieren, für mehr Disziplin unter seinen Leuten zu sorgen, um die an sich schon schwere Aufgabe der Proviantbeschaffung nicht ganz unmöglich zu machen.[55]

Der Abzug

Um den 11. August lagerte der größte Teil der Armee auf dem Tieberg, und am 17., nach dem Chronisten Stevermann am 19. August, brach man auf, um sich nach Ostfriesland zu begeben. Man wollte vorerst nach Meppen, „da der Obrist Limbach sich in die fluecht begeben, Meppen verlassen und etliche burger gefencklich mitgenohmmen, nacher Oistfriesslandt".[56] Dieser Aufbruch erfolgte sicher nicht ausschließlich aus dem Grunde, die Verfolgung des Mansfelders und seiner Leute wieder aufzunehmen. Man erhoffte sich sicher auch, im ostfriesischen Gebiet die Versorgung der Männer besser gewährleisten zu können.

Die Ausplünderung des Landes

Das Fürstbistum als Versorgungsgebiet

Der spanisch-niederländische Konflikt

Schon vor 1618 war die heutige Region Steinfurt Schauplatz von Raub und Überfällen. Während des spanisch-niederländischen Konflikts überfielen spanische wie niederländische (staatische) Soldaten Bauerschaften und Höfe. Als der Waffenstillstand zwischen dem König von Spanien und den Vereinigten Niederländischen Provinzen 1621 nicht mehr verlängert wurde, häuften sich die Raubzüge. Hinzu kamen die Durchzüge der am böhmisch-pfälzischen Krieg beteiligten Kriegsparteien. In diesen Jahren avancierte das Fürstbistum Münster zum 'Versorgungsgebiet' der Heere. Es waren besonders die Bauern, die ungeschützt auf dem 'platten' Land der Willkür der Soldaten ausgesetzt waren.

Plünderungen und „Schatzungen" der fremden Soldaten

Meldungen der Ämter aus Altenberge und Saerbeck an die bischöfliche Kanzlei geben einen Einblick über „Schaden und Unkosten so spanische und staatische Kriegsleute" im Jahre 1621/1622 anrichteten.[1] Meistens waren kleine Gruppen zwischen vier und sieben Reitern unterwegs, die sich auf den Höfen 'bedienten'. Größere Scharen von dreißig oder fünfzig

Überfall auf eine Bauerschaft, um 1599
Holzschnitt
Foto: Kreis Steinfurt, Kreisarchiv

Soldaten überfallen ein ungeschütztes Dorf und setzen den fliehenden Menschen nach. Vor dem Haus verteidigen sich Frauen mit Stöcken gegen die Angriffe der Soldaten.

In desolbigen martio soll ein hispanischer captein, Emanuel de Vega genandt, midt zwelf fenlin knechten wedder in das stifft Munster und lach darinne drei woche zu Rede in den Emslande, und ist wedder von daer gezogen den lesten marty na Nienkirchen und Wettringen, und haben umbsicher tzwe mile weges gestroefet und gerovet. Den 8. aprilis ist ehr fur Riene ubergezogen na Eipe und ochtruppe und also verdan bis das ehr wedder in de Twenthe quam. Den 27. aprilis fallen sie wedder in das stifft zu Nienkirchen und Wetteringen und zoegen von daer den ersten may na Wessem und Wullen; und von daer den 4. na Oisterwick; van Oisterwick uf Holdthusen und Laer; darna den 6. na Oldenberge und Greven und quamen folgens alhir faste voer Munster...

Röchell's Selbstständige Chronik, in: Janssen, Die Münsterischen Chroniken von Röchell, Stevermann und Corfey. Hrsg. von Joh. Janssen (Die Geschichtsquellen des Bisthums Münster, hrsg. von Freunden der Vaterländischen Geschichte, Bd. 3) Münster 1856, 113

Schlachtgetümmel, um 1600
Holzschnitt
Foto: Kreis Steinfurt, Kreisarchiv

Den 8. decembris 1592 dorchzogen die staten ubermals die kirspele Oldenberge, Nortwolde, Laer und Leer und den 19. die kirspele Bulderen, Hiddinckzel und Ludinchusen und macheden aldaer vielle arme leuthe.
Anno 1592 den 12. january haben die Hispanische das kloster oder stifft Borchorst geplundert und die priorin darsolbst, Strick genandt, iemerlichen erstochen und umbgebracht.
Den 27. february haben sie Roddorff das kirspel gantzs ausgeplundert und den armen leuthen aldar alle das ihre genommen.
In den septembri haben sie die dorffer Eipe und Ochtrupe ingenommen und drei milewegs umbher gans ausgeplundert und ausgerovet.
Röchell's Selbstständige Chronik, in: Janssen, Die Münsterischen Chroniken von Röchell, Stevermann und Corfey. Hrsg. von Joh. Janssen (Die Geschichtsquellen des Bisthums Münster, hrsg. von Freunden der Vaterländischen Geschichte, Bd. 3) Münster 1856, S. 119.

Mann „schatzten" dagegen ganze Bauerschaften und ließen sich neben den begehrten Naturalien auch bare Münze aushändigen. Einen Ort wie Altenberge kostete so ein kurzer 'Besuch' der ungebetenen Gäste zwischen acht und fünfzehn Reichstaler.

Schlimme Zeiten

Es waren damals unruhige Zeiten. Dem englischen Dichter John Taylor waren auf seiner Reise durch Nordwestdeutschland im Jahre 1617 die zahlreichen Holzkreuze an den Straßen Westfalens aufgefallen, die die Stellen bezeichneten, an denen Wegelagerer Reisende ermordet hatten.[2] Es waren nicht immer ausschließlich Soldaten, die auf ihren Streifzügen Mord und Totschlag begingen. „Dientrich Hense zu Darup wurde von seinen zwei Söhnen jemerlich ermordet, und mit einer axe todt geschlagen". Auf 'marodierende' Soldaten verweist dagegen die Tat an „Juncker Wilhelm Luwer von Raesfeldt", der von „fünf reuthern bei den Quappendick jammerlich erschoessen und vermordt" worden war.[3] In Wettringen wurde der Sohn eines Bauern von Kaiserlichen ermordet.[4] Die meisten der Gewalttaten blieben allerdings im dunkeln, niemand zeichnete sie für die Nachwelt auf.

Der Verfall der guten Sitten

Der zunehmende 'Sittenverfall' während der langen Kriegszeit auf den in der Literatur oft hingewiesen wird, erscheint zwar wahrscheinlich, da die Notsituationen der Bauern und die Gewaltbereitschaft der Soldaten sicher auch auf das Verhalten der in ihrer Existenz bedrohten Menschen Wirkungen zeigte. In den Brüchten- und Sendprotokollen lassen sich aber keine entsprechenden, ausschließlich mit der 'schlimmen Zeit des Krieges' in Verbindung zu bringende Taten nachweisen; im Gegenteil, die Klagen z. B. des Pfarrers aus Wettringen über den Verfall der guten Sitten aus den Jahren 1623/1624 erscheinen eher harmlos. Er ereiferte sich u.a. über die geringe Ehrfurcht vor dem 'heiligen Sonntag' bzw. über das ungebührliche Verhalten der Kirchgänger. Statt seiner Messe aufmerksam zu folgen, trieben die Leute vor der Kirche „Bubereyn" und störten durch ihr lautes Geschrei die Andacht; manche waren statt ins Gotteshaus gleich ins nahegelegene Gasthaus gegangen. Die Kritik des Pfarrers, die er auf dem jährlichen Sendgericht vorbrachte, mag mit der gemischtkonfessionellen Situation der Einwohner in Wettringen zusammenhängen. Manche zeigten nicht immer den nötigen Respekt vor dem Gottesdienst der Andersgläubigen. Allerdings ist solch ein Fehlverhalten auch für andere Orte überliefert. Aus einer vergleichbaren Dorfordnung aus Tecklenburg aus dem Jahre 1755 geht hervor, daß auch hundert Jahre später der Bierdurst manchmal größer war als das Bedürfnis, den Gottesdienst zu besuchen.[5]

Die Abgabepflichten eines Hofes

Schon in Friedenszeiten war das Auskommen der Landbevölkerung von mehreren, nicht ausschließlich von ihnen selbst zu bestimmenden Faktoren abhängig. Neben dem Fleiß und der Tüchtigkeit eines Eingesessenen waren es das Wetter und der Gesundheitszustand von Mensch und Tier, worauf sich eine erfolgreiche Bewirtschaftung eines Hofes und damit die sichere Existenz einer Familie begründete. Schon ein Unwetter zur ungünstigen Zeit konnte große Einbußen des Ernteertrages nach sich ziehen. Ebenso störten Krankheiten oder Todesfälle von Mensch und Tier das Gleichgewicht der existentiellen Grundlage empfindlich. Wenn zusätzlich Felder und Äcker durch die Heereszüge zerstört wurden, wenn die Vorräte durch Soldaten geplündert wurden, dann konnten die Verluste nur schwer ausgeglichen werden. Es ging dabei weniger um das übers Jahr nachwachsende Korn, sondern um die zu leistenden Abgaben, die nicht erfüllt werden konnten, wodurch sich die Verschuldung der Höfe steigerte. Oft mußte dann Land unterverpachtet werden, um den jährlichen Abgabepflichten nachzukommen.

Ein Hof „ist wüst"

War man aber erst einmal „pauper" (arm) und zahlungsunfähig, wurde die Bewirtschaftung eines Hofes fast unmöglich. In solchen Fällen verließen die Pächter die Höfe. In den Schatzungsbüchern und Abgaberegistern findet sich für die Kriegszeit immer häufiger neben den aufgeführten Höfen die Eintragung „ist wüst". Ein solcher verlassener Hof wurde jedoch weiterhin mit seinen Abgabeverpflichtungen belastet, so daß die Verschuldung des Hofes beständig anwuchs. Der zukünftige Pächter hatte mit der Übernahme auch die Schulden zu übernehmen.

Die unterschiedlichen Dienste und Abgaben eines Hofes

Mit jedem Hof waren eigentumsähnliche Rechte verbunden. Die Abgaben und Dienste, die aus den erwirtschafteten Erträgen zu leisten waren, ergaben sich aus dem persönlichen Abhängigkeitsverhältnis des Erben oder Pächters zum Grundherren. Hinzu kamen Ansprüche des Landesherrn (Steuern) und der Kirche (Zehnt).

Die Klasseneinteilung eines Hofes

Die Verpflichtungen, die ein Bauer mit der Hofübernahme zu leisten hatte, richteten sich nach dem Status des Hofes – z.B. mußte ein sogenannter „Vollerbe" einmal pro Woche „Spanndienste" leisten und sich mit Pferd und Wagen zur Verfügung stellen; der ärmere „Kötter" hatte oft nur einen „Fuß-" oder „Leibdienst" zu entrichten und bestimmte Arbeiten wie Steineholen, Heuernten oder Holzsägen zu erledigen.
So hatten die „Kötter" Hölscher und Athmann z.B. für den Vogt im Auftrag des Landesherrn wöchentlich einmal einen Brief auszutragen. Zum Ausgleich für diesen Botendienst wurden sie von allen anderen Diensten freigestellt.[6]
In die Dienstpflicht wurden auch die Familienmitglieder einbezogen. Söhne und Töchter hatten zum Teil ein halbes Jahr als Mägde und Knechte auf dem Gutshof zu arbeiten, ohne daß sie einen Lohn dafür erhielten.[7]

15. Juny [1622]
60 Konigsche soldaten (j)estlich 2 tünne bires uff dem kirchoff gedruncken 1 rhtl neben dem zu den heusern henein gelauffen kasten und kisten dorchgesuchet, allerlei muthwillen geübet, neben essen und drincken auch geldt geschatzt:
Johann Bretelß neben essen unnd drincken abgeschatzet – 14 ß
berndt platen neben essen unnd drinken abgeschatzt – 14 ß
demselben auch abgeschatz. 8 höner
Johann schroder neben essen unnd drincken abgeschatzt – 1 rhtn – 14 ß
Berrndt bilefelt abgeschatzt – 1 rhl.
herman fischer neben essen unnd drincken, abgeschatzt – 14 ß
Clarsen .(A?)sseler abgeschatzt – 14 ß
Clarsen Ellers abgeschatz. 4 honer
Berndt Schnike abgeschatz. 2 honer
Summ. Caln. 21 rhtld. 26 ß
Schulten Monnikehoff kleider und leinengewandt, abgenhommend, welches geschatzt wirt uf – 5 rhtn.
Stinen Cramers abgeschatzt – 9 ß – 6 Pf
Clarsen Schroder neben essen und drincken einen schincken abgehnommen, welches er redimiert mit – 12 ß
Alken Johan abgeschlagen 3 höner, demselben auch etliche kleider genohmen, welche geschatzt uff – 1 rhtn.
herman Cüster neben essen und drincken abgeschatzt – 1 rhln – 21 ß
dem pastor neben essen und drincken, etliche leinengewandt auß dem wasser genohmen welches geschatzt wird uff – 1 rhtn – 14 ß
Didrich Cüster abgeschatzet – 5 ß
Fridtgerdt abgeschatzt – 6 ß
Deren Carpwalen dieser soldaten, damit sie noch den abendt wegk trocken, geben – 2 rhln – 14 ß
Verzeichnis des Schadens und Unkosten so spanische und staatische Kriegsleute den Saerbeckern zum Theil 1621 und 22 zugefuegt, September 1622 eingeschickt. Nordrhein-Westfälisches Staatsarchiv Münster: Fürstentum Münster, Landesarchiv-Militaria, Nr. 15, fol. 11, (Auszug).

Die Eigenbehörigen und ihre Grundherren

Jeder Hof hatte seinen eigenen Namen; Pächter oder Erben des Hofes nahmen dementsprechend Hof- bzw. Hausnamen an.[8] Der Großteil der Einwohner aus Wettringen waren Eigenbehörige. Sie gehörten unterschiedlichen Grundherren an, wie z.B. den Stiften Langenhorst, Metelen und Borghorst, dem Kollegiatstift St. Mauritz in Münster oder dem Margareten-Stift Asbeck. Einige waren dem Grafen zu Bentheim und Steinfurt eigenbehörig, andere gehörten zu Häusern aus dem ritterständischen Adel.[9]

Von freigebung eines kinds, so ein zwilling ist.
Wan Gott almechtig zwein eheleuten in einer gebuirt zwei kinder bescheren wurde, alss wirt gefragt, ob nit der guther das lestgepornes kind von den beiden frei zu lassen schuldig?
Drauf erkant:
Denselben aigenhorigen eheleuten, den Gott almechtig in einer gebuirt zwein kindern verliehnet, denen soll der guther das lestgeporenes kind umbsonst frei zu geben verhafft sein.
Landurteil des Gogerichts zum Sandtwell, B XI, 10, zit. nach Philippi, Westfälische Landrechte I, 1907, 62.

Besondere Abgaben an den Landesherrn

Zu den Abgaben und Diensten kamen Leistungen an den Grundherrn, die nur in besonderen Fällen zu zahlen waren: im Sterbefall, zur Hochzeit oder bei der Geburt eines Kindes, bei der Übernahme eines Hofes oder wenn man den Hof verlassen wollte.

Die Deventerfuhre

Wer zur Deventerfuhre verpflichtet war, hatte normalerweise ein Gespann mit acht Pferden zusammenzustellen und damit zweimal im Jahr nach Deventer zu fahren. Im Auftrag des Landesherrn bzw. des Grafen zu Steinfurt führte man auf dem Hinweg meist Korn in die Niederlande aus, auf der Rückfahrt lud man niederländische Waren.[10]

Auch der Vogt erhebt Ansprüche

Die Vögte konnten bestimmte Zuwendungen im Auftrag des Landesherrn beanspruchen. In Wettringen war dies der Schulte Frohhoff; auf diesem Hof hatte Georg Kockk (II) seit 1603 das Amt des Vogtes inne. Allerdings befand der Vogt die ihm zustehenden Leistungen eher als bescheiden, wie dies seiner spöttischen Bemerkung über sein Amt als „Vögt-Ämtlein" zu entnehmen ist.[11]

Was man auf dem Kerbholz hat

Die Feststellung, ob nun ein Dienst abgegolten war oder ob er verrechnet werden durfte, war nicht immer einfach. Für geleistete Dienste machten sich die Eingesessenen deshalb einen 'Merkzettel'. Im einfachsten Fall konnte dies ein Stück Holz sein, in das die erbrachten Dienste eingeritzt bzw. eingekerbt wurden. Mit dem „Kerbholz" konnten dann übers Jahr die so notierten Abgabe- und Dienstverpflichtungen abgerechnet werden.[12]

Die Ablösesummen sind nicht immer festgelegt

Es kam vor, daß man nicht genau wußte, wie hoch die Summe der Ablöse sein sollte. Dies geht aus einem Eintrag des Rentmeisters aus dem Amt Bevergern hervor, der in seinem Ein- und Ausgabenbuch von 1626 feststellte, daß, nachdem über die Höhe des Dienstgeldes keine Einigung bestand, einige der Dienstpflichtigen weder etwas gezahlt noch ihre Dienste abgeleistet hätten.

Abgabe- und Dienstzwang des Hofes Böwer

Was der Grundherr beansprucht

Der Eingesessene des Hofes Böwer, dessen Grundherrin die Äbtissin des Klosters Herford war, hatte jährlich „15 Scheffel Roggen, 15 Scheffel Gerste und 1 1/2 Schwein" nach Herford zu entrichten. Es war ihm erlaubt, die abzuleistenden Naturalien auch mit Geld zu erstatten. Ebenso hatte der Graf zu Steinfurt Rechte am Hof Böwer, die abgegolten werden mußten: „12 Scheffel Gerste und 1 Reichstaler 4 Schillinge Jahrgeld." Hinzu kamen diverse Dienste an den Grafen, wie die Fahrt nach Deventer. Mit einer entsprechenden Geldsumme, dem sogenannten „Deventergeld", konnte Böwer sich der Pflicht, nach Deventer zu fahren, entledigen. Dem Grafen standen sieben weitere Spanndienste des Bauern Böwer zu.

Die Steuern an den Landesherrn, den Zehnt an das Kloster

An den Landesherrn hatte „Bouwer" monatlich 1 1/2 Reichstaler Steuern zu zahlen. Das Kloster Langenhorst erhielt eine jährliche Zehntabgabe (für 1806/07 sind sieben Reichstaler 43 Stüber Garbenzehnt überliefert). Der Pfarrer zu Wettringen bekam vom Hof Böwer vier „Prävenbrote" von je einem halben Scheffel. Konnte es nicht geliefert werden, mußte jedes Brot mit acht Schillingen ersetzt werden, zuzüglich zweieinhalb Scheffel Meßkorn. Der Gottesmann durfte zudem pro Jahr zwei Spanndienste beanspruchen: einmal, um Gras zu fahren, das andere Mal, um Stroh zu transportieren. Allerdings mußte Böwer diesen Dienst nur auf das ausdrückliche Verlangen des Pfarrers leisten, handelte es sich doch dabei um einen sogenannten „Bittdienst".

Für die Armen

Einmal im Jahr zahlte Böwer an die Armen: nach Steinfurt 45 Stüber, nach Bentheim 37 1/2 Stüber (für 1729 überliefert).[13]

Sonderabmachungen komplizieren das Abgabesystem

Nach altem Herkommen

Besonderheiten aus 'altem Herkommen', manchmal auch durch unterschiedliche Konfessionszugehörigkeit begründet, komplizierten das Abgabensystem. So wurden z.B. die Spanndienste der Metelener und Langenhorster Eigenbehörigen, die in Wettringen saßen, nicht von ihrer Grundherrschaft beansprucht, sondern sie mußten direkt dem Bischof zu Münster abgeleistet werden.[14]
Eigenbehörige des Grafen zu Steinfurt entrichteten Abgaben und Dienste, die der Kirche zustanden, nicht dem Pfarrer in Wettringen, sondern an den Pfarrer und Küster in Ohne – vielleicht, weil die Reformierten aus Wettringen dort auch zum Gottesdienst gingen.[15]

Die St.-Pauls-Freien und ihr Wachdienst

Die „Sankt-Pauls-Freien"[16] von Wettringen standen in besonderer Weise

Der Geistlichen Und anderen Guethl. Eigen Dinstgeltz Was dern sich zu den newen dienstgelte Jedoch conditionaliter Eingelaßen, Und waß von den andern so dienstgelt von alters gegeben, deßen Empfangh so itzigen Michaelis 1626 Verschienen.
Ist hierbei zu wißen, obwoll andern Guetsherrn Leuts und an dieß Ambthauß DienstPflichtigen Vermögh Im Maio Als 617 empfangenen direction Und Befelchs nicht genugsamb erinnerungh Jenen Darauß ersprießliches nützbarkeiten, daß newen dinstgelts angemutet, so haben sie doch ohne Concert Ihren Guetherrn sich nicht einlassen willen, als zur notturft vferbottet worden Und ohn Diensten geleistet Wie die Monath Zetteln so eingesandt außweißen.
Bevergernische Rechenschaft de Anno 1626.
Buch des Rentmeisters, Amt Bevergern: Schatzungen, Brüchtengelder etc. Ausnahmen und Einnahmen. Saatsarchiv Münster: Fürstbistum Münster, Amt Rheine, Nr. 769, fol. 86.

unter dem Schutz des Kapitels. Sie hatten den Wachdienst an den Grenzen des Territoriums zu übernehmen,[17] waren aber von den üblichen Spann- und Botendiensten befreit. Als die St.-Pauls-Freien vom Rentmeister des Amtes Horstmar und dem Vogt von Wettringen mit den für fürstliche Eigenbehörige üblichen Abgabepflichten und Diensten belastet werden sollten und dies - trotz ihrer Einsprüche - durchgesetzt wurde, hatten sich Henderich F. Lucht, Herman Peltzer und Bernart Bardich an einen Notar beim Hofgericht in Münster gewandt. Dort wurden die Zeugenaussagen protokolliert, die den Sonderstatus der St.-Pauls-Freien beweisen sollten. Sie waren „mit keinen pflichten, herren dinste vnd beschwerungh" je belastet worden; zum einen, weil sie „St Pauls Apls frien" (St.-Pauls-Apostels-Freie) oder „Wachzinger" (Wachzinsige) sein, zum anderen, weil „sie up den Pastorien zue Wetterringe gründe sitzen: Dennen sie auch seinen dinst und Pachtungh geben müeßten." Ebenso wurde bestätigt, daß sie die Pflicht hatten, bei der Grenzbegehung, dem sogenannten Schnatgang, nur bis zum Wendepunkt der Kirchspielgrenze am Graven Stein mitzugehen bzw. bis zur ersten Landwehr im Kirchspiel. Wenn aber Grevener Markt und Münsteraner Sendt waren, dann, so die Zeugenaussagen, mußten die St.-Pauls-Freien zu Hause bleiben und an den Grenzbäumen Wache halten.[18]

Auffbohrung von Mager Holtzschultz Schwein welche nicht jahrlichs sundern über das Dritte Jahr bey verscheidener Guethern Leuthe dern Aigne auch Vorchin bey den Roggen Vermeldet Verschiermen Und in diesem 6. 6. 7 Höhe Empfangen Vund alhie berechnet.
Im Kerspell Sorbecke Summa Lat. Zwantzich sechs Mager Schwein – 26
Zu Greuen Und Hembergh 11 mag. Schwein
Summarium aller Mager Schweinen achtzighSechs Schweine, Wie nun dieselbe Wie oben im Titull Vermeldet in diesem
6 + 7 + 2 haben erhaben Vund Empfangen AchtzigSechs Schweine – 86
Aufzeichnung des Rentmeisters für das Jahr 1626, Amt Bevergern.
Staatsarchiv Münster: Fürstentum Münster, Amt Rheine, Nr. 769, fol. 58 und 59^{v}.

Das Mager Holtzschultz-Schwein

Der Grundherr hatte das Recht, Kühe, Pferde, Ziegen, Schafe oder Schweine bei den Eigenbehörigen in Obhut zu geben. Über ein Jahr hatte der Bauer das ihm überlassene Tier zu versorgen. Waren es Schweine, so wurden sie in die Mark bzw. in die Mast geführt. Das sogenannte Mager Holtzschultz-Schwein wurde drei Jahre bei unterschiedlichen Bauern untergebracht und aus der Mark bzw. dem Hochwald ernährt.[19]

Im Krieg haben die Bauern vorerst das Nachsehen

Der Prozeß der Verschuldung am Beispiel des Hofes Erling

Bauer Erling hatte mit Erlaubnis seiner Grundherrin, der Äbtissin aus Herford, 1593 einen zum Hof gehörigen abgelegenen Kamp über der Aa, den sogenannten Bettenkampf, an Ludolf Schmidt in Nienkerken (Neuenkirchen) verkauft, um mit dem Erlös das verfallene Haus seines Hofes wieder aufzubauen. Die Ausgaben für den Bau des neuen Hauses hatten die angenommene Summe überstiegen. Als er auch Ablösesummen von Verpflichtungen schuldig bleiben mußte, wuchsen die Schuldenlasten auf vierhundert Taler an. Zusätzlich geschädigt durch das „kriegsvolck" und nicht vorhersehbares „unwetter" mußten er und sein Hof in Armut verfallen. Er mußte einen Teil seiner Ländereien an andere Pächter abgeben, womit ihm weitere Einnahmequellen verloren gingen. Der Niedergang war vorprogrammiert. Um 1650 war der ehemals wohlhabende Hof wüst, das ehemals neu aufgebaute Haus verfallen.[20]

Söhne werden Soldaten

Die Söhne von Eingesessenen verließen meist den elterlichen Hof, um als

Knechte oder Gesellen zu arbeiten. In den Kriegszeiten ließen sich junge Männer, besonders wenn sich auch in den Städten keine Arbeit mehr bot, als Soldaten anwerben. Wer dem gefürchteten 'Kriegsvolk' beitrat und 'Landsknecht' wurde, konnte in Krisenzeiten im Heer besser sein 'Brot' als Söldner verdienen. Wer nicht nur als einfacher Soldat „zu fueß" sein Auskommen suchte, sondern als besser gestellter Reitersmann, der mußte allerdings finanzielle Mittel zur Verfügung haben, um die dafür notwendige Ausstattung aufbringen zu können.

Albert Thymann geht zu den Reitern

Albert Thymann aus Elte ließ sich 1621 als Reiter anwerben und ging in die Garnison nach Lingen. Pferd, Sattel und Waffe hatte der frisch geworbene Soldat selbst zu stellen. Um die notwendigen Utensilien zu finanzieren, zahlten ihm seine Eltern Bernd und Alken Thymann eine „Aussteuer" aus. Verwandte und Freunde halfen mit zusätzlichen Mitteln. Im Gegenzug verzichtete der angehende „Reuter" auf alle Erbansprüche, ein Verzicht, der auch notariell festgehalten wurde: „Unnd demnegst vor solche aufrustungh solten seine Eltern seinen Kindts theill, so Er oder seine Erben hi negst auf Thiemans Erbe zugewarten haben mochten, dagegen einbehalten, und niemande Jchtzwaß In klein oder groß nichts außbeschaiden In mehrers außgeben, Verrichten und bezahlen, sonder gl. Albertt Thieman vor sich, seinen Erben und Nachkommenden Verziegde, renuncijrde und thete gentzlich und zumahll einen abstandt von solchen Thiemans Erbe... nehmen".[21]

Landsknechte überfallen ein Haus
Jacques Callot (um 1592-1635)
Kupferstich
Rheine, Falkenhof-Museum
Foto: Karl-Heinz Wilp, Steinfurt

Wettringer werden 'spanische' Soldaten

In den Jahren 1619, 1622 und 1623 gingen einige Söhne von Eingesessenen aus Wettringen in den Soldatendienst. In einem Verzeichnis[22] ließ der Landesherr 1622/23 festellen, wer von seinen Untertanen in „ausländischen" Kriegsdiensten war. Ihn interessierte dabei, ob es Männer aus seinem Fürstbistum gab, die sich dem Herzog von Braunschweig unterstellt hatten oder sich in das Söldnerheer von Ernst von Mansfeld hatten anwerben lassen. Aus der Aufstellung läßt sich entnehmen, daß Armut und Arbeitslosigkeit entscheidende Kriterien waren, Soldat zu werden.

Gerdt des Cüsters Sohn zu Wellberg hat sich für ein Jahr ohngefehr, bey die staten in dienst begeben, Wobey Er Alnoch continuirt, ist sonst geringen Vermögenß.
Proz hat sich Henrich Oedingh für ein Jahr ohngefer zu Svoll in Kon Myth von Hispanien zum dinst ergeben zu fueß ist gar schlechten vermügenß.
unterzeichnet voin Adamus Ab Cick Pastor in Wellberg/Wetteringh
Arndt Piper ein arm Geselle etliche Jahr inß köningß dinst sich verhalten, sein Garnizun ist zu Oldensell,
Berndt Bardick ohngefehr vor ein Jahr in Koningß dinst zu fuß sich begeben, liggendt zu Ollensell, ist geringen Herkommens und Vermögenß.
Frederich Arlingk Henrik und Herman Sundorp in Churf. Dln dinst sich verhaltendt, unnd sein zimblichen Vermügens.
Johan Linnemeyer Und Herman Brinckschmitz schmide HandWerckeß Gesellen verholden sich in koningsdinst, Uind sein Vor anderhalb Jahr mit, nach der Pfaltz gezogen, liggen Under Rittmeister Schirck.
Johan Sundarp ligt zur Lage Under Mr Ketteler, Unnd ist ein armer gesell, Henrich Bischoven ligt für Soldat binnen Münster.
Datum Wetteringh, 622, Am 31 Martij Jorgen Cock Vogt
Verzeichnis aus dem Amt Horstmar über Soldaten in fremden Diensten. Nordrhein-Westfälisches Staatsarchiv Münster: Fürstentum Münster, Landesarchiv-Militaria, Nr. 18, fol. 276.

Doch in ein 'feindliches' Heer ließ man sich selten anwerben, die meisten gingen zu du Spaniern, nur der Sohn des Küsters diente bei den 'Staatischen': Arndt Piper, ein armer Geselle, ging in spanische Dienste und war in Oldenzaal, Berndt Bardick war ebenfalls in spanischen Diensten und in Oldenzaal stationiert, Friedrich Arlingk, Heinrik und Herman Sundorp ließen sich ins Heer der Liga anwerben. Sie waren die einzigen, die, so heißt es, "zimblichen Vermügens" sind. Johan Linnemeyer und Herman Brinckschmitz, Schmiedehandwerksgesellen, dienen dem spanischen König unter Rittmeister Schick, und sie waren zum Zeitpunk der Befragung in der Pfalz stationiert. Johann Sundarp und Heinrich Bischoven waren im Fürstbistum Münster, der eine diente unter Marschall Ketteler, der andere war in der Stadt Münster. [23]

Kontributionen und Einquartierungen belasten die Bevölkerung

Die Städte versuchen, sich zu verweigern

Als Ferdinand von Bayern zum Schutze seines Fürstbistums die Unterstützung des ligistischen Heeres anforderte, erhoffte er sich den Schutz seines Landes. Doch Graf Anholt konnte das feindliche Kriegsvolk vorerst nicht an seinen Durchzügen hindern.
Einer der Gründe, so der Graf in seinem Bericht an den Kurfürsten im Januar 1623 ,[24] war die Weigerung der Städte im Fürstbistum Münster, seine Soldaten aufzunehmen und ihnen Quartier zu bieten (Münster und Coesfeld waren von der Einquartierung befreit worden. Die Aufnahme verweigerten Ahlen, Beckum, Borken, Borkholt, Dülmen, Haltern, Rheine, Vreden und Warendorf).

Die Städte fürchteten um ihren Handel mit den Niederlanden

Die Weigerung der Städte resultierte aus der Sorge, eine so große Zahl von Soldaten nicht in der Stadt ernähren zu können. Zudem befürchteten sie, mit der Aufnahme der katholischen Soldaten ihre neutrale Haltung gegenüber den niederländischen Generalstaaten unglaubwürdig zu machen und damit die Handelsgeschäfte zu gefährden. Auch war die städtische Oberschicht der sich verweigernden Orte oft mit niederländischen Familien verwandtschaftlich verbunden. Außerdem war ein Großteil dieser Oberschicht protestantisch und sah schon aus diesem Grunde keinen Anlaß, die ligistischen Kompanien aufzunehmen.

Die Steuererhebungen lösten Unwillen aus

Die zusätzlichen Steuererhebungen, die ausschließlich für den Unterhalt der Kaiserlichen verwendet werden sollten, hatten den Unwillen der Städte im Fürstbistum Münster verstärkt. Man sah deshalb keine Veranlassung, zusätzlich noch die Belastungen einer Einquartierung von Soldaten

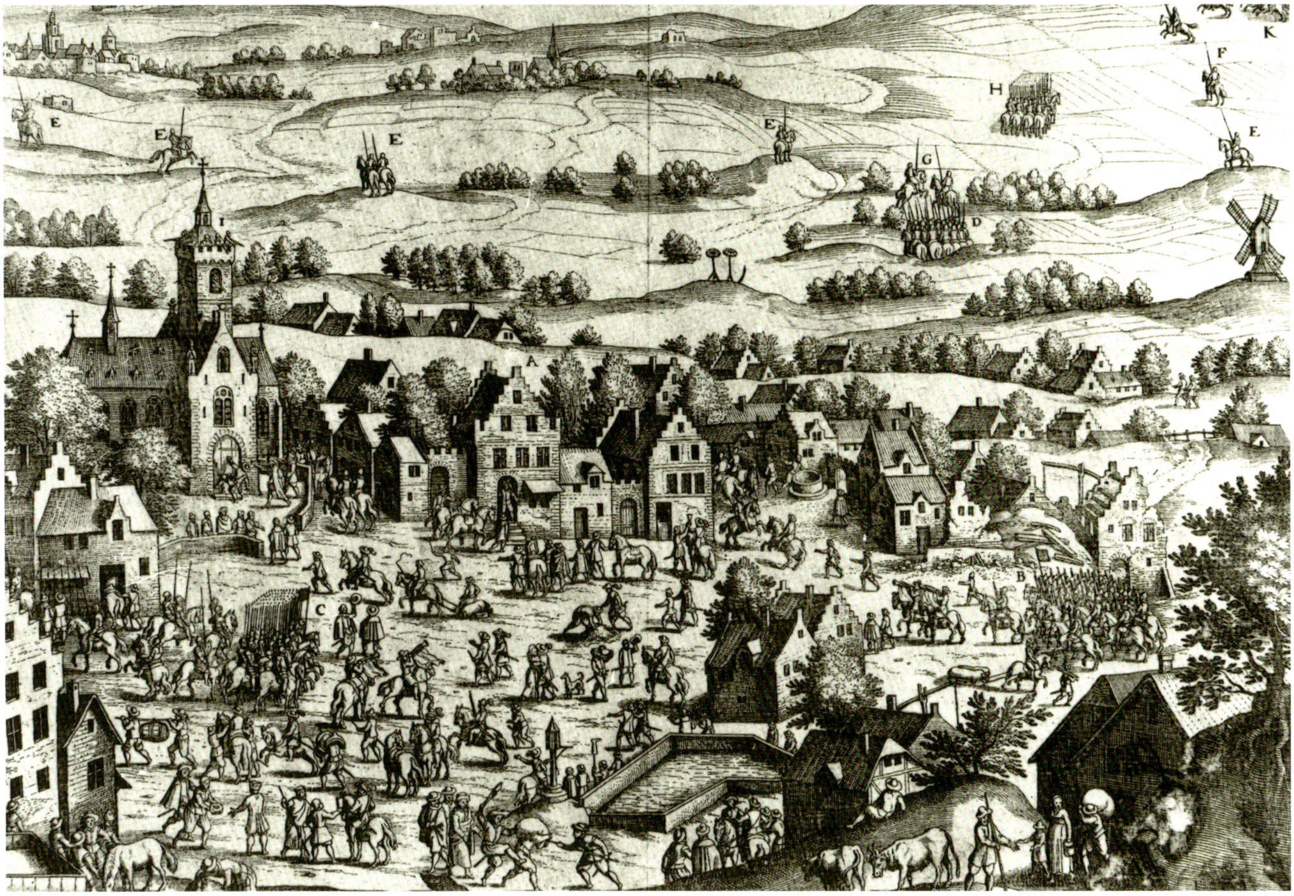

Einquartierung, um 1623
Kupferstich
C. Melzo, KriegsRegeln. Wie eine Reuterey zu regieren, Frankfurt a. Main: Kaspar Rödel, 1624
Wolfenbüttel, Herzog August Bibliothek

zu tragen. Dies galt umso mehr, als die Mittel für den Schutz der Stadt selbst aufgebracht werden mußten. Die Städte argumentierten dementsprechend, daß man selbst keine 'fremde' Verteidigung benötigte. Diejenigen aber, die durch die fremden Soldaten beschützt werden sollten, müßten auch die Kosten der Einquartierung tragen. Die städtische Bürgerschaft verwies mit diesem Argument auf die Landstände.[25]

Die Städte rüsten sich

Die abweisende Haltung der Städte gegenüber dem Einquartierungsbefehl erfolgte durchaus im Bewußtsein einer Gehorsamsverweigerung. Man wußte, daß man damit eine Belagerung durch die Anholtschen Regimenter provozierte. Die Handelsstadt Rheine bereitete sich dementsprechend vor und erließ eine Ausfuhrsperre der wichtigsten Grundnahrungsmittel: „in ansehung dieser hohen gefährlichen Zeitt sonderlings weill die pässe bereits geschlossen, daß den Embbstweg hinauff nichen [nichts] mehr angebracht werden khann auff vorgehabten rhatt concludirt [beschlossen] , daß keine wahren alß botter khese roggen gerste salt und dergleichen auß der Statt Rheine geführt sonder beß auff ferneren verordnungen in d. Statt gelasen werden sollen. Welches einen jed bürgeren bei verlust seiner burgerschafft anbefohlen.[26]

Statt aufrichtigem Dank nur „trotzige Worte“

Dem Beispiel folgend, weigerten sich nicht nur „vornehme Städte“, Soldaten aufzunehmen, sondern auch die „kleinsten Flecken“, wie Metelen, Stadtlohn oder Ottenstein, und dies, obwohl ein kaiserliches „Patent“ die Untertanen des Fürstbistums zur Unterstützung anwies. Man empfing, so klagte der Graf dem Kurfürsten, nur „trotzige Worte“ und ging sogar so weit, auf seine Soldaten zu schießen.[27] Die Regimenter verstreuten sich weit verteilt auf dem Lande und hielten sich in den Dörfern und Bauer-

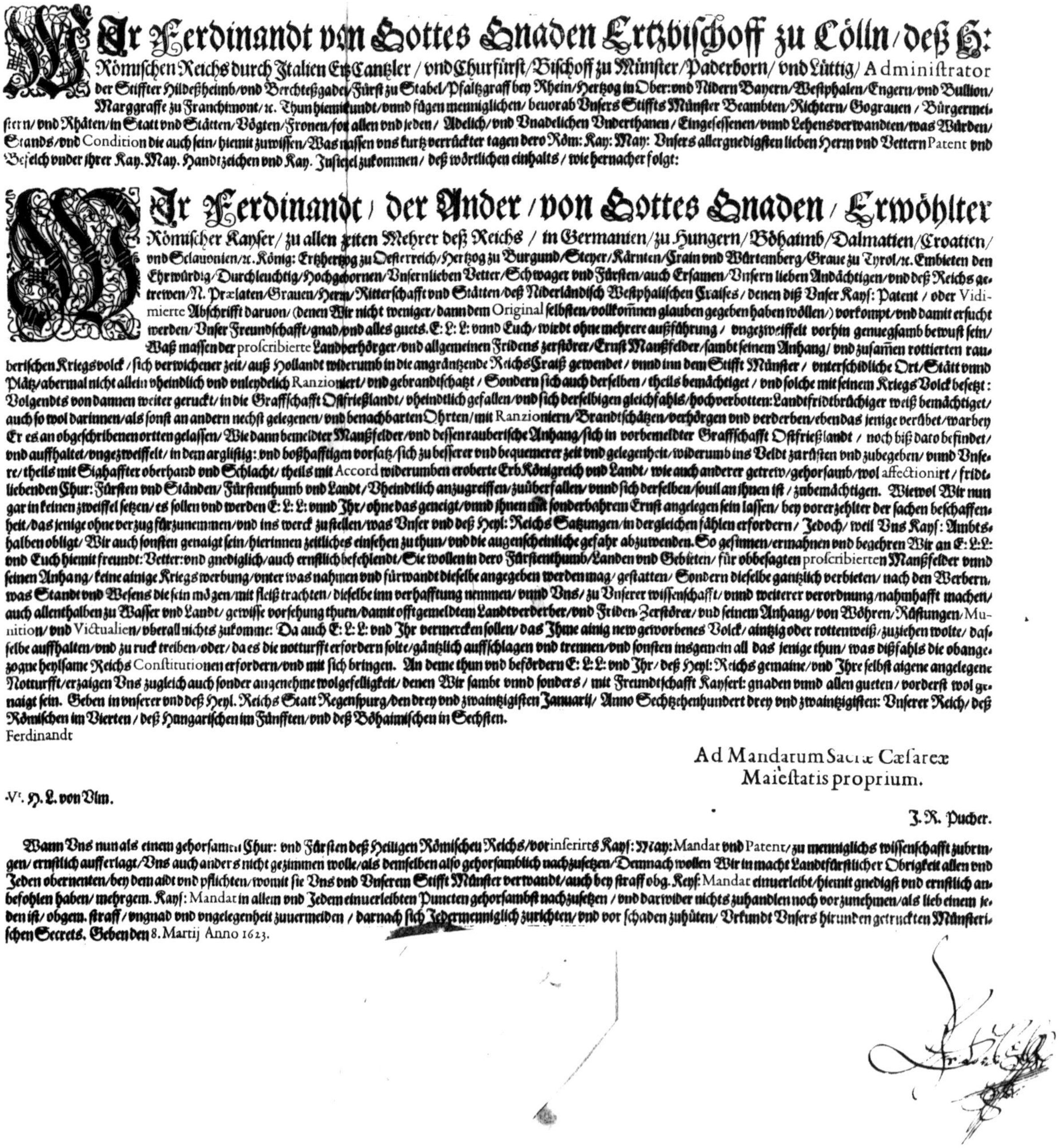

Wir Ferdinandt von Gottes Gnaden Ertzbischoff zu Cölln/ deß H: Römischen Reichs durch Italien Ertz Cantzler / vnd Churfürst/ Bischoff zu Münster/ Paderborn/ vnd Lüttig/ Administrator der Stiffter Hildeßheimb/ vnd Berchteßgaden/ Fürst zu Stabel/ Pfaltzgraff bey Rhein/ Hertzog in Ober: vnd Nidern Bayern/ Westphalen/ Engern/ vnd Bullion/ Marggraffe zu Franchimont/ ꝛc. Thun hiemit kundt/ vnnd fügen menniglichen/ beuorab Vnsers Stiffts Münster Beambten/ Richtern/ Gograuen / Bürgermeistern/ vnd Rhäten/ in Statt vnd Stätten/ Vögten/ Fronen/ for allen vnd jeden/ Adelich/ vnd Vnadelichen Vnderthanen / Eingesessenen/ vnnd Lehensverwandten/ was Würden/ Stands/ vnd Condition die auch sein/ hiemit zuwissen/ Was massen vns kurtz verrückter tagen dero Röm: Kay: May: Vnsers allergnedigsten lieben Herrn vnd Vettern Patent vnd Befelch vnder ihrer Kay. May. Handtzeichen vnd Kay. Insiegel zukommen/ deß wörtlichen einhalts / wie hernacher folgt:

Wir Ferdinandt / der Ander / von Gottes Gnaden / Erwöhlter Römischer Kayser/ zu allen zeiten Mehrer deß Reichs / in Germanien/ zu Hungern/ Böhaimb/ Dalmatien/ Croatien/ vnd Sclauonien/ ꝛc. König: Ertzhertzog zu Oesterreich/ Hertzog zu Burgund/ Steyer/ Kärnten/ Crain vnd Würtemberg/ Graue zu Tyrol/ ꝛc. Embieten den Ehrwürdig/ Durchleuchtig/ Hochgebornen/ Vnsern lieben Vetter/ Schwager vnd Fürsten/ auch Ersamen/ Vnsern lieben Andächtigen/ vnd deß Reichs getrewen/ N. Prælaten/ Grauen/ Herrn/ Ritterschafft vnd Stätten/ deß Niderländisch Westphalischen Craises / denen diß Vnser Kays: Patent / oder Vidimierte Abschrifft daruon/ (denen Wir nicht weniger/ dann dem Original selbsten/ volkommnen glauben gegeben haben wöllen/) vorkompt/ vnd damit ersucht werden/ Vnser Freundschafft/ gnad/ vnd alles guets. E: L: L: vnnd Euch/ wirdt ohne mehrere außführung / vngezweiffelt vorhin genuegsamb bewust sein/ Waß massen der proscribierte Landverhörger/ vnd allgemeinen Fridens zerstörer/ Ernst Manßfelder/ sambt seinem Anhang/ vnd zusamen rottierten rauberischen Kriegsvolck / sich verwichener zeit/ auß Hollandt widerumb in die angräntzende Reichs Craiß gewendet / vnnd inn dem Stifft Münster / vnterschidliche Ort/ Stätt vnnd Plätz/ abermal nicht allein vheindlich vnd vnleydelich Ranzioniert/ vnd gebrandtschatzt / Sondern sich auch derselben / theils bemächtiget / vnd solche mit seinem Kriegs Volck besetzt: Volgendts von dannen weiter geruckt/ in die Graffschafft Ostfrießlandt/ vheindtlich gefallen/ vnd sich derselbigen gleichfahls/ hochverbotten: Landtfridtbrüchiger weiß bemächtiget/ auch so wol darinnen/ als sonst an andern nechst gelegenen/ vnd benachbarten Ohrten/ mit Ranzionieren/ Brandtschätzen/ verhörgen vnd verderben/ eben das jenige verübet/ warbey Er es an obgeschribenen ortten gelassen/ Wie dann bemeldter Manßfelder/ vnd dessen rauberische Anhang/ sich in vorbemeldter Graffschafft Ostfrießlandt / noch biß dato befindet/ vnd auffhaltet/ vngezweiffelt/ in dem arglistig: vnd boßhafftigen vorsatz/ sich zu besserer vnd bequemerer zeit vnd gelegenheit/ widerumb ins Veldt zurüsten vnd zubegeben/ vnnd Vnsere/ theils mit Sighaffter oberhand vnd Schlacht/ theils mit Accord widerumben eroberte Erb Königreich vnd Landt/ wie auch anderer getrew/ gehorsamb/ wol affectionirt / fridtliebenden Chur: Fürsten vnd Ständen/ Fürstenthumb vnd Landt/ Vheindtlich anzugreiffen/ zuüberfallen/ vnnd sich derselben/ souil an jhnen ist / zubemächtigen. Wiewol Wir nun gar in keinen zweiffel setzen/ es sollen vnd werden E: L: L: vnnd Ihr/ ohne das geneigt/ vnnd jhnen mit sonderbahrem Ernst angelegen sein lassen/ bey vorerzehlter der sachen beschaffenheit/ das jenige ohne verzug fürzunemmen/ vnd ins werck zu stellen/ was Vnser vnd deß Heyl: Reichs Satzungen/ in dergleichen fählen erfordern / Jedoch/ weil Vns Kays: Ambtshalben obligt/ Wir auch sonsten genaigt sein/ hierinnen zeitliches einsehen zu thun/ vnd die augenscheinliche gefahr abzuwenden. So gesinnen/ ermahnen vnd begehren Wir an E: L: L: vnd Euch hiemit freundt: Vetter: vnd gnediglich/ auch ernstlich befehlendt/ Sie wollen in dero Fürstenthumb/ Landen vnd Gebieten/ für obbesagten proscribierten Manßfelder vnnd seinen Anhang/ keine ainige Kriegswerbung/ vnter was nahmen vnd fürwandt dieselbe angegeben werden mag/ gestatten/ Sondern dieselbe gantzlich verbieten/ nach den Werbern/ was Standt vnd Wesens die sein mögen/ mit fleiß trachten/ dieselbe inn verhafftung nemmen/ vnnd Vns/ zu Vnserer wissenschafft/ vnnd weiterer verordnung/ nahmhafft machen/ auch allenthalben zu Wasser vnd Landt/ gewisse vorsehung thuen/ damit offtgemeldtem Landtverderber/ vnd Friden Zerstörer/ vnd seinem Anhang/ von Wöhren/ Rüstungen/ Munition/ vnd Victualien/ vberall nichts zukomme: Da auch E: L: L: vnd Ihr vermercken sollen/ das Ihme ainig new geworbenes Volck/ aintzig oder rottenweiß/ zuziehen wolte/ dasselbe auffhalten/ vnd zu ruck treiben/ oder/ da es die notturfft erfordern solte/ gäntzlich auffschlagen vnd trennen/ vnd sonsten insgemein all das jenige thun/ was dißfahls die obangezogne heylsame Reichs Constitutionen erfordern/ vnd mit sich bringen. An deme thun vnd befördern E: L: L: vnd Ihr/ deß Heyl: Reichs gemaine/ vnd Ihre selbst aigene angelegene Notturfft/ erzaigen Vns zugleich auch sonder angenehme wolgefelligkeit/ denen Wir sambt vnnd sonders / mit Freundtschafft Kayserl: gnaden vnnd allen gueten / vorderst wol genaigt sein. Geben in vnserer vnd deß Heyl. Reichs Statt Regenspurg/ den drey vnd zwaintzigisten Januarij/ Anno Sechtzehenhundert drey vnd zwaintzigisten: Vnserer Reich/ deß Römischen im Vierten / deß Hungarischen im Fünfften/ vnd deß Böhaimischen in Sechsten.

Ferdinandt

Ad Mandatum Sacræ Cæsareæ Maiestatis proprium.

Vt. H. L. von Vlm.

J. R. Pucher.

Wann Vns nun als einem gehorsamen Chur: vnd Fürsten deß Heiligen Römischen Reichs/ vor inserirts Kays: May: Mandat vnd Patent/ zu menniglichs wissenschafft zubringen/ ernstlich aufferlagt/ Vns auch anders nicht gezimmen wolle/ als demselben also gehorsamblich nachzusetzen/ Dennach wollen Wir in macht Landtsfürstlicher Obrigkeit allen vnd Jeden obernenten/ bey dem aidt vnd pflichten/ womit sie Vns vnd Vnserem Stifft Münster verwandt/ auch bey straff obg. Keys: Mandat einuerleibt/ hiemit gnedigst vnd ernstlich anbefohlen haben/ mehrgem. Kays: Mandat in allem vnd Jedem einuerleibten Puncten gehorsambst nachzusetzen / vnd darwider nichts zuhandlen noch vorzunehmen/ als lieb einem jeden ist/ obgem. straff / vngnad vnd vngelegenheit zuuermeiden / darnach sich Jedermenniglich zurichten/ vnd vor schaden zuhüten/ Vrkundt Vnsers hierunden getruckten Münsterischen Secrets. Geben den 8. Martij Anno 1623.

Kaiserliches Mandat vom 23. Januar 1623 mit Zusatz des Kurfürsten zu Köln vom 8. März 1623.
Münster, Nordrhein-Westfälisches Staatsarchiv

schaften schadlos. Graf Anholt, so sein Bericht an den Kurfürsten, konnte aufgrund dieser großflächigen Verteilung die notwendige Disziplin in seinen Truppen nicht mehr halten.[28]

Die Kaiserlichen gegen die Untertanen

Anstatt gegen das Söldnerheer des Mansfelders mußte die Liga erst gegen die Städte vorgehen. Ende Februar 1623 konnte der Widerstand Ahlens gebrochen werden, danach rückte man gegen Rheine vor und besetzte die Stadt anschließend mit drei Kompanien. Von beiden Seiten der Ems hatte man sie mehrere Tage belagert und beschossen. Daß sich unter dieser Form des 'Schutzes' bei der Bevölkerung der Eindruck festsetzte, Graf Anholt würde mit seiner „soldateska" dem Land mehr schaden, als dies der gefürchtete Halberstädter je zu wege gebracht hätte, war nicht verwunderlich.[29]

Die kleineren Orte können sich nicht wehren

Ein Ort wie Ochtrup hatte von Anfang an wenig Möglichkeiten, sich gegen einen Einquartierungsbefehl zu wehren. Zum Schutze Ochtrups hat-

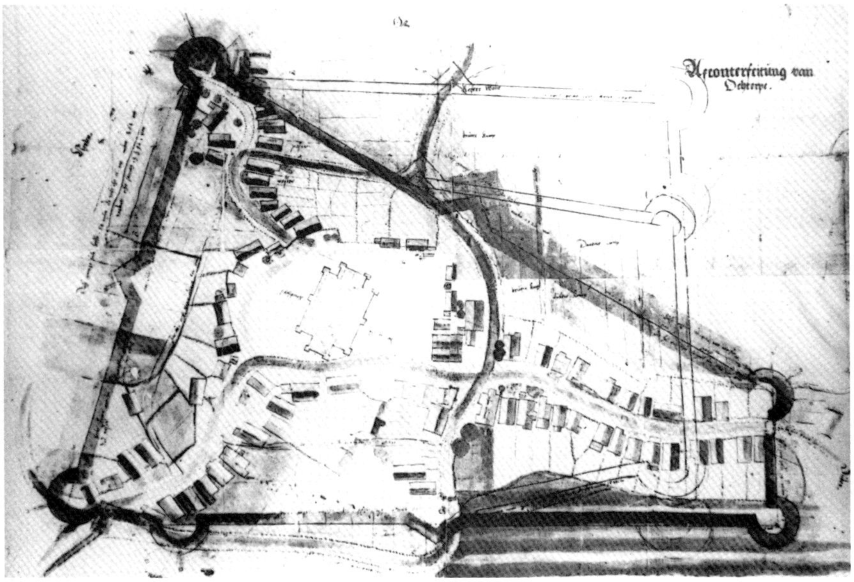

Ufconterfeitung van Ochterpe. Plan der Befestigung von Ochtrup, 1593
Zeichnung, aquarelliert
Münster, Nordrhein-Westfälisches Staatsarchiv

te der Landesherr die „Uffwerffungh eines Walles zu Verthedigungh der Weiber, Khynder, und ander Armut genedichlich vergunstiget und zugelaissen",[30] und der um den Kirchhof mit seinen anliegenden Häusern entstandene Verteidigungsring bot auch eine gewisse Sicherheit vor Überfällen, doch anders als Rheine hätte Ochtrup einer Belagerung in keinem Falle nur einen Tag standgehalten. Dies wäre schon allein deshalb nicht möglich gewesen, weil es in Ochtrup nicht ausreichend Männer gab, die die Wälle besetzt gehalten hätten. So hatte Ochtrup im November 1622 die eingelagerten Wintervorräte an die Soldaten des Mansfeldschen Heeres auf ihrem Weg von Bergen op Zoom ins Winterquartier

nach Ostfriesland verloren. Was nicht freiwillig hergegeben worden war, hatte man gewaltsam entwendet.
Das ausgeplünderte Ochtrup hatte, kaum waren die Mansfelder abgezogen, eine Kompanie zu Fuß aus dem Stiftsheer unter der Führung des Hauptmanns Melchior von Plettenberg aufzunehmen. Einhundertneunzig

Landsknechte vor einer Stadt
Cornelis de Wael (1592-1667)
Ölgemälde
Braunschweig, Herzog Anton Ulrich-Museum
Foto: Museumsfoto B. P. Keiser

Im Vordergrund ein schneebedeckter Weg, der zu einer gut geschützten Stadt führt, deren Haupttor offen steht. Soldaten mit Kühen, Schweinen und Schafen stehen in einer langgezogenen Schlange, die bis zum Tor reicht. Die Männer wirken unentschlossen und planlos. So, als ob sie, von der Winterkälte überrascht, auf der Suche nach Quartier sind. Die Einwohner der Stadt, so hat man den Eindruck, haben den Ort verlassen.

Mann nahmen im Kirchspiel Quartier.[31] Neben diesen 190 Soldaten mußte auch die Begleitung versorgt werden, allein der Hauptmann führte 18 Personen und 14 Pferde mit sich.
Dabei hatte man auch in Ochtrup bereits zusätzliche Steuern leisten müssen. Jede Familie bzw. Feuerstätte hatte seinen Obolus entrichtet, so daß im Amte Horstmar insgesamt über 4.000 Reichstaler zusammengekommen waren.[32]

Der strenge Winter 1623

Der Mangel an Lebensmitteln war im Winter 1623 besonders groß, wozu auch die besonders eisige Kälte beitrug. Die halberfrorenen und hungrigen Soldaten nahmen sich mit Gewalt, was ihnen freiwillig nicht gegeben wurde. Dies konnten auch die Aufrufe der Heeresführung zu Disziplin und Ordnung nicht verhindern.

Das Recht der Soldaten auf Versorgung

Zu einem Regiment gehörten Schmiede und Sattler, Quartiermeister und Trompeter (die einzelnen Gruppen sind in der Zusammenstellung aufgeführt). Je nach Stellung erhielten sie ihre Rationen. Einem Hauptmann des ligistischen Heeres standen nach der Ordonnanz des Grafen von Tilly täglich zwanzig Pfund Brot zu (wobei die Brote auf die achtzehn Personen, die zu seinem Troß gehörten, verteilt werden mußten). An Fleisch hatte er zwölf Pfund zu beanspruchen, dazu sechzehn Liter Bier und vier Liter Wein, zwei Hühner und ein halbes Schaf oder ein halbes Kalb. Für das einfache „fußvolck" dagegen gab es täglich ein zweipfündiges Brot, eineinhalb Pfund Fleisch und zwei Maß (Liter) Bier pro Soldat.

Das Ranzionieren

Führer wie einfache Soldaten waren neben ihrer Verpflegung vor allem an Geld interessiert. Soldaten ließen sich die tägliche Ration von Brot und Fleisch von den Eingesessenen gerne in 'barer Münze' auszahlen, besonders da ihr wöchentlicher Sold von einem bis eineinhalb Reichstaler nicht selten auf sich warten ließ. Eine Form der Geldbeschaffung war das „Ranzionieren": Soldaten stahlen das Vieh, um es sich von den Bauern wie-

	Brot Pfd.	Fleisch Pfd.	Wein Maß/l	Bier Maß/l	Huhn	Schaf	Kalb
Obrist	40	30	8	30	4	1 oder	1
Obr.Leutn.	25	20	6	20	3	1/2 o.	1/2
Wacht-Quart. meister	10	6	2	10	-	1/4 o.	1/4
Schuldeßten?	10	6	2	10	-	1/4 o.	1/4
Prov.meister	6	3	-	6	-	-	–
Wagenmeister	6	3	-	6	-	-	–
Caplain	4	2	1	2	-	-	–
Sekretär	4	2	1	2	-	-	–
Prof.d.Tages	10	6	2	10	-	1/4 o.	1/4
Prof.Leutn.	4	3	-	3	-	-	–
Gwalter	4	3	-	3	-	-	-
Stockmeister	3	1 1/2	-	2	-	-	-
Trabanten	2	1 1/2	-	2	-	-	-
Compagnie zu Fuß							
Hauptmann	20	12	4	16	2	1/2 o.	1/2
Leutnant	10	6	2	10	-	1/4 o.	1/4
Fähnrich	10	6	2	10	-	1/4 o.	1/4
ref. Leutnant	6	3	1	4	-	-	-
ref. Fähnrich	6	3	1	4	-	-	-
Feldwebel	6	4	-	6	-	-	-
Trabant	2	1 1/2	-	2	-	-	-
Gwältiger	4	2	-	3	-	-	-
Caperall	4	2	-	3	-	-	-
Führer	4	2	-	3	-	-	-
Furier	4	2	-	3	-	-	-
gem. Webel	4	2	-	3	-	-	-
Gefreiten	3	1 1/2	-	2	-	-	-
Knecht in der Musterung	2	2	-	2	-	-	-

Schulte von horstell seine Pferde und Köhe geratzaunet mit 110 Rthlr. 25 Schweine abgeschlachtet, Einhundert schafe abgenommen fünf yme ausgestoßen, Bedde und Kleider abgeraubt, fünf fohder Roggen abgedroschen, gerste und Haber verdorben und zertreten heu mitgenommen taxirt seinen Schaden geringh genugh auf 344 Rthlr.
Groethauß vier Pferde, Eine Kohe, hundert schafe, 14 Schweine, sieben yme abgenommen, sein Erbhauß mit aller andern zimmerten Backhauß, scheune, schaafstall, Ymeschuer verbrandt, Kleider mitgenommen taxirt den schaden linderlich genugh auf 1000 [...]
Schaden des Schulten von Hörstel im Kirchspiel Riesenbeck. Bericht des Gografen, zit. n. Tophoff II (1853), 350.

Zusammengestellt aus „Ordnung für die Officiers und gemeinenn was ihnen an Speis- Trank, Fourage täglich gegeben werden solle" mit besonderer Berücksichtigung des Regiments und einer Kompagnie zu Fuß, aus dem Jahre 1623.
Nordrhein-westfälisches Staatsarchiv Münster: Fürstentum Münster, Landesarchiv-Militaria, Nr. 20, fol. 2 – 3 und Nr. 291 o.f.

Nach dem Veldmarschalckh Graven vo Anholdt ertheilte Ordinantz
Uff einer Compagnia

Rittmeister	24
Leutenantt	12
Cornet	10
Quartiermeister	3
3 Corporal ieder 4	12
Musterschreiber	2
2 Trompeter, ieder 2	4
Veldherer	2
Fahnenschmitt	2
Sattler	2
Plattner	2
86 Reutter ider 1 1/2	129
Uff 100 Pferdt, einen ieden für haber und Hew 1 1/3	150
Uff der Officirer 29 Bagage Pferdt, iedem für Haber Unndt Hew 1	29
Uff die Compagnia 25 Bagage Pferdt, iedem für Haber unnd Hew 1	25
Summa wochentlich uff eine Compagnia	408 Rthl.
thut 1 Woche uff 5 Compagnia	2040 Rthl.
Vom 12 Novembris biß uff den 12 Decembris sein 4 Wochen undt 3 tag thut uff 5 Compagnia	90334 Rthl. 8 ß

Ordinants des Feldmarschalls Graf von Anholdt. [Dezember 1623]
Nordrhein-westfälisches Staatsarchiv Münster: Fürstentum Münster, Landesarchiv-Militaria, Nr. 291.

[...] dan soll jedem Obristen zu fueß passirt werden

	16 Pferdt
dem Obristen Leutenandt	12
dem Wachtmeister	8 Pferdt,
und da Er zugleich Hauptmann noch 2 thutt	10
Jmgleichen dem Quartiermeister, van er Haubtman ist,	8
und auf sein befehl noch zwei thutt	10

Imfall Er aber nit Hauptman, werden Ime mehr nit, alß nur 4 Pferdt passirt

dem Schuldeß	4 pferdt
dem Proviandtmeister	2
dem Caplan	1
dem Wagenmaister	1
dem Profasten	1
seinem Leutenandt	1
dem Verwaltiger	1

Ordnung für die Officiers und gemeinenn was ihnen an Speis- Trank, Fourage täglich gegeben werden solle.
Nordrhein-Westfälisches Staatsarchiv Münster: Fürstentum Münster, Landesarchiv-Militaria, Nr. 20 fol. 3.

Kerspell Salzbergen, den 18. Sept. verzeichnet
Zu wissen, daß zu Saltzbergen im Amte Rheine, alß die Lager von Herrn Grafen von Tyli und von Anholt bei Rheine gelegen, Alles verheret und verdorben also daß die armen Unterthanen an Korn, Viehe und sonsten nichts behalten sondern zur äussersten Armodt gerhaten – Und ist die Kirch zu Saltzberg geplündert, alle Kirchenzyradt als Kelch, Monstranz, Missewandt und Missebuecher, Röcheln, Herrn Pastors Rock und alles andere mit gewalt wegkgenommen. Kisten und Kasten, so in der Kirchen gestanden, darin die armen Leute etwas verborgt, in stücken geschlagen und Alles daraus genommen, und ganz und gahr, wie der augenschein gegeben, verwöestet, und wirt solcher Kirchenschaden auf geldt nicht taxirt.
Zudem ist wolEdlen Dietherichen Mordien zum Stöver daselbst zu Salzbergen sein Adliches hauß zum Stöver geplündert, ermelten Jonkherr Dietrichen Mordien jemmerlich durch den rechten Arm geschossen, daß er zeithero gantz krank und betlagerich gewesen, wie noch, So ist Einer von den Knechten darunter thodt geschoßen und drei Knechte groblich verwundet und wölle ein wohl Edl. den Schaden nicht erleiden für 1000 Rthlr. [...]
Und da In, als die beiden Lager aufgezogen gewesen, noch ethwaß übrigh geplieben wehre, wehre solches folgents von den Anholtschen Kriegsleuthen, die weil daß Anholtische Lager in der Grafschaft Bentheim und sonsten in der Nähe geplieben, angeholet worden. also das nichts verplieben, sondern ein jeder zur äussersten Ungelegenheit und Armsehligkeit gerhaten, eß wehre daß Einer oder ander etwa eine Kohe oder Pferdt verbergt gehalten hatte – Und nach dem Im Kerspell Saltzbergen zwei und vierzig Erbleute und ellfen halbe Erbe und ungefähr fünfzig Kotten und Brinkligger minder oder mehr vorhanden, und da kein Erbmann er hette woll dreihundert Reichstaler schaden erlitten, und da Ihr etliche wenige sein möchten, welche weniger schaden gehabt hätten so wehren dagegen viele Erbmänner, so vier- fünf- oder sechshundert Rth. wie der obgemeldete Schulte Schwenningk Ellfhundert Schaden erlitten und sonsten die halben Erbe, Kotten und brinkligger noch advenant, so würde der schaden des Kerspels Saltzbergen, außgeschlossen der Kirchen daselbst und ehergemeltes Mordinnsschade, linderlich taxirt auf achtzehntausend 18,000 Rthlr.
Summarum des Rheinischen Gogerichts-Kriegsschaden facit Neutzig acht tausend Siebenhundert zwanzig drey Rthl. 98723 Amt Rheine 112,223
Ausschnitt aus Bericht des Gorichters zu Rheine für das Kirchspiel Salzbergen, Amt Rheine. 18. September 1623. Vollständig abgedruck in: Tophoff II 1853, 347-348.

[...]
6. Alß uns auch wegen anstellungh starker jagten, weingeläge, gastereien einlad- Umbfhur- und Verpflegungs frembder zur Armee nicht gehöriger personen, Übermeßigen gesindes, weiber, jungen, Pferden und dergleichen viellfaltige clagten vorkommen, so sollen dieselben hiemit ganz und gar abgeschafft, auch die bürger und Underthanen nicht schuldig sein, für mehr persohnen und pferde, als in der Musterrolle passirt, und Innen vermogs derselben zugelegt, die notturfft zu verschaffen, inmassen sie auch nicht gehalten sein sollen, den Officyren, Reutern und soldaten wann sie außerhalb Irer garnisonen gebraucht werden, und anderswo Ire verpflegung haben, solche Zeitt, über alßlangh sie aberesigh, Ir zugelegtes tractament zu reichen und dha sie darüber genöttigt sollen die thäter der gebür und ernstlich deswegen bestrafft werden.
7. So sollen auch die Gotteshäuser, Stifft- Clöster-Kirchen adliche und andere häuser, vort alle und jede Underthanen geist- und weltlichen Standes, vom Überfall, raub, plündern und andern ohnziembligen exactionen, zumahle befreiet und dieselben, so sich dagegen vergriffen, mit scharpfer straff belegt werden.
Auszug aus dem Befehl Graf Tillys mit insgesamt 10 Artikeln. Hersfeld, 22. Dezember 1623. Zit. n. Tophoff II 1853, 353-354.

der abkaufen zu lassen. Aus ihrer Sicht war es eine Beschlagnahme für nicht geleistete Abgaben, die ihnen rechtmäßig zustanden. Der Preis für eine Kuh wurde am Anfang des Krieges mit acht Reichstalern berechnet. Oft kam es vor, daß für dieselbe Kuh mehrmals Auslöse verlangt wurde.

Die halbherzigen Verbote der Heeresführer

Die Heeresführer versuchten, wenigstens pro forma, die 'Selbstbedienung' der Soldaten einzuschränken. So forderte z.B. der gefürchtete Mansfelder, dessen Leute im Niederstift Münster ausschwärmten und dort die „armen Haußleutt betrangen" (bedrängten), dies zu unterlassen. Ein Befehl gleichen Inhalts erließ Graf von Anholt, der dabei genau aufzählte, was sie sich als Grundausstattung von den Leuten nehmen durften. Tatsächlich gehörte das Ausplündern und 'Ranzionieren' zum Soldatenalltag und war fester Bestandteil innerhalb der Heeresfinanzierung. Das „außleufen von keyserschen, hispanischen, statischen, mansfeldern und etlichen andern, welche sich auch ohn diensten zusammen rotten"[34], gehörte im Winter 1623 und noch vielen der folgenden Winter deshalb auch zum Alltag der betroffenen Bevölkerung.

Die Untertanen geraten in Armut

Unabhängig davon, ob es sich nun um Einquartierungen oder Kontributionszahlungen handelte, in allen die Versorgung der Soldaten betreffenden den Schreiben finden sich Hinweise, daß die Menschen um ihre Existenz gebracht wurden.[35] So befürchtet Graf Wilhelm von Steinfurt, daß „alle meine underthanen verlauffen, oder in gar zum bettelstab allesampt geraten",[36] und auch von Ochtrup sind solche Befürchtungen bekannt, daß „viele bauern bei leibe nidergehowen, weggef[ü]rt, darauff alle Eingeseßene nach Twenter, Bentheimb verlauffen"[37] sind.

Landschaft mit Reitergruppe
Esaias van der Velde (1591-1630)
Ölgemälde
Ochtrup, Haus Welbergen
Foto: Karl-Heinz Wilp, Steinfurt

Im Vordergrund treffen zwei feindliche Gruppen aufeinander, im mittleren Bereich des Bildes ist ein tieferliegender Weg zu sehen. Zwei Menschen werden gerade bedroht und suchen in Richtung Gehöft oder Kirche zu fliehen. Ganz links stehen, unbeschützt und selbstvergessen, Kinder, die der Kampfszene, offenbar ohne Bewußtsein für die drohende Gefahr, zusehen.
Das Gemälde gehört zum Genre des Landschaftsbildes. Die Natur, fast idealisiert wiedergegeben, wirkt ruhig und erhaben und dominiert (als Schöpfung Gottes) das Bild. Angesichts dieser Erhabenheit wirken die Soldaten, die ihrem grausamen Kriegsgeschäft nachgehen, eher unbedeutend.

Die Kipper- und Wipper-Zeit

Die Herstellung von minderwertigen Münzen ermöglichte es den kriegführenden Fürsten, die kostspielige Unterhaltung eines Heeres zu finanzieren. Auf diese Weise Geld zu vermehren blieb nicht ausschließliches Privileg der Fürsten: „Wo ein verfallener Turm für Schmiede und Blasebalg fest genug schien, wo Holz zum Brennen vollauf und eine Straße war, das gute Geld zur Münze [zu bringen] und schlechtes hinauszufahren, da nistete sich eine Bande Münzer ein. Kurfürsten und Herren, geistliche Stifter und Städte wetteiferten miteinander, aus Kupfer Geld zu machen".[38]
Diese Methode der Geldbeschaffung hatte ihre Hochblüte zwischen 1621 und 1623. Es war die Zeit der „Kipper und Wipper". Die Begriffe „Kipper" und „Wipper" beziehen sich auf den Vorgang der Überprüfung einer Münze: Wurde die Münze nach ihrem Silbergehalt auf der Waagschale gewogen, so kippte die gute, schwere Münze nach unten (meist wurde eine solche Münze dem Umlauf dann auch entzogen).[40]

Der Reichstaler ist einen Goldgulden wert

Sowohl Gewicht als auch Gehalt des Reichstalers waren durch die Reichsmünzordnung festgelegt. Sein Silbergehalt mußte dem Wert eines Goldgulden entsprechen. Von der Reichsmünzordnung unbetroffen waren dagegen Münzen, die im Wert unter dem Reichstaler lagen. Das Privileg, Kleingeld herzustellen, konnte vom Landesherrn unterverliehen werden. Mit Erlaubnis ihrer Obrigkeit prägten Münzmeister (die teilweise von ihrem Eid auf die Reichsmünzordnung frei gesprochen wurden) nun für ihre Auftraggeber das begehrte Zahlungsmittel. Dabei waren Taler zwar nicht von der Herstellung ausgenommen, doch hauptsächlich wurde Kleingeld geprägt: Groschen, Schillinge, Kreuzer oder Pfennige.
So ist z.B. aus Nürnberg überliefert, daß der Reichstaler 1618 einem (Silber-)Wert von 90 Kreuzern entsprach. Vier Jahre später, im März 1622, mußte man für ihn 600 Kreuzer bereithalten, da der Silbergehalt der Kreuzer auf ein Minimum gesenkt worden war.[41]
Eine Möglichkeit für versierte Münzwechsler, Gewinne zu erzielen, war denn auch, den einfachen Leuten, die sich mit Geldgeschäften nicht auskannten, ihr altes und damit wertvolles Geld aus der Tasche zu ziehen.

Verrufene Münzen

Für das Fürstbistum Münster sind keine extremen Ausschreitungen von Wipper-Münzern überliefert. Allerdings soll auf der Münzstätte in der bischöflichen Burg Schöneflieth tüchtig Kupfergeld hergestellt worden sein, auch – wie Abrechnungen vom November 1621 und März 1622 beweisen – in der Hochblüte der Kipper- und Wipper-Zeit.[42] Unabhängig davon befanden sich eine Menge 'schlechter' Münzen als Zahlungsmittel im Umlauf. Manche dieser Münzen entsprachen so wenig ihrem angegebenen Wert, daß sie – besonders in großen Handelsstädten – „verrufen", d.h. dort nicht mehr akzeptiert wurden.

Manche Städte versuchten ihre finanzielle Notsituation durch fleißige Herstellung von Kupfergeld zu bessern. Wenn jedoch der Silbergehalt der Kupferlegierung gegen Null ging, liefen auch sie Gefahr, ihr gerade geprägtes Geld durch den „Verruf" nicht mehr zur Bezahlung verwenden zu können. So zog z.B. die Stadt Rheine 1620 ihre eigenen Kupfermünzen ein und ermahnte die Münzer, das Kleingeld aufrichtig und nach Münster probe zu fertigen.[43] Die Stadt war als Handelsstadt zurecht um den Ruf ihres Kupfergeldes besorgt.
Im Gegensatz dazu wurden überprüfte und für gut befundene Münzen – meist aus entfernteren Gegenden – mit einem Stempel versehen, dem sogenannten 'Gegenstempel'. So konnte der Händler sicher gehen, im Austausch zwischen Ware und Geld keine Verluste zu erleiden.

Trawrige Klage der Armen/wegen der vbermachten
Geldsteigerung/welche in allen Wahren eine vberauß grosse Thewrung macht.

Ach Gott das ist jetzt zuerbarmen/
Der Reiche frist das Fleisch der armen/
Sauget jhm aus Marck / Schweiß vnd (Blut/
Zuerhalten sein grosses Gut/
Sanctus Paulus hat wol bedacht/
Weil wir nichts auff die Welt bracht/
Werden wieder nichts nemen mit/
Aus dieser Welt das geringste mit/
Sollen vns darumb gnügen lan/
Wenn wir das täglich Brodt nur han/
Denn wer gern reich werden wil/
Felt in Strick vnd Anfechtung viel/
In viel thöricht schädliche Lüst/
Die der Menschen verderben ist/
Denn sie werden versenckt in Grund/
In Sünd vnd Schand zu aller Stund/
Dann der Geitz eine Wurtzel ist/
Der manchen Man mit arger Lüst/
Vom Glauben in den Irrweg führt/
Wie man an vielen Leuten spürt/
Vnd bleibt doch wahr wie man da singt/
Obs manchem nicht in Ohren klingt/
Es ist kein Brüderliche Lieb/
Die gantze Welt ist voller Dieb/
Es ist kein Trew noch Glaube mehr/
Betriegen / liegen ist ein Ehr/
Ein jederman jetzunder vbet/
Was jhm in seinem Hertzen geliebt/
Wie wird aber ein solcher bestehn/
Wenn er vor Gottes Gericht sol gehen/
Klärlich wird hie gezeiget an/
Wie es jetzt treibet jederman/
Damit das nur der Arm allein/
Mit seinem Weib vnd Kindern klein/
Muß leiden Hunger / Durst/vnd Noth/
Hat er gleich Gelt kein Bier noch Brod/
Kan er davor bekommen nicht/
Weil es an kleinem Gelt gebricht/
Dann die gantzen Schreckenberger/
Die Tewrung machen so viel ärger/
Weil gantze Groschen vnd Pfenning/
Gefunden werden so gar wenig/
Obs mancher hat/jhm nicht gefelt/
Daß er drauff wieder geb klein Gelt/
Lest jhn ehe vngekaufft gahn/
Wann er nicht wil vor alles han/
Der Reich der nun Reichsthaler hat/
Der kan alles mit gutem Rath
Kauffen/vnd ist jhm nichts zu thewer/
Weil jhm das alte Gelt gut Stewr
Von Tag zu Tag in Kasten bracht/
Drumb wann er seine Rechnung macht/
Vnd halt es gegen den alten werth/
Die Thewrung jhn gar nicht beschwerdt/
Dann er hat in sehr viel Jahren/
Nicht wolfeiler kaufft die Wahren/
Dargegen dann dem Handwercksman/
Alls fünffmal thewer kömmet an/
Denn ob er noch so viel erwirbt/
Bey seinem Handwerck doch verdirbt/
Weil jederman wie man denn spürt/
Mit schlechtem Geld bezahlet wird/
So man aber als nach altem Werth
Bezahlete / wurd niemand gferd/
Würde auch die Tewrung nicht gespürt/
Die jetzt das leidig Gelt einführt/
Ein jeder thut das seinig sparen/
Getreyd / Güter vnd andre Wahrn/
Wils vor solch Gelt verkauffen nicht/
Daher alles/wie ich berichte/
Hinderhalten wird/vnverkaufft bleibt/
Keiner mehr gern Handlung treibt/
Sondern sicht/wie er mit Muth
Den Armen schinden vnd schaben thut/
Daß er in dieser tewren Zeit/
Groß Armuth vnd auch Elend leyd/
[illegible]
Vnd auch alle sein Haußgesind/
Der Reich kaufft als ohn alles Ziel/
Weil er hat altes Geldes viel/
Vnterstehet sich auch auffs new/
Vnterzudrücken ohn alln Schew
Den armen/welcher sehr betrengt/
Zu Gott rufft/daß er Hülffe brengt/
Er rufft biß er endlich gewehrt/
Was er von jhm habe begehrt /
Hoff in dem will ich gar nicht jrren/
Wil keinem schmeichlen noch hoffieren/
Viel weniger krawen oder schmieren/
Die Warheit darff man so nicht zieren/
Wie denn die gmein Practic zmal/
Sich mercken lesset vberal/
Vnd wer darvon viel Zusagn/
Aber es darff es niemand wagen/
Dieweil der alten Warheit Geygen
Die Seiten gesprungn/muß sie schweign/
Dems auch wol thut im Hertzen weh/
Sicut vult mittit vadere,
Wird auch daraus kein anders nit/
Sicut vult vadere vadit,
Darumb sol kein Christ erschrecken/
Gott wird als mit der Zeit entdecken/
Denns kompt ein Tag der ist gewiß/
Des sollen wir warten ohn Verdriß/
Da kommen wir denn all zuhauff/
Vnd höret alles Elend auff/
Da wird denn recht noch bleiben recht/
Es verdrieß Herren oder Knecht/
Denn wer da hie veracht muß seyn/
Der lieb nur in dem Hertzen sein/
Warheit die edle Tugend schon/
Die Gott blohnet ins Himmels Thron/

Gedruckt im Jahr/
M. DC. XXI.

Trawrige Klage der Amen/wegen der vbermachten Geldsteigerung/welche in allen Wahren eine vberauß grosse Thewrung macht.
Kupferstich mit dreispaltigem Text
Ulm, Stadtbibliothek

Verzaichnus der groben Müntzsorten/wie die von Anno 1582. biß 1623. in gemein gestigen vnd gefallen.

Von dem Auffsteigen vnd Abfahl/
Ist dises ein Memorial.
Darbei auch hie zu mercken ist/
Wo ein Händlein stehet/so wisst:
Daß selbiges bedeuten thut/
Ein Obrigkeitlichs Mandat gut.
Beim Monat der Versal büchstab/
Zeiget der Statt Namen vorab.
Vnd weil die erst Edition
Abgangen ist/vnd hinweg schon.
Als hab ichs mit that Ehrlicher Leut
Wider aufflegt/vñ vermehrt weit.
Vñ tracht nach dē fürnembstē Sortn/
So maist gangbar jetzt diser Ortn.
Woll demnach der Leser hochgehrt/
Selbs in die Spacia vnbschwert
Welche leer stehn/meh: zeichnen ein/
Wies dann drumb leer gelassen sein.

Es hat golten in dem Jar.	Monat.	Der Reichsthaler. fl : kr	Der Guldenthaler. fl : kr	Der Philipsthaler. fl : kr	Die Silbercronen. fl : kr	Reichstaler mit 72. fl : kr	Ducat oder Zeggin. fl : kr	Der Goldgulden. fl : kr	Spanische duplon. fl : kr	Der Creutzducaten. fl : kr	Spannische einfache cron. fl : kr	Französische einfach cron. fl : kr	Welsch einfache Cron. fl : kr	Der Engellott. fl : kr	Zwichtige Rosenobel. fl : kr	Der Schiffnobel. fl : kr	Königische kopfstuck zu 10. fl : kr
1582.		1:8.	1:—	1:20.	1:24.	1:12.	1:45.	1:15.	3:20.	1:40.	1:32.	1:36.	1:32	3:—	3:30.	2:38.	1:20.
1587.		1:9.	1:—	1:20.	1:24	1:12	1:50.	1:17.	3:20.	1:40	1:32.	1:36.	1:32.	3:—	3:30.		1:20
1590.		1:10	1:—	1:20.	1:24	1:12.	1:50	1:18		1:40.		1:36.					1:20.
1594.		1:11	1:2.	1:20	1:24.	1:12.	1:50.	1:19.		1:41.		1:36.					1:20.
1596.	Septemb. 17. F	1:12.	1:4.	1:20	1:24.	1:12.	1:50.	1:20.			1:34.	1:36.	1:34.	3:—	3:30.		1:20
1597.		1:12	1:4.	1:20	1:24	1:12.	1:56	1:20.		1:43.	1:34.	1:38.	1:34.		4:—		1:20.
1598.		1:12.	1:4.	1:20	1:24.	1:12.	2:—	1:20.	3:34	1:43.	1:34	1:40.					1:20.
1599.		1:12	1:4.	1:20	1:24.	1:12.	2:—	1:20.		1:43.					4:—	3:—	1:20.
1600.		1:12	1:4.	1:20.	1:24	1:12.	2:—	1:20.				1:40.			4:—		1:20
1601.		1:12.	1:4.	1:22.	1:24.	1:12	2:—	1:22		1:45.							1:22.
1602.		1:12.	1:4.	1:22.	1:24	1:12.	2:—	1:22.					1:34.				1:22.
1603.		1:14.	1:4.	1:22.	1:26	1:14.	2:—	1:22.	4:—			1:40.					1:22.
1604.		1:14.	1:4.	1:22	1:26	1:14.	2:—	1:22.	4:—	1:48.					4:—		1:22.
1605.		1:15.	1:4.	1:24	1:30.	1:15	2:4.	1:30.									1:24
1606.		1:15.	1:4.	1:24.	1:30.	1:15.	2:4.	1:30.					1:34.				1:24.
1607.		1:16.	1:8.	1:24.	1:30.	1:16.	2:7.	1:30.						3:—			1:24.
1608.		1:20.	1:8.	1:30.	1:36.	1:20.	2:10.	1:30.									1:30.
☞ 1609.	Jul. 7: Dec. 19. A.	1:24.	1:14.	1:30.	1:36.	1:24.	2:15.	1:40.				2:—					1:30.
☞ 1610.	Jul 10: Oc. 23 A.	1:24.	1:14.	1:30.	1:36.	1:24.	2:18.	1:45.		2:—							1:30.
1611.		1:24.	1:14.	1:32.		1:24.	2:20.	1:15.							4:30.		1:32.
☞ 1612.	Jul. 19: Nov. 8 A.	1:24	1:15.	1:32.		1:24.	2:20.	1:45.				2:—					1:32.
1613.	Februario.	1:24.	1:16.	1:32.		1:24.	2:20.	1:45.					2:—			4:—	1:32.
	Septembri.	1:26.	1:16.	1:33.		1:26.	2:20.	1:45.									1:33.
1614.	Augusto.	1:28.	1:16.	1:34		1:30	2:20.	1:45			2:10.				5:—		1:34.
☞ 1615.	Martio. 21. N.	1:28.	1:16.	1:34.		1:30	2:20.	1:45.									1:34.
☞	Novemb. 17. A.	1:30.	1:20.	1:40.		1:34.	2:30	1:52.									1:40.
☞ 1616.	Jul. 2 A: Oc. 12 N	1:30.	1:20	1:40.		1:36	2:30.	1:52.		2:12.		2:8					1:40.
☞ 1617.	Maio. 22. R.	1:30.	1:20.	1:40.		1:37	2:31.	1:52.									1:40.
☞ 1618.	Maio. 15. N.	1:32	1:22.	1:42.		1:38.	2:32.	2:—		2:20.		2:16					1:42.
☞ 1619.	October. 20. N.	1:48.	1:36.	1:58.		1:54.	2:48.	2:10.		2:28.		2:30					1:58.
☞ 1620.	Februario.	2:4.	1:50.	2:15	2:15.	2:8.	3:4.	2:18.									2:15.
☞	Junio 11. A	2:8.	1:56.	2:18.	2:20.	2:10.	3:12.	2:20.	5:40.	2:58	2:50.	2:50.	2:45.	4:40.	7:—	6:12.	2:18.
☞	Novemb. 24. A.	2:20.	2:—	2:30.	2:30.	2:24.	3:30	2:30.	6:—	3:4	3:—	3:—		5:—	7:40.	6:45.	2:30.
1621.	Januario.	2:20.	2:—	2:30	2:30.		3:30.	2:30.	6:—								2:30.
	Februario.	2:24	2:6	2:36.	2:36		3:36.	2:36.	6:30.								2:36
	Martio.	2:30	2:10.	2:50.	2:50		3:40.	2:40.	7:—								2:50.
	Aprili.	2:36.	2:15.	3:—	3:—		3:45.	2:45.	7:30.								3:—
☞	Maio. 25 A.	2:48	2:24	3:—	3:8	2:42.	4:30.	3:—	8:—	4:10							3:—
	Junio.	3:6.	2:36.	3:30.	3:30.		4:30.	3:30.	9:—								3:30.
☞	Julio. 29. A.	3:15.	2:52.	3:32.	4:—	3:20.	5:—	3:40.	10:—	4:40.							3:32.
	Augusto.	4:—	3:30.	4:15	4:30.		6:30.	5:15.	12:—								4:15.
	Septembri.	4:30	4:—	5:20.	5:48.		8:—	6:12.	13:30.								5:20.
	Octobri.	5:—	4:24.	5:36.	6:—		9:30.	7:—	15:—								5:36.
	Novembri.	5:30.	4:45.	6:—	6:30.		10:30	7:30.	16.15.								6:—
	Decembri.	6:30.	5:30.	7:—	7:—		12:—	8:—	19:—								7:—
1622.	Januari. 18. A.	7:30	6:30.	8:—	8:—		13:30.	10:—	22:—								8:—
	Februari.	10:—	8:30	11:30	12:—		16:—	12:—	28:—								11:30.
	Martio. 8. vñ 15.	10:—	8:30.	10:30	11:—	10:6	15:—	11:—	29:—	14:20							10:30.
	NB. Von disem Monat Martio an ists also verbliben/biß auff den 8. Octobris/da es vmb das halbe theil abgewürdigt worden.																
	Octobri. 1. A.	5:—	4:30.	5:30.	6:—		8:—	5:45.	13:—	7:20.	8:—						5:30.
	Novemb. 22 A.	6:—	5:30.	6:30.	7:20.		9:30.	7:—	16:—		9:—						6:30.
1623.	Junio. 27. A.	1:30.	1:20.	1:40.	1:44.	1:34.	2:20.	1:44.	2:[illegible]	2:10.	2:4.	2:4.	2:—	3:24.	5:4.	4:30	1:40.
	Nota. Adj 28. Julij ist alhier durch die drei löbliche im Müntzwesen Correspondierende Fränckisch-Bayrisch-vñ Schwäbische Craiß mehrere beschlossen worden/es/des Geltshalben bei letztem Absatz/den Reichsthaler zu anderhalben Gulden/2c. für dißmal verbleiben zulassen.																
	Septembri.																
	Octobri.																
	Novembri.																
	Decembri.																

Getruckt zu Augspurg/durch Johann Vlrich Schönigk/vnd bey Caspar Augustin Teutschen Schülhalter am Judenberg zufinden.

Das gute Geld des Bischofs

Wie sehr man sich für den 'Verfall' des Geldes interessierte, machen die schriftlichen Bemerkungen des Münsteraner Priesters Heinrich Stevermann deutlich: Mit der Fortschreibung einer Stiftschronik befaßt, kommentierte er bei früheren Eintragungen zu den Bischöfen deren Münzpolitik. So wußte er beim Eintrag über Bischof Joannes von Ferneberg zu berichten: Er „hat geschlagen und münten laten gelt to 3 schillinge Münsterisch. Und sein schillinge ist nun anno 1620 einen halven daler schwaer, davon ich Henrich Steverman wol twee hebbe." Für zwei Schillinge des Bischofs von Virneburg, der 340 Jahre früher seine Münzen hatte schlagen lassen, konnte der Priester nun 28 (neue) Schillinge eintauschen. Ein Wechsel, der nur auf den ersten Blick günstig erscheint, und so ist für den Chronisten zu hoffen, daß er auf einen solchen Tausch verzichtet hat.[44]

Die Kaufleute kennen sich mit Geldgeschäften aus

Die Städte, vor allem die Kaufleute, versiert im Umgang mit Geld, hatten sich sehr bald auf die besondere Situation eingestellt. Aus dem Rechenbuch eines Kaufmanns aus Münster geht hervor, daß man mit dem unterschiedlichen Wert des Geldes durchaus passable Gewinne erzielen konnte. So verlieh der Kaufmann Arnoldt Wernicke einen Betrag von zehn Reichstalern, die er ausschießlich in Kleingeld auszahlte. Der Rückzahlungsmodus sah vor, innerhalb einer bestimmten Frist - in diesem Falle acht Wochen - die Schuld in alten Reichstalern zu begleichen. Bei größeren Darlehen war der Gewinn entsprechend höher. So verlieh er z.B. "fünfzich Reichstalr ahn Kopfstücken vnnd Fünfzichen Reichsthalr ahn kleinen gelde" und forderte auch hier die 100 Taler in alten Reichstalern zurück.[45] Daß Kaufmann Wernicke aus Münster auf solche Darlehensgeschäfte vorbereitet war und damit gut verdiente, zeigen seine Inventurangaben vom Jahreswechsel 1622/23: Neben hundert alten Reichstalern und vierzehn goldenen Talern besaß er immerhin einhundertsechzig Taler an Kupfer- und ähnlichem Geld.

Pfennige, Stüber oder Mariengroschen

Die kleinste Einheit der Währung war der Pfennig oder Groschen. Zwölf Pfennige sollten den Wert eines Schillings, 28 (Münstersche) Schillinge den Wert eines Reichstalers haben.[46] Im Fürstbistum war besonders die Kippermünze mit dem Apfel und der Wertziffer 24, der sogenannte Apfelgroschen, in Umlauf. Ebenso in Umlauf waren der Dreibätzner oder „Schreckenberger" mit der Wertzahl 12 und der Groschen (auch Kreuzer genannt) mit der Wertzahl 3.[47]

Wie in vielen Städten und Wigbolden des Fürstbistums Münster waren in Ochtrup auch holländische Münzen als Zahlungsmittel akzeptiert. Der holländische Taler wurde mit 24 (Münsterschen) Schillingen bewertet und war damit etwas weniger wert als der Reichstaler.[48] Der niederländische „Stuiver" (Stüber/Stüver) hatte einen guten Ruf. Zeitweise davon ausgenommen waren die Stüber aus Deventer, Kampen und Zwolle. Ihre

XLIII. WALRAMUS DE MOERSE. Juncker Johan von der Hoya ... hadde von den jahren, do he noch in dem regimente waer, gelt laeten schlaen to 6 dt. und 3 dt., die man nenndte juncker Johan mit beerenklauen, welche stücke von 6 dt. jetzo anno 1619 geldet 9 dt. und die halven nach advenandt.

XLIV. JOHANN VON BAYERN schloeg oick golt und silberne müntze, die noch to erwiesen ist.

XXXV. JOHANNES VON FERNEBERG hat geschlagen und münsten laten gelt to 3 schillinge Münsterisch. Und sein schillinge ist nun anno 1620 einen halven daler schwaer, darvon ich Henrich Stervman wol twee hebbe.

XLV. HENRICUS VON SASSENBERG hefft oick herrliche münte geschlagen. Siene goltgulden seint to schwar und gut von golde als der churfürstliche münte am Rhien. Item he hefft laten gelden 10 schilling Münsterisch. Und siene schilling kan nun im jahr 1620 wol 2 schillinge gelden.

XLII. HENRICUS VAN MOERSE hadde eine guede silberen und güldene münte geschlagen, wie dar to sehen ist, dat seine goltgulden 4 eskes mehr wegt als ein rhynsche goltgulden, und hefft do to Münster gegolden 6 schillinge. Und siene schillinge jetzo anno 1629 kan gelden und helt 3 schillinge; und siene penninge helt 3 dt, als ich Henrich Sterman vicarius in doem in ipsa moneta erwiesen kan.

Zusätze des Heinrich Stevermann Stiftschronik Münster, gedruckt in: Janssen, (1856) 247

gegenüberliegende Seite:

Verzaichnus der groben Müntzsorten/wie die von Anno 1582 bisz 1623 in gemein gestigen und gefallen.

Münster, Westfälisches Landesmuseum für Kunst und Kulturgeschichte

Noch hab Ich do mahl Ihm Hausse gehabt, diesse nach folgende speties
100 alde Rix datt. 100
44 Nie Albertus datt 44
Ahnn golde 14
Ahn Moenster Kopper geldt 10
Noch Ahn Niejen Dalleren vndt Kop stücken, Ihn Ein seckesken sunderlich afgetelt 70
Noch ahn Kopstücken 22
Noch sindt darrunder Ihn der Kercken, Ihm uttrecksel gewesen, ahn aller bey geldt, so noch nicht außeinander geschossen, vndt ahn Matten so darihnen lagen 56
Noch hette Ich Jürgen Schuierman gelendt tzhen Rix datt Kleingeldt, soll ouer acht wogen Rix daller In spetie darefuier geben is 10
Noch der walterdingeschen gedaen 20 Rix daller auff Ein quitungh von 400 gh fl pensionen, will binnen sex wochen Rix dall In sptie darfuire geben 20
Noch hab Ich nhun thor theidt Ihm Boeck auß sthaende gehabt ohne de schulde so foran midt Ein kreutz getzeichnet sein,
do sich doch be 150 daller
belauft 770 Rdt
nhun gebe Ich noch hieruon tz. für geringe ufsthende alde schulde,
setse allein 700 Rd
Noch heb Ich auf Kerfstocken staende gehabt, welche nicht Indt bock getzeichnet sein 85 Rd 24 Schilling
Eintrag im Kaufmannsbuch des Arnold Wernicke im Jahre 1622.
Summa huius Lateris 1335 24 Schillinge
Welbergen, Archiv Haus Welbergen

Münzmeister mußten sich nicht an die strengen Vorgaben der auf genauen Wertegehalt achtenden niederländischen Stadtstaaten halten. Die erwähnten Städte begründeten ihren Sonderweg mit einem einst vom Kaiser verliehenen Münzprivileg und ließen zur schnelleren Geldvermehrung minderwertigere Münzen prägen.[49] Daß sie deshalb großzügiger mit der Gewährung von Darlehen waren, ist durchaus wahrscheinlich, führt man sich das Beispiel der Kreditgeschäfte des Kaufmanns aus Münster vor Augen.
Ebenfalls als Zahlungsmittel bekannt war die Mark. Eine Mark entsprach einem halben Reichstaler. Dies ist aus einem „Verzeigniß Waß die Armen zum Bevergern, Ahn gehrten, Undt Landt heuwer, Auch gelt renten und sonsten, jährlich ein zu komen haben", zu entnehmen und es wurde vermerkt: „hierbey ist zu Wisen, daß nach altem gebrauche 1 Mark Einen halb Rthlr ist".[50]

Der Jüdische Kipper vnd Auffwechßler.

Also geht es zu in der Welt/
Ein jeder strebt nach Gut vnd Gelt/
Schinden vnd schaben ist ein Kunst/
Wers wol kan/der erlanget Gunst/
Das alte Weib Betriegerey/
Ist jetzt wider geboren new.
Caligula viel hindter sich
Gelt-Würmer gelassen/spür ich.
Nero schon längst ist auffgeflogn/
Welcher viel Leut sonst hat betrogn:
Dannoch sind seiner Folger viel
Gebliebn/welche treiben das Spiel.
Dieser erdenckt new faction,
Davon er habe grossen Lohn.
Ein andr räyset in ferrne Land/
Kompt bald wider mit reicher Hand.
Die Kauff Leute wissen gar ebn/
Dem Kauffer süsse wort zu gebn/
Damit sie gar nach jhrem Willn/
Die lären Seckel können fülln.
Bald kompt einer auffgezogen/
Bringt herfür welchs gar erlogen/
Leidet er noht/vnd hat kein Gelt/
Zum Narren er sich gar verstellt.
Singer/Springer/Gauckler übral/
Findet man jetzt in grosser Zahl.

Vmbs Gelt durch viel vnnütze Thand/
Werden betrogen Leut vnd Land:
Vnter diesen thut man spüren/
Wie jetzund das Fähnlein führen/
Die Kipper vnd Auffwechßler sein/
Ihr Orden ist groß vnd gemein:
Es ist kein Stadt/es ist kein Land/
Da man nicht mercket jhre Hand/
Kippern vnd wechseln Tag vnd Nacht/
Sie habens schon dahin gebracht/
Daß gute Müntz ist weggeführt/
Dafür man jetzt nur Kupffer spürt.
Ihr kippen bringt in grosse Noht
Viel Leut/darzu in Hohn vnd Spot.
Ihr kippen Nahrung auffhebt gar/
Wie jederman ist offenbar.
Ihr kippen Gott im Himmel hoch
Erzürnt/viel wenger gefällt noch:
Die lieben Engel auch nit bleibn/
Wo man solch Handthirung thut treibn/
Sondern gar bald an alln Enden/
Thun sie sich von jhnen wenden.
Justitia mit jhrer Wag/
Führt über sie gar grosse Klag/
Weil sie nicht achten/wie bekandt:
Thu recht/förchte Gott/schew niemand.

Fraw Avaritia mit Macht/
Hat sie bald in jhr Netz gebracht/
Diesem Weib/nach jhrem begehr/
Folgen sie nach ohne beschwer.
Aber was man erworben hat/
Mit jhr fleugt hin/vnd nimbt bald ab:
Alles endtlich den Krebsgang geht/
Ist nichts gewiß bey jhr/vnd steht
In Schand vnd Laster mit gewalt
Bringt all/die jhr nachfolgen bald/
Erzeiget sich erst lieb vnd fein/
Gleich wie ein schönes Jungfräwlein/
Hernach sticht sie nach Schlangen Art/
Groß Schmertzen vnd Pein sie gebärt/
Führt zum Verderben vnd groß Noht/
Ins höllsch Fewr vnd ewigen Todt.
Drumb ist mein raht sih dich jetzt für/
Laß kippen fahren weit von dir/
Ernehr dich redlich bleib im Land/
Deß hast du Ehr vnd keine Schand/
Sonsten dir wie deinem Geselln
Dem Müntzer/bald werden nachstelln/
Schand/Spot/Jammer/schmertzen/Elend
Allhie/vnd künfftig ohne End.
ENDE.

Der Jüdische Kipper vnd Auffwechßler.
Flugschrift um 1622
Kupferstich, Radierung
Wolfenbüttel, Herzog August Bibliothek

Silbergeld bleibt gefragt

Das Jahr 1623 gilt allgemein als Ende der „Kipper- und Wipper-Zeit." Durch Münzedikte wurden das wilde Gießen und Prägen eingeschränkt und der Wert des Kupfergeldes verbindlich festgelegt. Der nach 1623 gehandelte Mariengroschen besaß zwar nur noch 1/36 des Wertes eines Reichstalers, doch war der Wert der 'versilberten Kupfermünze' nun von ihrem Metallgehalt unabhängig.[51] Verständlich ist, daß die meisten diesem 'Kupfergeld' durchaus kritisch gegenüber standen. So weigerte sich z.B. der Obrist Blankardtz, solche „kupfer Münz" als Bezahlung seiner Kontributionsforderungen anzunehmen. Er hatte 1625 die Bürger Warendorfs aufgefordert, ihre ihm zu leistenden Zahlungen in „gutter grober silbern müntz" zu entrichten. Ebenso sollte die vom Gografen einzutreibende Schatzung „in gutte silberne müntz" erbracht werden. Der Bürgermeister von Warendorf reagierte jedoch auf die Beschwerde des Obristen wenig kooperativ, schließlich - so seine Antwort an die bischöflichen Räte - erhielt der Gograf ebenfalls nur Kupfergeld, und so sollte sich Obrister Blankardt gefälligst „mit dem, was reinkommt, zufrieden" geben.[52]

Die Versorgung der Armen

Die Armenstiftungen – Gott zur Ehre und den Armen zum Besten

Die Armenpflege gehörte zu den Aufgaben der christlichen Gemeinschaft; besonders die Klöster hatten es sich zur Pflicht gemacht, im Sinne der christlichen Nächstenliebe für Arme und Kranke zu sorgen. In den Wigbolden und Bauerschaften wurde die Versorgung dieser sozial Schwachen meist von der Pfarrkirche organisiert. Die auch für das eigene Seelenheil gemachten Stiftungen waren fester Bestandteil der Armenversorgung. Private Stiftungen wurden oft in Naturalien abgeleistet, dagegen wurden städtische Stiftungen meist in Kapitalien umgesetzt. Ein gestiftetes Kapital wurde verliehen, und aus den dafür veranschlagten Zinsen konnten die Armen und Bedürftigen unterstützt werden.[53] In Ochtrup blieb die Ausstattung der Armenkasse allerdings über lange Zeit bescheiden.

Der Stiftung der Äbtissin fehlt es an Kapital

Die Äbtissin zu Langenhorst hatte den Einwohnern ein Armenhaus „auf dem word" gestiftet - heute „Im Hook" genannt -, nachdem im großen Brand von 1599 die alten Speicher, in denen die Ortsarmen untergebracht waren, zerstört worden waren. Der Brand war zwar außerhalb der Stadtmauern im Hause Düker „durch den Blitz entzündet" worden, hatte sich aber in Windeseile verbreitet und „so stark umsich [ge]griff[en], daß auch die Kirche und der Thurm und die Glocken sammt 53 Häusern gänzlich verbrannten."[54]

Im Jahre nach der heilsamen Geburt unseres einigen Erlösers und Seligmacher Jesu Christi tausend sechshundert und fünf und zwanzig, hat der ehrenhafte und tugendsame Johan Eiling und Gertrud, Eheleute, Bürgermeister pro tempore zu Ochtrup, Gott zu Ehren undden armen Leuten zum Besten, beneben obgemelte Paar erben wohlmeinentlich aus christlichem Eifer, aus seinen Mittelen ein armen Haus oder vier Wohnung in das Wigbold auffer Word uf des Herrn Pastors grunden, welcher dazu den Grund verehret, und ferner ihrer Nachkommen da von fürsterben würden, sollen pro tempore Provisores selben jährlich verrichten.
Weiters zu Unterhaltung der vier Armen zu ewigen Zeiten haben obgemelte Eheleute Bürgermeister zwei hundert Reichstaler davon Pension den Armen zum Besten im folgenden 1626 Jahr laut aufgerichteten und hernachen benannte Documentorum verzaget und sollen die Obligationes den Armenstiftern zu ewigen Zeiten immer Liebe werden.
Erstlich bei Henrich Lubbertz Kirchspiel Ochtrup und Weiner Bauerschaft 25 Reichstaler, da von auf Martini jhährlichs 1 1/2 derselben Reichstaler vertoget.
[...]
Bei Jans Torner 25 Reichstaler, da von auf Pfingsten 1 1/2 Reichstaler vertoget.
Bei Evert Pott zwo Documento sprechend auf fünfzig Reichstaler, da von 1 1/2 Reichstaler auf Lichtmess und 1 1/2 Reichstaler auf Paschen verscheinen. [...]
Bei Johan Katerkamps Wittip 25 Reichstaler, zu Paschen der Pension 1 1/2 Reichstaler vertogen.
Bei Johan Jakobs 25 Reichstaler da von Pension auf Paschen nämlich 1 1/2 Reichstaler verscheinen. Macht zusammen das Kapital 200 Reichsstaler, da von jährlich müssen 12 verzinset werden, haben also die Armen deren vier monatlich von Provisoren 1 Reichsort Taler zu erwarten.
Stiftsurkunde, Archiv der Stadt Ochtrup, gedruckt und der heutigen Sprache angepaßt in: Wegener (1960), 92-93

Die Stiftung der Äbtissin zu Langenhorst war allerdings nicht mit ausreichendem Kapital ausgestattet worden. Bald schon mußte das Haus verkauft werden, um wenigstens mit dem Verkaufserlös die spärliche Armenkasse aufzubessern.

Anna von Scheles letzter Wille

Die Armen in Welbergen waren von Anna von Schele in ihrem Testament von 1612 bedacht worden. Nach ihrem Tod sollte Christian von Oldenhaus jährlich 14 Scheffel Roggen an die Armen abgeben und aus einem 50 Reichstaler umfassenden Kapital jährlich drei Reichstaler auszahlen. Auch an die Schulkinder in Ochtrup hatte Anna von Schele gedacht und der Schule eine jährliche Rente ausgeschrieben.[55] Doch Anna von Scheles letzter Wille konnte, als sie 1624 starb, nicht erfüllt werden. In ihren letzten Jahren selbst erkrankt, hatte sie ihre Güter nicht mehr verwalten können. Zusätzlich hatte der Krieg ihre Vermögenslage verschlechtert, so daß Anna von Schele, als sie starb, hoch verschuldet war.

Die Stiftung des Ehepaars Eilling

So scheint erst die Stiftung des Ehepaars Eilling aus Ochtrup im Jahre 1625/26 für die Armenpflege des Ortes bedeutend gewesen zu sein. Das Paar ließ nicht nur ein Armenhaus errichten, sondern versorgte zusätzlich auch vier arme Ochtruper mit einer Geldrente.[56]

Armengeld und Naturalien

So erhielt z.B. die Witwe des Schneiders Johann Heinrich Cammers zu Ochtrup „Fünfte halben Reichsthaler Pension. nach der Urkunde, 3 Spind Lohnen auf Weinachten zu zahlen". Das Kapital über sechs holländische Taler im Wert zu 24 Schilling war verliehen worden, und von der jährlichen Verzinsung von vier Prozent konnte die Armenkasse ihre Unterstützungen auszahlen.[57]
Die Armen in der Bauerschaft Veltrup erhielten aufgrund einer Stiftung ein Armenbier zusammen mit einem Scheffel Gerste und einem Roggenbrot. In Burgsteinfurt wurden nach altem Brauch an Sonn- und Donnerstagen ebenfalls an die Armen Brote ausgeteilt. Ob dies allerdings auch im Jahre 1623 ohne Probleme erfüllt wurde, ist zu bezweifeln.

Alte Menschen und Waisenkinder

Das Gasthaus zum Goch

Das 'gasthuß' zum Goch in Ochtrup war ausgestattet mit Renten aus Häusern und Grundstücken. Die jeweiligen Eigentümer zahlten jährliche Abgaben und stellten einen Teil ihres Ackerlandes dem Haus zur Verfügung. Das Wigbold selbst zahlte jährlich ebenfalls eine Summe von 18 Schillingen, die die Versorgung der im Gasthaus zum Goch Einquartierten sicher stellen sollte.
In diesem Haus lebten alte und schwache Menschen, die sich weder

selbst versorgen konnten noch Familie hatten, die ihre Pflege übernehmen konnte. Es wurden aber auch verwaiste Kinder aufgenommen, wie aus mehreren Rentenverschreibungen hervorgeht.[58]

Eine Stiftung ausschließlich für Witwen

Die Probleme, Verwandte adäquat zu versorgen, veranlaßten den Vogt von Greven, Nikolaus Warburg, eine Stiftung zu tätigen, die ausschließlich Witwen zugute kommen sollte. Nach seinem Tod sollte sein Haus in der Kirchstraße 3 als Armenhaus dienen, in dem fünf arme Frauen, entweder aus seiner Familie oder aus der Gemeinde, leben konnten. Zwei Bauernhöfe (Reißmann in Hembergen und Geßmann in Herbern) hatten mit jährlichen Abgaben den Unterhalt zu sichern. Die Vorsorge war so gründlich geraten, daß den fünf Frauen, die in diesem Hause Unterkunft fanden, jährlich fünf Malter Roggen, zwei Schweine und ca. 20 Taler Geld zur Verfügung standen.[59]

Exkurs:
Die Erkrankung von Anna von Schele

Ein Schlaganfall verändert das Leben der Anna von Schele

Anna Schele von Schelenburg, verwitwete von Ittersum, wohnte im Hause Welbergen, dem Familiensitz ihres ersten Mannes, Johann von Oldenhuis. Im April 1622 erlitt sie einen Schlaganfall. Trotz der damaligen geringen Möglichkeiten der medizinischen Versorgung – man hatte „Schlagwasser“ kommen lassen und ansonsten Befehl gegeben, das „gemeine Kirchengebett“ zu sprechen[60] – schien sich Anna von Schele wieder zu erholen. Allerdings erkannten die Familienangehörigen, daß sie wohl täglicher Pflege bzw. Aufsicht bedurfte. Man transportierte sie über Steinfurt nach Schüttorf (wobei aus der Quelle nicht ersichtlich ist, ob nur ihre Reiseroute gemeint ist oder ob sie in Steinfurt Station in einem Hospital oder bei Freunden gemacht hatte). Von Schüttorf brachte man sie schließlich auf das Gut ihres Bruders Daniel Schele und dessen Familie.[61]

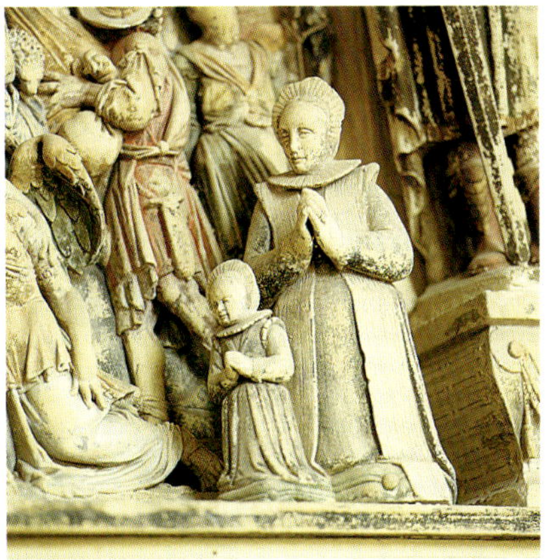

Epitaph aus dem Chor mit der Wappentafel der Familie Oldenhuis, Anfang 17. Jh., Ausschnitt: Darstellung der Anna von Schele
Ochtrup, Kirche zu Welbergen
Foto: Karl-Heinz Wilp, Steinfurt

Anna von Schele wird renitent

Anna von Schele konnte sich offenbar mit ihrem angeschlagenen Gesundheitszustand nicht abfinden. Der Bruder klagte in Briefen, wie schwierig sie geworden sei, obwohl sich ihr physischer Zustand nicht verschlimmert habe: „Das gemüt aber leßt sich nicht stillen, sondern macht ihr und uns viel vergebliche unruhe, weil jetztgemelte unsere schwester die predigen nicht mehr wil hören, und ihres gefallens lesterlich von der rechten religion und Gottes Wort redet. Widerreden gilt bey ihr nicht, und gütlich unterrichten hilft viel weiniger, und weiß ich nicht, wie mans in der Lage mit ihr machen sol.“[62]

Epitaph aus dem Chor mit der Wappentafel der Familie Oldenhuis,
Anfang 17. Jh.
Ochtrup, Kirche zu Welbergen
Foto: Karl-Heinz Wilp, Steinfurt

Krank und abhängig

Krank und - wahrscheinlich auch durch die Kriegssituation bedingt- verunsichert, floh sie von ihrem Zuhause in Welbergen und suchte Unterkunft bei ihren Geschwistern zu finden. Gleichzeitig machte ihr offenbar die damit verbundene große Abhängigkeit von anderen, besonders von ihren Geschwistern, einige Probleme. Ihre Situation wurde durch ständige Geldsorgen noch zusätzlich verschärft.
Im Jahre 1623 pendelte sie - trotz der Kriegsgefahr - zwischen Ostenwalde, wo sie von ihrer Schwester versorgt wurde, dem Kuhoff bei Haaren, wo sie bei ihrem Bruder lebte, und Münster, wo sie offenbar ebenfalls bei einem Verwandten Unterkunft fand, hin und her. Ihre Ruhelosigkeit und Gereiztheit - die auch den Geschwistern unangenehm auffiel - scheint Ausdruck ihrer psychischen Überlastung gewesen zu sein, die Krankheit und Kriegssituation ausgelöst hatten. Anna von Schele war offenbar vollständig aus ihrem bisherigen Lebensrhythmus gerissen worden.

Kein Unterkommen für die schwierige Patientin

Ihre Lage konnten auch die Geschwister nicht bessern. Sie akzeptierten zwar, daß sie nicht alleine in Welbergen leben konnte (oder wollte), doch wollte man die schwierige Patientin auch nicht ständig im eigenen Haushalt wissen. Eine standesgemäße Unterkunft in einem Pflegehaus gab es für die aus dem Adel stammende Witwe nicht.
In einem Brief erklärt Daniel von Schele seinem Bruder und späteren Erben des Hauses Welbergen die prekäre Lage: Gegen ihren Willen lebte sie auf seinem Gut. Inzwischen gab es keine anderen Verwandten oder Freunde mehr, die sich die Last mit Anna von Schele aufbürden wollten. Noch weniger wollte jemand für ihre Verpflegung und Unterkunft aufkommen, besonders, da in dieser schweren Zeit jeder selbst genügend Sorgen hatte. Daniel von Schele fühlte sich zwar verpflichtet, seine Schwester in seinem Hause zu versorgen, doch stellte er fest - denn so schließt er den Brief an seinen Bruder: „Ich werde aber folgende zeit mit unser Schwester persohn so viel zu schaffen haben, das alle frewde und ruhe mir wirt benommen werden. Der Allmechtige Gott wölle es bessern.“ [63]

Anna von Schele stirbt im Februar 1624

Im Februar 1624 fand Anna von Schele den Tod. Ihr Leichnam wurde nach Welbergen gebracht, die Beisetzung fand in der alten Kirche in einem kleinen Kreis unter ungünstigsten Bedingungen statt - Trauergäste wurden sowohl von der Präsenz der (kaiserlichen) Soldaten abgehalten als auch von der im Osnabrücker Raum grassierenden Pest.

Ein Obrist im Amtsgefängnis

Die Funktion der Ämter

Das Fürstbistum Münster wurde topographisch in das größere Oberstift und das nördlich gelegene Niederstift Münster unterschieden. Als territoriale Verwaltungsbezirke waren insgesamt zwölf Ämter über das Gebiet verteilt: Im Niederstift lagen die Ämter Meppen, Vechta und Cloppenburg, im Oberstift Ahaus, Bocholt, Dülmen, Horstmar, Sassenberg, Stromberg, Werne mit Lüdinghausen, Wolbeck und Rheine mit Bevergern.
Die Funktion eines Amtes umfaßte alle höheren Verwaltungsaufgaben des Landesherrn für diesen Bezirk wie Gerichtsbarkeit, Polizeiaufgaben, aber auch die Überwachung der Abgaben und Steuern. Unterstellt war das Amt dem Geheimen Rat.
Zentrum eines Amtes war oft die Burg eines Adeligen, der als Gograf (für die Gerichtsbarkeit) oder Amtsdroste (für die Polizeisachen) eingesetzt wurde und die Interessen seines Landesherrn zusammen mit dem meist bürgerlichen Amtsrentmeister vertrat. Letzterer war mit den domanialen Aufgaben betraut und hatte die Domäneneinkünfte einzuziehen; er unterstand der Hofkammer des Landesherrn.

Das Amt Bevergern

Der Amtsbezirk Bevergern umfaßte die Kirchspiele Riesenbeck, Saerbeck, Hembergen, Hopsten und Dreierwalde.[1]

Die Verteidigungsaufgaben der Burg

Die Lage der Burg Bevergern an den Grenzen zu den Grafschaften Tecklenburg und Lingen nötigte dem Amt auch Verteidigungsfunktionen auf.
Die Burganlage war für Verteidigungszwecke gut ausgestattet. Im Januar 1622 hatte man für Nachschub an Pulver und Blei gesorgt und ein schweres Geschütz aufwendig auf den großen Turm gehievt.[2] Bei einer Überprüfung durch Dietrich von Plettenberg, der sich in Begleitung des Drosten und des Bevergernschen Büchsenschmieds Hans Utzelen befand, waren die unterschiedlichen Geschütze und Stücke inspiziert worden. Man hatte nicht alle schußbereit vorgefunden, doch immerhin befanden sich auf dem großen Turm je zwei Feldstücke von acht Fuß Länge, die $4^1/_2$pfündige Kugeln abschießen konnten. Auf manchen der Stücke befand sich das sächsische Wappen, „welche wie angeben die besten sein sollen". Man war also einigermaßen gut gewappnet (mit den Waffen der Gegner), möglichen Angriffen zu trotzen.

Amt Bevergern zu Dreienwolde Anno 1623 den 15. Septembris verzeichnet.
Zu wissen, daß obwoll der Herrn und Grafen Tyli und Anholt Armeen sich bei Rheine den 13. August gelagert und den 19ten desselbigen Monats aufgezogen und naher Embßbüren, Meppen und der emdts hinangerückt und wegen des Lagers keinen Schaden gethan, So ist dannoch nicht ohne, daß zum Ambte Bevergern gehörige Kerspeln Hopsten nur drei stunde; Riesenbeck zwei stunde; Saerbeck vier stunde und dreyerwolde eine große stunde von Rheme abgelegen, dahin teglichs die Kriegsleute abgeritten, die Kirchen aufgeschlagen, die ornamenta derselben mitgenommen, darin stehende Kisten aufgebrochen, geplündert, der armen Leute Korn mit dem Strohe abgeholet, zur Plats auch außgedreschet, die Leute zum Dreschen mit schimpfen und schlagen gezwungen und verwundet und daß schöne Korn mitgenommen, Pferde, Kohe, Rindern, schafe, schweine genommen, hingeschlachet, verkaufft, rantzaunen lassen, nach empfangenen rantzaun denselben gleichwoll neben den beistern behalten und unüberwindlichen Schaden gethan, der die Underthanen mit Handfastung in Aidtstat angaben und verzeichnen lassen, wie folgt.
Verzeichnis der Schäden durch ligistische Truppen. September 1623, in: Tophoff II 1853, 349.

Copeiliche Verzeichnus der zum Bevergern vorhandener munition Nachdem die fürstliche Münsterische heimbgelaßene Herrn Rhäte auß Iren mittell den Ehrwürdig und WolEdlen Herrn Diethereichen von Plettenbergh Thumbkelnern der Kirchen zu Münster nacher dem Bevergern abgeordnet umb in augenschein zu nehmen, waß uff dem Fürstl. Ambthauß daselbsten noch an geschütz und munition vorhanden. So sei zu wißen, daß Ihre Ehrw. Und wolEdl: den 10. ietzlauffenden monats Januarij angehenden 1624 Jahrs daselbsten wol angelangt, bei dem Drosten Falcken sich angeben laßen, der dan neben Ihrer Ehrw: und wolEdl. auch Md Hanß Utzelen Buchßenschmidt geltend augenschein nachfolgender gestalt eingenohmen, Erstlich uff dem Ambthauß und in specie dem platz ein quertalstück geschützs uff redern, so noch gutt stehendt, daß stück aber hinden gantz hersprungen gefunden, haltet in die lengde, bei ungefehr 14 fueß, und schießet ein kugel von so viel pfunden, Ist die darauß gesprungene speiß noch wolverwarligh vorhanden vnd die ursach deß herspringens, daß die speiße im gießen/: gltrs M. Haußers bericht nach: /nit haiß oder gar genug gewesen, N. dieß stück ist nacher dem Amthaus Cloppenborgh kohmmen, dan der drost sich erbetten uff deß Ambts Kösten zwei kleinere stücklein gießen zu laßen Item auff selbigem platz noch ein Veldstück von ungefehr 13 fueß, schießet einen kuegel von anderthalb lb, ligt uf der erden nieder und ist bei des drosten ankunft oder kurtz hernacher gleichfalß hindern gantz abgesprungen, sein die stücke auch noch vorhanden, It noch liggen uff selbigen platz 2 eißene Camerstück von ungefehr 8 fueß langh dabei, vnd ein Jedes gehören 2 kurtz Camerstück von etwa 2 1/2 fueßes lanck, so auch noch alle bei handen, aber wegen laden vnd ermanglenden rederen nit gebraucht worden können, Folgentz in der Hoffstuben ferner gefunden Zwei Veldtstücklein von ungefehr 7 fueßen langh ohne laden vnd rederen, Item ober dem sahl ein Veldtstücklein von 8 fueß langh, stehet uff rederen vnd kan gebraucht werden, Ferner uff dem Holtzer Thurm 2 Veltstücklein von obgen lengde, stehen woll auff redern, können aber zu Velde nit gebraucht werden, ehender die Laden und rader gebeßert sein, Weiter uff selbigem thurm, etwan höher noch zwei ebenmeßige oder obgEn lengde stücklein, doch daß eine weinigh geringer daran gleichfals die Laden vnd rader, wan sie zu Velde gebraucht werden solten, zubeßeren, Endtligh uff dem großen Thurm auch zwei Veltstücklein von gleicher längde, vnd ist dabei zu wißen daß obgEn.
Veldstücklein schier eine kuegel von ungefehr 4 1/2 schießen, auch auff etzlichen daß Sachßische wapffen /:welche wie angeben die besten sein sollen :/ zu finden, [...]
Item an kleinen vnd großen kuegeln, so mit Bhn Lundten wieder von Warendorff kohmmen, bei ungefehr - 100 stück. Sonsten sein unden in den holtzen Thurm an kleinen und großen kuegeln, welche zu dem vorhandenem gängigem geschütz nicht gebraucht werden können, auch nicht gezehlt werden noch eine zimbliche anZahl In letzgEn. Thurm hatt sich an Pulver so gekörnet befunden, eine Tonne ungefehr halber, Item eine schier Voll beineben Zweien fäßlein darin auch noch etwaß geweßen Ist, zu samen uff 2 Tonnen ungefehr geschetzt und zu den Veldtstücken und Hacken aptirt.
Hiebei zu wißen, daß man in mehrgEnd Thurm an ungekörneten Pulver noch gefunden 7 fäßer klein und groß dern etliche voll, etliche halber voll und etliche schier lehr geweßen.
Und hatt sich der Drost beclagt, Ob woll vor diesen von dem Herrn von Anholt ein Meister dorthin abgefertigt, umb daß pulver zu körnen, wehre selbigs doch im winter geschehen, und wegen deßen, daß beim fewer solche arbeit zu verrichten große gefahr dabei, ohne deme auch der Meister keuffelig gewesen.
Verzeichnis der im Amtshaus befindlichen Munition. [o.D.] Nordrhein-westfälisches Staatsarchiv Münster: Fürstentum Münster, Landesarchiv-Militaria Nr. 49, fol. 54-55.

Burg Bevergern mit Zugang, Zugbrücke und Funktionserklärung, um 1680
Zeichnung, coloriert
Havixbeck, Archiv Freiherr von Twickel

Von den auf anderen Abbildungen sichtbaren vier Ecktürmen (C, B, D und [E] sind hier nur zwei vollständig (D) und [E]. Die anderen beiden (B und C) sind abgetragen, um die dort stehenden Geschütze besser zur Verteidigung einsetzen zu können. Der hohe Wachturm (A) sichert den einzigen Zugang der Burg an der nördlichen Längsseite. Im Innenhof stehen neben dem Hauptgebäude (H) weitere Wirtschaftsgebäude (F) und Stallungen.
Die Gefangenen waren in den beiden Türmen zur Ostseite hin untergebracht: links im noch zu sehenden Petersturm (D) und vorne links, im ehemaligen Küchenturm (B).

Die Gefangennahme des Obristen Limbach

Der Rückzug der Mansfelder in die Ämter Meppen und Cloppenburg

Nach der erfolgreichen „Schlacht bei Stadtlohn“ hatte Tilly die Auseinandersetzung mit dem Grafen von Mansfeld gesucht und war in das Niederstift Münster einmarschiert. Der Weg führte die ligistischen Soldaten von Rheine durch das Amt Bevergern nach Meppen.

Abzug Tillys

Graf Tilly mußte die Verfolgung jedoch aufgrund der schlechten Versorgungslage in dem Gebiet aufgeben und zog sich ins Winterquartier in die Reichsabtei Hersfeld zurück. Im Fürstbistum Münster verblieben die unter dem Generalkommando des Grafen Anholt stehenden Regimenter. Der Graf selbst hatte in Warendorf Quartier genommen.[3]

Der harte Winter 1623

Die Versorgungssituation hatte sich Ende 1623 extrem verschlechtert. Das Fürstbistum Münster war radikal ausgeplündert, Schneestürme und eisige Kälte verschlimmerten zusätzlich die Situation. Die Menschen litten Hunger. Aus diesem Grunde sollen sogar in den benachbarten Generalstaaten Soldaten, die sonst als Überläufer willkommen waren, auf Befehl des Prinzen von Oranien sofort hingerichtet worden sein.[4] Über den Wahrheitsgehalt eines solchen Befehls läßt sich nur spekulieren, es muß allerdings bedacht werden, daß es sich möglicherweise um ein

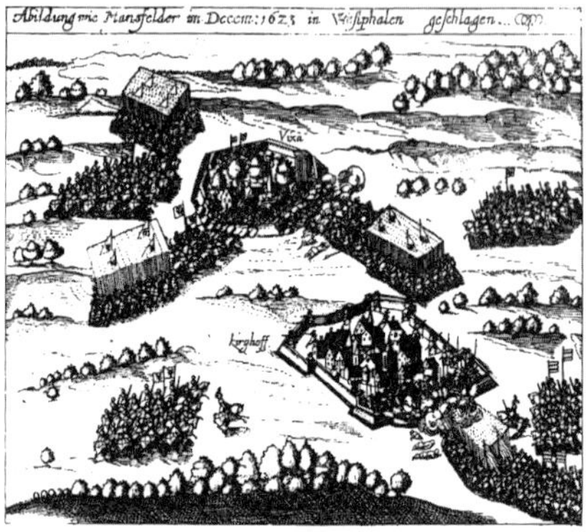

Abildung wie Mansfelder im Decem: 1623 in Westphalen geschlagen...
Kupferstich
Merian, Theatrum Europaeum

Vom Herrn Obristen Ertt attaquirt worden, hab Ich endlich auff sein begeren Und ansuchen, alß Zum drittenmahll mit denselben parlementirt, uff Versprechungh guet quartier und Redlichem Rantzons mich sampt allen offieceren ergeben, Auch folgens uf eine gepülich Rantzon mit mir in trackatu gestandenen Deme Unangesehen Ich sampt den anderen gefangenen Inß Hauptquartier zu Irer Exell. Herrn Graffe vonn Anholt fürter gebracht...
Schreiben des Oberst von Limbach an Kurfürst Ferdinand. Bevergern, 18. Juni 1624. Staatsarchiv Münster: Fürstentum Münster, Landesarchiv-Militaria, Nr. 24, fol. 198-199, hier 198v.

Gerücht handelte, das in Umlauf gebracht worden war, um sich von hungrigen und halberfrorenen Soldaten frei zu halten.

Limbach auf der Suche nach einem Winterquartier

Der im Dienste des Mansfelder Heerführers stehende Oberst von Limbach versuchte, für sich und seine Leute den Abzug Tillys zu nutzen und erneut im Niederstift Münster ein Amt zu besetzen. Doch der Angriff auf Friesoyte mißlang, und bei einem weiteren Versuch, Oldenoyte einzunehmen, kam es zwischen den Soldaten Limbachs und verbliebenen ligistischen Truppen, die unter dem Befehl des Obristen Erwitte standen, zu Kampfhandlungen, die für Limbach und seine Leute ungünstig ausgingen. Oberst Erwitte ging siegreich aus diesem Kampf hervor und soll insgesamt 36 Gefangene gemacht haben.

Lösegeld für die Gefangenen

Die Gefangennahme höherer Offiziere hatte meist den Sinn, sie wieder auslösen zu lassen und mit den so erpreßten Geldern die eigene Kasse aufzubessern. Nach dem Kriegsrecht konnten z.B. für den Freikauf eines Oberisten 100 Reichstaler verlangt werden. Mit gemeinen Soldaten konnte man allerdings kein Lösegeld erpressen. Sie mußten meist schwören, für eine bestimmte Zeit keine Waffe gegen den Sieger zu erheben; häufig nahm man sie auch in das eigene siegreichen Heer auf.

Eine Kapitulation muß verhandelt sein

Obrist Isaac Lardin von Limbach wäre also 100 Reichstaler wert gewesen. Als er sich mit seinen Leuten ergab, war ihm bewußt, daß er mit einer höheren Auslöse zu rechnen hatte. Deshalb verhandelte er mit Obrist Erwitte um die Bedingungen seiner Kapitulation. Er ergab sich unter der Voraussetzung, daß er gutes Quartier erhielt und die Lösesumme in einem angemessenen Rahmen blieb. Vielleicht erschien dem Obristen seine Kapitulation vor dem Hintergrund der schlechten Versorgungslage sogar das kleinere Übel zu sein, als weiterhin im ausgeplünderten Niederstift für sich und seine Leute ein Winterquartier zu suchen.

Im Gefängnis wie ein Übeltäter

Um so überraschter wird er gewesen sein, als er, statt in ein Quartier eines ebenbürtigen Soldaten gebracht zu werden, um dort um die Lösegelder Verhandlungen aufnehmen zu können, in das Amtsgefängnis Bevergern gebracht wurde. Nicht nach „Kriegsrecht, arth und geprauch" wurde er behandelt, sondern er sah sich „alß einen offenbahrem Mißthater uff Ahnhitzung etlicher" mißgünstiger Gegner eingesperrt.[5]

Rache für ein zerstörtes Amtshaus

Welche Gegner Limbach meinte, hat er nicht weiter ausgeführt, möglicherweise geschah seine Inhaftierung auf Betreiben Tillys. Sicher ist, daß sein ebenfalls gefangengesetzer Oberstleutnant Suerbeck auf Anweisung des Kurfürsten Ferdinand inhaftiert worden war. Dieser „Mordtbrenner" habe, wie der Kurfürst und Bischof von Münster Graf Tilly berichtete, nach dem Abzug aus dem Amt Cloppenburg das Amtshaus in „mutwilliger Weise in Asche gelegt".[6]

Fußkette mit Eisenkugel für einen Gefangenen, 17. Jh.
Bevergern, Heimathaus
Foto: Klaus H. Peters, Lichtbild, Hopsten

Die Missetaten des Obristen

Oberst Limbach, nach eigenen Angaben „offizier des Manßfelder, aber auf bestallung der Staaten von Holland" und „pfälzsischer Untertan und Einwohner der Stadt Heidelberg[7] wurden insgesamt 115 Vergehen vorgeworfen, die er während der Besetzung des Amtes Meppen im Niederstift Münster begangen hatte.[8]

Die Geiselnahme

Neben der Einnahme der Kontributionen, die er sich aus dem umliegenden Emsland anmaßte, gehörte auch die Erpressung von großen Summen durch Geiselnahme zu den Anklagepunkten. Unter den so gegen ihren Willen Festgehaltenen hatte sich u.a. der Sohn des Bürgermeisters von Meppen befunden. Insgesamt wurden auf diese Weise von ihm und seinen Leuten 580 Reichstaler einkassiert.[9] Oberst Limbach selbst hatte, als er am 13. August 1623 „morgens neun Uhr" Meppen verließ, eine Abfindungssumme von 7.000 Talern verlangt. Um seiner Forderung Gewicht zu verleihen, nahm er sechs Meppener Bürger als Geiseln mit. Sie wurden erst im Oktober von ihm frei gelassen, nachdem ein Lösegeld von insgesamt 5.000 Reichstaler bezahlt wurde.[10]

Die Zerstörung des Amtshauses Meppen

Ein weiterer Anklagepunkt behandelte die Zerstörung des Amtshauses Meppen. Zeugen wußten zu berichten, daß die auf der Burg Meppen in Sicherheit gebrachten liturgischen Geräte der Kirche gestohlen worden waren; zudem hatte man alles Inventar der Burg, das nur irgendwie transportabel war, aus dem Schloß geschafft und die Räume verwüstet; eine Vorgehensweise, die zum üblichen Kriegsgeschäft gehörte. Dabei war das Motiv der Demontage nicht ausschließlich Zerstörungswut, sondern man suchte sich Geld zu beschaffen und schlug deshalb das Holz aus Fenstern und Türen, um es in Emden auf dem Holzmarkt zu verkaufen. Aus gleichem Grund - gutes Holz war ein begehrtes Material - wurde auch eine Scheune abgebrochen, und als der Besitzer sie nicht auslöste, wurde auch dieses so gewonnene Holz nach Emden transportiert. Ebenso waren die Satinvorhänge des Schlosses nicht mutwillig zerrissen worden, sondern man hatte sich aus dem Stoff feine Leibstücke nähen lassen.[11]

Die Mißhandlung eines Boten

Schwerwiegender war die Anklage gegen Limbach, für das Verschwinden eines von seinen Leuten gefangengenommenen und von ihm verhörten Boten verantwortlich zu sein. Unterwegs nach Münster, war der Läufer, nach erfolgtem Verhör und Abtransport durch Limbachs Leute, nicht mehr lebend gesehen worden.[12]

Der Tod eines Richters

Weitere Anklagepunkte betrafen die Gewalttätigkeiten seiner Leute gegen die Bevölkerung. Auf einer der Streifzüge seiner Soldaten in das Oberstift Münster war u.a. Richter Johannes Morrien so stark auf den Kopf geschlagen worden, daß er stürzte und einige Tage später den Verletzungen erlag.

Die Versorgung der Gefangenen

In seiner Funktion als Polizeiaufsicht des Landesherrn hatte der Amtsdroste von Bevergern (Untersuchungs-)Gefangene unterzubringen. Die Gefängniszellen befanden sich in den beiden nach Osten gelegenen Ecktürmen.[13] Nun also mußten Limbach und Suerbecke hier festgehalten werden, und der zuständige Gorichter sollte ihnen den Prozeß machen.

Das Essen

Landrentmeister Dietrich Newhauß und Rentmeister Arnold Lüttringhaus wurden verpflichtet, für Kost und Trank der beiden Gefangenen zu sorgen. Sie taten dies „gleicher massen wie Galen hie bevor verpfleget worden sey, Jedoch solten uf Jede mahlzeit mit drey oder vier gerichtern, und Jeder mit ein mengeln wein, und ein Kanne Bier zu mahlzeit gespeiset wierden".[14] Bei dem erwähnten ehemaligen Häftling „Galen" handelte es sich um den Vater des späteren Bischofs und Landesherrn von Münster, Dietrich von Galen, der bis 1619 in der Zelle, in der nun Limbach einsaß, zwölf Jahre auf seinen Prozeß gewartet hatte.[15]

Oberst Limbach wird krank

Isaac von Limbach ist kurz nach seiner Inhaftierung „in jamerliche Krankheit mitt dem podeyra behaft, dergestalt, daß Er sich nicht regen, heben oder bewegen kan [...]". Limbach litt unter einem Gichtanfall. Der aus Münster angereiste Medicus Doktor Gigas[16] konnte für Limbach wenig tun. Es wurden ihm 'Medikamente' verschrieben, doch wußte man wahrscheinlich auch damals schon, daß wirkliche Besserung nur durch weniger fetthaltige Nahrung und Verzicht auf Alkohol erfolgen konnte.

Die aktue Gicht beginnt mit überaus heftigen bohrenden oder stechenden Schmerzen in einem Gelenk, gewöhnlich zuerst im Gelenk der großen Zehe, das mit den Zeichen der Entzündung anschwillt, dunkelrot, heiß und glänzend gespannt erscheint. Die Schmerzen wiederholen sich in kurzen Zwischenräumen, erst stärker, dann schwächer und hören endlich ganz auf. Denselben Verlauf haben das den Anfall begleitende Fieber und die Verdauungsbeschwerden, die meist dem Anfall schon vorausgehen, und in Zeit von 1 bis 2 Wochen ist der akute Gichtanfall in der Regel zu Ende.
Die chronische, irreguläre oder atonische Gicht besteht darin, daß diese Anfälle mehrere, oft viele Jahre hintereinander besonders im Frühjahr und Herbst wiederkehren, gewöhnlich mit geringen Schmerzen und ohne Fieber, aber länger andauernd.
Die chronische Gicht hat oft Ablagerungen fester, hauptsächlich aus harnsauren Salzen bestehender Massen zur Folge, entweder in den Gelenken (die sog. Gichtknoten) oder äußerlich an den Knochen und den Ohrknorpeln, oder in innern Teilen, dem Herzen, den Häuten der größern Gefäße, zuweilen auch Nieren- oder Blasensteine. Bisweilen bricht die entzündete Haut über einem gichtischen Gelenk auf, und es bildet sich so ein Gichtgeschwür, aus dem sich mehr oder minder reichlicher, mit weißen mörtelartigen Massen vermischter Eiter entleert.
Brockhaus' Konversations-Lexikon, Bd. 7, Leipzig 1898, 1010-1011.

Pflege durch die Ehefrau

Limbach hoffte auf Linderung seines Leidens durch eine fürsorgliche Pflege, die er sich von seiner Ehefrau Lisbeth versprach. Seiner dementsprechenden Bitte nach Beistand wurde auch stattgegeben. Allerdings mußte sich die Ehefrau mit ihm zusammen einsperren lassen, und es wurde ihr ausdrücklich verboten, Kontakte nach außen zu halten.[17] Elisabeth von Limbach, so ist einem Schreiben zu entnehmen, teilte jedoch nicht lange den Kerker mit ihrem Mann. Sie reiste Ende März zu ihrem Schwager nach Amsterdam.[18] Inwieweit eine im November angekündigte Kindstaufe diese Abreise beschleunigte und ob es sich bei dieser Taufe tatsächlich um den Nachwuchs der Limbachs handelte, läßt sich aus dem Schreiben des Juristen und Vertrauten des Obristen, Johann

Pagenstecher aus Bentheim, nicht entnehmen: „Nach E. Gestrg. schreiben hatt mich sehr verlangt umb zu wissen, wie es mit der Kindtauff soll gehalten werden, und wir nicht wissen woran wir waren, Ich will gern das beste dabei thun, daß alles Efr. und christlich möge zugehen will, das so lang der StieffVatter sein und die gevattern und weiber trosting helffen."[19] Vielleicht handelt es sich auch um eine verschlüsselte Nachricht für Limbach, denn sicher wußte Pagenstecher, daß die Briefe auch von den Beamten des Kurfürsten gelesen wurden.

Auch Suerbeck erkrankt

Der inhaftierte Leutnant Wichard Suerbeck, der wahrscheinlich aus Zutphen stammte, erkrankte ebenfalls während seines Gefängnisaufenthalts. Grund der Erkrankung waren nicht wie bei Limbach eine zu üppige Kost und zu viel Weingenuß, sondern - so meldete es jedenfalls der Droste nach Münster - der Aufenthalt in einem „ganß ungesonden gemach". Daß ein Zusammenhang zwischen der Krankheit und der schlechten Unterkunft bestand, bestätigte auch Dr. Gigas.[20] Suerbecks Ehefrau Margarete reiste von Zutphen an und versuchte, ihrem Mann ebenfalls pflegender Beistand zu sein. Es ist aber nicht bekannt, ob auch sie verpflichtet war, sich in der Gefängnisunterkunft zusammen mit ihrem Mann einsperren zu lassen.

Der Krankheitsherd wird bekämpft

Die verabreichten Medikamente verbesserten den Zustand Suerbecks nicht. Nachdem bald darauf auch sein Wachmann erkrankte, sah man darin ein weiteres Indiz für die ungesunde Unterkunft und setzte - um Luft und Licht bemüht - ein Fensterwerk in die Zelle des Petersturms.[21] Das Verlies, das vermutlich die Größe eines Hühnerstalls hatte, wurde dadurch nicht wesentlich besser. Der gequälte Suerbeck schlug nach der erfolgten Umbaumaßnahme vor, ihn „auff den Chor alwoh der Obrister Limbach sitzt zu bringen und den Obrister" statt seiner „achter dem Backhauß auff den Chor" zu bringen. Wie letztendlich verfahren wurde, ist zwar nicht bekannt, doch hat man den ranghöheren Obristen sicher in seiner Kammer belassen.[22]

Die standesgemäße Versorgung

Oberst Limbach und sein Leutnant mußten für ihre Verpflegung selbst aufkommen. Doch der Rentmeister sorgte gut für sie. Die Speisen wurden täglich frisch angerichtet und - so die Einschätzung des Rentmeisters - reichten für drei. Wöchentlich kam dabei ein Betrag für Kost und Bier von vier Reichstalern zusammen. Für den Leutnant wurde, seiner Stellung gemäß, etwas weniger veranschlagt. Er sollte drei Taler zahlen, entsprechend weniger waren die Portionen. Dem Wunsche der Gefangenen entsprechend, gab es pro Tag eine Kanne Wein im Werte von einem Reichstaler.
Oberst Limbach zahlte die Verpflegungskosten mit Unterstützung seines Bruders Jacob Lardin von Limbach aus Amsterdam. Bei diesen Geldtransaktionen war ihm ebenfalls der bereits erwähnte Johann Pagenstecher aus Bentheim behilflich. Licht und Kerzen stellte der Rentmeister vorerst

Erläuterte Verzeichnuß unnd Rechnungs, was die beide Zum Bevergern inhafftirte Manßfeldische Officyren Limbacs und Saurbecke bey mirn Rentsmeistern Lüttrinchhaußenn vom 23. February Ao 1624 biß den 15. Marty Ao 625 inclusive ahn Kost, Bier und Wein verzehrt und außgefolgt wordenn ... also zum wenigsten, weiln alles uberauß theur geweßen, Und gegen Abent von neuwen zu kochen mußen, Und viell lieber drey Persohnen davon im Hause am dische gespeiset haben wolle, dan Limbach sunderlich alß ein debill Persohn und hoch officijr guete speise nach seiner qualiteten haben wollen,
wochentlich vor Kost und bier – 4 Rtl.
für die 55 Wochen zwey tage
221 Rthl 4 ß
item für den Lieutenambt, auch absunderlich gespeiset, Und gleichfals auch was hinauff pracht, den aufwartenden Soldathen mitgetheilt, also nicht viell geruntern khommen, rechne also für denselben, obwoll zwarn lieber zwey Persohnen Im Hause wolle davoer gehalten haben, die Woche – 3 Taler
foel. 55 Woche 2 Thage 165 rthl 24 ß
auf verlangen wurde taglich eine Kanne Wein gebracht Jede Kanne 1 Rtl.
foel. 55 Woche 2 tage
– dreihundert achtzigh sieben p. ahn gelder Neuntzigh sechs Rthl. drei ort,
In sampten 193 1/2 Rthln
Lichter + Kerzen, 19 Rtl. selbst bezahlt,
1 Zimmerwerk mit aufräumen der Speißen ausgelauffen und verdorben, Und ahn Dischzeugh und Servietten verlohren, dafür kan nicht geringer mitt meinem schaden, die gantze Zeit als 55 Wochen gesetzt werden das 30 Rthln
Nicht allein viel Arbeit aber auch 2 Mägde und 1 Diener, angesehen durch den Burggraven, mit Auf- und Abtragung der Spesen, Betten und sunsten, die wenig anders im Hause thun konnten, müßte eigentlich 2 Rtl. die Woche berechnet werden, aber ad minimum 1 Rtl. die 55 Wochen 55 Rthln
Summarum 665 1/2 rthlr

Aufstellung der Kosten für die Verpflegung der beiden Inhaftierten.
Nordrhein-westfälisches Staatsarchiv Münster: Fürstentum Münster, Landesarchiv-Militaria, Nr. 24, fol. 58-59.

auf eigene Rechnung. Ebenso veranlaßte er das Säubern des Zimmers und, wenn nötig, das Auftragen neuen Tischzeuges und sauberer Servietten. Der Burggraf überließ dem Obrist für tägliche Dienste zwei Mägde und einen Diener, die das Essen auftrugen und ihn bedienten - auch sie mußten natürlich entlohnt werden.

Die überzeugende Autorität des erfahrenen Soldaten

Während die Menschen in Bevergern über ihre Not klagten, hatte Isaac Lardin von Limbach es also verstanden, sich in seinem Gefängnis einzurichten. Sein selbstbewußtes Auftreten machte dem Drosten sogar bald Ärger. Er beschwerte sich in Münster, daß Limbach nicht streng genug bewacht würde. Besonders die Vertrautheit mit zwei für die Wache zuständigen Soldaten schien den Drosten zu verbittern, fand er doch, daß sie sich inzwischen wie Diener des Obristen ausmachten und nicht wie seine Bewacher. Limbachs Autorität, auch als Obrist und Soldatenführer, mag auf die Wache Eindruck gemacht haben; besonders, da er aufgrund seiner langen Soldatenzeit sicher Interessantes zu erzählen wußte.

Der Wunsch des Drosten nach Kontrolle

Auch der rege Schriftverkehr, den Limbach führte und der trotz des wachsamen Auges des Drosten heimlich vonstatten ging, erboste diesen. Er wollte deshalb bauliche Veränderungen im Gefängnis vornehmen lassen, um eine bessere Kontrolle über das Treiben Limbachs zu erhalten. Mit seinem Vorschlag stieß er allerdings in Münster auf wenig Resonanz.[23]

Die Räte wissen Bescheid - auch ohne den Drosten

Das geringe Interesse, das die bischöflichen Beamten den Vorschlägen des Drosten entgegenbrachten, läßt vermuten, daß sie auf andere Weise Einblick in den Schriftverkehr des Obristen hatten,[24] doch hatte man darüber den für den Gefangenen verantwortlichen Drosten offenbar nicht informiert.

Der Ärger des Drosten - ein Spiegel der Verhältnisse?

Der Ärger des Drosten über das allzu 'freie' Leben des ihm unterstellten Obristen mag aber auch in der täglichen Konfrontation mit dem Leid der Bevölkerung gewachsen sein. Lebten doch die Soldaten höheren Standes, ob als Gefangene oder als Besatzer, auf Kosten der ansässigen Bevölkerung.

Bevergern leidet Not

Während Limbach im Gefängnis der Burg Essen für drei erhielt, hatten die Einwohner der Stadt Bevergern kaum Nahrung für sich selbst. Die einquartierten Soldaten des ligistischen Heeres mußten mitverpflegt werden. Die Offiziere hatten es sich in den besseren Bürgerhäusern bequem gemacht, die einfachen Soldaten waren bei den Ackerbürgern der Stadt eingekehrt. Insgesamt sollen es zeitweise über 358 Soldaten gewesen sein, die in Bevergern verköstigt und versorgt werden mußten.

Das war für einen Ort mit ca. 120 Häusern eine extreme Belastung, die die Menschen an den Rand ihrer Existenz brachte.[25]

Der Brand vergrößert das Elend

Im Oktober 1624[26] zerstörte ein Brand den Großteil des Wigbolds. Das Feuer war durch ein Unwetter ausgebrochen. Für 1624 heißt es in der Chronik: „Den 13. und 14. october ein uberauss grosser sturm gewessen, welcher uberal grossen schaden gethan. In Bevergern und Lündingkhausen seint viel heusser abgebronen..".[27] Die Not war so groß, daß die Menschen - so wird überliefert - nur noch „Eicheln und Rüben" aßen.[28] Wahrscheinlich hatte man die Eicheln und Rüben, wie dies für Birgte überliefert ist, zu Mehl verarbeitet und daraus Brot gebacken.[29] „Diethrich Kerke, fürstlicher Münsterischer Fischis zu Bevergern und Rhene", der die Kriegssteuer einkassieren sollte, hatte sogar „wegen der großer armuth" seinen Dienst aufgekündigt.[30]

Trotz des Elends eine Solidargemeinschaft

Nach dem Brand entschlossen sich die Bürger Bevergerns, eine „Kollektantenreise" zu organisieren, um für die „armen Verbrannten" zu sammeln. Dabei zog man nicht nur nach Münster, sondern besuchte auch das benachbarte Osnabrück. Insgesamt wurden vier solcher Reisen innerhalb kürzester Zeit organisiert. Am Ende, die letzte Reise soll zwischen dem 4. Januar und dem 12. Februar 1625 stattgefunden haben, hatten die Bevergerner immerhin 563 Taler zusammengebracht.[31]

Den 13. und 14. october ein uberauss grosser sturm gewessen, welcher uberal grossen schaden gethan. In Bevergern und Lündingkhausen seint viel heusser abgebronen. Auf allerheilgtag hat der herr von Zoppenbroich genant Quade, Unna wegen Chur-Brandenburg wider in possession genohmmen. Desgleichen auf allerseelentag, als er mit zwey cleine stückelein (so aus Unna mitgebracht) Lünen mit accord sich ergeben. Hernach der herr von Zoppenbroick mit Kerstien von Cöllen nach das amtbthauss Hörde marchirt.
Stevermann's Chronik, in: Janssen (1856), 252.

Die Begnadigung des Obristen Limbach

Im Amtshaus zu Bevergern tagte unterdessen am 18. Februar 1625 das Gericht zum zweiten Male in Sachen Limbach. Inzwischen hatte man ausreichend Zeugen verhört.

Der Prozeß findet nicht statt

Nach dem 18. Februar 1625 gab es keinen weiteren Gerichtstermin. Der Kurfürst zu Köln wies seine Räte in Münster an, eine Einigung mit den Anwälten des Obristen zu erzielen.[32]

Die Delinquenten sollen 'Urfehde' schwören

Am 8. Mai gingen die Bedingungen der Begnadigung an die Verteidiger Christoff Kluthen (Cluten) und Henrich Modersohn. Man machte ihnen deutlich, daß sowohl Isaac Lardin von Limbach als auch Wichard Suerbeck nach der Sachlage durchaus verurteilt werden könnten. Man hatte sogar daran gedacht, von „Unpartheilige Vniuersiteten oder Belehrtten zu Abfassung einer rechttmessigen Urtheile ausstellen zu lassen". Doch der Kurfürst war bereit, die Inhaftierten zu begnadigen, besonders, da es einige wichtige Fürbitter gegeben hatte: den königlichen Gesandten Englands, die in den Haag residierenden Botschafter der niederländischen Generalstaaten und den Prinzen von Oranien. Eine Freilassung sollte erfolgen, wenn die beiden Gefangenen „Ir Verbrechen erkennen, umb pardon bitten, Und sich dero Churfl. Dhltt gnade, milte und gütte pure submittirn". Sollten sie also um 'pardon' bitten, dann würden „sie gegen leistung genugsamer Urpfede und sicherung, auch Abstattung Auffgangenen Atzungs und anderen Kosten" begnadigt werden.

Gnade vor Recht

Die Bedingungen sind durchaus als milde zu bezeichnen. Selbstverständlich war es, die Verpflegungskosten zu begleichen, üblich, eine Entschädigungssumme für den angerichteten Schaden zu verlangen. Das Schwören der Urfehde gehörte ebenfalls zum Repertoire der üblichen Begnadigung bzw. Freilassung. Er entsprach dem damaligen Rechtsverständnis, das sich aus dem Fehderecht ergab. Der 'Besiegte' wurde verpflichtete, sich nicht zu rächen. Mit dem Eid wurde das Urteil nicht nur vor dem Gericht, sondern auch nach (altem) Fehderecht anerkannt. Isaac von Limbach Obrist und sein Leutnant leisteten Geständnis und Schwur und wurden im Sommer 1625 aus ihren Kerkern entlassen.[33]

Doch keiner will bürgen

Allerdings konnten die beiden Begnadigten die an sie gestellten Zahlungsforderungen nicht leisten. Versuche des Obristen Limbach, sich das Geld zu leihen, schlugen fehl. Die Gildemeister in Osnabrück, die er um eine Bürgschaft bat, waren nicht bereit, für ihn Schulden zu machen, „die letztendlich noch die Kinder zu zahlen hetten."[34] Aber auch der sonst Limbach so wohlgesonnene Johann Pagenstecher in Bentheim sah sich nicht in der Lage, eine solche Bürgschaft zu übernehmen. Auch er betonte im übrigen die Verantwortung gegenüber seiner Familie.[35] So mußte Limbach dem Kurfürsten berichten, daß er keine Bürgen in dem ihm fremden Land auftreiben konnte, um seine auf über eintausend Reichstaler angewachsenen Schulden zu begleichen. Der Pfennigmeister Morrien wurde daraufhin angewiesen, dem Rentmeister in Bevergern die Verpflegungskosten der beiden Inhaftierten zu erstatten.

Das Motiv

Die ausführliche Schilderung des Gefängnisaufenthalts vermittelt einen Eindruck von den unterschiedlichen Lebensbedingungen der ständischen Gesellschaft: Wer von hohem Stand, ausreichend finanziell abgesichert und in Diensten eines mächtigen Herrn stand, mußte auch in Kriegszeiten - selbst in einem Kerker - nicht Not und Hunger leiden. Es bleibt allerdings die Frage, warum der Kurfürst nach den aufwendigen Zeugenverhören und der Einholung eines Rechtsgutachtens Limbach nicht vor Gericht stellen, sondern ihn verhältnismäßig 'ungeschoren' freikommen ließ. Ein Grund mag darin zu finden sein, daß sich erneut protestantische Soldaten im Fürstbistum sammelten und der Fürst eine gewaltsame Befreiung Limbachs und eine Besetzung seines strategisch wichtigen Amtshauses befürchtete. Tatsächlich wurde die Burg und damit das Amt Bevergern einige Jahre später von schwedischen Soldaten eingenommen und dem Hause Oranien überlassen.

Der Soldat

Die Ausrüstung eines einfachen Soldaten

Die Unterschiede

Die Waffen des Fußvolkes

In der Hierarchie des Heeres war der einfachste Soldat der Pikenier. Er war mit Helm und Degen ausstaffiert und trug eine vier Meter lange Pike. Ihm folgte als nächst höherer in der Rangordnung des Heeres der Musketier. Er war mit einem einfachen Luntengewehr ausgerüstet. Pulverflasche, Kugeln, die selbst gegossen werden mußten, und eine Lunte gehörten zu seiner Grundausstattung.

Musketiere, um 1610
Aquarellierte Zeichnungen auf Pergament aus: Niederländisches Unterweisungsbuch
Privatbesitz
Foto: Christian Grovermann, Osnabrück

Die Waffen der Reiter

Der Reiter trug neben dem Degen eine Pistole. War er ein Arkebusier, dann führte er im Kampf ein kurzläufiges Gewehr mit sich. „Gerüstet wie die Kürassiere trugen sie Degen, Pistolen und ein Gewehr, das etwas kürzer als das des Fußvolkes, jedoch von stärkerem Kaliber war. Der schweren Last entsprechend ritten sie auch Pferde schwersten Schlages.“ [1]

Schußbereiter Soldat, um 1610
Aquarellierte Zeichnung auf Pergament aus: Niederländisches Unterweisungsbuch, Nummer 13
Privatbesitz
Foto: Christian Grovermann, Osnabrück

„Da wir nun an den Ort kamen, wo der Betteltanz angehen sollte, hatte ich meine Musket bereits mit zweien Kuglen geladen, frisch Zündkraut aufgerührt und den Deckel auf der Zündpfannen mit Unschlitt verschmiert, wie vorsichtige Musketierer zu tun pflegen, wenn sie das Zündloch und Pulver, auf der Pfannen im Regenwetter vor Wasser verwahren wollen."
Hans Jakob Christoffel von Grimmelshausen, Die Abenteuer des Simplisius Simplicissimus, zit. n. Büld (1977), 80.

Kornett und Musketier vertragen sich nicht

Ein nach Rang und Stellung bewußtes Abgrenzungsverhalten der Soldaten sorgte innerhalb des Heeres für manche Konflikte. In der Beschreibung einer Begegnung thematisierte auch Grimmelshausen einen solchen Konflikt zwischen einem (großzügigen) Musketier und einem

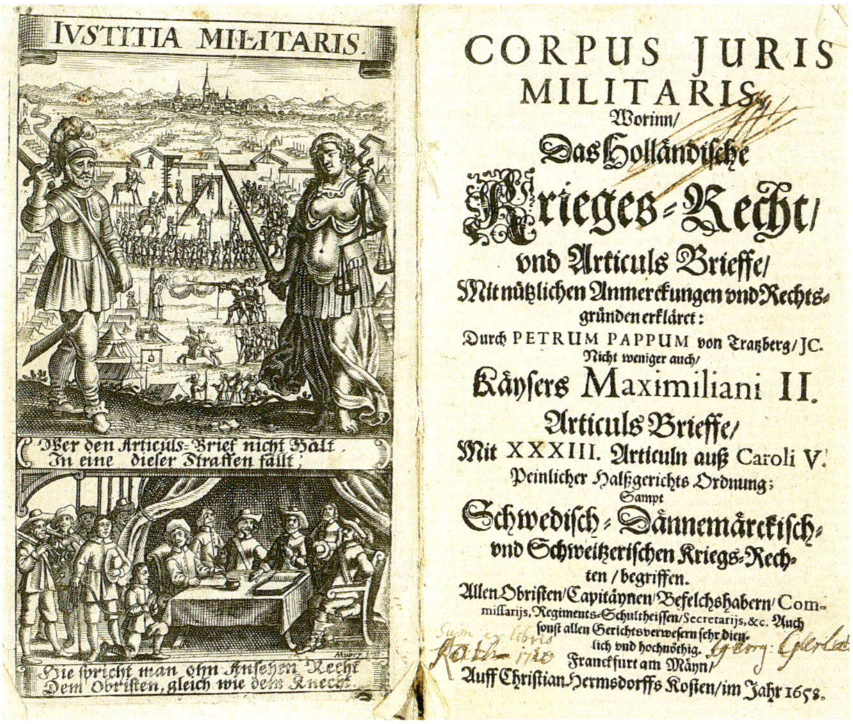

IUSTITIA MILITARIS/Wer den Articuls-Brief nicht Hält, In eine dieser Straffen fällt; Hie spricht man ohn Ansehen Recht/Dem Obristen, gleich wie dem Knecht.
Kupferstich, signiert Mubry
Petrus Pappus von Tratzberg; Corpus Juris Militaris, Frankfurt am Mäyn/ Auff Christian Hermsdorffs Kosten/im Jahr 1658.
Foto: Christian Grovermann, Osnabrück

(neidischen) Kornett. Grimmelshausen ließ seine Romanfigur Simplicissimus von einem Streit in einem Wirtshaus zu Rheine erzählen. Zusammen mit einem Kameraden zechte Simplicissimus in einer Bierstube und lud dazu andere Kumpane ein. Da die beiden Musketiere ordentlich tranken und tüchtig Geld ausgaben, wurden sie freundlicher bedient als die 'bessere' Gesellschaft der Reiter, die neidisch zu ihrem Tische sah und bemerkte: „Was Teufels haben doch die Stiefelhüpfer für ein Leben?" Nicht mundfaul kam die prompte Antwort vom Musketier zurück: „Was gehts die Stiefelschmierer an?" Das nun folgende Wortgefecht löste einen Streit aus, der bis zum Duell der beiden eskalierte. Interessant an diesem Konflikt ist, daß die jeweilige Aufgabe der Soldaten innerhalb der taktischen Kriegsführung zur Sprache kommt. Die Reiter provozierten die Tischnachbarn mit der Bemerkung, daß bei einer Feldschlacht das Fußvolk nicht so große Sprüche machen würde, wie sie es nun in der Stube tun. Mit dieser Andeutung der Diskrepanz zwischen Feigheit in der Schlacht und Großspurigkeit im Wirtshaus verletzten die Reiter die Ehre der einfachen Soldaten. Simplicissimus konterte, daß es gerade die Soldaten zu Fuß seien, die „Städt und Festungen einnehmen, und solche werden uns auch zu verwahren vertrauet, dahingegen ihr Reuter auch vor dem geringsten Rattennest keinen Hund aus dem Ofen locken könnet; warum wollten wir uns dann in dem, was mehr unser als euer ist, nicht dürfen lustig machen?" Damit spielte Simplicissimus darauf an, daß der Reiterei bei der Belagerung einer Stadt oder Festung keine besondere militärische Bedeutung zugemessen wurde. Vielmehr wurde bei einer Einnahme eines geschützten Ortes das Fußvolk (in großer

Eilhart Winckel Junior, 1678
Fensterbierscheibe
Dortmund, Museum für Kunst und Kulturgeschichte
Eilhart Winckel Junior
Ich Bin Ein Reuter fris Wollgemuth
Diene Meine Heren Trew vndt Guth
Anno Domini 1678

Studie über Bewegungsablauf in einem Zweikampf zwischen Musketier und Pikenier, um 1626
Kupferstich
Girard Thibant, Academie de l'espec [Lehrbuch der Fechtkunst], [o.O.] 1626
Foto: Christian Grovermann, Osnabrück

Anzahl) eingesetzt. Auf diese Taktik der Kriegsführung bezieht sich das Geplänkel. Dagegen waren die Kornetts vom militärischen Standpunkt aus gesehen bei einer Schlacht auf offenem Felde wichtigstes Instrument der Kriegsführung. Daß diese Zuweisung der Funktionen von Musketier und Kornett innerhalb der unterschiedlichen Aufgaben allgemein bekannt war, zeigt das Verhalten der Saerbecker bei einer Konfrontation mit spanischen Soldaten. Die Landwehr aus Saerbeck hatte sich, vermeintlich sicher in der Kirche verschanzt, gegen spanische Reiter aufgelehnt. Man glaubte, daß die Reiter mit Schüssen vom Kirchturm leicht zu vertreiben seien. Die Männer auf dem Kirchturm hatten dabei aber nicht an das anwesende Fußvolk gedacht, das ihnen in großer Zahl in die Kirche nachsetzte, ohne ihnen ein günstiges Schußfeld zu bieten.

Das Duellieren unter Soldaten ist verboten

Als die beiden Kontrahenten der fiktiven Geschichte sich außerhalb der Stadt duellieren, obsiegt natürlich Simplicissimus, der Soldat „zu fueß". Sein Triumph über den Reiter war jedoch nur kurz, er wurde von Musketieren aus Rheine gefangengesetzt. Nach dem Kriegsrecht waren nämlich Duelle bei Leib- und Lebensstrafe verboten.[2]

Die Kleiderordnung

Die Soldaten mußten sich selbst um ihre Kleidung kümmern, auch wenn manche Regimentsführer bei der Werbung für eine erste Ausstattung sorgten. In einem 1651 erschienenen „Kriegsbüchlein" wurde dem zukünftigen Soldaten geraten, sich auf ein Leben unter freiem Himmel vorzubereiten: Derbes Schuhwerk, dicke Socken und kräftige Beinkleider, mindestens zwei grobe Hemden und ein Wams, das am besten aus Büffelleder sein sollte, wurden ihnen vom Autor empfohlen. Gegen Regen und Schnee konnten ein Umhang und ein breitkrempiger Hut helfen. Die Kleidung sollte einfach geschnitten sein und wenig Nähte und Zierrat haben, damit sich darin kein Ungeziefer einniste.[3]

Kleidungsstücke sind Mangelware

Wie aus den Schadensmeldungen der Bauerschaften hervorgeht, hatten die Soldaten ständig Bedarf an Kleidung und Stiefeln. Man ließ Leinenstücke mitgehen, um sich daraus Hemden und Unterzeug zu schneidern, oder stahl bereits gefertigte Kleidungsstücke. Feine Leibwäsche, wie sie sich Limbachs Leute aus den Satinvorhängen der Burg Meppen hatten machen lassen, war für einfache Soldaten eher die Ausnahme.

Die Uniform

Es hatte Ansätze gegeben, die Truppen eines Heeres zu uniformieren. Graf Gallas beauftragte 1645 Tuchschneider in Österreich mit der Anfertigung von 600 Uniformen für sein Regiment, und Herzog von Braunschweig-Wolfenbüttel soll schon 1619 sein neu ausgehobenes Regiment blau eingekleidet haben.[4] Doch erst nach dem Dreißigjährigen Krieg begann mit der dauerhaften Einquartierung von Garnisonen in den Städten die konsequente Uniformierung der Soldaten. In Rheine wurde z.B. 1688 eine Tuchfabrik für das „Münstersche Militär" eingerichtet, die nun für die Soldaten des Bischofs Uniformen herstellte.

Kennzeichnung zur Abgrenzung untereinander

Was es gab, war eine gemeinsame Kennzeichnung an der Kleidung. Dieses Zeichen trugen Soldaten einer Kompanie bzw. eines Regiments. So konnte man sich von anderen Regimentern innerhalb des Heeres abgrenzen. Ein solches Regimentssymbol konnten eine Feder oder ein Band in einer bestimmten Farbe sein. Da die Regimenter und Kompanien zudem eigene Feldzeichen mitführten, wählte man sich meist aus der kompanieeigenen Standarte ein geeignetes Symbol.

Die Kleidung eines Obristen

Ein Obrist dagegen hatte, seinem Stand gemäß, auch repräsentative Kleidung zu tragen. Ein Verzeichnis des Dieners Alexanders von Velen über „minh herr Seinn Kleidung So mit nach dem Sassenberg sein" gibt Aufschluß über Qualität und Ausstattung der Garderobe. Es wurde Wert auf die farbliche Abstimmung von Hose, Hutband und Handschuhen gelegt,

Schütze, Gewehr und Lunte in der linken Hand, um 1610
aus: Niederländisches Unterweisungsbuch
Privatbesitz
Foto: Christian Grovermann, Osnabrück

Alexander II. von Velen, nach 1644
C. Meyssens
Kupferstich
Münster, Westfälisches Landesmuseum für Kunst und Kulturgeschichte
Illustrissimus D.D. ALEXANDER S.R.I. Comes de Vehlen, lliber Baro in Raesfeld et Bretzenheim, Domin, in Schermberg, Engelroht, Hagenberg Hoest Erndenberg et Schlangenhall, S. Caes. Maiest Camerari, Consiliari, belli et Campi Mareschallus. etc.

Ein pahr stiebel mit Geloschen.
En pahr Sammiter schue
2 geheneke mit 4 gurtelß
Pferdt gezeug Eines schlechs daß ander mit meßink belagt.
2 Fuchs felle
Ein schwartz Bögenn Kleidt
Ein par Aschfarbige Hosenbendel
Ein SommeKled mit Einen Mantl
Ein graw Satin Buchße mit golden Posamment
Ein verguldn degen.
Ein Leder Wambß mit golt und silberne Posamment
Ein Rote sammite Mantell
Ein pahr Roten strümpff
En pahr guldene Mauwen
Ein Verblümetes silberen wambß
Ein rote verbluemete Camisol
Ein weiße fedder
En Sammitn Roten Pelß mit Ein par halbe mauwen
Ein Ledder reformiertes wambß
Ein Rote Pferdedecken
Ein grawr huett
Verzeichnis der auf Sassenberg angelieferten Kleidung. 13. April 1631. Nordrhein-westfälisches Staatsarchiv Münster: Landsberg-Velen,
Nr. 21, fol. 245.

Anzeiching Vonn minh herr Seinn Kleidung So mit nach denn Sassenberg sein. Tyeman.
Erstlichenn Ehn hasar Grauwe hossen unte ehn Koller mit breite Silberen passenter buetz dar zu gehorende ehn Pahrhenschen mit en Silberen Hoetschnor Vnt lintze dar zugehorend.
Ittem noch ehne Fihlamorten Kletz zu wissen hossen Vnte Mouwen Voll mit golden klinkantzen bezetzs dar zu gehorende ehn Koller mit zugehorende gestell Unde zwi Hennen vor dn armell nebenst ehnen golden hoetschnor mitz en pahr dicke pardurde hantzschon da bei.
Ittem noch ehn Par roete hossen mit roete Atlassen Mouwen da bey Unte ehen Koller da zu gehorende.
Ittem ehn pahr somer hossen mit ehn pahr armell da dorgesickert seien. Die lange kapoetz im gelichen auch mit.
Ittem ehn pahr Aschefarbte Seitenn Strumpfe mit noch ehn pahr groene da bey Im gelichen zwe Pahr karenesetzen Knebender mit grosse spitzen.
Im gelichen ein Weiß atlassen Walmbest mit ehne Roete Pardurde Scarpe unte ehn Pardurt Pandantz mit zwei Pahr vor gulte hornen Unte ehen roete Vorrelde schlapmutz.
Item zwei Pastorene Feeder Vortes alle daß leine Zuch so E.G. haet ist mitgenommen.
Item ein Mantell von grauwen Tuch mit blauwen Sammet gefeuttert Im gelichen ein vorgulten deegen Hengt zum Sassenberg. Deseir Kleidung folgende hir nacher nach seinen hir zu Oldersun vor bleiben.
Verzeichnis der Kleidung für Alexander (II) von Velen. 1630. Nordrhein-westfälisches Staatsarchiv Münster: Landsberg-Velen, Nr. 21, fol. 245.

und auch die Kniestrümpfe paßten farblich zum Übrigen: Ein Mantel, „von grauwen Tuch mit blauwen Sammet“ gefüttert, ließ sich sowohl mit der grau-silbernen Kombination von Hose und Hemd als auch mit der weiß-goldenen tragen. Etwas schlichter wirkte eine Sendung von Kleidungsstücken aus dem Jahre 1631, die auf das Amt Sassenberg gebracht und dort für Alexander von Velen deponiert wurde. Neben einem schwarzen „Bürgerkleid“, das er möglicherweise in seiner Funktion als Droste trug, wurde auch die Kriegsausrüstung mitgeschickt, zu der neben Degen und Pistole eine rote Decke für das Pferd gehörte.[5]

Die Alltagsfrömmigkeit der Soldaten

Ein „beschossener“ Soldat

Frisch angeworbene Männer wurden meist von einem erfahrenen Soldaten angelernt. Hatte er schon viel erlebt, Schlachten und Belagerungen ohne Blessuren durchstanden, dann galt er als „beschossener“ Soldat, dem der Nimbus eines 'Helden' anhaftete. Wer im Feuerhagel unverletzt geblieben war, stand, so glaubten die Soldaten, unter einem besonderen Schutz. Man ließ sich gerne in eine von so einem Soldaten geführte Kompanie anwerben.

Aberglaube

Das Bedürfnis nach Sicherheit gepaart mit großer Glaubensfähigkeit zeigte Formen einer Alltagsfrömmigkeit, in denen der Talisman, das Amulett, handliche Heiligenfiguren etc. für den Soldaten eine bedeutende Rolle spielten. Eine dieser Varianten waren spezielle „Schutzbriefe“, die, mit besonderen Zeichen und Symbolen versehen, vor Kampf- und Schießverletzungen schützen sollten. Im Ochtruper Stadtarchiv hat sich die Abschrift eines solchen Briefes aus dem 18. Jahrhundert erhalten. Es ist anzunehmen, daß es Zettel ähnlichen Inhalts auch schon im 17. Jahrhundert gab. Das Schriftstück konnte, so verspricht der Text, bei Verletzungen auf die Wunde gelegt, eine Blutung sofort stoppen. Wer den Brief ständig mit sich trug – so glaubte man – blieb unverletzt; ihn konnte „nichts treffen, des Feindes Geschützn, und Waffen. Derselbe wird Gott bekräftigen, hör des Feindes Geschützt und Waffen, vor Diebe und Mörder, es soll ihm nichts schaden.“ Denjenigen, die solchen Zauber nicht glauben wollten, wurde eine Probe vorgeschlagen: Man sollte den niedergeschriebenen Text einem Hund um den Hals hängen und auf ihn schießen, „so wird er sehen das es war ist“. Einschränkend weist der Autor des Textes daraufhin, daß, wer sonntags nicht in die Kirche ginge und nichts den Armen gäbe, durch dieses Schreiben nicht geschützt werden könnte.[6]

Gegen die Andersgläubigen

Der zwischen katholischer Liga und protestantischer Union ausgetragene 'Religionskrieg' zeigte sich auch in den Standarten. Man kämpfte für den 'wahren' Glauben und gegen die 'Häresie'. Für den einfachen Soldaten war jedoch die Konfessionszugehörigkeit nicht von allzu großer Bedeutung.

Exkurs: Isaac Lardin von Limbach

Vom Musketier zum Obristen: Oder die politischen Krisen und Konflikte von 1600 bis 1627 im Spiegel einer Söldnerkarriere

Isaac Lardin von Limbach hat während seiner Haft im Amtsgefängnis Bevergern die Stationen seiner Söldnerkarriere festgehalten. Mit der Aufzeichnung seines Werdegangs vom Musketier zum Obristen wollte Limbach dem Kurfürsten Ferdinand von Bayern vor Augen führen, daß er kein Verbrecher, sondern ein Soldat war, der ausschließlich auf Befehl seines Heerführers gehandelt hatte (und schon deshalb kein Verbrecher, sondern ein Ehrenmann war). Heute lassen sich aus der Niederschrift die Konfliktfelder aufzeichnen, die letztlich zu einem Krieg führten, an dem fast alle europäischen Länder beteiligt waren. Es wird deutlich, daß der politische Handlungsspielraum immer mehr von der Größe eines zur Verfügung stehenden Heeres abhing. Und es läßt sich anschaulich nachvollziehen, daß die einzelnen politischen Konflikte in unterschiedlichen Territorien lange vor dem 'Prager Fenstersturz' die Weichen für einen dreißig Jahre dauernden Krieg gestellt haben.

Das Kriegsvolk folgt eigenen Gesetzen

Anschaulich verdeutlicht die Niederschrift en détail, daß die Söldnerheere und ihre Führer untereinander ein soziales Netz besaßen, das offensichtlich auch über weite Distanzen und lange Zeit tragfähig war. Verlor der Soldat seinen Dienst, weil der „Krieg ein Loch" hatte (d.h. Frieden geschlossen worden war), so ging man dorthin, wo der Ausbruch eines solchen erwartet wurde. Dabei diente der Soldat, hatte er erst einmal einen gewissen Rang erreicht, meist dem gleichen Herren. Insofern gehörte der Söldner einer eigenen sozialen Schicht an, mit eigenem Ehrenkodex und eigenem Recht.

Limbach bei den Kaiserlichen

Der in Österreich geborene Isaac Lardin von Limbach trat 1597 in den Dienst des Kaisers und diente als „Musquetier" in einem österreichischen Regiment von 3.000 Mann unter dem Obristen Gaal (Gahll), man behielt ihn dort für acht Monate. Als der Winter einbrach, wurde er entlassen.

Einfache Soldaten erhalten im Winter keinen Sold

Als einfacher Soldat wurde Limbach während der Wintermonate ausgemustert, dementsprechend erhielt er keinen Sold. Diese Vorgehensweise beförderte das bei der Bevölkerung so gefürchtete „Marodieren".

1598 - 1606 gegen die Ungarn und die Türkei

Im nächsten Frühjahr ließ sich Limbach als „Musquetier" ins kaiserliche

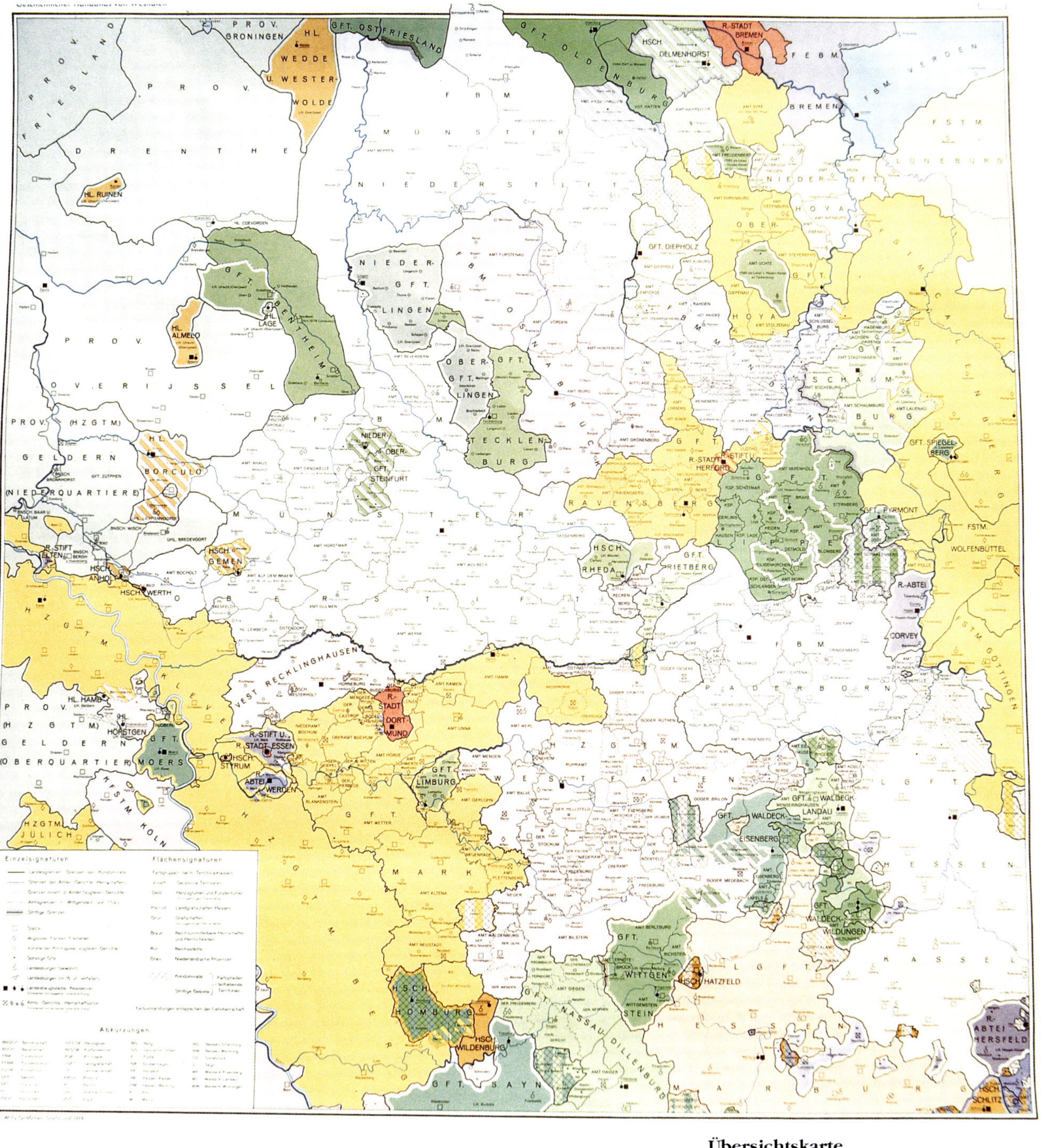

Übersichtskarte
nach Vorlage „Politische und adminstrative Gliederung um 1590;
Entwurf W. Leesch, Dortmund 1974
in: Geschichtlicher Handatlas von Westfalen, Münster 1975

Heer anwerben, er mußte jedoch – „wegen kelte und schnee“ das in Ungarn lagernde Regiment verlassen und mit seiner Kompanie in die Steiermark ziehen. Nach vierzehn Monaten wurde er aufs neue entlassen. Wahrscheinlich im Jahre 1600 wurde er als Gefreiter geworben und besetzte zusammen mit anderen Södnern Sissegrat. Nach sieben Monaten war er wieder ohne Stellung.

Ein Jahr später war er im Regiment des Obristen von Hoffkirchen „gefreyten Corporall" und wurde „Auffwarter". Er wechselte nach einem Jahr in das Regiment des Obristen Lucas Rhemer von Maritz und besetzte mit dessen Leuten die Stadt Pest. Als die Garnison nach einem Jahr ausgewechselt wurde, zog er gegen die Türken. Nach weiteren sieben Monaten Soldatendienst wurde er wieder einmal entlassen.
Von 1604 bis 1605 diente er im Regiment und der Kompanie des Ferdinand von Kolnitz (Cholnitz). Im Herbst 1605 verfolgten sie „Botzkey, welcher die Rebelschen Ungeren geführt". 1606 blieb Limbach noch kurze Zeit in kaiserlichem Dienst und versuchte, als „QuartirMeister zu pfert" bei Graf von Tampir unterzukommen, doch die Truppen wurden aufgelöst, und Limbach wurde nicht übernommen.

1606: Der Friedensvertrag mit Ungarn

Die Politik Rudolfs II. zielte darauf, die Vormachtstellung der katholischen Kirche in Ungarn und Siebenbürgen wieder herzustellen. Seine Vorgehensweise hatte 1605 zu einem Aufstand der Protestanten geführt, der von den Calvinisten Stefan Bocskay und Bethlen Gabor angefürt wurde. Unter Erzherzog Matthias gelang es, ein schlagkräftiges Heer zusammenzustellen und u.a. die Grafen Thurn und Wallenstein zu verpflichten, die gegen Bocskay und Gabor antraten. Im Januar 1606 konnte ein Waffenstillstand ausgehandelt werden, der im Juni 1606 mit einem Friedensvertrag in Wien besiegelt wurde und den Protestanten des Königreichs Ungarn Religionsfreiheit zusicherte. Mit der Veröffentlichung einer Liste von Gravamina kritisierte Rudolf II. diesen Friedensvertrag. Erzherzog Matthias schloß mit dem böhmischen, ungarischen und teilweise österreichischen Adel politische Bündnisse, die die Religionsfreiheit garantieren sollten. Mit dem von Rudolf II. unterzeichneten „Majestätsbrief" vom 9. Juli 1609 fand der Kampf um alte Rechte sein vorläufiges und für die Protestanten günstiges Ende. Daran änderte auch der 1611 von Rudolf II. unterstützte Einmarsch des Erzherzogs Leopold nichts, der von einer „böhmischen" Streitmacht zurückgedrängt wurde.[7]

Moritz von Nassau-Oranien.
Kupferstich
MAURITIUS D G.NATUS PRINCEPS AURAICÆ, COMES NAS=soviæ, et Murciæ. Venit, Vidit, Vincit, Libertati restituit et Feliciter nomine Ordinum Foederatarum nunc gubernat.
Münster, Landesmuseum für Kunst und Kulturgeschichte

Bei den niederländischen Generalstaaten

„Weiln Ich dhamahls keinen Hern gehabt, Und das der Kreigh ein Loch gefunden, geschehen, bin ich nach Holland."
Wahrscheinlich im Jahre 1607 ging Isaac von Limbach in die Niederlande. Das Motiv seiner Reise gibt er an: Der Krieg war 'durch ein Loch geschlüpft und verschwunden', Limbach war ohne Stellung. Der Waffenstillstand zwischen den Niederlanden und Spanien lief 1609 aus (wurde aber noch einmal auf zwölf Jahre erneuert), und er konnte hoffen, dort gebraucht zu werden.
Vielleicht gehörte Limbach aber auch zu den wenigen Adeligen aus Oberösterreich, die zum Calvinismus übergetreten waren und nun in den Niederlanden eine neue Heimat suchten. Aus dem Schriftverkehr mit Pagenstecher ist zudem bekannt, daß ein Bruder in Amsterdam lebte.

De onmenschlicke Barbarische en growelijcke Tyrannije Spangniaerden in Nederlandt, um 1610
Kupferstich
Privatbesitz
Foto: Christian Grovermann, Osnabrück

Die Konfessionszugehörigkeit

Berufssoldaten waren, was die Religionsfrage betraf, meist pragmatisch. Sie folgten normalerweise der Glaubensauffassung ihres Herrn, wie etwa Wallenstein, der mit Beitritt in das kaiserliche Heer den katholischen Glauben annahm.
Limbach zeigte in seinem weiteren Söldnerleben dagegen durchaus ein konfessionsbewußtes Verhalten. Von ca. 1607/8 bis zu seiner Gefangennahme 1623 diente er auf protestantischer Seite und knüpfte seine sozialen Bindungen fast ausschließlich in reformierten Kreisen.

Moderne Kampftechnik der Niederländer

Ob er sich nun aus Glaubensgründen, familiären Bindungen oder aus beruflichen Motiven den Niederlanden zuwandte, ist nicht geklärt. Gewiß ist, daß die Generalstaaten für ihn als Soldat ein interessanter Ort waren. 1607 war in Den Haag: „Der Gebrauch der Waffen", das erste illustrierte Exerzierhandbuch Westeuropas erschienen.
Moritz von Oranien-Nassau verbesserte die Kampfkraft eines Heeres mit neuen Formationen: Er verringerte die Zahl der Pikeniere, so daß nur noch zehn Reihen Soldaten anstelle von 40 oder 50 aufgestellt wurden. So verschlankt, konnten sie schneller auf das Kampfgeschehen reagieren. Gleichzeitig ließ er die Zahl der Musketiere in einem Regiment erhöhen und verstärkte damit entscheidend die Feuerkraft des Heeres. Diese neue Taktik, die im übrigen später von den Schweden weiterentwickelt wurde, war durchaus erfolgreich. Die Niederländer fungierten nicht nur im Laufe der Zeit als Militärberater an den fürstlichen Höfen, sondern so

mancher junge Adlige pilgerte in die Niederlande, um dort das Handwerk des Kriegswesens zu erlernen.[8]

Limbach wird Fähnrich

Limbach fand Aufnahme in einer Garnison, die in Gebbersberge lag. Bereits nach einem Jahr ging er in die Kompanie des Herrn von Kessel, der unter Graf Moritz von Oranien diente, und wurde dort „Fendrich".

Im Streit um Jülich und Kleve

Im Dienst des Brandenburgers

Mit Erlaubnis des Prinzen von Oranien ging er 1609 nach Düsseldorf, wo der Herzog von Pfalz-Neuburg und der Kurfürst von Brandenburg Soldaten warben. Er ließ sich als Leutnant einstellen.

1609: Erbstreit Jülich-Kleve

Im gleichen Monat, als der Waffenstillstand zwischen den Niederlanden und Spanien auf zwölf Jahre verlängert wurde, begann der Erbstreit um die Herzogtümer Jülich-Kleve neu aufzuflammen und einen europäischen Konflikt heraufzubeschwören. Ausgelöst wurde die Krise durch den Tod Johann Wilhelms von Jülich-Kleve am 25. März 1609.
Neuburg und Brandenburg hatten sofort ihre Emissäre nach Düsseldorf gesandt, um ihre Ansprüche auf die Herzogtümer anzumelden. Die Witwe des Herzogs hatte diese Ansprüche zurückgewiesen und erhielt Unterstützung von Rudolf II. Die Parteinahme des Kaisers mobilisierte die evangelischen Fürsten, besonders, da Erzherzog Leopold mit militärischer Hilfe unterwegs war, um die Interessen der Herzogin durchzusetzen. Als er im Juli den Oberbefehl über die Garnison in Jülich übernehmen wollte, war die Stadt bereits von Soldaten besetzt, unter ihnen befand sich auch Leutnant Isaac von Limbach. Ein Jahr später war die Kriegsgefahr gebannt.
In der Folgezeit nahm der Statthalter der Oberpfalz, Fürst Christian I. von Anhalt-Bernburg, eine führende Rolle in diesem Erbstreit ein und bemühte sich insbesondere um die Unterstützung Frankreichs.

Im Heer des Kurfürsten von der Pfalz

Erste bedeutende Aufstiegschance

Limbach wurde in einem der Regimenter des Kurfürsten von der Pfalz die Stelle eines Leutnants zu Pferd angeboten. Um den Dienst annehmen zu können, mußte er auf eigene Kosten Pferde besorgen. Als er endlich mit immerhin 33 Pferden nach Heidelberg kam, war die Stelle besetzt. Er wurde „Corneth".

Die Verbindungen des Kurfürsten zu den Niederlanden

Die engen Beziehungen zwischen der Kurpfalz und dem Hause Oranien-Nassau ergaben sich nicht nur aus der gemeinsamen Konfession oder den dynastischen Verbindungen (Ferdinand IV. war mit Luise Juliane, einer Tochter Wilhelms von Oranien, verheiratet), sondern auch durch ein politisches bzw. strategisches Interesse am Rheinland (Spanische Straße). Limbachs Übergang aus niederländischem in kurpfälzischen Dienst konnte schon aus diesem Grunde ohne zeitlichen Bruch vonstatten gehen.

Im Elsaß

Nun in Diensten des calvinistischen Kurpfälzers, zog er als „Corneth" ins Elsaß, und lagert vor „Moltzou, Capfstein" und „Elßauberen". Sein Feldherr war Markgraf von Ansbach, der als Mitglied der Union das Heer anführte, ihm zur Seite stand der Markgraf von Durlach.

1610: Die Union gegen Erzherzog Leopold

Limbachs Aufenthalt im Elsaß ergab sich aus einem strategischen Kalkül der Unionisten, die mit der Präsenz ihres Heeres das Stift Straßburg und damit Erzherzog Leopold schädigen wollten. Im Elsaß lernte Limbach wahrscheinlich auch Ernst von Mansfeld kennen, der auf seiten der Union kämpfte.

Limbach nahm Wohnsitz in Heidelberg

Limbach kehrte 1610/11 in die Pfalz zurück und blieb im Heeresdienst unter Rittmeister Obentraut. Im Frühsommer wurde er vom „Corneth" zum „Lieutnant" befördert. Ende 1611 wurde er aus dem Dienst entlassen und ging nach Heidelberg. Er heiratete, wahrscheinlich jene 'Lisbeth', die ihn 1624 in seiner Zelle versorgen sollte. Limbach stand zu diesem Zeitpunkt „in kein Dinst mehr". Nun „ehrlich" verheiratet, bewarb sich Isaac von Limbach um eine Stelle als „Capitain übers Landvolk". Solche Stellen wurden erfahrenen und kampferprobten Soldaten gerne angeboten. Limbach, der bereits vierzehn Jahre Kriegserfahrung hinter sich hatte, vielleicht sogar schon den Nimbus eines „beschossenen" Soldaten erworben hatte, sollte nun die Grundregeln einer effektiven Verteidigung eines bestimmten Gebietes, meist eines Kirchspieles, den dort ansässigen und wehrfähigen Männern beibringen, sie führen und anleiten.

Werbung in Kleve – das Jahr 1614

Nach ungefähr drei Jahren ging er wieder in kurpfälzische Dienste. Im Sommer 1614 begab er sich nach Kleve, um im Auftrag des Kurfürsten von Brandenburg ein Regiment zu werben. Limbach wurde zum „Captein Leutenant" befördert.

1614: erneute Krise in Jülich

Im Frühjahr 1614 hatten sich die Beziehungen zwischen Brandenburg und Pfalz-Neuburg soweit verschlechtert, daß der holländische Kommandeur der neuburg-brandenburgischen Garnison in Jülich, Oberst Pithan, Verstärkung angefordert hatte. Wolfgang Wilhelm von Pfalz-Neuburg, seit 1613 katholisch und durch seine Heirat nun mit dem Hause Wittelsbach verbunden, besetzte daraufhin Düsseldorf.

Im August 1614 marschierten 15.000 Söldner aus spanischen Niederlanden in die Herzogtümer ein, um die Herrschaft für Pfalz-Neuburg zu sichern. Als die Spanier den Rheinübergang bei Wesel besetzten, drohte ein militärisches Eingreifen der niederländischen Generalstaaten. Im November 1614 konnte die Krise noch einmal abgewendet werden; es wurde ein Waffenstillstand geschlossen und die Herrschaft über die Herzogtümer vertraglich – bis zu einer endgültigen Regelung – festgelegt: Kleve und Mark kamen zu Brandenburg, Jülich und Berg zu Pfalz-Neuburg.[9]

Limbach im Ausland

1615 „Captein Leutnant" in Straßburg

Limbach ließ sich aus kurpfälzischem Dienst entlassen und ging mit Graf Johan von Assau dem Jüngeren, der im Auftrag des Herzogs von Savoyen eine Truppe zusammenstellen sollte, nach Savoyen. Das Ziel Savoyen wurde jedoch nicht erreicht, Limbach und seine Leute kamen „nicht weiter alß Straßburgh Und Indeß Marggrafen von Thurlags landt".

„Leutnant zu Pferdt" in Frankreich

Limbach schloß sich, wahrscheinlich im Spätsommer 1615, Graf von Wittgenstein an, der nach Frankreich unterwegs war. Als „Leutenant zu Pferdt" wurde er der Truppe des Rittmeisters Cratz zugeordnet. Als er dort nach sieben Monaten 'abgedankt' wurde, blieb er in Frankreich. Er reiste nach Sedan und verbrachte das restliche Jahr 1616 in Diensten des Herzogs von Bouillon, der enge Verbindungen mit dem Hause Heidelberg hatte.[10]

1615-1616: Mantuanischer Erbfolgekrieg

Limbachs Aufbruch nach Savoyen stand in Zusammenhang mit dem Mantuanischen Erbfolgekrieg. Der Konflikt wurde 1615 nicht ausgetragen, da französische Diplomaten einen Waffenstillstand aushandelten.

Limbach geht nach Venedig

Limbach, der von Sedan nach Heidelberg zurückkehrte, traf dort auf Ludwig von Löwenstein, der im Auftrag der Republik Venedig Soldaten warb. Insgesamt sollen es 4.000 Mann zu Fuß gewesen sein. Limbach wurde „Capitain". Ausgestattet mit „Patent" (Vertrag) und „werkgelt" (Geld zur Anwerbung) warb er die ihm aufgetragenen 300 Mann offenbar auch in den Niederlanden. Er und seine Männer gingen in Emden auf das Schiff. Die Seefahrt in den Zielhafen Venedig dauerte vier Monate.

1616-1617 gegen spanische Korsaren

Die Reise Limbachs nach Venedig stand im Zusammenhang mit dem Gradiskanerkrieg. Einige Flüchtlinge aus dem Grenzgebiet zwischen Österreich und der Türkei hatten sich in Hafenstädten der östlichen Adria, insbesondere in Zengg, niedergelassen und ließen kein Handelsschiff ungehindert passieren. Die Piraten hatten im Laufe der Jahre immer mehr Zulauf erhalten, darunter auch spanische Korsaren, die von Neapel aus operierten. Ende 1615 hatte sich die Venezianische Republik, die bis dahin mit aufwendigem Geleitschutz ihre Handelsflotte sicher durch dieses Gebiet zu führen suchte, entschlossen, Gradiska zu überfallen. Gleichzeitig hatten venezianische Gesandte im Ausland versucht, Verbündete im Kampf - besonders gegen die spanischen Korsaren, die von Neapel aus gegen venezianische Schiffe agierten - zu gewinnen. Im September 1616 hatte Ernst von Nassau-Siegen in den Niederlanden eine Armee von 3.000 Mann zusammengestellt, die im Mai 1617 eintraf; weitere Söldner kamen im November an. Zehn englische und zwölf holländische Kriegsschiffe kreuzten vor der Küste und verhinderten einen Beistand Neapels. Für Erzherzog Ferdinand erschwerte sich die Situation, weil gleichzeitig der Mantuanische Erbfolgekrieg jede Hilfe aus Spanisch-Mailand unterband. Möglicherweise war Limbach auch beteiligt an den Auseinandersetzungen um das Herzogtum Montferrat, das - im Gegensatz zum Reichslehen Mantua - auch innerhalb der weiblichen Linie vererbt werden konnte, weshalb es von der Tochter des Herzogs von Mantua mit Unterstützung ihres Großvaters, des Herzogs von Savoyen, beansprucht wurde. Der Herzog ließ Söldner anwerben, unter ihnen „4.000 deutsche Protestanten, die mit Zustimmung der Anführer der Union von Graf Ernst von Mansfeld geworben worden waren", außerdem sollen weitere 10.000 französische Freiwillige geworben worden sein.[11] Wenn Limbach daran beteiligt gewesen sein sollte, so ließ er diese Angaben in seinem Bericht aus verständlichen Gründen unerwähnt.

Der böhmische Aufstand

1619 - zurück in die Pfalz

Isaac Lardin von Limbach kehrte in die Pfalz zurück.
Dort hatten sich die politischen Verhältnisse nun dramatisch verändert. Zur Kaiserwahl am 28. August 1619 in Frankfurt fürchtete die Stadt Auseinandersetzungen und rüstete sich gegen eine mögliche Belagerung. Die Stadt beauftragte den Obristen Waltmanshausen, ein Regiment zu werben: "1000 mahn In 5 Compagnej". Limbach bot sich an, eine eigene Kompanie zusammenzustellen. „Warauf Patenten und gelt erlangt, Und meinn Compagnei geworben, Also der Stadt Frankfurt bey Kayserlichen Wahltagh Zuvor Und nach Drey Monat langh biß zur abdanckungh gedient."

1619: Die Wahl des Kaisers

Tatsächlich hatte man bei der Kaiserwahl einen größeren Konflikt erwartet, doch Ferdinand II. wurde einstimmig - auch vom Kurfürsten von der Pfalz, durch seinen Gesandten Graf Johann Albrecht von Solms-Braunfels - zum Kaiser des Heiligen Römischen Reichs gewählt.

Im Regiment des Grafen Reinert von Solms

Nach seinem Aufenthalt in Frankfurt von August bis ca. November 1619 ließ sich Limbach, als er hörte, „Fürsten und Stette des Reichs würden eine union machen und Folck werben", als „Capitain und Maior" unter Graf Reinert von Solms anwerben.

1619: Der Unionstag

Im November 1619 hatte ein Unionstag stattgefunden, wobei deutlich wurde, daß die meisten protestantischen Fürsten die Entscheidung Friedrichs V., die böhmische Krone anzunehmen, mißbilligten bzw. nicht bereit waren, die sich daraus ergebenden Konsequenzen mitzutragen. Nur die Markgrafen von Ansbach und Baden, der Herzog von Sachsen-Weimar und der Kurfürst von Brandenburg zeigten deutlich ihre Zustimmung und boten Unterstützung in der drohenden Auseinandersetzung mit Ferdinand II. an.

1620 in Marburg

Ende 1620 ließ sich Limbach vom Markgrafen von Ansbach anwerben, der ihn zum Obristen Leutenant ernannte. Er kämpfte in einem Regiment des Herzogs Franz Karl von Sachsen, der sich unter das Kommando des reformierten Landgrafen Moritz von Hessen gestellt hatte. Am 8. November 1620 fand am Weißen Berg die Schlacht statt, die den 'böhmischen Aufstand' vorerst beendete. Limbach selbst war nach seiner Erinnerung in diesem Zeitraum „mehrenteils zu Marburgh gelegen".

Im Söldnerheer des Mansfelders

Er stand zu diesem Zeitpunk noch immer in Diensten Franz Karls von Sachsen und kämpfte für die Sache des Kurpfälzers. Franz Karl von Sachsen verließ das Heer des Markgrafen von Ansbach und stellte seine beiden Regimenter unter das Mansfelder Heer. Isaac von Limbach blieb weiterhin „Obrist Leutnant im Regiment zu Fueß" und übernahm das Regiment seines früheren Dienstherrn, Herzog Franz Karls von Sachsen. Er erhielt den Auftrag, das Regiment von 500 Mann auf 1.000 Mann aufzustocken.

1621: Friedrich V. geht ins Exil

Über Friedrich V. war die Reichsacht verhängt worden, und er hatte sich im April 1621 ins Exil begeben. Auf der Seite des Pfälzers kämpften 1621 nur noch die Herzöge von Sachsen-Weimar und von Braunschweig-Wolfenbüttel. Der Markgraf von Ansbach hatte mit dem Kaiser Frieden geschlossen, und der calvinistische Moritz von Hessen-Kassel wollte seinen Glaubensgenossen nicht weiter militärisch unterstützen, schon um eine „Depossedierung zugunsten des gut kaiserlichen (und lutherischen) Herrn von Hessen-Darmstadt" zu verhindern.[12]

1622 - von der Pfalz nach Frankreich

Zusammen mit dem Mansfelder begab sich Limbach ins Elsaß, um dort Männer zu werben. Als er das Regiment, wie gewünscht, vergrößert hatte, erhielt er die Führung dieses Regiments und wurde zum „Obrister" ernannt.

Das Werben von Soldaten im Elsaß

Im Mai 1622 wurden im Elsaß besonders schweizer Protestanten und französische Hugenotten in das Mansfelder Heer geworben. Das Heer des

gegenüberliegende Seite:
Leichbegengnuß Des nunmehr zum Endgeloffenen vnd verstorbenen Treues in den Niederländischen Prouincien/wie derselbige begraben vnd mit grossen Wehklagen zur Erden bestetiget wird. Ende des Treves, 1621
Claes J. Visscher (1586-1652)
Radierung, Text als Strophen in fünf Spalten
Nürnberg, Germanisches Nationalmuseum

Der Waffenstillstand, der für zwölf Jahre zwischen den niederländischen Generalstaaten und Spanien geschlossen wurde, wird zu Grabe getragen. Dem Leichenzug, angeführt von einem Bischof, folgen Mitglieder aus allen Ständen, die alle der 'Alten Kirche' angehören: Priester (F), Mönche und Bauern (G), Adelige (H), Bürger (I), Pilger (K) und Bettler (L).
Im Vordergrund rechts, bereitet sich der Kriegsgott Mars auf die kommenden Auseinandersetzungen vor. Im Hintergrund links, fliehen die Menschen vor dem drohenden Krieg. Die drei Porträts in den Medaillons stellen Jacob Mom, Ebrecht van Botbergen und Adriaan van Eynthourt dar, die 1621 wegen Verrats hingerichtet wurden.
In der calvinistischen Flugschrift werden Katholiken als die wahren Nutznießer des Waffenstillstandes dargestellt. Sie sind die einzigen, die über das „Ende des Treves" trauern.

Grafen umfaßte nun 43.000 Mann. Trotzdem gelang eine Rückeroberung der Pfalz nicht. Im Juli 1622 mußte Friedrich V. nicht nur Mansfeld aus seinen Diensten entlassen, sondern auch Christian von Braunschweig. Sowohl die Siege des ligistischen Heeres über das badische Heer in Wimpfen am Neckar als auch über das braunschweigische bei Höchst am Main hatten den Pfälzer zu Friedensverhandlungen genötigt. Außerdem fehlte es an finanziellen Mitteln für den Unterhalt des Söldnerheeres. Beide Heeresführer begaben sich nach ihrer Entlassung aus den Diensten Friedrichs V. in die Niederlande und stellten ihre Regimenter den Generalstaaten zur Verfügung.

1622 in den Niederlanden

Limbach verlor kein Wort über die Siege in den Niederlanden: weder über die Schlacht von Fleurus am 26. August 1622 noch über die Eroberung von Bergen-op-Zoom am 4. Oktober 1622.
Erst der Abzug ins Winterquartier nach Ostfriesland war ihm eine genauere Erklärung wert.

Lagerleben, um 1628
Sebastian Vrancx (1573-1647)
Tusche auf Papier, braun laviert
Ochtrup, Haus Welbergen
Foto: Karl-Heinz Wilp, Steinfurt

Ins Winterquartier in das Amt Meppen

Nach Limbachs Angaben sollte er mit seinem Regiment und weiteren zwei Kompanien Meppen besetzen, das Emsland aber zur Unterhaltung seines Regiments nutzen. Die Generalstaaten hatten, so Limbach, die Truppen Mansfelds in Deventer entlassen, und nun war sein General in die „Lige Frankreich, Venedien, Soffoyen dinst und Bestallung getretten." Nach einem Schreiben Mansfelds sollte Limbach im Emsland auch neue Soldaten anwerben; da er ihm aber keine Gelder schicken konnte, empfahl er ihm, mit Gefangensetzung und anschließenden Lösegeldforderungen die Anwerbung zu finanzieren: „Sie werden die von Euch begerte Summa woll zue wegen bringen konnen, damit ihr so woll mit den Neuen werbungen, alß recreiten desto furdersam ankomen und Eur Regiment complieren moget."[13]

Das weitere Kriegsgeschehen

1620 hatten die Spanier das Veltlin erobert, um sich die Korridore zwischen Spanien, der Lombardei und den Niederlanden zu erhalten. Im Zusammenhang der Rückeroberung des Veltlins schlossen sich Frankreich, der Herzog von Savoyen und die Republik Venedig zum Lyoner Bündnis

zusammen. Die erwähnte Unterstützung des Mansfelders durch den Lyoner Bund erscheint durchaus wahrscheinlich, und zwar weniger, um Truppen für einen Einmarsch im Veltlin bereitzuhalten – man hatte sich im Februar 1623 mit den Spaniern geeinigt, daß diese sich innerhalb von vier Monaten aus dem Gebiet zurückziehen sollten –, sondern um zu verhindern, daß das nordöstliche Gebiet um die wichtige Hafenstadt Emden von Spaniern besetzt würde. Allerdings stellte der Lyoner Bund Anfang 1624 seine über das Jahr 1623 bereits immer spärlicher fließenden Zahlungen ganz ein, und Mansfeld mußte seine Regimenter entlassen.
Limbach klagte, daß er nicht nur vom Feind verfolgt, sondern auch von seinem General verlassen worden war und „In das grosseste Verderben und ungelück, Zwahrn wieder verhoffen gerhaten, das Ich nicht alleinn mein Regiment, sonderen alle meine Verhoffte bezahlungh Und Bagagie dort unnd dha gehabt, Verlohren Und quiet worden."

Hilfe kommt aus England

Limbach saß seit Anfang 1624 im Gefängnis in Bevergern. Von seinem Vertrauten, dem Juristen Johann Pagenstecher, erhielt er im November 1624 einen zusammenfassenden Überblick der politischen Verhältnisse. Wahrscheinlich enthielt der Brief keine wirklichen Geheimnisse, da allen Beteiligten klar war, daß die Briefe an den Gefangenen kontrolliert wurden. Doch möglicherweise gab es Umschreibungen, die die unerwünschten Mitleser und damit die „Münsterschen Rhete" bzw. den Kurfürsten verunsichern sollten. Zuerst schrieb Pagenstecher von einem Schiffbruch Mansfelds in der Nähe von Vlissingen, als er sich nach England begab, um dort neue Truppen zu werben. Ein holländisches Begleitschiff kenterte, und Mansfelds Schiff stieß mit dem „auf daß gesichte" liegende Gefährt zusammen. Es gelang Mansfeld, sich mit einigen wenigen Männern zu retten; die meisten – man weiß von 160 Mann – ertranken.
Doch, so Pagenstechers Bericht weiter, konnten Truppen geworben werden: „In Engellandt sollen geworben sein 6.000 zu fueß; In Schottlandt 6.000 zu fueß; In Frankreich 6.000 zu fueß und 3.000 zu roß; In Teutschlandt 6.000 zu fueß und 3.000 zu roß." Die bis dahin zögerliche Haltung Englands, sich für die kurpfälzer Sache auch kriegerisch einzusetzen, hatte sich nach dem endgültigen Scheitern der Heiratspläne zwischen dem englischen und spanischen Königshaus zerschlagen. Alle Verhandlungen Englands mit Spanien waren abgebrochen, und man hatte sich mit Frankreich geeinigt, ein gemeinsames Heer zu finanzieren.

Lyoner Bund

Zur gleichen Zeit wurde der Lyoner Bund wieder aktiviert, und statt um die Kurpfalz wurde vorerst im Süden um das Veltlin agiert. Pagenstecher berichtete:"Bünten hat im Französischen geworben und sei in Anmarsch auf Großbünten. Angeblich sind 5000 Großbüntener in bereitschaft, ihm soll das Zürcher und Berner Volck auf ersts Lagers folgen, ebenso soll der Comestabnl de France mit seiner Reuttern und Fueßvolck am Genfer See ankommen sein." Die „zeitungh" betraf den Einmarsch französischer und

gegenüberliegende Seite:
Abriss der blutigen Schlacht- so ihr Exc: Grave Tylli Kais: Gen: dem König in Denemarck geliefert, den 17. Aug: 1626.
Mathaeus Merian (1596-1650)
Kupferstich
Privatbesitz
Foto: Kreis Steinfurt, Pressereferat

schweizer Truppen ins Veltlin, die nun für den Abzug der zur Kontrolle der Spanier stationierten päpstlichen Truppen sorgten. „Insumma eß ist ein erschrecklich ungewitter in der luft", so schätzte Pagenstecher die politische Situation ein und gab dem Gefangenen zu verstehen, daß sich das Blatt auch wieder wenden könnte.[14]

1625 – Aufbruch gegen den Kaiser

Im Januar 1625 befand sich Ernst von Mansfeld mit 12.000 englischen Rekruten wieder in der niederländischen Republik. Diesmal von England finanziell unterstützt, wurde ihm befohlen, „sich an keinerlei Kriegshandlungen außerhalb der Pfalz zu beteiligen."[15] Eine solche Anweisung durch Jakob I. kolportierte auch Pagenstecher nach Bevergern. Als die 'Staatischen' zur Verteidigung gegen einen spanischen Übergriff Mansfelds Hilfe beanspruchen wollten, habe dieser ein Schreiben des Königs von England gezeigt, „in welchen Ihme verbotten jehes wech feindtliche offensive gegn des konigs in Spanien landen zu attentiren." Daraufhin, so Pagenstecher, hatten die Niederländer ihn und seine Männer wieder in den Dienst genommen.[16]

Christian der IV., König von Dänemark und Herzog von Holstein

Im Frühjahr 1625 hatte sich Christian IV. als Herzog von Holstein zum Kreisobersten des Niedersächsischen Kreises wählen lassen. Bereits im Juni des gleichen Jahres führte er ein Heer von etwa 20.000 Söldnern über die Elbe und marschierte nach Hameln. Doch die Übermacht der Streitkräfte Tillys und Wallensteins zwangen ihn zum Rückzug. Ende des Jahres 1625 kam es im Haag zu einer Einigung zwischen England, Holland und Dänemark, das Heer Christians IV. finanziell zu unterstützen.

Christian der 4. König in Dennemarck, (1577-1648), um 1640
Ölgemälde
Privatbesitz
Foto: Christian Grovermann, Osnabrück

Gemeinsam gegen den Kaiser

Verstärkt durch die Mansfelder sollte der dänische König nun das Heer Ferdinands II. in 'die Zange nehmen'. Mansfeld erhielt den Auftrag, mit seinen Mannen elbaufwärts nach Schlesien vorzudringen. So schädigte er mit seinem Durchzug nicht nur die habsburgischen Länder, sondern lenkte auch die Aufmerksamkeit der Regimenter Wallensteins auf sich. In Schlesien, so der Plan, wollte man sich mit Bethlen Gabor vereinigen und einen gemeinsamen Stoß gegen das Haus Habsburg wagen. Von der anderen Seite, so die strategischen Überlegungen, sollte Christian IV. von Westen kommen, um das 'Herzland' der Habsburger einzukreisen.

Die Niederlage

Ernst von Mansfeld mußte im April 1626 an der Dessauer Brücke eine entscheidende Niederlage hinnehmen, und auch Christian IV. hatte keine Fortune bei seinem Feldzug gegen den Kaiser. Am 26./27. August 1626 wurde Christian IV. von Tilly bei Lutter am Barenberg besiegt. Auch später gelang es nicht, gegen die Übermacht der beiden Heere Tillys und

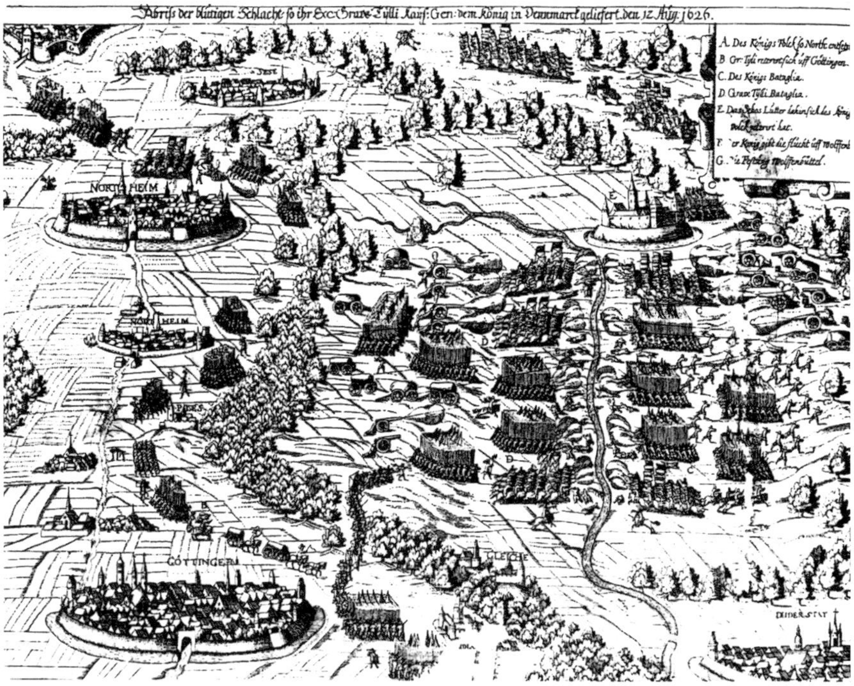

Wallensteins siegreich zu agieren. Doch 1626 glaubte Christian IV. noch an seinen Erfolg, sein unterkühlter Kommentar zum Desaster bei Lutter am Barenberg läßt darauf schließen: „Mit dem Feind gefochten und verloren. Am selbigen Tag nach Wolfenbüttel zurückgekehrt.“ [17]

Limbach unter Ernst von Sachsen-Weimar

Im März 1626 meldete der Droste von Vechta, Johann Groethauß, daß im Niederstift Münster sechs Regimenter zu Fuß und zu Pferd gesichtet worden waren, die unter dem „Dännemarkischen general“ standen. Die Kavallerie wurde von Johann Ernst von Sachsen angeführt, und auch seine Regimentsführer waren dem Drosten bekannt: Limbach, Rantzau, Wesebe, Schmidtberg und Vicethumb.[18] Limbach hatte offenbar nicht, wie bei seiner Begnadigung versprochen, dem Kriegsgeschäft entsagt. Er war nach seiner Freilassung wahrscheinlich in die Niederlande gereist und hatte sich wieder seinem General Ernst von Sachsen-Weimar unterstellt. Ebenso wie sein Kampfgefährte Ernst von Mansfeld kämpfte der Graf seit 1625 auf seiten des dänischen Königs.

Mit 4.000 Mann unterwegs

Im Mai 1626 meldete der Droste von Bevergern nach Münster, daß General Ernst von Sachsen-Weimar mit seinen Truppen in Richtung Wolfenbüttel zog. In seinem Gefolge befanden sich die Obristen Limbach und Rantzau, die mit ca. 4.000 Mann zu Fuß und 15 Kornett Reiter unterwegs waren.[19] Der dem Drosten gut bekannte Obrist war in der Gegend um Bevergern gesichtet worden, und man verdächtigte ihn, Geiseln aus Gravenhorst mitgenommen und nach Fürstenau verschleppt zu haben.[20]

Endtlich habe ich Anno 1625 bevehlich und Patenten bekommen, abermahls eine Compagnie Reuter zu werben, welche zur defension des Nieder Sächßischen Kreises, und Ihren Königl: Maytt: zu Dennemarck Erblande gebraucht werden solten, Weilln ich nun, wie ebengedeutet, so lange ich bestallung gewesen, habe ich daßelbe, unverlangt meiner ehren, niht abschlagen können, sondern mit vorweisen Ihren Hochfürstl. Gn Herrn Cardinalls von Zollern, Bischoffen zu Oßnabrügk, Meines gnedigsten Landesfürsten und Herrn, welche auch, wofern die werbung anders nicht, alls die Patenten mit brechten, gemeint wehre, gnedigst darein gewilligt, deme also einfolgen, die Compagnie werben, und ahn bestimbten orth führen müsen, Wie nun das werck etwan, zum weitn aussehen gewachsen und gegen mehraller höchst. Ihr Kayß: Maytt: und des Röm: Reich auslauffen wollen, habe uf gnedigste abforderung hochstfghr. Ihrem Hochfürstl. H. ich zu wohl bei dem herrn general Sachsen Weimar alls auch bey den herrn Commissarien /: weilln Ihre Köng: Mayt: zu hamelln durch einen fall beschedigt worden :/ hernacher auch bey demeselben, alls sie etwan zur gesundheit hinwieder restitisirt, selbst, umb meinen abscheidt einstendiges fleises angehalten, aber denselben, sintemahl Ihrer Hochfürst. Gn. Inmittels leider todes verblichen, durchaus nicht erlangen mögen oder können, Und aus dem felde zuentreiter, weill dem geringsten Soldaten vielwegen einem Officiren oder vom Adell mit mehren gebüren, Ich habe aber endtlich durch guet leute so viel zu wegen gebracht, das mir Anno 1626 im Augusto, noch fur der Schlacht bey Luter, wiewohl mit meinem großen schaden, und nachtheill, weilln ich meinen ausstand entbehren müßen, mein abscheidt und erleubnus ertheilt worden, das Regiment aber und andere Officirer haben noch im dienst verbleiben müßen [...].
Schreiben Caspar von Ohrs an den Domdechanten zu Münster. Palsterkamp, 8.Juni 1629. Nordrhein-westfälisches Staatsarchiv Münster FM Landesarchiv Fach 432, Nr. 20/4a, fol. 183-184.

Das Ende des Soldaten Isaac Lardin Limbach

Im Jahre 1627 befand sich Isaac Lardin von Limbach mit seinen Soldaten wieder in der Gegend um Nienburg. Der dortige Vogt, Johann von Behre, mußte erleben, daß sein Adelssitz samt Wohnung und Nebengebäuden in Flammen aufging: „Vor einigen Tagen hat Limbach meinen adelichen Sitz und Wohnung sammt Nebengebäuden, wie auch den ganzen Flecken Drakenburg, abgebrannt, allein darum, weil ich kaiserlich gesinnt. Meinem Hause in Drakenburg war ein anderer adelicher Sitz im Lande nicht zu vergleichen", so berichtete der Vogt von Nienburg.[21]

Der schwarze Tod

Es ist überliefert, daß Isaac Lardin von Limbach im Oktober/November 1627 in Nienburg starb. Er fand den Tod nicht etwa in einer Kampfhandlung, wie es sich der „beschossene" Soldaten vielleicht immer vorgestellt hatte, sondern, weniger heldenhaft, aber ebenso typisch für die damalige Zeit, an der Pest.[22]
Limbach überlebte seine beiden Heerführer nur um ein Jahr. Ernst von Sachsen-Weimar und Ernst von Mansfeld starben 1626.

Ein Stiftsheer zur Verteidigung des Fürstbistums Münster

Die Werbung für das Stiftsheer

Kurfürst Ferdinand zu Köln ließ als Landesherr des bedrohten Fürstbistums Münster erneut ein eigenes Stiftsheer aufstellen und beauftragte mit der Anwerbung den Drosten zu Wolbeck und Sassenberg, Alexander von Velen, „1500 Man zu fueß under etlichen verschiedenen fendlein zu werben Unnd auff drey Monat lang zu underhalten".[23] Doch ganz so einfach war die Werbung des Stiftsheeres nicht, auch wenn Alexander von Velen diesen Eindruck bei seinem Landesherrn vermitteln wollte. An erster Stelle fehlte es an Geld, und deshalb mangelte es auch an geeigneten (jungen) Männern. Denn mit Beginn des Frühjahrs begann die Saisonarbeit, und man hatte endlich das Auskommen, das im Herbst und Winter fehlte. Wer also im Frühjahr Soldaten werben wollte, mußte gutes Handgeld zahlen.

Werben – ein hartes Geschäft

Der des „kriegsVerstendigen" Oberst Alexander von Velen,[24] stand in Konkurrenz mit anderen Werbern – neben den „statischen mit öffentlichen trommelschlag" (d.h. mit Erlaubnis der Obrigkeit) warben auch die kaiserlichen. General Tillys Leute, die mit vier Kompanien im Fürstbistum lagerten, wollten nun weitere vier Kompanien anwerben.[25] Verständlich ist, daß man in Sorge war, sich die wenigen tauglichen Männer gegenseitig abspenstig zu machen.[26] Geworben wurde meist von beauftragten

Anwerbung von Söldnern, um 1633
Jacques Callot (um 1592-1635)
Kupferstich
Münster, Westfälisches Landesmuseum für Kunst und Kulturgeschichte

Unteroffizieren, erfahrenen Soldaten, die, wenn sich der Umworbene nicht zum Kriegsdienst entschließen konnte, das Argument des Stärkeren anwendeten oder die Hilfe des Alkohols einsetzten.[27]

Im Stiftsheer angeworben, kann man zu Hause bleiben

Einen Vorteil konnte der Dienst im Stiftsheer allerdings bieten: Der Soldat konnte im Fürstbistum verbleiben; er mußte nicht, wie der Söldner, dem Kriegsgeschehen nachjagen. So bot sich dem Stiftssoldaten die Möglichkeit, nach seinem Dienst ein Zubrot als Tagelöhner, Ackerknecht oder Handwerker zu verdienen.

Die Nachfrage an jungen Männern ist groß

Die Nachfrage an Männern für den Soldatendienst war groß, das Angebot eher bescheiden. Die meisten erfolgreich Geworbenen waren Männer höheren Alters, wie aus einem Bittschreiben aus dem Jahre 1633 hervorgeht. Zehn Soldaten, in Bevergern stationiert, können „wegen hohen alters und gentzlicher Unvermogenheit dem fenlein und Compagneien nicht mehr folgen" und wollen deshalb ihre Entlassung, sondern bitten bei dieser Gelegenheit auch um die Ausbezahlung der Rückstände ihres Soldes. Es handelte sich um Winoldt Sunderkamp Wachtmeister, Peter Frantz use, Berdt zur Beeke, Dieterich von Selen, Herman von Saerbecke, Conradt Pepper, Wilhelm Sunderkamp, Berhardt Kramer, Ulrich Waborgh und Herrmann Bussche, die im Jahre 1633 „Mehrentheils sibentzich und mehrjahrige" waren. Rechnet man nun sieben Jahre zurück, so waren sie auch zur Zeit ihrer Werbung in die Stiftstruppe schon gut über sechzig Jahre alt.[28]

Lauf- und Musterplätze in 'feindlichen' Gebieten

Weil man nicht genügend junge und gesunde Männer rekrutieren konnte, und zwar schon allein deshalb, weil man dem Handwerk und der

Übersichtskarte des Fürstbistums Münster mit den angrenzenden Territorien, um 1630 (vereinfachter Ausschnitt)
Aus: H. Salm: Armeefinanzierung im Dreißigjährigen Krieg. Münster 1990

Landwirtschaft nicht alle arbeitsfähigen Kräfte entziehen wollte, war es üblich, Lauf- und Musterplätze in den benachbarten Territorien einzurichten. Obrist Kettler, der im Jahre 1632 wieder Zuwachs in seinem Heer benötigte, ließ in den Grafschaften Bentheim und Tecklenburg abmustern.[29] So rekrutierte man Männer, die vielleicht sonst ins feindliche Heer geworben worden wären. Die Gegenseite versuchte natürlich auch im Stift Münster zu werben, und ebenso selbstverständlich wurde dies vom Landesherrn verboten. 1628 gab Kurfürst Ferdinand ein Mandat heraus, mit dem er die „öffentlich und heimlich ohne landesherrliche ausdrückliche Erlaubniß geschehenden Kriegswerbungen" verbot. Die Beamten wurden angewiesen, dies in keinem Falle zu dulden; die Untertanen aber, die sich auf diese Art anwerben ließen, hatten mit schwerer Strafe zu rechnen.[30]

Die Verteilung der Kompanien auf die zwölf Ämter

Die Führer und ihre Truppenstärke

Die Stiftstruppe bestand, analog zu den Ämtern, aus zwölf Kompanien: (1) Friederich de Wendt mit 200 Mann, (2) Berndt Christoffen von Beverforde – 180, (3) Berndt von Düthe – 180, (4) Herman Nagel – 180, (5) Heinrich Schreiber – 180, (6) Ortwein Rave – 180, (7) Melchior Plettenberg – 200, (8) Hans von Sellm/Sollm – 200. Von den folgenden ist die Stärke nicht überliefert: (9) Friedrich von Micholowitz; (10) Alexander von Velen,[31] (11) Hermann von Ketteler, (12) Julius von Steinhausen.[32] Die Truppen wurden nach Abzug der Liga in den unterschiedlichen Ämtern des Stifts einquartiert.

Die Quartiere werden besetzt

Als sich der Feldzug verzögerte, weil Christian IV. sich nach der Schlacht bei Lutter nach Wolfenbüttel zurückzog und dort Winterquartier nahm, kam ein Teil der ligistischen bzw. kaiserlichen Truppen ebenfalls zurück in ihre ehemaligen Quartiere. Diese waren aber nun von den Stiftssoldaten besetzt. Die Ligistischen mußten deshalb außerhalb der Festungen in unterschiedlichen Kirchspielen lagern.

Das Landvolk hat das Nachsehen

Die Kirchspiele werden zusätzlich belastet

Das Blanckhardsche Regiment, das vor dem Abzug in und um Rheine gelagert hatte, ließ sich nun in den Kirchspielen Laer, Borghorst, Wettringen und Neuenkirchen nieder.[33]

Das „Landvolck" muß sich selbst schützen

Wurden nun die Ämter mit ihren 'Festungen' von den dort stationierten Garnisonen 'beschützt', so mußten sich die Kirchspiele selbst beschützen. Man stellte zu diesem Zweck eine Landwehr auf. Zu den ausgerufenen Musterungen erschienen die Eigenhörigen nur zögerlich, mancherorts mußten sie bis zu dreimal dazu aufgefordert werden.

Es kommen nur Alte und Kranke

Da die arbeitsfähigsten 'Hausleute' ihrer herkömmlichen Arbeit nachgehen wollten, wurden ältere oder arbeitsuntaugliche Männer für den (unliebsamen) Verteidigungsdienst zu den Musterplätzen gesandt.

Ein halbes Kupferstück für jeden, der sich meldet

Um nun einen gewissen Anreiz für den Dienst mit der Waffe zu schaffen, sollte den ausgemusterten „Hausleuten" für die Verteidigungsaufgabe ein Sold gezahlt werden; die Höhe, etwa 1/2 Kupferstück, entsprach einem Tages- oder Dienstgeld. Von den Landständen beschlossen, sollten nun die Kirchspiele dafür aufkommen.

Die Schützengesellschaften

Nach altem Brauch hatten sich alle Hausleute zu bewaffnen, um Verteidigungsaufgaben wahrnehmen zu können. Nach den „Gödingsartikeln", die jährlich auf dem Gogericht vorgelesen wurden, hatte man je nach Stand die Pflicht der Bewaffnung: Der „zweiploggige" Erbsitzer mußte einen Harnisch, einen langen Spieß oder ein „Feuerrohr" haben, andere nur einen „langen Tell", Feuerrohre, Pulverfläschchen, Pulver und Lunte; ein ärmerer Kötter dagegen hatte wenigstens eine Hellebarde zu haben.[34]

Austeilung von Waffen an die Kurmainzer Landwehr vor dem Schloß Aschaffenburg, um 1620
Kupferstich
Johann Jacob von Wallhausen: Defensio Patriae oder Landrettung, Frankfurt a.M.1621
Foto: Stiftsbibliothek Aschaffenburg

Auf dem Kupferstich ist die Verteilung von Waffen an die Landwehr dargestellt. Im Vordergrund überwachen Offiziere das Geschehen. Auf der Randleiste ist die Ausstattung einer gut funktionierenden Landwehr zu sehen: Harnisch und Helm, Schuß und Stichwaffen, den Gürtel für das Schießpulver. Daß es sich bei dieser Darstellung nicht um eine Werbung von Söldnern handelt, zeigt schon, daß zwar die Männer registriert, nicht aber bezahlt werden.

Das Vogelschießen

Die Männer mit den 'Feuerrohren' und damit die besser gestellten Erbsitzer trafen sich einmal jährlich zum gemeinsamen „Vogelschießen". Im Krieg den Verteidigungsdienst der Kirchspiele zu übernehmen, war dagegen weniger beliebt.

Man schickt andere vor

Der Verteidigungsdienst konnte offenbar auch an Knechte vergeben werden, die stellvertretend für den Erbsitzer die Verteidigung übernahmen. In Riesenbeck erhielten solche beauftragten Schützen anläßlich des Pfingstfestes jährlich 3 Mark 2 Mariengroschen 8 Schillinge verehrt, weil sie im Notfall mit ihrem Gewehr zur Verteidigung bereit standen.[35] Doch nun war Krieg, und die Hausleute sollten in ihren Verteidigungsaufgaben besonders geschult werden.

Wenn die Glocke läutet

Die mühsam zusammengestellten Verteidigungstruppen rekrutierten sich

Gleichwoll endtlich zu dreyen vorscheidenen mahlen es dahin gebracht, das die musterung vollenzogen, wie beiligende Rollen außweiseten.
Nun wehren die Haußleutte guetten theils arglistiger weise mit der Musterung umbgangen, dan als etwa unter ihnen ein geschrey endtstanden, das die besten davon außgesetzet und zur defension gebraucht werden solten, So sein andere schlechte oder untaugliche in der besten Statt erschienen, und ist insgemein auch des furgeben gewesen, wan man außgesetzte haben wolte, so muste auch unterhalt dafür verschafet werden, In Summa soviel vermercket, das mit unwilligen leutten nicht viel nutzbares außzurichten dahero ich verursachet worden die beschaffenheit den Herrn Rhäten anzudeutten, und meine meinung dabei zu offenbahren, wie solches alles neben der Herrn Rhäte Resolution ich in henden hatte mit boger solches alles sich vorlesen zu laßen.
Bericht Alexander von Velens.
27. Okotber 1625. Nordrhein-westfälisches Staatsarchiv Münster FM Landesarchiv-Militaria Nr. 23.

Damit nun dieß defenßion wesen desto beßer in Ordnung gebracht, und verfolget werden mügte, Als haben die anwesende Guetherrn nach gepflogener verschiedtlicher Unterredung auch allerseits vorbrachten motiven, difficulteten und anderen Ungelegenheitten einen ungefehrlichen Uberschlag uff verbesseren wie folgt gethan, Erstlich dieweil dieses Stift ie lenger ie mehr in gefahr gesetzt wirt, also die noet erfürdert das uber bewehrung und in bereitschaft haltung des gemeinen Landtvollcks in der Kerspel eine besonder anzahl qualificirter Leutt vermueg beiligender vorzeichens außmachen, mit wart, Tag, oder Dienstgelt selbst behandelen, und hierinnen keiner uberall ubergesehen oder verschonet werden solle.
Damit nun diese außgesetzte desto williger gemacht würden, ist vorgeschlagen, ob nit einem iden in zeit der eppedition, und wand Sie nit bei Hauß sein etwa ein halb Kopstück oder mehr taglichs zu reichen, welches von ieden Kerspell verrichtet und beibracht werden solle.
Als dan auch nottig, das diese außgesetzte in gebrauchung der gewehren desto fortiger gemacht und guette vorgenger haben mogen. So ist vor gutt angesehen, das einem iedem, zweiy oder drey zusammengelegenen Kerspelen, wie auß beiliegenden uberschlag zu ersehen, ein guetter erfahrener soldat so auß der Landschaft bereits bestelten Soldatesca genohmmen, zugegeben werden müste, der sie anführte und in anderen Kriegssachen epereite und konte gTn Soldaten nach gelegenheit etwas neben seinem gehalt von ieden Kerspell zugelegt werden, Imfall nun es sich begebe, das die ankhomende frembde Troupen abzukehren, it notig befunden, das die außgesetzte uff das erste adurso Gloecken- oder Trummenschlag alsbalt sich fertig machen, zusamen stoßen, und der einer dem anderen beispringen, die Landtzwingere verfolgen, ihre geraubte Sachen wiedernehmenn, oder nach gelegenheit dieselbe niederlegen, auch sonsten in allen fürfallenden sachen guett Correspondentz und vertrawliche nachbaurschaft halten sollen.
So balt auch ein oder ander Kerspell anfenglich etwas gefehrliches in erfahrung brachte, und die beiligende Kerspele etwas abgelegen, das Sie wieder Glocken noch Trummenschlag hoeren konten, Solle daßelbe Kerspell alsbalt durch einen besonderen abgefertigten solches durch Tag und nacht zu significiren selbigen auch an stundt zu folgen schuldig sein.
Vorschlag zur Verbesserung des Verteidigungswesens im Stift. Alexander von Velen an die Münsterschen Räte.
12. November 19625. Nordrhein-westfälisches Staatsarchiv Münster FM Landesarchiv-Militaria, Nr. 23, fol. 47-48.

Die Schützenkette der Bürgerschützen-Gesellschaft zu Ibbenbüren mit silbernem Vogel (Papagei), 1616
Ibbenbüren, Bürgerschützen-Gesellschaft
Foto: Kreis Steinfurt, Pressereferat

aus mehreren Kirchspielen, sie wurden bewaffnet, und ein Wachtmeister oder Soldat führte die Gruppe an. Wenn die Kirchenglocken läuteten, und zwar außerhalb der normalen Zeiten des Gottesdienstes, so war dies das Zeichen höchster Not: Ob Feuer oder Überfall, die Glocke galt als Hilferuf an die Männer, sich schnell einzufinden, um gemeinsam gegen die Gefahr vorzugehen.[36]

Kommunikationsschwierigkeiten

Doch nicht immer funktionierte die Zusammenarbeit zwischen den Kirchspielen so, wie sich dies Alexander von Velen vorgestellt hatte. Ein Überfall von dänischen Reitern in das Kirchspiel Dreierwalde und in das Kirchspiel Riesenbeck war nur deshalb gelungen, so die Einschätzung des Wachtmeisters, weil die Stiftstruppe in Rheine überhaupt nicht reagiert hatte: Wäre dort „ein schuß oder mehr geschehen, so hetten sie sich nicht so lange zue dreierwalde aufgehalten und der Schaden wäre geringer gewesen."

Keine „schwelgerischen Gelage" mehr

Damit die Wehrfähigkeit nicht durch allzu üppige Trinkgelage gemindert wurde, sah sich der Landesherr 1628 veranlaßt, in seiner Ordnung „zur Erhaltung des Wohlstands der Unterthanen" auch das „Vogelschießen" zu reglementierten. Nur einmal jährlich sollte dieses Fest an einem Nachmittag stattfinden. Außer der beteiligten Bauerschaft sollten keine weiteren Gäste aus der Nachbarschaft geladen werden. Da er offenbar seine 'Westfalen' kannte, schrieb der Landesherr auch gleich vor, für zwanzig Personen nur eine Tonne Bier zur Verfügung zu stellen und keinen Tropfen mehr – vielleicht tranken deshalb die Schützen reichlich Selbstgebrannten. Am Abend aber sollte das Fest zu Ende sein und jeder wieder nach Hause gehen.

gegenüberliegende Seite:
Madonna mit dem Friedenstempel. Allegorie auf den Westfälischen Frieden, 1648
Joachim von Sandrart (1606-1688)
Ölgemälde
Münster, Westfälisches Landesmuseum für Kunst und Kulturgeschichte
Foto: S. Ahlbrand-Dornseif, Münster

Auf dem Band des Stabes die Inschrift ECCE AG[NUS] DEI [Siehe, das Lamm Gottes], der Baldachin trägt die Inschrift BEATI PACIFI-QUONIAM FILY DEY VOKABUNTUR [Selig sind die Friedfertigen, denn sie werden Gottes Kinder heißen]. Auf dem Archititrav des Rundtempels die Inschrift [TEMP[LUM] PACIS [Friedenstempel].

BEATI PACIFICI QVONIAM FILY DEI VOCABVNTVR
TEMP. PACIS

1625-1629
Der dänisch-niedersächsische Krieg

1625

Albrecht von Wallenstein stellt kaiserliche Armee auf.
Januar: Mansfeld kommt mit Söldnerheer aus England, französische Finanzierung wird eingestellt. *März:* Kriegsbeginn zwischen Spanien und England. *April:* Christian IV. wird Kreisoberster des Niedersächsischen Kreises und tritt als Herzog von Holstein in den Krieg ein. *Juni:* Eroberung Bredas durch General Ambrogio Spinola. *Juli:* Spanische Flußblockade in Westfalen (bis 1629). *Dezember:* Haager Konvention

1626

24. 4: Schlacht an der Dessauer Brücke. *26.8.:* Schlacht bei Lutter am Barenberg; Vorstoß der Kaiserlichen nach Norden.

1627

Februar: Eroberung von Mecklenburg, Pommern und Holstein durch die Kaiserlichen. *März:* Teilung Hessens zugunsten Hessen-Darmstadts. *Oktober:* Kurfürstentag in Mühlhausen. Dezember: Mantuanischer Erbfolgekrieg

1628

Januar: Wallenstein wird mit dem Herzogtum Mecklenburg belehnt. *September:* Niederlage Dänemarks gegen Wallenstein bei Wolgast.

1629

6.3.: Erlaß des Kaiserliches Restitutionsedikt. *April:* Friede von Susa zwischen Frankreich und England. *7.7.:* Friede von Lübeck. *26.9.:* Waffenstillstand zwischen Polen und Schweden.

Widerstand

Die Not eines Kirchspiels

Die Funktion eines Kirchspiels

Das Kirchspiel, ehemals eine von der Pfarrkirche und ihrem Einzugsgebiet ausgehende Verwaltungsorganisation, war inzwischen ein dem Amt untergeordneter landeshoheitlicher Verwaltungsbereich. Es umfaßte meist ein Dorf mit mehreren Bauerschaften und Gutsanlagen.

Die Steuern zahlen und die Wege instand halten

Die an den Landesherrn abzuführenden Steuern wurden für ein Kirchspiel festgelegt. Bestimmte Guts- und Bauernhöfe hatten diese Steuern zu erbringen; andere, wie etwa zu einem Kloster gehörige Güter oder bestimmte Adelsgüter, waren von der Steuerlast befreit. Neben dem Einzug der Steuern gehörte zu den Verwaltungsaufgaben eines Kirchspiels auch die Aufsicht über die Instandhaltung der Wege und Brücken, für die die einzelnen Bauerschaften zuständig waren.

Die Ämter eines Kirchspiels

Neben dem Steuereinzug organisierte man auch die Verteidigungsaufgaben, wobei hier die einzelnen Bauerschaften die wehrkräftigen Männer zu stellen hatten. Der 'Vogt' war in einem Kirchspiel oft in Personalunion mit den Gerichts- und Polizeiaufgaben betraut, der 'Rezeptor' war für die Steuereinnahmen und ein 'Führer' für die Verteidigungsaufgaben zuständig, der 'Provisor' war im Armenwesen tätig.

Das Untergericht

Mehrere Kirchspiele waren in einem 'Untergericht' organisiert. Neben dem Kirchspiel Riesenbeck gehörten die Kirchspiele Dreierwalde, Saerbeck, Hopsten und Bevergern zum 'Untergericht' Bevergern.[1]

Die sozialen Aufgaben in einem Kirchspiel

Die Aufgaben der Armen- und Krankenpflege, des Schulunterrichts und des Gottesdienstes blieben dagegen 'geistlich' und konnten in einem Kirchspiel von unterschiedlichen Vertretern der Kirche wahrgenommen werden. Im Kirchspiel Riesenbeck hatte z.B. das Kloster Gravenhorst das Recht, die Pfarrei zu Riesenbeck zu besetzen; auch Unterricht der 'Jugend' bzw. der jungen Mädchen scheinen lange Zeit die Klosterfrauen in Gravenhorst selbst wahrgenommen zu haben.

Die Grenzen eines Kirchspiels

Wenn eine solche Verwaltungseinheit, wie in Bevergern, nicht eindeutig geklärt war, so kam es zu Konflikten mit angrenzenden Kirchspielen. Mit dem jährlich stattfindenden 'Schnatgang' wurden die Grenzen eines Kirchspiels aber für alle Ansässigen immer wieder ins Gedächtnis gerufen und so der Rechtsstatus gesichert. Neben den natürlichen Flußläufen und Wegen gab es auch Grenzsteine und -kreuze, die ein Kirchspiel markierten. Für fremde Soldaten allerdings, die die ihnen zustehenden 'Steuern' selbst einkassierten, hatten die Kirchspielgrenzen wenig Bedeutung. Die Verweigerung von Quartiergeld oder Kontributionsleistungen mit dem Argument, man gehöre nicht zum steuerpflichtigen Kirchspiel, konnte dagegen den Zorn der Besatzer so verstärken, daß sie mit blanker Gewalt reagierten, wie dies im Kirchspiel Riesenbeck geschah.

Das Kirchspiel Riesenbeck soll dreimal zahlen

Das Kirchspiel Riesenbeck umfaßte u.a. die Bauerschaften Birgte, Hörstel, Ostenwalde und Gravenhorst.

Die 'dänischen' Steuerforderungen

Als das Kirchspiel Riesenbeck von Hauptmann von der Weng, der mit ungefähr 200 Mann zu Pferd und 400 zu Fuß im Juni 1626 in Fürstenau saß,[2] überfallen wurde, ging es dem dänischen Heer unterstehenden Hauptmann zufolge um nicht geleistete Kontributionszahlungen.

Der Rentmeister berichtet

Nach dem Bericht des Rentmeisters überfielen ungefähr 250 Mann, 150 zu Pferd und 100 zu Fuß, mit 14 Wagen das Kirchspiel Dreierwalde. Davon spaltete sich eine Gruppe von 80 Mann ab, um im Kirchspiel Riesenbeck, besonders in den Bauerschaften Hörstel und Ostenwalde, Abgaben einzutreiben. Zum problemlosen Abtransport der Güter hatten sie ihre zehn Wagen gleich selbst mitgeführt. Was sie aus den beiden Bauerschaften des Kirchspiels abführten, war durchaus reiche Beute: 270 Kühe, 960 Schafe und 30 Pferde.

Die Kirche wird ausgeraubt

Wobei die Riesenbecker noch Glück im Unglück hatten, denn in Dreierwalde war auch die Kirche ausgeplündert worden. Aus den Häusern hatte man alles Brauchbare mitgehen lassen. Auch in Hörstel hatten die Männer in großer Eile „etliche bette außgeschüttet und andere sache darein gestopfet mit auf die wagens weggenommen, dazu zweiy fürstliche aigenhorgie principall Erbams und einen Kotter so fort mit sich nach der Fürstenauw gefangen gefürt."[3]

Hopsten bleibt verschont

Das Kirchspiel Hopsten dagegen war verschont geblieben. Die Bauerschaften hatten brav die monatlichen Kontributionsforderungen von 25 Reichstalern nach Fürstenau bezahlt.[4]

Grenze zwischen Münster und der Obergrafschaft Lingen bei Bevergern,
um 1705, Ausschnitte
Federzeichnung, aquarelliert
Adolf Cloppenborg nach einer Vorlage von 1616 von Adolf van Gimmenich und Egbert Wandtscher
Osnabrück, Niedersächsisches Staatsarchiv

Die Verhandlung

Einige Männer von Hörstel und Dreierwalde waren dem Raubzug gefolgt. Als zu erkennen war, wohin die Tiere geführt wurden, hatten sie den Vogt zu Schale überreden können, für sie Unterhandlungen mit dem Hauptmann zu führen und einen Preis für die verschleppten Tiere auszuhandeln. Das Kriegsvolk in Fürstenau verlangte für eine Kuh den Preis von sechs Reichstalern, ein Schaf wollte man mit einem Reichstaler auslösen. Insgesamt – so das Resultat der Verhandlung – sollten die Geschädigten 2.000 Reichstaler aufbringen.

Der Forderung wird Nachdruck verliehen

Die mitgeschleppten Geiseln, zwei fürstliche Eigenbehörige und ein Kötter, sollten der Geldforderung zusätzlich Nachdruck verleihen. Wie wenig das Leben eines Menschen 'wert' war, oder umgekehrt, wie wertvoll das einer Kuh, zeigt der Vergleich: zwei Geiseln kamen mit je einer Lösesumme von fünf Reichstalern wieder frei.

Riesenbeck kann nicht auslösen

Einem Kirchspiel wie Riesenbeck war es nicht möglich, in kürzester Zeit 2.000 Reichstaler aufzubringen. Doch ebenso unmöglich erschien es den Leuten, daß sie „ohne biester mit weib unnd Kinder erhalten, unnd leben konnen."

Verwüstungen durch die eigenen Leute

Kurz nach dem Überfall kamen drei Kompanien des stiftseigenen Heeres mit ihren Führern aus dem Amt Vechta in das Kirchspiel Riesenbeck. Doch die drei Kompanien aus Vechta kamen zu spät: Sie kamen zu spät, um den Menschen und deren Besitzstand vor feindlichen Übergriffen zu schützen; zu spät, um Quartier zu erhalten, denn das Recht der Quartiernahme beanspruchte bereits Kapitän Friedrich Micholewitz und seine Leute; zu spät aber auch, um noch irgendetwas einzunehmen oder zu 'ranzionieren'. So ließen sie denn ihren Frust an den Menschen aus, schlugen und beschimpften sie und wüteten bei ihrem Durchzug auch in Hörstel und – im bis dahin unbehelligten Hopsten.[5]

Gegenwehr

Rentmeister Khusten hatte sich gegen solche Übergriffe mit Waffengewalt verteidigen wollen. Er hatte bereits früher geplant, vor Hopsten, das zur Obergrafschaft Lingen gehörte, eine „Schanze" bauen zu lassen, die, mit mehreren Kanonenrohren bestückt, die lästigen Eindringlinge aufhalten könne. Mit 50 Stiftssoldaten und 70 Bauern mit „gueten Fuerrohrß", so schlug er vor, könnte man sich gegen das lästige Kriegsvolk gut wehren. Doch in Münster hatte man die Notwendigkeit einer solchen Verteidigungsaktion nicht einsehen können (oder wollen) und den Rentmeister beschwichtigt. Umsomehr fühlte er sich nun in seinen Befürchtungen bestätigt.[6] Doch nach dem schwerwiegenden Überfall wurde keine Schanze aufgerichtet, ob und wie die beiden Geiseln ausgelöst wurden, ist nicht bekannt.

Ein Kloster ist kein Kirchspiel

Lösegeld statt Steuerabgabe

Grenze zwischen Münster und der Obergrafschaft Lingen bei Bevergern, um 1705, Ausschnitt
Federzeichnung, aquarelliert
Adolf Cloppenborg nach einer Vorlage von 1616 von Adolf van Gimmenich und Egbert Wandtscher
Osnabrück, Niedersächsisches Staatsarchiv

Am Abend des 27. April tauchte eine Horde von Soldaten vor Bevergern auf, ohne dort jedoch nach üblicher Manier zu hausen. Man zog nach Gravenhorst, um „zwey Bouwen vom Saltzwerck gefenglich mit sich hinwegh" zu führen.[7] Mit dem Salzwerk ist vermutlich der Salzbrunnen am „Hueckesberge" gemeint, den Alexander I. von Velen vom Kloster gepachtet hatte. Das Kloster beanspruchte dafür jährlich sechs Tonnen Salz und eine bestimmte Kornrente.[8]

Die Geiselnahme soll die Steuerzahlung beschleunigen

Solche gewaltsam mitgeschleppten Geiseln sollten – aus Sicht der Geiselnehmer – ihre 'berechtigten' Forderung an Kriegssteuern durchzusetzen helfen. Aus diesem Grunde wurden sehr oft fürstliche Eigenbehörige oder fürstliche Amtsinhaber eines Kirchspiels verschleppt, um das steuerpflichtige Kirchspiel unter Druck zu setzen. Dementsprechend gehörten zu den verschleppten Menschen oft Schulten oder Pastoren, hin und wieder auch ein Müller.

Die Zuständigkeiten

Im Falle der zwei Bauern aus dem Salzwerk hatte man wohl angenommen, zwei Eigenbehörige des Klosters Gravenhorst erwischt zu haben. Es war also durchaus wichtig zu wissen, wen man da verschleppte, denn einen dem Grafen zu Tecklenburg Eigenbehörigen hätten die münsterschen Räte genauso wenig ausgelöst, wie die Klosterfrauen einen Eigenbehörigen des Grafen von Velen.

Das Kloster zahlt keine Steuern

Die Äbtissin Maria von Grotenhuis zu Grote war nicht in jedem Falle bereit, Eigenbehörige oder unter ihrer Obhut Stehende auszulösen. Stand sie doch auf dem Standpunkt, daß die Geiselnahme, die die Zahlung von Kontributionen beschleunigen sollte, sie nicht beträfen. Als Herrin eines

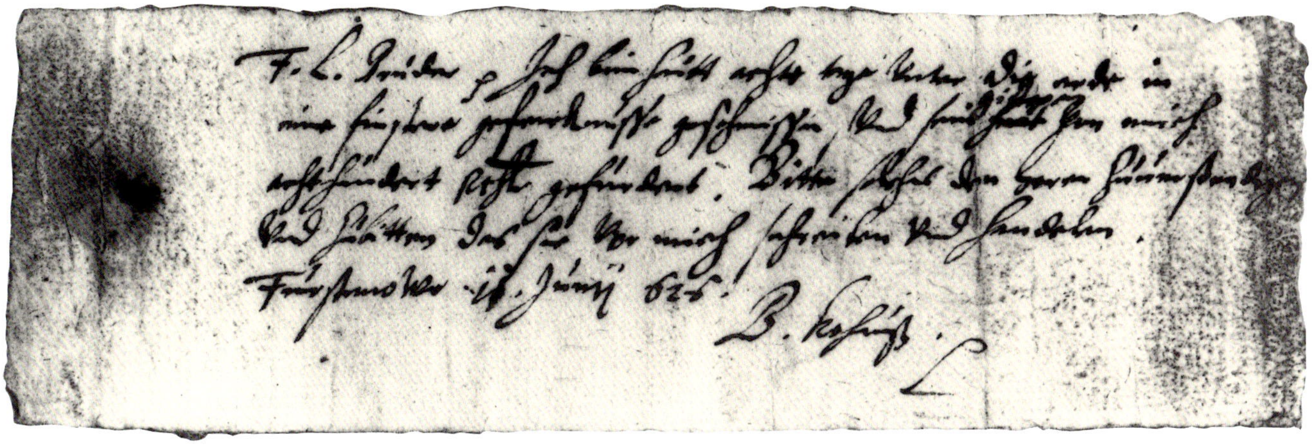

Aus dem Gefängnis von Fürstenau geschmuggelter Hilferuf des gekidnappten Pastores aus Dinklage. Münster, Nordrhein-Westfälisches Staatsarchiv

F.L. Bruder. Ich bin heutt achte tage unter die erde in eine finstern gefencknusse geschmissen, Und seind gistern von mich achthundert Rthl gefurdert. Bitte solches die Herren zuuerstendigen vnd zubitten das sie vor mich schreiben vnd handeln.
Fürstenawe 15. Junij 626 B. Kohenß
Adresse: Meinem Lieben bruder Johan Koheuß auff den Spickerhoff Zu Münster.
Nordrhein-westfälisches Staatsarchiv Münster: Fürstentum Münster, Landesarchiv-Militaria, Nr.36, fol. 9.

'geistlichen' Gutes mußte sie keine Steuern zahlen und offiziell auch keine Kontributionen leisten.

Eine Sache der Interpretation

Ein 1626 in Fürstenau gefangengesetzter Pfarrer aus Dincklage, für den 2.900 Reichstaler gefordert wurden, hatte ebenfalls niemand gefunden, der sich zur Zahlung der Auslöse verpflichtet sah. Er hatte sich aus diesem Grunde hoch verschulden müssen. Als er einen Teil der Schuldenlast von seinem Fürsten erstattet haben wollte, blieben seine dahingehenden Bitten ungehört. Noch 1628 versuchte er die bischöflichen Beamten davon zu überzeugen, daß es deren Pflicht sei, ihm einen Teil der gezahlten Summe zurückzuerstatten - vergebens.

Rechte und Pflichten der Auslöse

Geiseln verlangen Ersatzansprüche vom Kloster

Der ebenfalls im Jahre 1626 nach Fürstenau verschleppte Gerhard Barckhaus aus Rheine, der von sechs Straßenräubern angehalten worden war und - mit dem Tode bedroht - Lösegeld gezahlt hatte, wandte sich mit der Bitte an das Kloster, daß seine Ausgabe ersetzt werden sollte. Ebenso verlangte er die 45 Reichstaler wieder, die er bezahlt hatte, nachdem er „bei Brochterbecke den 14. August 1627" überfallen, „in Busche ergriffen, al dar im gehöltze neben zweien Bürgern aus Rheine den Tag uber heimblich gehalten" und erst am Abend wieder frei gekommen war. Aus welchen Zusammenhängen Gerhard Barckhaus seine Forderungen an die frommen Frauen ableitete, ist nicht geklärt; doch das Kloster scheint seine Ansprüche akzeptiert zu haben.

Fünfundzwandzig Reichstaler für den Pfarrer

Möglicherweise ersetzte das Kloster auch dem Pastor von Cappeln die 25 Reichstaler, die er 1626 für seine Freilassung zahlen mußte. Immerhin besaß das Kloster neben den Patronatsrechten für Riesenbeck auch diese über die Pfarrei in Westerkappeln.

Ein Dorf wehrt sich

Die Vorgeschichte

Die Blockadepolitik der Spanier

Ab Juni 1625 wurden etwa 11.000 Soldaten aus den südlichen Niederlanden in Garnisonen an die Flüsse Rhein, Ems und Lippe verlegt, um eine rigorose Wirtschaftsblockade der Niederländischen Republik zu Wasser und zu Lande zu erzwingen.[9] Leidtragende waren dabei aber weniger die Niederlande, sondern vielmehr die großen Hansestädte sowie die Bistümer des Kurfürsten zu Köln, Münster, Osnabrück, Paderborn und Minden.[10] Versuche des Kurfürsten, Verschonung für seine Territorien zu erreichen, gelangen nicht, und seine Klage, daß „sich die spannische Ministrie daselbsten unverhoelen vernehmen [lassen], das sie bey wehrendem kriegh kheine Reichs Constitutiones respect, verwandtnus oder anders in

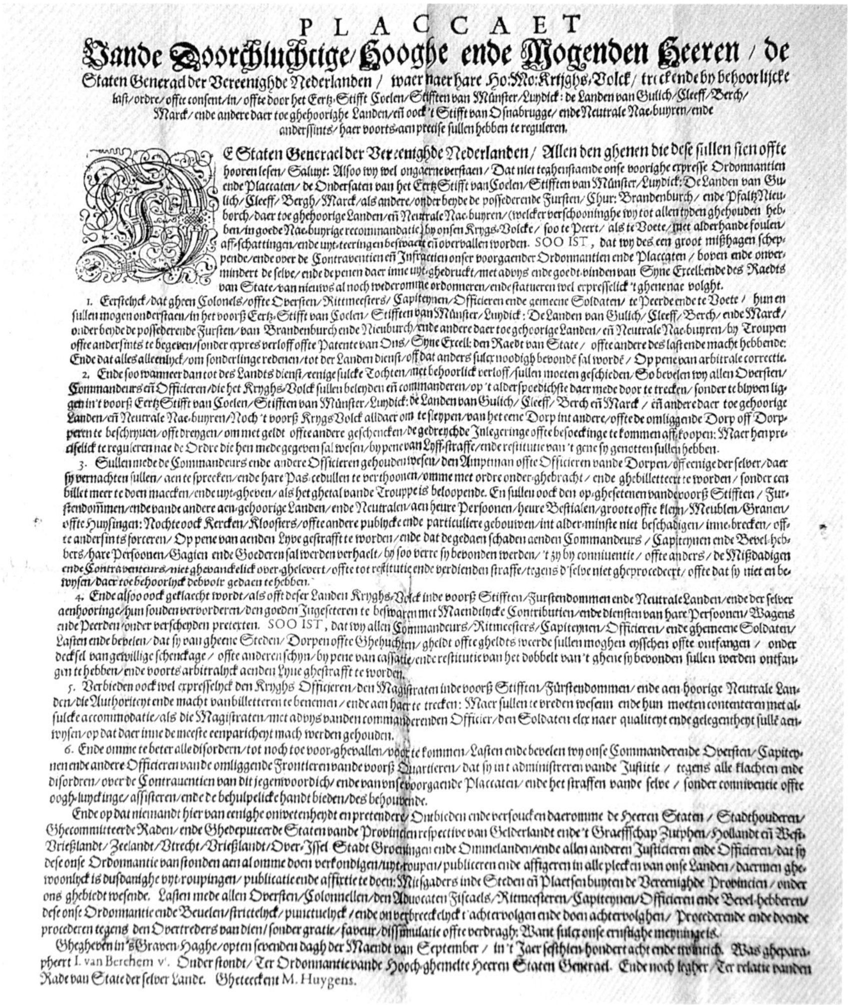

PLACCAET
Vande Doorchluchtige/ Hooghe ende Mogenden Heeren/ de Staten Generael der Vereenighde Nederlanden/ waer naer hare Ho:Mo: Krijghs-Volck/ treckende by behoorlijcke last/ ordre/ offte consent/ in/ offte door het Ertz-Stifft Coelen/ Stifften van Münster/ Luydick: de Landen van Gulich/ Cleeff/ Berch/ Marck/ ende andere daer toe ghehoorighe Landen/ en oock 't Stifft van Osnabrugge/ ende Neutrale Nae-buyren/ ende anderssints/ haer voorts-aen precise sullen hebben te reguleren.

PLACCAET Vande Doorchluchtige/ Hooghe ende Mogenden Heeren/de Staten Generael der Vereenighde Nederlanden..., Graven-Haghe, 7. September 1628. unterzeichnet M. Huygens
Burgsteinfurt, Fürstliches Archiv
Foto: Karl-Heinz Wilp, Steinfurt

achtunge zunehmen gedachten, sondern Ihr praetendirte necessitas oder commoditas praevalirn musten",[11] blieb ohne Konsequenz.

Die niederländischen Generalstaaten blieben 'neutral'

Auch die Generalstaaten verstärkten ihre Aktivitäten im Grenzgebiet. Überfälle in die Fürstbistümer Münster und Osnabrück kamen ständig vor; „1625 durchzogen von der einen Seite holländische Reiterhaufen das Osnabrückische Land, und die Spanier beraubten es auf der andern von Lingen aus."[12] „Mißhandlungen und Erpressungen von Einwohnern in Nordwalde, Altenberge und Greven wurden z.B. durch Reiter und Fußsoldaten aus Oldenzaal unter dem Befehl des Leutnants Tyras" durchgeführt.[13] 1626 hatten staatische Soldaten das bis dahin spanisch-niederländisch regierte Oldenzaal eingenommen. Plakate der Generalstaaten zeigten zwar an, daß den Soldaten das eigenständige Kontributieren verboten sei, und solche Plakate wurden massenweise gedruckt, doch zeigten sie keine Wirkung. Allerdings konnte man den Plakaten entnehmen, daß das Fürstbistum als 'neutraler' Nachbar angesehen wurde.[14]

'Spanische' Soldaten zu Fuß kommen von Hamm nach Lingen

Die Festung Hamm in der Grafschaft Mark gehörte zu den von Kurfürst Georg Wilhelm von Brandenburg verwalteten Territorien.[15] Als nun spanische Soldaten von Hamm in die Garnison nach Lingen sollten, wurde ihnen, unter der Voraussetzung eines zügigen Durchzugs, die Reise durch das 'neutrale' Fürstbistum gestattet.

Reiter aus Lingen kommen ihnen entgegen

Von Lingen aus brach Rittmeister Don Pedro de Aquillera mit einigen Reitern auf, um die Kompanien zu Fuß in Münster zu empfangen. Damit die Soldaten auf kürzestem Weg durch das Fürstbistum marschierten, schickten sie als Begleiter den Führer Dietrich Havikenscheid mit, der neben seiner Ortskenntnis offenbar auch ausreichend spanisch konnte, wobei die einfachen Soldaten sicher aus dem Gebiet um Hamm angeworben worden waren und dementsprechend des Deutschen durchaus mächtig waren.

Erstes Lager in Handorf

Die Truppe lagerte am 10. Juli 1628 in Handorf. Die Spuren ihres Lagers finden sich noch in den Gogerichtsprotokollen, in denen die Bauern und Eingesessenen die Schäden dieser 'Übernachtung' angegeben hatten: Häuser war geplündert, Vieh gemetzelt und alle möglichen Hausgeräte fortgeschafft und auf die Wagen gepackt worden.[16]

Der Aufbruch und der Umweg über Saerbeck

Am anderen Morgen, gegen vier Uhr früh, brachen die Soldaten auf, um ihren Weg in Richtung Lingen fortzusetzen.
Dietrich Havikenscheid, der die Orte Greven und Saerbeck vor Geld- und anderen Forderungen der Soldaten schützen wollte, hatte einen Weg nach

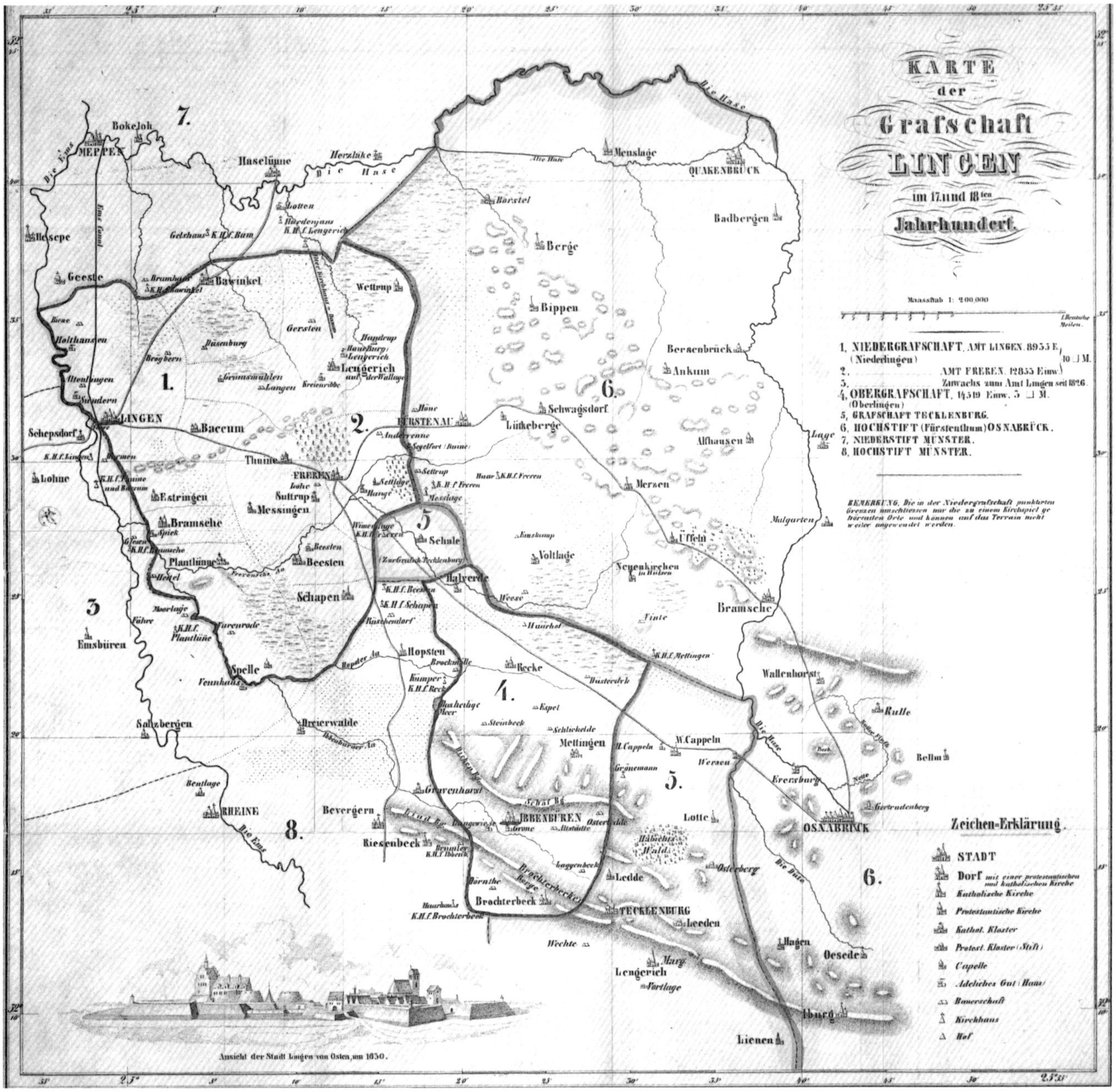

Karte der Grafschaft Lingen im 17. und 18. Jahrhundert, 1849
Lithographie nach Zeichnung von Geometer Seeling
Osnabrück, Niedersächsisches Staatsarchiv

Riesenbeck vorgeschlagen, so „daß sie an keine Dörfer oder Bauerschaften hetten kommen mögen", aber deren zuständige Offiziere hatten „den nicht annehmmen wöllen, also die von Greven und von Saerbeck Ihrer Ankunft avisirt".[17] Vom Kirchspiel Handorf aus hatten die Männer die Ems überquert – wo genau, ist nicht zu sagen. Doch nach den Schadensmeldungen aus unterschiedlichen Baurschaften scheinen sie schon vor Greven den Fluß überquert zu haben: Sie marschierten durch Böstrup, Bockholt, wahrscheinlich über den Bockholter Berg, nach Maestrup, Wentrup und Pentrup, wo sie jeweils in die einzelnen Höfe einfielen.

Quartiergesuch in Saerbeck

Die Quartiermeister ritten voraus. In Höhe Saerbecks wollte man nun Quartier nehmen, und Havikenscheid las sein „patent" vor, das die Eingesessenen anwies, „die Kriegsleuthe mitt fuhder unnd mahll zu accomodirn wan sie nit weiters vortzupringen".[18]

Einzelne Soldaten hatten sich bereits Proviant besorgt

Vielleicht hatten sich die Grevener auch mit einem Geldbetrag frei gekauft, um so Plünderungen und Schlägereien zu entgehen. In den umliegenden Bauernhöfen hatten sich Einzelne allerdings bereits mit Schinken und Brot, sicher auch mit Bier und anderen nützlichen Sachen bedient, beliefen sich doch die Schadensmeldungen von manchem Hof auf bis zu 20 Reichstaler.[19]

Auf dem Weg wurde ein Bauer tot geschlagen

Bauer Wigger aus der Bauerschaft Maestrup war über das Benehmen der Männer so empört, daß er den Soldaten bis nach Saerbeck folgte, um ihnen die Beute, die sie in seinem Hause gemacht hatten, wieder abzujagen. Es ist vorstellbar, daß Bauer Wigger sich bei Don Pedro zu beschweren versuchte und erklären wollte, daß er die gestohlenen Tiere und Gerätschaften dringend für seinen Lebensunterhalt brauche. Erfolg hatte er jedoch keinen: Er bezahlte den Widerspruch bzw. den Wiederbeschaffungsversuch mit seinem Leben.[20]

Landschaft mit Windmühle und kämpfenden Landsknechten, um 1624
Mattheus Molanus († 1645)
Kupferstich, farbig angelegt
Ochtrup, Haus Welbergen
Foto: Karl-Heinz Wilp, Steinfurt

Die Saerbecker suchen die Verhandlung

Die Saerbecker ließen den Schlagbaum runter

Die Eingessenen von Saerbeck wußten, daß Soldaten im Anmarsch waren und ihr Dorf von einem Einfall bedroht war. Die wehrfähigen

Männer, soweit sie nicht auf dem Feld waren oder andere Dienste hatten, versammelten sich auf dem Kirchhof. Die Honoratioren des Dorfes kamen den Quartiermeistern entgegen. Am Schlagbaum machten sie Halt und ließen diesen zur Sicherheit herunter. Wortführer war Pastor Reinhard zum Waldt. Ihm zur Seite standen Johann Köster, Johann Schule Niehof und Ewald Schulte Münninghof. Die Männer standen nun dem Rittmeister Don Pedro de Aquillera, Hauptmann Myron, der das Fußvolk anführte, und Dietrich Havikenscheid, dem Führer durch das Fürstbistum, gegenüber.

Man hatte Erfahrung mit den 'konigschen' Reitern

Man hatte ausreichend Erfahrung mit den „konigschen" Reitern: Wenn sie von Lingen zum Mundraub ausschwärmten, hatten sie Schinken, Hühner und hin und wieder ein Pferd geraubt, doch wenn sie in größeren 'Haufen' unterwegs waren, brachte dies meist größere Probleme mit sich. Erst gaben sie sich mit Bier zufrieden, wie die „60 Konigsche soldaten, die 2 tünne bires uff dem kirchoff gedruncken" hatten, um dann, statt weiterzuziehen, „zu den heusern henein gelauffen, kasten und kisten dorchgesuchet, allerlei muthwillen geübet" und Hab und Gut der Saerbecker mitgehen zu lassen.[21]

Die Männer, die hinter dem Schlagbaum standen und mit den Spaniern um den Abzug verhandeln wollten, hatten alle bereits persönlich schlechte Erfahrungen mit dem Kriegsvolk gemacht: Dem „schulten Monnikehoff" hatte man „kleider und leinengewandt" abgenommen und dem „pastor neben essen und drincken, etliche leinengewandt auß dem wasser genohmen".[22]

Kaiserliche Soldaten hatten 1623 Häuser abgebrannt. Nun fürchtete man, daß die Männer nicht nur das Dorf und die umliegenden Höfe ausplündern würden, sondern auch die Sommerfelder verwüsten und die Menschen um ihren Ernteertrag bringen könnten.

Man will sich vom Quartier freikaufen

Da die Reiterei um einiges schneller war als das Fußvolk läßt sich vorstellen, daß die Verhandlung am Schlagbaum bereits im Gange war, als nach und nach das Fußvolk eintraf. Die ersten Ankommenden lagerten etwa „einen Musketenschuß rückwärts bei den zwei Steinen Kreutzen". Rittmeister Don Pedro de Aquillera, „ein kurzer dicker, schwarzer Mann mit einem hohen gefütterten Hut", und einige seiner Leute hatten bereits den Willkommensgruß – Brot und Bier – gereicht bekommen, und Pastor Reinhard zum Waldt hatte das Wort ergriffen, um mit guten Argumenten das für sein Dorf drohende Unheil der 'soldateska' abzuwenden: Man wollte es sich gerne etwas kosten lassen, wenn sich nur die Truppe nicht in Saerbeck einquartieren würde.

Die Männer sind müde

Doch Don Pedro bestand darauf, für diesen Tag, Mittwoch, den 11. Juli, nicht mehr weiterziehen zu wollen. Normalerweise ließe man sich zwar

auszahlen, aber diesmal wollte man Quartier. Vielleicht war dieser 11. Juli besonders heiß, und die Männer waren deshalb schon mittags müde; oder der Weg hatte ihnen zu schaffen gemacht. Vielleicht lag es auch an der Streckenaufteilung, und man wollte am nächsten Tag in Rheine Quartier nehmen und fand, es lohne sich nicht, noch weiter zu ziehen.
Es war zwischen 13 und 14 Uhr, die Männer waren inzwischen ungefähr 13 Stunden unterwegs, auch wenn sie zwischendurch gerastet hatten. Es sah ganz danach aus, daß mit Bitten und Geldangeboten die Quartiersforderung nicht abzuwenden war.

Zweifel kommen auf - was ist rechtens?

Nun zweifelte man an der Rechtmäßigkeit der Forderung. Schließlich sei es erst Mittag, und eigentlich sollten die Soldaten doch auf dem kürzesten Weg nach Lingen, und sie könnten gut und gerne noch nach Riesenbeck gelangen, zudem sei Saerbeck auf dem vorgezeigten 'Patent' nicht erwähnt.

Riesenbeck wird vorgeschlagen

So oder ähnlich läßt sich das Gespräch zwischen Pastor Reinhard zum Waldt und Don Pedro vorstellen, wobei Havikenscheid nicht nur fleißig übersetzte, sondern wohl auch versuchte, den Saerbeckern beizustehen, indem er das (Wege-)Patent der münsterschen Räte zeigte, auf dem Saerbeck nicht verzeichnet war. Es handelte sich allerdings um ein 'offenes patent', in dem keine Orte als Quartiere eingetragen waren. In einem späteren Verhör jedenfalls mußte Havikenscheid zugeben, daß „sein ordinants vorgezäigtt unnd vorgelesen, aber sie nitt annehmen wollen". Die Saerbecker jedenfalls fanden, die Truppen sollen weiterziehen ins Kirchspiel Riesenbeck - ob da die Bedingungen tatsächlich günstiger waren, ist zu bezweifeln. Doch die Saerbecker fanden sich offensichtlich in einer verzweifelten Lage.

Das Dorf ist zu klein, um alle zu versorgen

Das Kirchspiel umfaßte vier Bauerschaften: neben Saerbeck selbst die Bauerschaften Westladbergen, Middendorf und Sinningen. Das Kirchdorf selbst umfaßte nur zwanzig Haushalte[23].
Doch die Spanier wollten sich nicht nach Riesenbeck umleiten lassen, sondern bestanden auf eine Einquartierung in Saerbeck.

Die nicht gehütete Zunge

Die 'Landwehr' auf dem Kirchhof hatte sich, nachdem man gegen den Durst einige Bier getrunken hatte, inzwischen wohl gelangweilt und nun zwei Späher vorgeschickt, um sich nach dem Stand der Verhandlung zu erkundigen. Die Mittagssonne oder die Aufregung mag das Verhalten der beiden beinflußt haben, vielleicht hatten sie sich auch über den allzu großen Langmut ihres Pastors gegenüber dem Kriegsvolk 'heiß' geredet. Jedenfalls riefen sie der Gruppe mit schwerer Zunge zu, "das Volk willen wir wohl weren, wehre es auch eins so viel",[24] was - frei übersetzt - so viel heißt, wie: Wir können uns dieses Packs schon erwehren, und wären sie noch einmal so viel.

Der Pfarrer hat nicht das Vertrauen der Saerbecker

Vielleicht vertrauten sie auch ihrem Pfarrer nicht, denn angeblich hatte Pfarrer Reinhard vom Waldt aufgrund eines Streites Soldaten bei den Bauern einquartieren lassen, um ihren Gegenwillen zu brechen. Damals war man sich um die Pacht der Mühle in die Haare geraten. Der Pfarrer hatte die Ansicht vertreten, die Mühle wäre inzwischen Eigentum der Kirche, dementsprechend könnte er über die Mühlengelder verfügen. Dagegen glaubten die Kirchspielführer, die Mühle sei an die „Ratsleute der Kirche zu Saerbeck" verkauft und gehöre deshalb der Gemeinde.[25] Um seine Schäfchen zur Räson zu bringen, hatte der Pfarrer nicht nur von der Kanzel gegen sie gewettert, sondern einflußreiche Hofpächter geschädigt, indem er in ihren Häusern die Einquartierungen von Soldaten veranlaßt hatte; so jedenfalls die Unterstellung der Betroffenen.

Die Provokation löst einen Angriff aus

Die 'soldateska' schlägt zurück

Ein Teil der 'soldateska' fühlte sich durch die Worte der Beiden beleidigt. Die Verhandlung wurde abrupt beendet. Don Pedro ritt zu den lagernden Soldaten, da, so berichteten die Zeugen, wurde auch schon die Trompete geblasen und die Trommel geschlagen, und das Fußvolk ging zum Angriff über.[26] Auf der anderen Seite der Schranke suchte man das Weite in Richtung schützender Kirche.

Der Kirchturm ist sicherer als der Kirchenraum

Auf dem Kirchhof wartete noch immer die Verteidigungstruppe und, so heißt es im späteren Zeugenprotokoll, es fielen erste Schüsse. Sowohl Männer als auch Frauen und Kinder flüchteten in die rettende Kirche. Johann Küster hatte als einziger den Schuß vom Kirchturm gehört, alle anderen bezeugten, die ersten Schüsse seien aus der Richtung der Soldaten gefallen. Der Kirchturm besaß einen separaten Eingang und einige Männer der Landwehr hatten sich darin verschanzt. Normalerweise bot der Turm Schutz und eine gute Übersicht, um sich gegen herannahende Feinde zu verteidigen. Sicher läutete man nun aber erstmal heftig die Glocke, um die Hilfe der benachbarten Kirchspiele herbeizurufen.

In Rage gebracht

Die 'spanischen' Soldaten unterdessen, die wahrscheinlich ebenfalls ausreichend Bier getrunken hatten und nicht mehr nüchtern waren, metzelten alles nieder, was ihnen im Kirchenraum vor die Klinge kam. Einzig die enge Stiege (Wendeltreppe) verhinderte ein Nachsetzen in den Glockenturm. Erst als im Kirchenraum Feuer gelegt werden sollte, um die sich im Turm verschanzten Saerbecker auszuräuchern, schritten die spanischen Offiziere ein und boten ihren Männern Einhalt. Doch 25

Menschen aus Saerbeck kostete dieser Widerstand gegen das Quartiergesuch das Leben, darunter drei Frauen und drei Jungen.

Das Gotteshaus - ein Ort des Schreckens

Im Verhörprotokoll spiegelt sich das Entsetzen dieser Tat in einem Gotteshaus in der Frage des verhörenden Richters wider: „Ob nicht wahr Alß die Saerbeckischen sich in Ire Kirche salvirt, daß die kriegsleudte mit solcher furi zu ihnen in die Kirch hineingetrungen, daß alle die so den thurm nicht ereilet wie ein unvernunftigs Viehe zu mahlln barbarisch, gemetzelt zerhaeket erwurget und qrewlich ermordet?" Und die Befragten konnten nur bestätigen, daß „die mauren der kirchen ein man langk höch mit bludt besprengt, die bencke und Letter uff Choer, darein verhandene kirchenbücher, mit bluedt übergossen gewesen".[27] Manche schilderten, daß sie einzelne Glieder im Kirchenraum gesehen hatten, und auch die drei kleinen Kinder seien an Händen und Füßen verstümmelt gewesen.

Währenddessen die alltäglichen Plünderungen

Im Dorf wurde währenddessen von anderen Soldaten bereits geplündert; Pfarrer und Vogt, die sich als Dorfbewohner (im Gegensatz zu jenen, deren Wohnstätten auf den Höfen der Umgegend waren) nicht in die Kirche, sondern nach Hause begeben hatten, wurden ebenfalls bedroht und ausgeraubt.

Die Pfarrkirche von Saerbeck mit Aufgang zum Wehrturm.
Fotografie von L. Wennemann, vor 1896
Saerbeck, Gemeindearchiv

Ein Kirchspiel gibt Beistand

Von Emsdetten war inzwischen Hilfe unterwegs. Möglicherweise war die Landwehr in Emsdetten sogar besser organisiert als die in Saerbeck, denn erstere wurde zum Wachdienst auch nach Rheine beordert.[28] Eine „verhältnismäßig zahlreiche, mit Feuerrohren bewaffnete Mannschaft" kam auf Saerbeck zu und stellte sich den ihnen entgegenkommenden spanischen Reitern entgegen. Doch die Männer aus Emsdetten hatten keine Chance gegen die Übermacht der Reiter: Von 35 Männern aus Emsdetten starben 14, sieben wurden schwer verletzt.[29]

Weiter ins Kirchspiel Riesenbeck

Nach fast drei Stunden Wüten zog das spanische Kriegsvolk in Richtung Riesenbeck weiter. Dort hatten man schon längst die Flucht ergriffen. Vielleicht hatte man sogar Pferde und Kühe in den Wald in unterirdische Verstecke gebracht, wie dies für die Bauerschaft Schmedehausen im Kirchspiel Greven überliefert ist[30], die sich so vor Raub und Plünderung des wichtigen Viehbestands schützte.
Havikenscheid mußte jedenfalls auf das Amt Bevergern und dort erklären, daß die Spanier bewirtet werden sollten, anderenfalls würde es ihnen ebenso ergehen, wie den Hausleuten in Saerbeck. Wie sich die Riesenbecker verhalten haben, ist nicht überliefert. Aber sicher hat der Droste zu Bevergern seine Anweisungen getroffen, daß die spanischen Soldaten verpflegt wurden.

Rechtsbewußtsein oder Trunkenheit? – Der Versuch einer Erklärung

Wieso wurden die Soldaten provoziert?

Solche Scharmützel kamen damals leider vor. Merkwürdig bleibt jedoch, daß man sich bei einer so großen Zahl von Soldaten, die einen sprechen von 700[31], die anderen von etwa 600 und „150 Reitern“[32], darauf eingelassen hatte, Widerstand zu leisten. Noch im Verhör vom 15. August meinte ein junger Heißsporn, daß die „Reuterer allain hetten Ihnen nichts thuen können, daß fueßvolck wehre Ihnnen starck genugh gewest, Weilen die Bauren nicht alle beisamen kommenn“.[33]

Das Recht

Möglicherweise hatte man die 'Spanier' nicht als fremde, schon gar nicht als 'feindliche' Truppe wahrgenommen und sich darauf versteift, daß sie sich an Recht und Ordnung halten würden, zum einen vielleicht, weil sie Verbündete des Kaisers waren, zum anderen, weil man sich ihnen – aus welchem Grund auch immer – überlegen fühlte. Es ist vorstellbar, daß man glaubte, außer dem Leben nichts mehr verlieren zu können und daß man sich deshalb hatte wehren wollen. Eine eindeutige Erklärung jedenfalls gibt es bis heute nicht dafür, wieso sich gerade die Saerbecker mit ihren Nachbarn gegen eine 600 Mann starke Kompanie gestellt und nicht, wie in solchen Fällen üblich, das Weite gesucht hatten. Die Trunkenheit alleine konnte ihnen die Sinne nicht derart getrübt haben, ihr Leben auf diese Weise aufs Spiel zu setzen.

Die Beschwerde

In Münster strengten die Räte einen Prozeß gegen das „barbarische“ Verhalten an, denn wenn auch die Saerbecker sich nicht korrekt verhalten hatten, wie man in Münster zugab, so hätten die spanischen Offiziere ein derartiges Abschlachten in einem Gotteshaus nicht dulden dürfen. Doch die Taten blieben ungesühnt.

Die Verluste einer Stadt

Die Stadt Rheine und ihre Privilegien

Das Stadtrecht

Als Rheine 1327 das Stadtrecht vom Bischof verliehen bekam, war dem damaligen Landesherrn daran gelegen, Hoheitsbereiche der Äbtissin von Herford in seinem Stift auszuschalten. In der (Stadtrechts-)Urkunde von 1327 übertrug der Bischof ausdrücklich die Rechte der Stadt Münster auch auf Rheine. Sie erhielt die Hälfte des weltlichen Gerichts verliehen und durfte die Einnahmen aus den Strafgeldern selbst beanspruchen; außerdem erhielt sie 'alle Freiheit, Gunst und Gerechtigkeit, deren sich die Bürger von Münster in ihrer Stadt Münster' erfreuten. Diese für Rheine so wichtige Urkunde, die ihre Rechte absicherte, wurde im Oktober 1623 im Zusammenhang ihrer Weigerung, dem kaiserlichen Einquartierungsbefehl zu folgen, von einer fürstbischöflichen Kommission konfisziert und nach Münster gebracht. Die Stadt konnte sich fortan auf dieses bedeutsame Rechtsdokument nicht mehr berufen.

Die Privilegien

Im Laufe der Zeit hatte die Stadt Rheine eine Reihe von Rechten erhalten, die ihre Eigenständigkeit gefördert hatte: Sie durfte sich mit Mauern schützen, besaß die Niedergerichtsbarkeit über ihre Bürgerinnen und Bürger und hatte das Recht, ihre Marktangelegenheiten selbst zu regeln. Dazu gehörte u.a. auch die Aufsicht über Maße und Gewichte. Darüber hinaus war sie vom Marktzoll an den Landesherrn befreit und besaß das

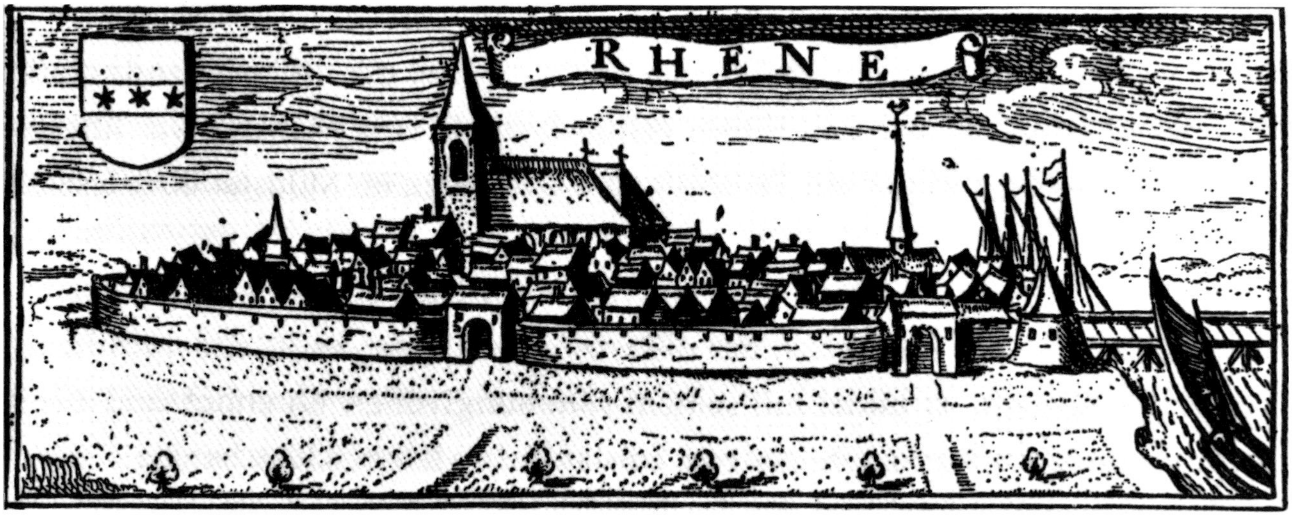

Rhene. Stadtansicht, um 1616
Johann Gigas (1582-1637)
Kupferstich, Ausschnitt aus der Schaukarte des Fürstbistums
Rheine, Stadtarchiv

Bürgerbuch, 1526
Buchdeckel, lederbezogenes Eichenholz
Rheine, Stadtarchiv
Foto: Christian Grovermann, Osnabrück

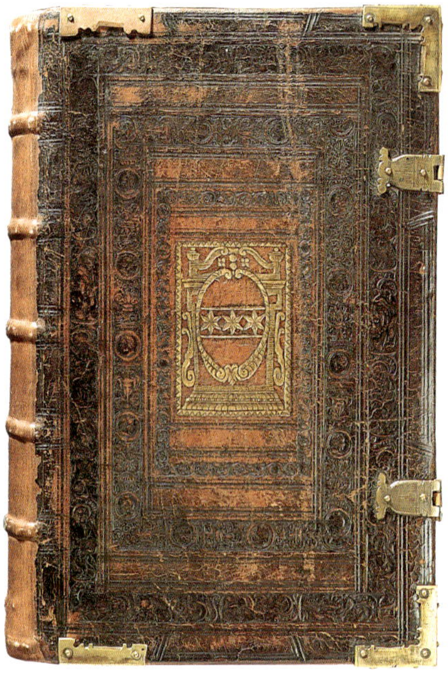

Auf dem kalbslederbezogenen Eichenholzdeckel, der an den Außenecken mit Messingblech geschützt ist, befindet sich im Mittelfeld das Wappen der Stadt Rheine. Es wird von einer Zierleiste umschlossen, die Tierkreiszeichen und Sternbilder zeigt. Die nächstfolgende Umrandung ist mit Kopfmedaillons geziert. In der äußeren Umrandung sind die vier Envangelisten gestaltet: Matthäus mit dem Engel, Markus mit dem Löwen, Lukas mit dem Stier und Johannes mit dem Adler.

für eine Stadt dieser Größenordnung ungewöhnliche Recht, kupfernes Kleingeld zu prägen.

Der Bürgereid

Innerhalb der Stadtmauern galt die Stadtverfassung, die alle Belange der Bürgerschaft und der Einwohner regelte. Die Stadt stellte innerhalb des Fürstbistums einen eigenen Rechts- und Friedensraum dar. Mit dem Bürgereid unterstellte man sich dem städtischen Ordnungssystem und bestätigte dies mit der jährlichen Erneuerung des Bürgereids. Der Rat der Stadt bestimmte, wer als Bürger aufgenommen wurde. Grundvoraussetzung für eine Aufnahme waren der Nachweis der ehelichen Geburt, und ausreichender Besitzstand. Als 1623 der Landesherr die Bedingungen der Bürgeraufnahme bestimmte, wurde neben der ehelichen auch die 'freie' Geburt und die 'katholische' Konfession vorausgesetzt.

Die Einwohner

Rheine blieb in seiner Entwicklung als Stiftsstadt im Schatten der 'Hauptstadt' Münster, die als wichtige Handelsstadt mit ihren etwa 11.000 Einwohnern schon zu den ca. 40 Städten des Reiches gehörte, die mehr als 10.000 Einwohner zählten.[1] Über 25.000 Einwohner hatten damals nur Köln, Prag, Nürnberg, Augsburg und Lübeck.[2] Wie groß die Einwohnerzahl Rheines ganz genau war, ist nicht bekannt. Man geht normalerweise davon aus, daß die Städte nach den Verlusten des Dreißigjährigen Krieges zu Anfang des 19. Jahrhunderts wieder den Vorkriegsstand erreichten. 1822 hat Rheine 2.417 „Seelen“ gezählt.[3] Das stimmt in etwa mit den Angaben von Pastor Schmeddes für das Jahr 1618 überein, der die Arbeits- und Handwerksleute – die im Gegensatz zur Oberschicht Rheines den katholischen Glauben angenommen hätten – mit 600 angibt.[4]
Rheine lag zwar verkehrsgünstig und beherbergte auch tüchtige Kaufleute, doch meist zogen die Kaufmannsfamilien mit beginnendem Erfolg in eine größere Handelsstadt, um ihre geschäftlichen Beziehungen dort auszuweiten.

Die Gilde als Berufskorporation

Die „Gilde“ als Vertreter der Handwerker setzte sich zusammen aus den vier zunftmäßig organisierten Gewerben: den Fleischhauern, den Schuhmachern, den Bäckern und den Schneidern. Jede dieser vier Gilden, in denen nur die Meister Aufnahme fanden, wählte einen Vorsitzenden, der die Belange der Gilde auch nach außen vertrat.[5] Wer später, als der Prozeß der Selbstorganisation der Zünfte abgeschlossen war, sein Gewerbe schützen wollte, der mußte einer der vorhandenen Gilden beitreten oder konnte vom Rat eine eigene Handwerksverfassung erhalten.
Zu ihnen gehörten die Wandschneider und die Rheinenser Tuchhändler, die erst im 16. Jahrhundert[6] eine Organisation zu ihrem Schutz gegen Konkurrenz in der Stadt für notwendig hielten.

Die wehrhaften Bürger

Mit Ausnahme der Geistlichen und der Adligen (die beide keinen Bürgereid leisteten) waren alle Bürger zum Wehrdienst verpflichtet. Der Wehrdienst umfaßte sowohl die Verteidigung bei militärischen Auseinandersetzungen als auch die Instandhaltung der städtischen Befestigungsanlagen. Die Organisation der Bürgerschaft in 'Gilde und Wehr' entstand ursprünglich aus diesen militärischen Aufgaben. Waren in der 'Gilde' die Handwerker der Stadt vertreten, so waren in der 'Gemeinschaft' oder 'Wehr' die Bürger zusammengefaßt, die nicht in der Gilde organisiert waren. Die Gruppen innerhalb der 'Wehr' waren nach den Stadtteilen gegliedert.[7]

Die Wehr verteidigt die Stadt

Insgesamt gab es drei 'Fähnlein' in Rheine. Die eine bildete sich aus der Gilde, die beiden anderen aus der Wehr. Eine zusätzliche Kompanie von „Freigesellen" konnte im Notfall um zwei weitere vergrößert werden.[8]

Die Stellvertreter

Wer es sich von den Bürgern leisten konnte, der schickte einen von ihm bezahlten Stellvertreter zum Wachdienst. Diese Art der Vertretung wurde allerdings vom Rat nicht gerne gesehen, gehörte doch die Wacht zu einer der wichtigsten bürgerlichen Pflichten. Nur wer krank, alt oder wirklich unabkömmlich war, sollte Ersatz schicken.[9] Offenbar hatte so mancher beschäftigte Kaufmann oder Handwerker die Möglichkeit genutzt, einen Stellvertreter zu senden. Jedenfalls sah sich der Rat gezwungen, in einer Wachtordnung vom 2. April 1628 auf das persönliche Erscheinen der Bürger zu dringen. Es sollten weder Jugendliche noch Alte geschickt werden, sondern Bürgersleut, die über 20 Jahre alt und weder krank noch lahm zu sein hatten.[10] So mancher Jugendliche hatte wohl versucht, sich ein Zubrot zu verdienen, obwohl die Rottmeister angewiesen waren, „keine Jungens, so Geld verdienen, unter 18 Jahren alt in der Wacht zu gestatten".[11]

Die Wachtordnung

Jeder Bürger sollte sein eigenes Gewehr haben.[12] In der städtischen Rüstkammer, die in Rheine im Rathaus untergebracht war (größere Städte hatten ein eigenes 'Zeughaus'), gab es zusätzliche Waffen: 123 Musketen, 20 Haken - oder Wallbüchsen und 70 Langspieße und ausreichend Munition im Jahre 1623.[13]

Die normale Wacht sah die Wache vor der Pforte, auf dem Turm und an der Mauer vor. Vier Mann wurden auf den Turm eingeteilt, die zu je zwei zum Dienst am Vormittag bzw. Nachmittag beordert wurden. 1628 sind es dann sechs, die den Tag über in drei Schichten auf dem Turm Wache halten.[14]

Fünf hatten an den Pforten Dienst zu leisten, und die anderen (eine Zahl ist nicht überliefert) hatten die 'Schildwacht' zu übernehmen. Mit dem morgendlichen Glockengeläut begann der Tagesdienst, und zu Ende war er, wenn die Pforten geschlossen wurden und der Glockenschlag dies anzeigte. Die Wächter auf dem Turm waren gehalten, sobald sie mehrere Männer,

Pferde oder Soldaten sahen – dies galt besonders in der Nacht – sofort auf dem Horn Signal und Alarm zu blasen.[15]

Kein Alkohol, wenn der Feind naht

Bei besonderer Gefahr wurden die Bürger angewiesen, sich mit „kraut und loth" zu versehen und ihre Gewehre bereitzuhalten. Die 'Rottmeister' kontrollierten dann die Schußbereitschaft der Männer und verwiesen sie auf ihre festgelegten Posten. Bei solcher Alarmbereitschaft war es den Gastwirten der Stadt strengstens untersagt, nach 20 Uhr Bier zu zapfen; entsprechend sollten sich die Bürger jeglicher alkoholischer Getränke enthalten.[16] Um Alkoholmißbrauch vorzubeugen, wurde 1628 bei Strafe angeordnet, daß ja „keiner drunken und voll uf der Wacht erscheinen" sollte. Man drohte nicht nur mit einem saftigen Strafgeld, sondern verwies auch auf die damit einhergehende „höchste Ungenad", in die man bei solchem Fehlverhalten fallen würde.[17]

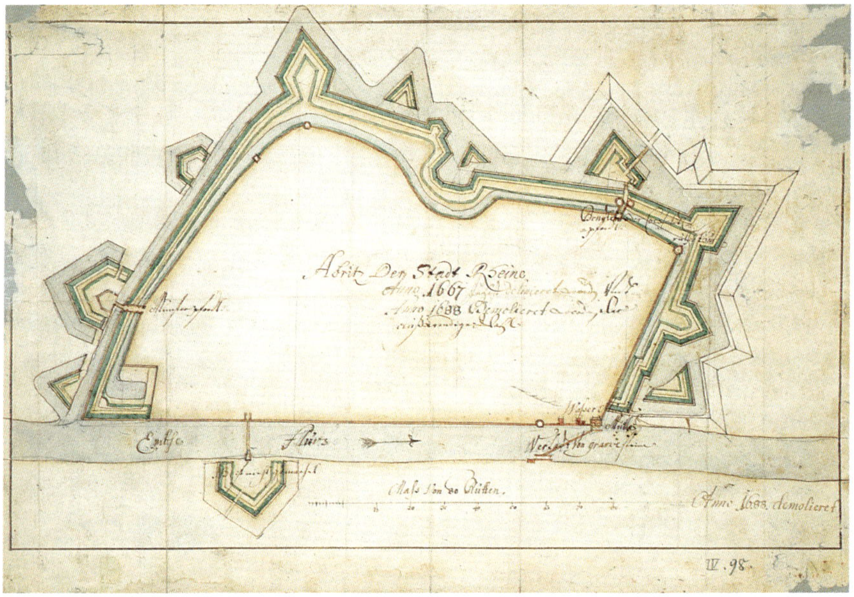

Abritz Der Stadt Rheine, Anno 1667 Jahres Delinieret worden Undt Anno 1688 Demolieret worden, der außarmige Wahl, nach 1688, Maßstab 1:80 Ruten
Zeichnung, aquarelliert
Osnabrück, Niedersächsisches Staatsarchiv
Foto: Christian Grovermann, Osnabrück

Der Plan, der einen 1667 projektierten Schutzwall der Stadt wiedergibt, zeigt drei Zugänge: die Münsterpforte, die Benger- oder Coesfeldtpforte, bei der auch der Pulverturm untergebracht ist, und den Einlaß bei der Emsbrücke. Die Brücke über die Ems war eine schwer zu verteidigende Stelle der Stadt, die bei feindlichen Angriffen mehrmals zerstört wurde. Bei der Neuprojektierung der Wehranlage wurde diese Tatsache berücksichtigt und der Brückenübergang mit einem Vorwerk geschützt. Die auf dem Plan eingezeichnete, rote Linie gibt das Mauerwerk des Schutzwalls an, dessen Lauf identisch mit dem aus den Zeiten des Dreißigjährigen Krieges ist. Das geplante Vorwerk auf der anderen Seite des Flußes wurde nicht aufgeführt.
Die gesamte Festungsanlage soll 1688 wieder niedergelegt worden sein.

Der Rat der Stadt

Die Ratsverfassung

Die inneren und äußeren Angelegenheiten der Stadt wurden von einem mehrköpfigen 'Rat' entschieden, dem ein Bürgermeister vorstand. Aus den 'ratsfähigen' Familien wurden in Rheine neun Männer in diesen Rat gewählt; zwei der Gewählten wurden zu Bürgermeistern ernannt, ein dritter als Lohnherr (etwa dem heutigen Kämmerer vergleichbar) bestimmt; die anderen sechs übernahmen weitere Aufgaben der Verwaltung. Zwar sind im Protokoll der Kommission vom 12. Oktober 1623 acht Ratspersonen genannt, doch offensichtlich hatte man Altbürgermeister Johan Danckelmann zum Rat gehörig mitgezählt. Zum Vergleich: Das größere Münster hatte mit den zwei Bürgermeistern insgesamt 24 Ratsmitglieder, die zwölf Ämter zu verwalten hatten.

Die Wahl der Ratsmänner

Gewählt wurde der Rat von neun, später von sieben 'Kurgenossen', die aus der Gilde (vier) und aus der Gemeinheit (fünf) benannt wurden. Um Begünstigungen und „Vetternwirtschaft" zu verhindern, durften die so ausgewählten 'Kurgenossen' kein Amt im alten Rat inne haben. In den meisten Städten hatte man ein Mitspracherecht der 'Gilde und Gemeinheit' am Wahlverfahren zurückgedrängt. In Rheine ist eine solche Ausgrenzung der 'Gilde und Gemeinheit' nicht geschehen. Erst im 18. Jahrhundert, unter inzwischen ganz anderen Bedingungen, wurden sie aus dem Wahlverfahren gedrängt. Auf Zetteln wurden nun alle zur Kurwahl zugelassenen Bürger verzeichnet. Diese Stimmzettel wurden ausschließlich vom 'alten' Rat gezogen.[18]

Die Meister- und Alderleute

In fast allen Städten hatten sich bis zum 15. Jahrhundert die Gilden eine gewisse Teilhabe an der politischen Macht erstritten. In einem erweiterten Rat hatten sie ein Mitspracherecht bei einem festgelegten Kanon von Stadtangelegenheiten (vielfach handelte es sich dabei um unangenehme Entscheidungen, die der Rat nicht alleine verantworten wollte). Sie bildeten so ein mehr oder minder einflußreiches Gegengewicht zum oft selbstherrlich agierenden Rat, der sich auch in Rheine aus einer sehr kleinen ratsfähigen Oberschicht rekrutierte.
Der 'erweiterte Rat' bestand aus dreizehn 'Verordneten von Gilden und Gemeinheiten'. Die Zusammensetzung ist nicht schriftlich überliefert. Da die nicht zünftig organisierten Bürger nach den Stadtteilen organisiert waren, stellte die 'Gemeinheit' (identisch mit der 'Wehr') 'Verordnete aus der Stadtgemeinheit und der Thiegemeinheit'. Der in der Rheinenser Geschichte gut bewanderte und mit vielen Veröffentlichungen hervorgetretene Historiker Anton Führer vermutete, daß „die vier Gilden je zwei, also zusammen acht Verordnete wählten, die Gemeinheiten aber fünf, nämlich drei für die Stadt und zwei für den Thie".[19]

Das Stimmrecht der dreizehn Verordneten

Wie sich das Stimmrecht der dreizehn Verordneten zusammensetzte, ist aus den Quellen nicht ersichtlich. Als es 1622 um die entscheidende Frage der Einquartierung ging, wurden die Meister der vier Gilden gehört. Ebenfalls kam ein Sprecher der „Stadtgemeinheit" und einer aus der „Thiegemeinde" zu Wort. Nach dem Protokoll der Kommission hatte die „Fleischhauergilde" geantwortet, es könnten „50 Mann" aufgenommen werden, wenn man weiß, daß sie „den Ständen dieses Stifts geschworen seien"; die „Schuhmachergilde" wollte überhaupt keine Soldaten aufnehmen, die „Bäckergilde" plädierte für „50 Mann, ohne Bedingungen"; die „Schneidergilde" wollte sich nach der Mehrheit richten, und sowohl die „Stadtgemeinheit" als auch die „Thiegemeinheit" stimmte „wie die Bäckergilde".[20]

Churgenossen Aidt
Wir N.N. schweren einen Aidt zu Gott unnd auff sein heiliges Evangelium, daß wir nach unserem besten Verstande, Willen unnd Vermogen solche Rhattspersohn zur Jahrzahll heyßen wollen, welche freie, echt unnd recht gebohren, katholisch unnd allerseits eines ehrbaren auffrichtigen Handels unnd Wandels gewesen unnd noch sein unnd sonsten gutte, fromme, vernunfftige unnd verstandige Burger unnd dieser Statt nutz- unnd dienstlich sein, unnd daß wir solchs nichts underlaßen wollen umb einiger freundschafftl Mageschap Schwagerschaftl Gunst oder Gnaden, noch aus Hass, Neidt, Mißgunst ode anders, ohne Gefehrde unnd Argelist, daß unß so Gott helffe.
Bürgerbuch, Seite 612. Stadtarchiv Rheine: AAI, Nr. 361,
zit. n. Schröder (1985), 29-40.

DESIGNATIO BONORUM dero zu Rheine arrestierten Bürgermeister und Rhadtzverwandten
Michael Ballinckhausen, so mit zehn Kinder, respective mit seiner jetztigen und zweier succehsive Verstorbenen, Frowen gezeugt, besitztet ein Haus vor der Embse Pforten neben ein Baw oder achternhauß und einem ErbGarten, Noch so viell Garten landes von sehligem Jonckhern Goddart von Beveren in solutem angenommen, noch zwei stück landes auffem Stadtberge, ist woll incertus rumor, daß Er Zimbliche gelt unter habe, kan man aber sicherlich davor nicht berichten,
Johan Danckelmann, so wie wir berichtet, auf der Devente mit sein fraw wohnet, seine Kindern theils agieren paedaegogiem bei Edlichen Kindern, theils dienen bey gueten Leuten, hat Innerhalb Rhene am Markte sein wohnhauß und dahinden ein brawhauß beleggen, stehen Jetzo leddig, daneben etlich Garten und zwey stücke landts vor Rhene beleggen, Wie den auch hat vom Herrn Baliven [?] oder Dumpthurm [?] zu Steinfurdt ein Markte Erbe vor Rhenen gelegen, In Phachtung, daß er under die Burgern wieder außgethan hat.
Johan Schulte hat sein wohnnhauß Innerhalb Rhene aufm Thy'n gelegen, Wie auch einen geringen Gaarten, ernähert sich mit seihen und brawen, so Er von Jonckhern Johan Morrien und Haußleuten conducirt hatt,
Walrädt Kresstnigk hat Hauß und Hoff Innerhalb Rhene, so Er selbst bewöhnet, wie auf etliche stücke Gartenlandts und ein stücke landes aufm WietEsche gelegen, so hiebevorn mit Jonck'hernn Morriens Linde eingekaufft gewesen, Jedoch by negsten Grossen Läger destruirt und wider zu Velde gelegt, ernehret sich mit wienigst
Ludcke Hoddell, seines handtwercks ein Wandtmacher, hat ein klein Hauß, so Er selbst bewohnet, hat auch zu zeiten geringe Kaufmanschafft mit weisen wandtlaken, davon Ime sein woerhädt In abplunderet Jonckhern Diethrich Morriens zum Stover edlichs Sitzens nit abgenommen, hat vor weinig Jahren ein ialte leddige Magt zur Haußfrawen genommen,
Johan Rördnigk hat haus und hoff, so Er selbst bewöhnet, Innerhalb

Die 'Ratsverwandten'

Ein Verzeichnis von 1623, das im Zusammenhang mit der Untersuchung über die 'Rebellion' entstand, gibt Auskunft über den Besitzstand der damaligen Ratsmänner. Michael Ballinckhausen gehörte mit seinen zehn Kindern aus drei Ehen nicht nur zu den kinderreichsten Ratsleuten, sondern galt auch als vermögend. Ebenso zählte Johan Danckelmann zu den Begüterten; als 'ehemaliger' Bürgermeister gehörte er zwar nicht mehr dem Rat an, aber noch immer zum Kreis der Honoratioren, die Einfluß auf politische Entscheidungen hatten. Johann Schulte verdiente sein Geld mit „seihen und brawen". Walrädt Krestnigk dagegen hatte zwar „Hauß und Hoff" in Rheine, ernährte sich aber mit „wienigt". Ludcke Hoddel war Wandmacher und besaß ein „klein Hauß, so Er selbst bewohnet, hat auch zu zeiten geringe Kaufmanschafft". Johan Rödnigk war ebenfalls Wandmacher und besserte seine Haushaltskasse mit „seihen und brawen" auf. Martin Stuve lebte bei seinem Vater und war wie dieser Wandtschneider. Hermann Berthelingk, Hausbesitzer, trieb Handel mit „weisen Lacken, Wullen und Zwirn". Johan Greve, Wandmacher, nannte einen Hof sein eigen, das Haus in der Stadt aber gehörte seiner Frau. Otto Schwalve handelte mit Holz, und Johan Potgeiter aus Coesfeld ernährte sich und seine Frau mit „geringer Kramerey mit Garnsyde".

Die Oberschicht ist nicht reich

Aus diesem Verzeichnis wird noch einmal deutlich, was für die Städte damals im allgemeinen galt: Um 1623 war die Hochblüte der Handelsstädte vorbei. Vermögen wurde nicht mehr mit städtischem Kaufhandel geschaffen. Wandschneider, die im Mittelalter zu den reichsten Bürgern einer Stadt gehörten und als Tuchhändler einen Großteil des Fernhandels bestritten hatten, waren nur noch Händler en détail. Krämer, die ehemals zu den begüterten Kaufleuten zählten, waren längst zu dem herabgesunken, was man heute mit dem Wort 'Krämer' verbindet: Kleinhändler.[21]

Der Entzug der Privilegien

Am 22. Oktober 1623 wurden der Stadt offiziell alle Privilegien entzogen; die Kommission ließ sich alle Rechtsdokumente und Insignien städtischen Selbstverständnisses aushändigen, ebenso kassierte sie die Bücher und Rollen der Gilden. Im Gegensatz zu Warendorf, wo man „Kupfern müntzen in drei tonnen" gefunden hatte und das passende Münzwerkzeug, „Schraub- und Pregewerk" dazu,[22] konnte man in Rheine pekuniär nicht fündig werden. Weder Münzen noch Münzzeug fanden sich in der Ratslade, dagegen ausreichend Rentverschreibungen für aufgenommene Kredite. Das „münzwerck" hatte man, um es vor Mißbrauch durch Soldaten zu schützen, in den Brunnen versenkt. Als in der Folgezeit Kupferpfennige der Stadt Rheine auf dem Markt auftauchten, verdächtigte man zwar den städtischen Rat, heimlich münzen zu lassen, doch die Bürgermeister beeideten, daß sie „solangh sie in bedienung gewesen niehmahlls einige fortahn Cupfergelde gemüntzet haben".[23]

Die Instruktionen des Landesherrn

Am 23. Oktober 1623 wurden dem neuen Magistrat von der Kommission die Instruktionen bekannt gemacht, aus denen hervorging, daß Rheine alle Privilegien, Zölle, Steuern und sonstigen Einkünfte verliert, daß alle Ratsleute, Stadtschreiber und sonstige städtische Bedienste entlassen und daß die Gilden aufgelöst sind. Fünf Jahre später wurde zwar den Gilden erlaubt, sich als Berufskorporationen wieder zu gründen, doch die neue Ordnung wurde ihnen nun vom Landesherrn vorgegeben:
eine Ordnung, die ihre Kompetenzen begrenzt hielt, damit zukünftig „in Religion und Politik keine Beschwernis zu besorgen sei".[24]

Mit Strafe belegt

Wegen ihrer 'Widersetzlichkeit' gegen die Soldaten, deren Einquartierung sie, trotz kaiserlichen Befehls, verweigert hatte, wurde der Stadt ein Strafgeld von 25.000 Reichstalern auferlegt.[25] Nach der Bekanntgabe der Höhe des Strafgeldes hatten die „Herren Commissarii sich nacher die Herberge begeben" und „den Rat und die Bürgerschaft als ganz perplex und zaghaft auf [dem] Rathaus verlassen" zurückgelassen. Als der Rat versuchte, den Kommissaren klar zu machen, daß das Strafgeld von 25.000 Reichstalern, das innerhalb von drei Wochen zu zahlen war, ganz unmöglich aufgebracht werden könnte, sahen sich die Herren nicht in der Lage, Zugeständnisse zu machen, sondern verwiesen den verzweifelten Rat an den Kurfürsten. Am 12. Oktober war die Kommission in Rheine angekommen, am 24. Oktober reiste sie wieder ab, zurück blieb eine verstörte Bürgerschaft, die sich und ihre Stadt ruiniert sah und für den 'Besuch aus Münster' auch noch – „für gehabte Mühe und Reiseweges" – 179 Reichstaler zahlen mußte. Zu allem Unglück waren unter den Soldaten und den Bürgern auch noch die „Kranckheiten des Bluetgangs und [die] Pest"[26] ausgebrochen, so daß sich Rheine wie von Gott verlassen vorgekommen sein muß.

„... in causa rebellionis" – Rheine wird eine untergeordnete Stiftsstadt

Eine neue Stadtordnung

Mit dem Rezeß vom 15. März 1627 wurde der Entzug der Privilegien noch einmal bestätigt und gleichzeitig eine Ordnung für die Städte Warendorf, Bocholt, Beckum, Rheine, Borken, Dülmen, Vreden und Haltern herausgegeben.27 Im Jahre 1627 – genau 300 Jahre, nachdem Rheine das Stadtrecht zuerkannt worden war, regelte Ferdinand von Bayern nun die Rechte der Stadt höchst offiziell.
Im Vorfeld hatten die münsterschen Räte bereits ausgearbeitet, was im Rezeß festgelegt werden sollte und sich dafür die Zustimmung des Domkapitels eingeholt.[28]

und vor Rhene einen Garten gelegen, ist seines handtwerks ein Wandtmacher, wohmit Er sich, wie auch mit seihen und brawen sich ernhert,
Martin Stuve wöhnet mit dem Vater In dessen behaußung, ist ein Wandtschneider, hat einen Kauff, daraus daß Clöster Benthlage Jehrlichs zwey molt Korns Phacht, und ein gering Erbe zu Saltzberge, so Jetzo Im grunde verdorben, beleggen,
Hermann Renthelingk hat sein hauß innerhalb Rhene vor den Thye Pforten gelegen, so Er bewöhnet, dabey in einen Garten, ernehert sich mit geringer Kauffmanschaft als weissen Laken, Wullen und Twern,
Johan Greve ein Wandtmacher geringer facultät, hat ein hof eigens, den daß hauß, so Er bewohnet, gehoret seiner frawn VorKindern,
Otto Schwalve hat innerhalb Rhene sein hauß, so Er bewöhnet, und ernehret sich geringer holtz Kaufmannschaft, demb zwar der Warhaidt wegen Manßfeldt In frießlandt Inquartierungh benommen, wie notariem,
Johan Potgeiter Ein jonger haußherr, von Coßfeldt geborn, hat vor zwey Jahren sich innerhalb rheine mit einer Witieb verheiratet, die güeter aber gehoren der Wittiben Vorkindern, ernehert sich geringer Kramerey mit Garnsyde so also gerings Vermügens,
Daß war Uns oberwenter arrestierter gueter, Vermögh dieser desigention vermöglicher kundigt, bezeugen wir mit underngesetzten Händen, Signum Rhene am Mitwochn am 17. January 1624

Verzeichnis des Vermögensstandes der arrestierten Bürgermeistr und Ratsleute. Rheine, 17. Januar 1624. Nordrhein-westfälisches Staatsarchiv Münster: Fürstentum Münster, Landesarchiv, Fach 432, Nr.19, fol. 33-34.

Es ist Unß endtzbenenten schmertzlich vorkommen, daß wir wegen eines hirvorigen Exessus in brüchten angeschlagen sein und darüber executirt werden sollen, Weilln Uns aber keines sonderbahrn excessuß wißen zuentsinnen, außerhalb daß Unß zugemeßen wirdt, alß solten Wir unter andern bei hirbevor angesuchter kayserlicher einquartirungh Uns Wieder die gepühr weigerlich erzeiget und darahn zuviell gethan haben, So zweiffelln hingegen nicht, eß sei E. Ehrw. Wollf. Gest. und H. mehr alß gnugsamb bekandt, Wie es mitt solchen wesen hergangen, [...] Gesetztet aber, daß unser ein oder ander hirrin einiger maßen schuldich wehre, Wir doch nitt verhoffen wollen, So haben leider dagegen nit allein bei der Keißerlich einquartirungh und dazu umb Rheine gelegener gantzer Armee, sondern auch folgentz biß herzu bei underhaltung dieser Landtschaft Soldaten auch abstattungh der Statt Rheine angelegener Beschwehrnüßen, so großen Creutz, ehlendt, Jhamer und schaden außgestanden, auch noch ferner außstehen müßen, daß Wirs oder Unserer Kinder nimmer erwinnen können, sondern dahero jetz der festen hoffnungh und Zuversicht leben müßen, Wofern hiebevor in einen oder anern ethwaß wieder Zuversicht committirt, daß solchs dadurch genugsamb abgebüßet undersetzet sey, und zwarn umb so viell da mehr, weillen Unß bei der Kristlichen reformation von Dahmaligen Herrn Visitatorn, Unß die außwirkung deselben gnedigster Verziehung also zugesagt und versprochen worden. [...] unser demütigs und underthenigs suchen und bitten hirmit ist, dieselbe wollen großgd. geruhen Unseren ehlenden Zustandt mitleidentlich zubehertzigen, und Unß der angelegten straff auß guttiger Commißration gnedig zuerlaßen, Solchs seint wir mit unsern gehorsamten Diensten und innigen gebett zu Gott dem Allmechtigen hinwider die tage Unsers lebens zuverdienen verpflichtet Sign. Rheine am 7. 8bris ao 1627 Ehrw.
Johan Schulte lutke Hoddel
Johann kock greve
Schreiben an die Münsterschen Räte. 6. Oktober 1627. Nordrhein-westfälisches Staatsarchiv Münster: Fürstentum Münster, Landesarchiv, Fach 432, Nr. 20/4a, fol. 144-145.

Anfengklich ahn gewis. Intrad.
Vonn Potmeyers Kotte zu Sarbeck
- 1 molt roggen zur pfacht
und dan zu Dienstgeldt - 1 ggld.
Ahn ungewißen einkommen, alß von der waagen, wegenzeichen, Stettegelt, Wein, Brandtwein, Koyt, frembtbier, Wandt, und LinnenZeichen
so Ao 626 uff ein ihar verpfachtet
und gethan - 123 Rhgld. -
Der Stadt Reine gewiße und ungewiße Uffkünften - 124 Rr, 6 s
Und den - 1 molt Roggen
Zuwißen daß wegen schließung der Licenten, die Punt und Holten Zeichen nit außgethan, welche ohne dem bei offnem licent oben 10 Rr nit solle thun können
Jährliche ordinari Bei Außgaben und beschwer der Stadt Rheine
Anfengklich zu underhalt- und Besoldung der StadtsBedienten Alß Secry. Wegemeister, deren 2 Schulmeistern, Uffhebern der Zeichen, Etlicher Haußsitzender Armen, Und sonst. ihärlichß - 115 R, 9 Shilling, 9 Pfennige
Welches von Vorgesetzten empfang abgezogen, pleibt der Stadt ubrig
- 8 R 24 Shilling 3 Pfennige
und ein molt Roggen
Von welchem Rest, Alß weit damit zuzulangen die Pfort zwar zu underhalten, So seindt bei wehrendem itzigen Kreigßwesen nottwenglich aufgenohmmen - 9471 Reichsthlr Und weihlen zu zahlung davon ihärlichs erfallender pension, wie gleichfals zur Underhaltung der Kirchen Tachs und Turms, Der Brügken, Stadtpforten und mauren und anderer extraordinari Ingleichen nothwendigkeiten, auch underschiedtliche noch illiquidirter schulden keine mitteln vorhanden, Alß müßen die bürgere sich selbst angreiffen und mit beschwerlichen extraordinari schatzungen selbiges verrichten, N.B. Daß zu behuff der Stadtpforthen roparation der Ziegler Järlichs der Stadt – 18 Rl. so in obigl. empfang nit gesetzt, zahlen muß.
[Extract aus der Stadt Rheine eingeschicktem Bericht und Verzeichnis, was dieselbe an Einkommen jährlich erhebt, für das Jahr 1626. Staatsarchiv Münster: Fürstentum Münster, Landesarchiv, Fach 432, Nr. 20/4a fol. 36.

Statt Rhene Persohnschatzungs Register Anno 1627
in golt 120 Reichstaler
in golt sechs Reichstaler
Münster schillinge im Wert von 16 Reichstaler
kupfern schillinge
im Wert von 4 Reichstaler
Schrickenburger im Wert von 6
Merzen im Wert von 28 Reichstaler
Münstersche 3 ß sto
im wert von 5 Reichstalern
Kopstueben –
im Wert von 14 Reichstalern
15 d stüber –
im Wert von 6 Reichstalern
Speeirs/Speeies –
im Wert von 270 Reichstaler
Noch – 3 Reichstaler

Summa summarum 478 Reichstaler
Personenschatzungsregister für das Jahr 1627. Stadtarchiv Rheine: AA I, Nr. 597.

Die Bedingungen über Markt und Handel

Die Städte konnten weiterhin „Ire alte gewöhnliche Jarmarckten gemeßlich behalten und darüben zu den Münsterischen Landtagen alten geprauch nach Verschrieben werden".[29] Die Einkünfte aus der Waage und Warenprobe (Legge), die Steuern von „wein, brandewin, Bier Koidt vnnd andere gedrenckte wie anoch von Korn, fruechten vnnd anderen wahren Ims gemein", das halbe Gericht und die dazugehörigen Brüchten und Strafgelder, dazu alle Einnahmen aus den Zöllen, Weg- und Bußgeldern sollten dagegen nun dem Kurfürsten bzw. der „Landesfürstlichen Tafel" zugeeignet werden. Weder das Münzrecht noch andere zu den Regalien zählenden Rechte, „wie dieselbe auch benent werden möchten", wurden den Städten je wieder überlassen. Seit 1627 überprüften die städtischen Beamten nun gemäß dem Vorschlag der münsterschen Räte im Auftrag des Landesherrn Gewichte und Maße und nahmen in seinem Namen auch die Steuern ein. Als Einheit für Maß und Gewicht dienten die geeichten Maße und Gewichte aus Münster.

Was die Güter betrifft

Der Landesherr beanspruchte alle Einnahmen aus dem Land- und Gutsbesitz der Städte. Sie konnten nur jene Einnahmen einbehalten, die aus „titulo oneroso ahnerkaufft[en]" Gütern stammten. Davon sollten sie zur „erhaltungh der Mauren, Straßen, wallen, Vestungen, Bruggen, vnnd anderen nothwendigen sachen" das Nötige leisten. Nach dem Willen des Kurfürsten hätten 1623 alle städtischen Güter konfisziert und in seinen Besitz kommen sollen, doch seine Beamten hatten in ihrem Gutachten darauf aufmerksam gemacht, daß nur wenige der betroffenen Städte so viele Ländereien hatten, daß sich daraus größere Erträge erzielen ließen; tatsächlich reichten sie den Städten nicht einmal aus, um die erwähnten Verpflichtungen bestreiten zu können.

Die Mark und das Recht zu jagen

Was die Markgerechtigkeit betraf, so wurde diese weder der Stadt Rheine noch den anderen Orten abgesprochen. Das Recht zu jagen dagegen wurde ihnen entzogen. Nur das Fischen in freien Gewässern blieb den Bürgern Rheines weiterhin erlaubt.

Grenze zwischen Münster und der Obergrafschaft Lingen bei Bevergern, um 1705, Ausschnitt
Federzeichnung, aquarelliert
Adolf Cloppenborg nach einer Vorlage von 1616 von Adolf van Gimmenich und Egbert Wandtscher
Osnabrück, Niedersächsisches Staatsarchiv

Statt Einnahmen nur eine Schuldenlast

Jährlich mußte nun die städtische Abrechnung den fürstlichen Beamten in Münster vorgelegt werden. Aus der Meldung der Stadt Rheine nach Münster von 1626 geht hervor, daß die Einnahmen aus den Gütern gering waren, dabei durfte Rheine im Jahre 1626 noch Warensteuern beanspruchen und konnte aus „gewiße und ungewiße Uffkünften" insgesamt 124 Reichstaler sechs Schillinge und einen Molt Roggen auf der Haben-Seite ihrer Abrechnung verbuchen. Diesem Guthaben stand auf der Soll-Seite ein Betrag von insgesamt 115 Reichstalern, neun Schillingen und neun Pfennigen gegenüber, der sich aus den Ausgaben für den Stadtsekretär, den Wegemeister, die zwei Schulmeister und die Armenunterstützung ergab. Die Stadt hatte also – wie sie dies auch fein säuberlich für die rechnungsprüfenden Beamten in Münster belegte – per Saldo noch acht Reichstaler, 24 Schillinge, drei Pfennige und einen Molt Roggen. Von diesem Betrag sollten nicht nur die jährlichen Renten bezahlt werden, die man aufgrund einer Schuldenlast von insgesamt 9.471 Reichstalern zu zahlen hatte, sondern auch das Kirchendach und der Kirchturm repariert, die Brücken und Stadttore sowie die Stadtmauern erhalten werden. Allein für die Reparatur der Stadttore wurden vom Ziegler aber jährlich schon 18 Reichstaler veranschlagt![30] Als Rheine ab dem Jahr 1627 die Steuern und Zölle nicht mehr einnehmen durfte, wurde es noch schwieriger, die öffentlichen Bauwerke in Ordnung zu halten. Erst 1632 erfuhr die Stadt eine gewisse Erleichterung durch den „Rezessus restitutorii" vom 15. März 1632, in den ihr die Hälfte der Einnahmen aus den Steuern und den Strafgeldern wieder zugestanden wurde, um die „Erhaltung der Stadt, Festung und Abrichtung anderer Notwendigkeiten und Schulden" zu gewährleisten.[31]

Die Stadt hat den Stiftssoldaten die Tore zu öffnen

Mit Fortdauer des Krieges wurden die Städte in das allgemeine Defensionswesen eingebunden. Dies bedeutete zum einen, daß die Bürger selbst am Kriegsdienst teilhaben mußten, zum anderen hatten sie ihre Stadt zu öffnen und Offizieren und Soldaten Quartier zu geben. Ausdrücklich wies der Landesherr darauf hin, sich dabei jedes „Disputierens" und „Scrupulierens" zu enthalten. Über Jahrzehnte beherbergte Rheine nicht nur durchziehende Regimenter von Kaiser und Liga, sondern wurde selbst zum wichtigen Stütz- und Standort von Soldaten des Stiftsheeres. Wann immer ein Hauptmann nun mit seinen Soldaten nach Rheine einzog, hatte der Rat seine 'inneren Schlüssel' für die Stadttore dem Kommandanten zu überlassen.[32] Der städtische Rat gab damit nicht nur realiter die 'Schlüsselgewalt' ab, sondern übergab dem Hauptmann symbolisch das Recht einer Stadt, sich selbst zu verteidigen. Rheine wurde zu einer Garnisonsstadt des Landesherrn, die jegliche Autonomie verloren hatte.

Die Verluste

Kontrolle über die Besetzung des Rats

Die Ratswahl war abgeschafft. Die von der Kommission im Jahre 1623 eingesetzten Ratspersonen sollten dafür jährlich oder „nach Befindungh uber daß zweite oder dritte Jahr" von den fürstlichen Beamten in ihren Ämtern bestätigt oder, wenn es nötig erschien, ausgewechselt werden. Mit dieser Kontrolle durch die fürstlichen Beamten sollte „quasi in Erbrecht" verhindert werden, das, so die Befürchtung, die benannten Ratspersonen auf ihre Ämter entwickeln könnten. Doch scheint ein Wechsel in der Ämterbesetzung in Rheine nicht nötig gewesen zu sein. Allerdings baten im März 1628 die Bürgermeister der Stadt nun von sich aus um Entlastung aus dem schweren, seit fünf Jahren getätigten Dienst und baten darum, endlich „andere ahn unsere statt erster Zeit großgünstiglich anzusetzen".[33] Doch Arnold Kipp und Johann Kannengießer muß-

ten weiterhin in ihren Ämtern verbleiben und mit unzureichenden Mitteln die Not der Einwohner Rheines 'verwalten'.
1632 wurden die Wahlen wieder eingeführt. Sie fanden unter Beisein des Drosten in der Kirche statt; der Landesherr behielt die Kontrolle über den städtischen Magistrat durch seine Beamten, die weiterhin die 'Qualifikation' der zukünftigen Ratsmänner zu überprüfen hatten.[34]

Die Gerichtsbarkeit wird eingeschränkt

Das Stadtgericht zu Rheine

Wie weit es einer Stadt gelang, sich vom Landes- bzw. Stadtherrn zu lösen, zeigte sich an ihrem selbständig ausgeübten Gerichtswesen. In Rheine hatte zwar der Landesherr auch vor 1623 das Besetzungsrecht für das Gericht innegehabt, doch die Stadt durfte die Beisitzer bzw. Schöffen stellen, ohne die das Gericht nicht tagen und ein Urteilsspruch nicht gefunden werden konnte. Die Schöffen oder „Gerichtsverwandten" hatten zum Teil die Funktion des Richters übernommen und konnten auch ohne seine Anwesenheit das Urteil verkünden, wobei in Rheine wie anderswo meist die Schöffen gleichzeitig auch die Bürgermeister waren.[35]

Brüchtengerichtsbarkeit

Die „Brüchtengerichtsbarkeit" in Polizeisachen, d.h. die Verfolgung von Verstößen gegen die städtische Ordnung, lag in vollem Umfang bei der Stadt. Nur die Hochgerichtsbarkeit, die Strafen über Leib und Leben aussprach, lag beim bischöflichen Gogericht.

Das Gogericht zu Rheine

Das Gogericht zu Rheine war für die Kirchspiele „Rheine buten, Mesum, Detten, Nynkerken und Salzbergen" zuständig; der 'Gograf' hielt dieses Gericht im Namen des Bischofs seit dem 16. Jahrhundert in der Stadt Rheine ab.[36] Es kam vor, daß Stadtrichter und 'Gograf' in Personalunion besetzt waren, sehr oft waren es Bürger aus der Oberschicht Rheines. Von 1608 bis 1627 war Erasmus Lethmathe sowohl Richter beim Stadtgericht als auch beim Gogericht.[37] Der Richter hatte, anders als am heutigen Gericht, nicht zu urteilen, sondern ausschließlich das Urteil zu verkünden. Die für das Gogericht vorgeschriebenen sechs, mindestens aber vier Schöffen hatten dagegen die Täter zu verurteilen. Nach der münsterschen Hof- und Landgerichtsordnung war es vorgesehen, daß drei Schöffen den Richter vertreten konnten.[38]

Das Richteramt steht allein dem fürstlichen Beamten zu

Im Gutachen der fürstlichen Räte wurde der „Mißbrauch" des Richteramts durch die städtischen Magistrate angesprochen und dem Fürsten vor Augen geführt, wie dabei das fürstliche Richteramt immer mehr an Bedeutung verloren hatte. Nicht nur die Prozesse würden langatmig verschleppt, der fürstliche Richterspruch mißachtet und unter den anderer Richter gestellt werden, in vielen Fällen sei zudem „an den Rhadt d[er]

Münstersche Hof- und Landgerichtsordnung, 1617
Titelblatt der Münstersche Hoff- und Landgerichts: auch gemeine Ordnungen. Für diesem Durch Weilandt den Hochwürdigen Fürsten und Herren/Herrn Johanß/Bischoffen zu Münster/Administratorn der Stiffter Osnabrück und Paderborn verfassen/durch deß Stiffts Stende angenommen/und folgends durch die Röm. Keys. Mayt. unsern allergnädigsten Herrn/bestettigt:
Jetzt aber Auß des Hochwürdigsten Durchleuchtigsten Fürsten und Herrn/ Herrn Ferdinanden Ertzbischoffen zu Cölln/des H. Römischen Reichs durch Italien ErtzCatzlern un Churfürsten/Bischoffen zu Münster vnd Lüttig/Coadiutorn un Administratorn der Stifft Paderborn/Hildeßheim und Berteßgaden/Fürsten zu Stabel/Pfaltzgraffen bey Thein/in Obern und Nidern Beyern/ Westphalen/Engern und Bullion Hertzogen/Marggraffen zu Franchimondt/et. gnägistem befelch/auffs new auffgelegt. Was jetzt hirzu kommen/findet der günstiger Leser am folgenden Blat.
Mit Churf. Durchl. gnad und Freyheit. Gedruckt zu Münster in Westphalen bey Lambert Raßfeldt/Im Jahr 1617
Rheine, Stadtarchiv

Münsterische
Hoff: vnd Landgerichts: auch
gemeine Ordnungen.
Für diesem
Durch Weilandt den Hochwürdigen Fürsten vnd Herren/Herrn Johanß/Bischoffen zu Münster/Administratorn der Stiffter Osnabrück vnd Paderborn verfasset/durch deß Stiffts Stende angenommen/vnd folgends durch die Röm. Keys. Mayt. vnsern allergnädigsten Herrn/bestettigt:
Jetzt aber
Auß deß Hochwürdigsten Durchleuchtigsten Fürsten vnd Herrn/Herrn Ferdinanden Ertzbischoffen zu Cölln/deß H. Römischen Reichs durch Italien ErtzCantzlern vñ Churfürsten/Bischoffen zu Münster vnd Lüttig/Coadiutorn vñ Administratorn der Stifft Paderborn/Hildeßheim vnd Berchteßgaden/Fürsten zu Stabel/Pfaltzgraffen bey Rhein/in Obern vnd Nidern Beyern/Westphalen/Engern vnd Bullion Hertzogen/Marggraffen zu Franchimondt/etc. gnädistem befelch/auffs new auffgelegt.
Was jetzt hirzu kommen/findet der günstiger Leser am folgenden Blat.

Mit Churf. Durchl. gnad vnd Freyheit.
Gedruckt zu Münster in Westphalen bey Lambert Raßfeldt/Im Jahr 1617.

Statt Münster oder auch von fernheren Stätten woll außerhalb Stiffts nach Dortmundt miht- und anmaßentlich appellirt" worden, anstatt sich an das Fürstliche Hofgericht zu wenden. Neben dem Autoritätsverlust des fürstlichen Gerichts, so die Beamten, schadete dies auch der Sache selbst, und es habe zu „allenhalben kostbare lange Instantien und Proceßen, Zu d[er] Partheyen großen mercklichen schaden, nachtheill und auffenthalt" geführt.[39]
Appellationen durften deshalb nur noch an das fürstliche münsterische Hof- oder Brüchtengericht gerichtet werden.
Einzig der fürstliche Richter sollte für Zivil- und für Kriminalsachen zuständig sein. Zwar behielten die Magistrate bei geringfügigen Streitigkeiten zwischen Bürgern ein mündliches Schlichtungsrecht, doch sobald eine Partei in einem solchen Streitfall auf einer Gerichtsverhandlung bestand, mußte auch ein solcher eher geringfügiger Fall vor dem fürstlichen Richter „alß prima Instancia Judicies" verhandelt werden.[40] Selbstverständlich galt für jede Stadt ausschließlich die münstersche Landgerichtsordnung. Trotz dieser Neuerungen blieb dem Rat der Stadt das Recht, zwei Schöffen oder Beisitzer zu bestimmen, die der Verhandlung beiwohnten. Sie hatten sich in die Sache so einzuarbeiten, daß sie den Richter maßgeblich informieren und diesem wohl Zeit und Nerven sparen konnten.

Die Sorge um den Unterhalt des Richters

Hatten bis dahin sowohl Notare, Pfarrer als auch Ratsleute private Verträge für die Vertragsparteien aufsetzen und besiegeln können, so sollte dieses Recht nun ausschließlich dem Richter zustehen, „allein zu deren beßeren underhalt, woran eß Ihnen an vieln orttern ermanglet, iedoch gegen gebeidentliche erstatung, damit desfals Keiner zu klagen habe", so der Vorschlag der umsichtigen Beamten in Münster. Es wurde festgelegt, daß alle „Contracten, Kauff vnnd Vorkauffe, auch Testamenta vnnd dergleichen Vorhandlungen" nun vor dem „Fürstlichen Richeteren jedes orts" abgeschlossen und bestätigt werden sollten. Unabhängig vom Vorschlag der Beamten wurde dabei vom Fürsten ausdrücklich erwähnt, daß diese Zuordnung an die Richter „ohne nachtheill wie obstehet deß hern Officialis oder Hoffrichters Concurrentz" erfolgen sollte.[41] Die Einbußen der eher geringfügigen Einnahmequellen sollten sich auf ehemals städtische Beamte beschränken.

Der Pranger

Im Zuge der Rücknahme aller juristischen Kompetenz aus Händen städtischer Selbstverwaltung wurde dem Kurfürsten empfohlen, „alle Pränger und Scharffrichter(n) an den örttern da dieselbe vorhanden, wie auch Kercker und gefengnuß hinfüro in deß Landtfürsten macht und gewalt wie auch dienst und beäidung" zu stellen. Die in diesen Institutionen tätigen Männer galten nun als 'Staatsdiener' und hatten den Eid auf den Kurfürsten zu leisten. Der Magistrat hatte allerdings ein Vorschlagsrecht und trug selbstverständlich die Besoldung der Bediensteten. Inzwischen

selbst mehr 'fürstliche Beamte' als autonome Vertreter der Stadt, mag dies den Magistrat allerdings wenig berührt haben.
Das war ein Unterschied zu 1605, als sich auch Rheine noch als „befreiete Stadt dieses Stifts" verstand, die ihre „freiheit und privilegia auch vor undencklichen Zeithen und langer als sich minschen gedencken" erhalten hatte. Ein neu eingesetzter Richter, der sowohl für das Stadtgericht als auch für das Gogericht zuständig war, hatte mit der Einlieferung eines Eingesessenen in das städtische Gefängnis eine höchst offizielle und notariell beglaubigte „protestation" provoziert. Ohne sich wenigstens der Zustimmung des Rats der Stadt zu vergewissern, sowohl dahingegend, was die Verhaftung des Eingesessenen betraf, als auch, was die Einweisung in das städtische Gefängnis anging, hatte Johann Borchorst mit diesem Vorgehen, so jedenfalls der Vorwurf des Rats, eine „unverantwordtliche Innovation begangen und dadurch dieser Stadt uhralt Privilegien und freiheiten mercklichen geschwecht und geringert".[42] Die in Personalunion besetzte Stelle des Stadt- und Gorichters mag dazu der harmlose Anlaß gewesen sein, denn normalerweise wurde ein außerhalb Rheines straffällig gewordener und nicht in Rheine lebender Eingesessene nicht im städtischen Gefängnis, sondern im Amtsgefängnis zu Bevergern inhaftiert.

Der Magistrat ist für Zucht und Ordnung zuständig

Die Ratgeber des Fürsten, jene „heimbgelassenen Münsterschen Rhäte", hatten ausreichenden Sinn für die Realität, um zu wissen, daß ein für alle sichtbar entmachteter Magistrat nur schwer für Ruhe und Ordnung innerhalb der Stadtmauern sorgen konnte. Um einen solchen Autoritätsverlust, besonders bei jugendlichen Raufbolden und trunkenen Randalierern, zu verhindern, schlugen sie vor, daß der Magistrat die Missetäter, sollte es nötig sein, zwei oder drei Tage hinter Gitter bringen durfte, um sie „mit waßer vnnd Brodt oder der gleichen Correction zu züchtigen". Um die Einnahmen des Fürsten besorgt, sollte dem Magistrat aber nicht erlaubt sein, „Geldstrafen" aufzuerlegen; dies blieb ausschließlich Sache des Landesherrn.[43] Allerdings nur bis 1632, dann wurde, offenbar aus organisatorischen Gründen, dem Rat zugesprochen, bei geringfügigen Vergehen auch Strafgelder zu verhängen.[44]

Was dem Magistrat verbleibt

Die Hospitäler, Armen- und Leprosenhäuser blieben im Verwaltungsbereich der Stadt, doch sollte dem Archidiakon jährlich Bericht erstattet und die Jahresabrechnung vorgelegt werden. Ebenfalls behielt der Magistrat das Recht, Schulmeister einzustellen, man mußte aber deren Qualifikation vorher durch den Archidiakon überprüfen lassen. Die für die Sendgerichte notwendigen Meldungen, die seit 1624 durch Informanten, sogenannte „denunciatorn vnnd aidtfragen" erbracht werden sollten, wurden auch im Rezeß von 1627 ausdrücklich erwähnt. Es wurde dem Magistrat aufgetragen, dafür zu sorgen, daß Meldungen eingingen. Die besonders unter Eid gestellten Männer sollten jährlich neu benannt werden. 1632 wurde an diese Verpflichtung ausdrücklich erinnert.[45]

Nicht alles verlief reibungslos

Die eindeutige Zuweisung der Jurisdiktion in die Zuständigkeit des Landesherrn bedeutete zumindest in der Anfangsphase für die fürstlichen Beamten eine größere Belastung. Darauf verweist u.a. eine Akte aus dem Jahre 1629 mit dem Titel „Berichte über die Beschwerden der Städte und Hausleute", in der es u.a. um die „Unordnung bey der Regierungskanzlei", um „Unrichtige Processen in geringschätzigen Sachen" und um den „Schlechte(n) Zustand der Registratur auf der Kanzlei" ging.[46] Leider sind die Beschwerden selbst nicht in der so beschrifteten Akte erhalten. Betrachtet man den Restitutionsrezeß von 1632 aber unter diesem Aspekt der Überlastung der fürstlichen Verwaltung, so läßt sich ein Teil der 'Rückgabe früherer Rechte und Freiheiten'[47] als schlichtes Delegieren der betreffenden Verwaltungsaufgaben an die Stadt ausmachen. Dazu gehörte die Kontrolle über Maße und Gewichte ebenso wie die Erlaubnis, Verträge oder Testamente wieder beglaubigen zu dürfen, besonders wenn die einzunehmenden Gebühren für letztere im Verhältnis 2:3 mit dem Richter zu teilen waren.[48]

In der Frage der Religion

Ferdinand von Bayern hatte die Weigerung der Städte, dem kaiserlichen Einquartierungsbefehl nachzukommen, genutzt, die politische Autonomie der Städte zu unterbinden. Gleichzeitig hatte er auch das Problem der 'Religionsfrage' in Angriff genommen. In den Instruktionen für die Kommission, wie mit den 'widersetzlichen Städten' zu verfahren sei, war darauf gedrungen worden, daß der „catholische Glaubenseid" zum Bürgereid aufgenommen werden sollte. Das am 14. November 1624 erlassene Religionsedikt ist in diesem Zusammenhang nur die konsequente Fortsetzung Ferdinands von Bayern, das gesamte Hochstift und damit auch die bisher in der 'Religionsfrage' autonomen Städte des Fürstbistums unter seine Regierung zu stellen.

Die Konfessionsfrage

Der Landesherr bestimmt das Religionsbekenntnis

Die Autonomie der Städte in 'Religionssachen' ergab sich aus der „Declaratio Ferdinandei", einer Garantie, die vor Abschluß des Augsburger Religionsfriedens 1555 gegeben worden war und die dem Ritterstand und den Städten, die einem Kirchenfürsten unterstellt waren, zusicherte, daß sie ihren lutherischen Glauben beibehalten konnten. Abgesehen davon, daß diese „Declaratio Ferdinandei" oft als Fälschung angezweifelt wurde, waren inzwischen fast siebzig Jahre vergangen, und in anderen Fürstbistümern die Gegenreformation längst durchgesetzt.

Die Autonomie in der Religionsfrage

Im Fürstbistum Münster hatten die Stiftsstädte, allen voran die Stadt Münster, in der Konfessionsfrage ihre Autonomie gegenüber dem Landesherrn zu erhalten gewußt. Der Ausbruch des Krieges hatte den Städten erste Konzessionen abverlangt; Münster hatte dem Fürsten 1621 vertraglich zugesichert, nur noch katholische Bürger in die Stadt aufzunehmen und demzufolge ausschließlich Katholiken in ihren Rat zu wählen.[49]

Das Versprechen

Als Ferdinand von Bayern 1614 zum Bischof gewählt worden war, hatte Rheine ihm zwar gehuldigt, sich jedoch vorerst nicht von der evangelischen Glaubenslehre abbringen lassen. Da der Kurfürst dem Rat bestätigt hatte, ihn „bei unsern alten Privilegien, Recht und Gerechtigkeit gnädigst zu lassen und zu beschirmen",[50] sah der damalige Rat wohl auch keine Notwendigkeit, die Konfession zu wechseln. Noch 1618 berichtete der seit 1605 eingesetzte katholische Pfarrer Johann Schmeddes dem Landesfürsten, daß im Stadtrat zu Rheine nur ein einziges Mitglied katholisch sei. Ferdinand von Bayern hatte schon früher mit Visitationen der Kirchen und Klöster auf eine katholische Seelsorge bestanden; doch in den Städten hatte er sich wenig durchsetzen können. Mit dem Edikt von 1624 sollten nun die Religionsverhältnisse in seinem Fürstentum eindeutig geklärt und keine Ausnahmen mehr geduldet werden.

Das Edikt von 1624

Von den Kanzeln in den Pfarreien wurde mehrmals die Verordnung von 1624 verkündet, daß man im katholischen Glauben zu leben habe. Immer wieder wurden die Untertanen im Gottesdienst belehrt, daß, wer „sich nicht informiren lassen" wollte und weiterhin „in gefasseten Irrthumb verstockt und halsstarrig zu verpleiben gesinnet" blieb, das Land zu verlassen habe.[51]

Im Glauben unerschütterlich

Das Selbstverständnis der Stadtbürger

Die bis dahin evangelische Oberschicht in Rheine hatte endgültig die katholische Glaubenslehre anzunehmen. Doch nicht alle Untertanen wollten ihre religiöse Überzeugung aufgeben. Die Weigerung mancher Familien, ihre Konfession zu wechseln, läßt sich allerdings nicht ausschließlich mit ihrer tiefen Religiosität erklären. Ihre Einstellung begründete sich auch in ihrem seit Generationen gewachsenen Selbstverständnis als Stadtbürger. Als Mitglieder einer bis dahin für die Belange der Stadt politisch relevanten Oberschicht, die die Autonomie der Stadt, und zwar besonders auch in Fragen des Glaubens, gegenüber dem Landesherrn verteidigt hatte, fiel es ihnen offenbar schwer, sich zu 'unterwerfen'. Dies traf besonders dann zu, wenn sie die Möglichkeit sahen, ihr Handwerk oder ihre Handelsgeschäfte auch in anderen, ihrer Religion aufgeschlossenen Orten ausüben zu können. Johann Brinck, der aus der Stadt geflohen war, weil man ihn als Aufrührer der Widersetzlichkeit von 1622 verdächtigt hatte, war in die Niederlande gegangen, hatte jedoch dort nicht Fuß fassen können. Aus diesem Grund bat er am Neujahrstag des Jahres 1625 um die Erlaubnis, nach Rheine zurückkehren zu dürfen. Obwohl er sich zur „Augspurgischen Confession und wahren Gottesdienst mit Hertzen und mundt“ bekannte, wollte er nun wieder in seine Stadt zurückkehren. Als rechtschaffener Bürger erhoffte er sich, daß sich seine Unschuld (was die Beteiligung an der Weigerung der Einquartierung von Soldaten betraf) zeigen würde und er sein früheres Leben wieder aufnehmen könnte. Johann Brinck wollte, wie er schrieb, sein „brodt vorthan unter der Obrigkeit schutz und schirm, in aller stille und Ruhe“, für sich und seine Familie gewinnen. Und obwohl er wissen mußte, daß er nur als 'katholischer' Bürger in Rheine Aufnahme finden konnte, mag ihm die Rückkehr in seine Stadt unter der Voraussetzung, 'katholisch' zu werden, als geringeres Übel erschienen sein.[52] Offenbar war es ihm nicht gelungen, in der 'Fremde' eine neue Existenz aufzubauen.

Die Emigration

Am 13. Januar 1625 hatten die evangelischen Familien, die nicht zum katholischen Glauben zurückgefunden hatten, die offizielle Mitteilung erhalten, daß ihnen ihre Ausweisung drohe.[53] Ende Februar wurden die Wachen in Rheine verstärkt, und im Ratsprotokoll wurde diese besondere Vorsichtsmaßnahme mit der „Ausweichung d[er] Religionßverwandten“ begründet. Offenbar war man in Sorge, die niederländischen Generalstaaten könnten ihren bedrängten Glaubensgenossen zu Hilfe kommen. Am 15. März wurde angeordnet, daß die „Welle gebeßert“ und Rheine sich zur „Gegenwehr im nothfall gefast machen solle“. Die ehemaligen Ratsmitglieder Ballinghaus, Rording und Stüve erhielten am gleichen Tag ein Ultimatum gesetzt: Sie sollten fünfzig Goldgulden zahlen und (da sie sich offenbar nicht zum katholischen Glauben bekehren ließen) am „Sambßtagh den 22. Marty diese Statt und Stift reumen“.[54] Am 23. Mai 1625 war es dann so weit: 27 Bürger verließen teilweise mit Familienmitgliedern die Stadt Rheine. Sie gehörten einst zur privilegierten Schicht der Stadt, fast alle hatten schon einmal dem Ratsgremium angehört. Wie Pastor Schmeddes schon 1618 feststellen konnte – die einfachen Arbeits- und Handwerksleute hatten den katholischen Glauben längst angenommen. Sie hatten keine Möglichkeit gesehen, sich dem Wunsch des Landesherrn zu widersetzen.

Ins Exil

Wer nicht schon früher geflohen war, wie Johan Danckelmann, Johan tom Walde und Johan Morrien, der suchte nun in benachbarten niederländischen Städten oder in der angrenzenden Grafschaft Bentheim ein Unterkommen zu finden.
Vom weiteren Verbleib weiß man von den wenigsten. Die Ballinckhaus-Kinder waren dem Vater nicht ins Exil gefolgt, sondern in Rheine geblieben und hatten demzufolge die Konfession gewechselt. Andere haben einige Jahre später versucht, in ihre Stadt zurückzukehren. Einzig von der Familie Danckelmann ist bekannt, daß sie später in Lingen Fuß fassen konnte. Dementsprechend wird Lingen auch genannt, wenn vom erfolgreichen Aufstieg der Brüder Danckelmann in höchste brandenburgisch-preußische Staatsämter berichtet wird, wie von Sylvester Danckelmann,

der aus „dem gehobenen Lingener Bürgertum“ stammte.[55] Sylvester Danckelmann, der Sohn des emigrierten Johan Danckelmann, ließ sich Anfang der 30er Jahre in der Grafschaft nieder, als sie unter oranische Regierung kam. Er gilt heute als der Begründer der bekannt gewordenen Familiendynastie (die eigentlich in Rheine ihre Wurzeln hatte).

Die Kontrolle über die Einhaltung des wahren Glaubens

Das ‘Sendgericht’

Die Kontrolle über das religiöse Leben übernahmen im Alltag die Pfarrer und Vikare. Verstöße wurden durch das Sendgericht geahndet. Diese ‘geistliche Gerichtsbarkeit’ wurde seit 1623 für Rheine vom Archidiakon von St. Ludgeri zu Münster durchgeführt, der nun einmal im Jahr den Vorsitz im Sendgericht übernahm. Mit einem Mandat vom 12. August 1624 wies der Fürst an, daß Männer ausgewählt und vereidigt werden sollten, die dem Archidiakon Vergehen zu melden hätten. Für mindestens ein Jahr war man eidlich verpflichtet, den nächsten Nachbarn zu beobachten, besonders auf sein sittliches und religiöses Leben zu achten und ihn nötigenfalls zu ‘denunzieren’.[56] Mit der Verpflichtung einzelner, aus der Mitte einer Gemeinschaft Verfehlungen zu melden, wurde eine bis dahin wirkende Solidargemeinschaft aufgebrochen. Die soziale Kontrolle funktionierte – insbesondere nach der Ausweisung der ‘Unbelehrbaren’ – nun auch in Rheine ganz im Sinne der landesherrlichen Obrigkeit.

Grundriß der Stadt Rheine, nach 1743
Zeichnung, aquarelliert
Privatbesitz

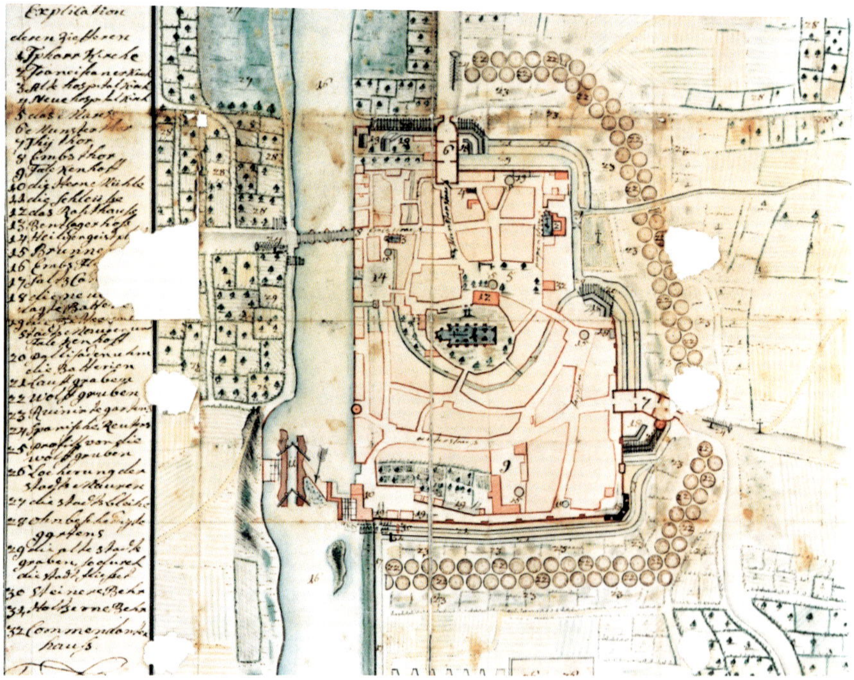

Die Rechte des Osnabrücker Bischofs in der Grafschaft Tecklenburg

Die Kreuzherren in Osterberg

Das Kloster und der Tecklenburger Graf

Osterberg, ein Männerkloster

Im Jahre 1410 hatte Fyge von Langen ihr Gut „ton Osterberge" an Johan Heverne und „seine geistliche Brüder" verkauft; 1427 hatten sich die frommen Männer unter die Ordensregel der Kreuzherren, eines seit 1211 existierenden Ordens, der im Zusammenhang der Kreuzzüge in Palästina entstanden war, gestellt. Osterberg, das einzige Männerkloster in der Grafschaft Tecklenburg, war für ein Kloster verhältnismäßig spät eingerichtet worden.

Die Frauenklöster in der Grafschaft

Das Frauenkloster Leeden existierte seit 1240. 1256 war das damals noch zu Tecklenburg gehörige Kloster in Gravenhorst gegründet worden. Das Kloster in Schale gab es seit 1278.

Die Kreuzherren und Osnabrück

Für den Ausbau Osterbergs hatte sich besonders Otto VI. von Tecklenburg (um 1380-1450, Regierungszeit ab 1426) eingesetzt. Die Kreuzherren hatten aber auch zum Osnabrücker Bischof, geistigen Schutzherrn der Einrichtung, gute Beziehungen. Durch Besitzungen wie dem Gut Leye mit seinen Höfen war man mit Osnabrück verbunden und hatte im Osnabrückischen Atter seelsorgerische Tätigkeiten übernommen. In der Stadt besaßen die Kreuzherren Häuser in der Nähe der Katharinenkirche in der 'Osterberger Reihe'.

Im Streit zwischen den Parteien

In der Reformationszeit begann die wechselvolle Zeit des Klosters, das unter den Konflikten zwischen dem katholischen Bischof von Osnabrück und dem evangelischen Grafen von Tecklenburg zu leiden hatte. Während dieser Auseinandersetzungen mußten die Kanoniker mehrmals das Kloster verlassen, ihre Klosteranlage wurde sogar einmal mutwillig zerstört. Gegen Ende des 16. Jahrhunderts hatte der Graf die Gebäude wieder aufrichten müssen, und die Kreuzherren konnten nach Osterberg zurückkehren.

Es geht um die Güter des Klosters

Anfang des 17. Jahrhunderts, als ein grundsätzlich ähnlicher Interessenskonflikt in Böhmen einen Krieg entfachte, sollte der Streit zwischen dem

Tecklenburger Grafen und dem Osnabrücker Bischof um das Kloster Osterberg und dessen Güter juristisch geklärt werden. Man stritt aber bereits über die Zuständigkeitsfrage der Gerichte, und so wurde der Konflikt, wie so oft, mit Gewalt ausgetragen. Kurzerhand reformierte der Graf von Tecklenburg das in seinem Hoheitsgebiet liegende Kloster und sicherte sich so seine Ansprüche an den Besitzungen.

Die Kreuzherren müssen Osterberg verlassen

Diejenigen, die weiterhin nach den Regeln des Kreuzherrenordens leben wollten, mußten das Kloster verlassen; sie zogen sich auf das Gut Leye zurück (es soll nur ein Kanoniker gewesen sein). Der Bischof von Osnabrück reagierte daraufhin mit Ansprüchen auf die Einkünfte und Dienste aus den im Stift Osnabrück gelegenen Gütern der Kreuzherren, um sie dem Zugriff des Grafen zu entziehen.[1]

Eine Lösung kündigt sich an

Ähnliche Konflikte um säkularisierte Kirchengüter und deren Rückgabe existierten überall im Reich. Als sich die Kriegssituation 1626/27 zugunsten des Kaisers wendete, suchte Ferdinand II. eine endgültige Regelung dieser Konflikte zu finden. Auf dem einberufenen Kurfürstentag in Mühlhausen im Oktober 1627 kündigte er eine konfessionelle Neuordnung an. In der Folge seiner Triumphe über das dänische Heer sollte nun eine Restitution erfolgen, die der katholischen Kirche alle jene Kirchengüter wieder zueignen sollte, die seit 1552 säkularisiert worden waren.[2]

Der neue Bischof in Osnabrück

Im März 1628 konnte der 1625 gewählte Bischof Franz Wilhelm Graf von Wartenberg in Osnabrück feierlich in der Stadt Einzug halten. Das war nicht ganz selbstverständlich, da das bis dahin evangelische Osnabrück, das von den Dänen besetzt gehalten worden war, erst ein paar Monate vorher mit Hilfe ligistischer Truppen hatte bezwungen werden können.[3] Bald darauf begann er mit der konsequenten Rekatholisierung des Stifts und der Stadt. In Osnabrück wurden die evangelischen Prediger entlassen; für die Bürgerschaft galt, was 1625 für die Oberschicht in Rheine gegolten hatte: Wer sich nicht belehren lassen wollte und weiterhin in seinem Glauben beharrte, mußte Stadt und Stift verlassen. Am 18. April 1629 wurden demonstrativ „die Evangel. Prediger auf einen großen Marketenner Wagen aus der Statt geführet."[4] Danach folgte eine Fluchtwelle Osnabrücker Familien: Einige wandten sich nach Herford und fanden in der Grafschaft Hoya Aufnahme,[5] wenige begaben sich in die Grafschaft Tecklenburg; auch in Osterberg soll ein Flüchtender Unterkunft gefunden haben.[6]

Die 'unbesetzte' Grafschaft

Die Grafschaft konnte den Emigranten keinen ausreichenden Schutz bieten, weder vor den ligistischen Truppen noch vor den Ansprüchen des Bischofs von Osnabrück. Die Regierungsgeschäfte der Grafschaft Tecklenburg wurden zu dieser Zeit hauptsächlich durch Wilhelm Heinrich Graf zu Steinfurt, Vormund der minderjährigen Tecklenburger Grafen, geführt. Die Witwe des verstorbenen Tecklenburger Grafen, Gräfin Margarethe von Nassau-Wiesbaden, hatte die Grafschaft verlassen und hielt sich in Rheda auf.

Franz Wilhelm von Wartenberg (1593-1661), 1631
Lukas Kilian (1579-1637)
Kupferstich
Osnabrück, Kulturgeschichtliches Museum

Franz Wilhelm Graf von Wartenberg, Sohn von Herzog Ferdinand von Bayern und Maria von Pettenbeck, war 1625 als Nachfolger von Eitel Friedrich von Hohenzollern-Sigmaringen zum Bischof von Osnabrück gewählt worden.
Seit 1628 in Osnabrück, wurde er 1629 zum Restitutionskommissar für den Niedersächsischen Kreis ernannt. Mit konsequent angewandten, politischen und seelsorgerischen Mitteln suchte er die katholische Kirche zu stärken und seine Untertanen dem rechten Glauben zuzuführen. Er verlor 1633 Stift und Stadt an die Schweden. Als Gesandter kam er 1643 zu den Friedensverhandlungen zurück, verhandelte aber ab November 1644 in Münster als Bevollmächtigter des Kurfürstenkollegiums; er vereinigte siebzehn Voten auf sich. Zusammen mit dem päpstlichen Gesandten Fabio Chigi kämpfte er für den Erhalt der nordwestdeutschen Fürstbistümer. Aus Gewissensgründen verweigerte er seine Unterschrift dem Gesamtfriedenswerk.
Eine Sonderregelung im Friedensvertrag sicherte ihm das Hochstift Osnabrück auf Lebzeiten zu.
Der Kupferstich zeigt ihn als Begründer der Universität des Jesuitenordens in Osnabrück.

Mein Leser diß Figur betracht/Herrn Bartolme Meuschen gemacht/Gebohren wies ein tausend wahr/Fünffhundert acht und siebzig Jahr. Von vornehmn Eltern die ihn fein Erzogen in der Jugend sein/Mit Kunst und Sitten hoch geziert/Der rechten Doctor promovirt, Bey Stifft und Statt gedienet hat Löblich als Syndicus und Raht/Endlich ihn Lünenburg begehrt Zum Syndico und Probst erklehrt/Margreth Brünings sein HaußFrau wahr Funff Söhn/zwo Töchter ihm gebahr: Führt stets den Trost/ daß wir nicht sein Gahr auß ist Gottes Güth allein/Starb Alters ein und fünffzig Jahr/Verfolgt von der Päbstlichen Schar/Ward ihm versagt hie sein Ruhstatt/Drumb er sein Grab zu Wersen hat. Inschrift des Epitaphs von Barholomäus Meuschen, 1629. Kulturgeschichtliches Museum Osnabrück

Die 'letzte' Ruhestätte

Immerhin konnte man in der reformierten Grafschaft jene beerdigen, die nicht, wie ein Edikt des Osnabrücker Bischofs anwies, nachweislich durch Beichte und empfangene Kommunion durch einen katholischen Geistlichen im rechten Glauben gestorben waren. Der ehemalige Osnabrücker Syndikus, Bartholomäus Meuschen (1578-1629), fand jedenfalls in Wersen, das im Kirchspiel Lotte lag, seine letzte Ruhestätte. Die aus der Osnabrücker Oberschicht kommende Familie ließ, als das Rad des Schicksals sich drehte und die Evangelischen wieder das Sagen in Osnabrück hatten, ein Epitaph in der St. Katharinenkirche anbringen, auf dem jeder die Verbannung des Leichnams nachlesen konnte.

Das Restitutionsedikt von 1629

Franz Wilhelm von Wartenberg und die Restitution

Franz Wilhelm Graf von Wartenberg unterstützte die Pläne des Kaisers, die Klöster und geistlichen Güter zu restituieren. Er war bereits seit längerem in „Religionsangelegenheiten" im Namen des Kaisers tätig. Besonders lag ihm an der Rückholung norddeutscher Positionen für seine Kirche, insbesondere am Erzbistum Magdeburg, das, ebenso wie die Stadt Magdeburg, inzwischen evangelisch geworden war.[7]

Der Gesetzesentwurf

Der Gesetzesentwurf von 1628 sah vor, daß alle seit 1552, dem Normaljahr des Augsburger Religionsfriedens, eingezogenen Kirchengüter der katholischen Kirche zurückgegeben werden sollten.[8] In diesem Entwurf wurde betont, daß die Kirchenfürsten ebenso wie die weltlichen das Recht hätten, die Religion ihrer Untertanen zu bestimmen: „cuius regio – eius religio"; ein Recht, das sie sich längst genommen hatten.

Das Edikt

Am 6. März 1629 wurde das Restitutionsedikt erlassen. Neben den bereits oben erwähnten Bestimmungen richtete es sich besonders gegen die calvinistische Glaubenslehre – abgesehen von den Lutheranern sollte über alle anderen Konfessionen die Acht verhängt werden. Städte waren allerdings von dieser Bestimmung nicht betroffen.[9] Am 28. März 1629 veröffentlichte man das neue Gesetz, und am 22. Juni wurde Bischof Franz Wilhelm zu Osnabrück mit der Ausführung der Restitution im Niedersächsischen Kreis bzw. in Sachsen und Braunschweig beauftragt.[10]

Die Einnahme des Klosters

„Am 22. Märt. 1630 ist von Osnabrückischen Kriegsvolck das Closter zum Osterberge eingenommen und Münch darinngesetzt."[11] Nach Goldschmidt soll die Rückkehr der Mönche mit Hilfe von 50 bewaffneten Soldaten aus dem Heer der Liga erfolgt sein,[12] die sich zu diesem Zeitpunkt nicht nur in den Hochstiften Osnabrück und Münster, sondern auch im ehemals von den Spaniern besetzten Lingen aufhielten.[13] Im Protokoll des Notars Hen-

Hingegen aber ist nach obgesetzter Ausführung ganz augenscheinlich, daß die Catholischen sich billich beschwert befunden, daß ihnen in solchen ihren Reformationibus von dem andern Teil Ziel und Maß gegeben worden, auch die Untertanen in gänzlicher Defection und Abfall von ihrer Obrigkeit durch diesen Fund sollicitirt und bewegt werden wollen. Und ist dies Gravamen auf dieser der Catholischen Seiten desto stärker, weil solcher Reformation halber die Augspurgische Confessions-Verwandten vermeinen wolten, sampt disfalls die Catholischen mit ihnen nicht in gleichem Recht begriffen wären, sondern daß ihnen zwar ihre Untertanen zu reformiren und die Widerspänstige auszuschaffen erlaubt, auch dies im Werk offentlich erzeigen, entgegen aber den Catholischen solches nicht gut sein lassen wollen. [...]

Als sein wir zu würklicher Handhabung beides des Religion- und Prophan-Friedens endlich entschlossen, unsere Kaiserliche Commissarios fürderlich in das Reich abzuordnen, solche abgewichene als auch mit Gewalt oder in andere Weg eingezogene Erz- und Bistumber, Praelaturen, Klöster, und andere geistliche Güter, Hospitalen und Stiftungen, deren die Catholische zu Zeit des Passauischen Vertrags, der seithero in Posseß gewesen und unrechtmäßig destituirt worden, von den unrechtmäßigen Detentatoribus abzufordern und mit tauglichen den Fundationen und Stiftungen gemäß ordentlich berufenen und qualificirten Personen besetzen zu lassen, und also einem jedwedern zu demjenigen, was ihme gebührt und dazu er nach Ausweisung viel angezogenen Religionfriedens befugt, ohn unnotwendige Umbschweif und Aufhalt zu verhelfen.

Auszug aus dem Restitutionsedikt, in: Bernd Roeck [Hrsg.], Gegenreformation und Dreißigjähriger Krieg, 1555-1648 (Deutsche Geschichte in Quellen und Darstellung, hrsg. von Rainer A. Müller, Bd. 4) Stuttgart 1996, 267-276, hier 273-275.

Verzeichnis was in Cloester Osterbergh vonn Meinne Johan Anthon pfengers Haußgerath Vnd sachen gelaßenn Worden, alß selbiges Von Gerhardo Hewern eingenhomen worden.

Dreitzehen Bette neben etzlichen Pfüllen Vnd Beylachen. Einen Braw Kessel neben einem Dreyfueß. Zwei große lange Keßell. Einen runden Kesell. Zwei kleine Kessell. Sichs kupferne Pötte klein und groß. Einen Eyßen Pott. Einen großen Tiefen, und einen platten Tiegell. Zwey röesteren. Einen großen Morser neben den stößer. Ein bradtwerck sampt seine gewichten. Zwei bradtpfannen. Zwei bradtspieße. Zinnern schüßell, Teller Vnd Kannen, Weiß eigentlich nicht wie Viell.

Drey Beddestette sampt drei schupfstetten. Noch eine besondere bedtstette. Einen Tisch mit außzuegenn. Einen rundt kantigen Tisch. Zwey Tichtücher. Auf der Stuben zwey verschloßene Schäpfe, darinne Leinen, bücher Vnd andere sachen, neben Zinnerren sachen, Krügen Vnd anderen gezeugh, auch schüsselen zu meinen sachen gehörendt.

Noch fünf Krüge darunter drey große, und ein Klein herpenten Krugh.

Ein große Bibell in d[er] Kirchen Allerley stühle Vnd Holtzerne Haußgerath.

Oben auff der Cammer allerley schrift Vnd Bücher

Zwey Büchsen oder Röere zu dreyen pferden Kutz Zeugh

Ein schreib Pulmet, welches meinen bruder sehligen zu stehet, darinn schrift Vnd Breue, die dessen Erben concerniren, Ein eysen ofen in den Kleinen stüblein. Auch allerley schrift Vnd Briefe Und zwölff Christallinn gläßer.

In den schäpfen der schlaf Kammern Welche Verschlossen, allerley gezeügh so mir Vnd meiner Haußfrauwen zustendigh.

In dene Kellern so wollfleisch: Molcken: alß BierKellern allerley feßer Vnd Holtzen gezeügh, daß mihr zu kumpt.

Im brawhauße drey Beschlagn Wagen. Ein pflugh. Zwey dwersagnen. Ein äxenn. Eine schneidtladen zu dreyen pferden Torv. Eine schliette.

[...]

Es hat auch Hewer den Herrn Beambten zu Tecklenburgk fünfzehen syden speck, Vnd so Viell schincken abgepreßet, Welche meiner schweiger Mutter Vnd mein andren guten Manne zu stapellmehr zu stendigh Zudem hat er auff Eilfvell die mein Vnd Von mir zu Oßnabrück zu gerbenn ode loyen gethan ein Arrest, welches Ihm nicht gezimbt hette, geleht.

Noch etzliche stullküßen.

Verzeichnis Kloster Osberberg, 4./14. Oktober 1630. Beglaubigte Abschrift von 1721. Niedersächsisches Staatsarchiv Osnabrück: Dep. 54b, Nr. 485.

Heinrich G. Overmann (1752–1818), letzter Prior des Kreuzherrenklosters Bentlage, um 1800
Ölgemälde
Rheine, Falkenhof-Museum

Auf ihrer Ordenstracht trugen die Kreuzherren das Zeichen des Kreuzes; wobei der Großmeister und andere, in wichtigen Funktionen fungierende Ordensmänner das rote Malteserkreuz gewählt hatten. Die übrigen Mitglieder des Ordens trugen ein Kreuz von rotem Atlas mit einem sechseckigen Stern darunter, weshalb sie auch in manchen Gegenden 'Sternträger' genannt wurden.
Prior Overmann aus Bentlage trägt eine weitere Variante des Kreuzes: der Längsbalken ist rot (Zeichen des Blutes), der Querbalken aber ist weiß (Zeichen des Wassers).

rich Sterckel ist die Einnahme etwas weniger kriegerisch dargestellt. Am 22. März, Freitag nachmittags zwischen ein und zwei Uhr, war die Kommission im Auftrag des Bischofs zum Osterberg gelangt und hatte an der Pforte des Klosters um Einlaß gebeten. Doch die Tore waren versperrt, und auf dem Klosterplatz hatten sich einige Tecklenburger Schützen versammelt. Ein „Oßnabrüggischer entwichener Bürger, Bippen genannt", erschien an der Tür und wurde gebeten, den kaiserlichen Kommissaren die Tür zu öffnen. Während der Verhandlung kam zufällig, so steht es jedenfalls im Protokoll, Stefan Albers vorbei, der Osnabrück von den Dänen befreit hatte und dort mit seinen Leuten einquartiert war, weil er an diesem Tag „uff der Jagt gewesen, Und dahrselbst zum Osterberg das mitthags Mahl nehmen wolte, auch das Closter von Hinden zu durch die seinige eingenhommen hatte [...]".[14] Natürlich öffnete man die Tore und ließ die kaiserlichen Kommissare ein. Die Schützen von Tecklenburg zogen derweilen ab.

Die Kreuzherren

Die im Kloster Osterberg verbliebenen Laienbrüder unterstellten sich erneut den Ordensregeln der Kreuzherren; andere Mönche bzw. Brüder des Kreuzherrenordens kamen zurück.[15] Wie viele Kleriker und Laienbrüder sich im Kloster damals aufhielten, ist nicht überliefert. Osterberg war sicher weniger gut ausgestattet als Bentlage, das seit 1437 vom Kreuzherrenorden geführt wurde und seine Hochblüte Ende des 15. Jahrhunderts erlebt hatte. Damals hielten sich in Bentlage 24 Kleriker und 28 Laienbrüder auf.[16] Aus einem Inventar vom Oktober 1630 geht hervor, daß im Klostergebäude Osterberg 13 Betten vorhanden waren.[17]

Im Schutz der Kirche

Zwischen 1630 und 1633 erlebte das Kloster Osterberg aufgrund der machtvollen Position des Osnabrücker Bischofs eine kurze Blütezeit. Als Franz Wilhelm von Wartenberg 1632 sein Bistum vor den nahenden schwedischen Truppen verlassen mußte, konnten sich auch die Kreuzherren in Osterberg nicht länger halten. Inzwischen war der schwedische König in den Krieg eingetreten, und zwar nicht zuletzt wegen des umstrittenen Restitutionsedikts von 1629. Herzog Georg von Braunschweig hatte sich dem schwedischen Heer angeschlossen; General Dodo von Innhausen und Knyphausen, der aus ostfriesischem Adelsgeschlecht stammte, eroberte im September 1633 die Stadt Osnabrück. Die Mönche waren daraufhin aus dem Kloster geflohen, ein Großteil des Konvents in das Kloster Bentlage.

Graf Mauritz und das Kloster

Seit 1632 wurde die Grafschaft Tecklenburg von dem inzwischen volljährig gewordenen Grafen Mauritz regiert, der die Wende der politischen Situation im angrenzenden Fürstbistum Osnabrück begrüßt haben mag. Die Gebäude des Klosters verfielen; selbst die beiden zum Kloster gehörenden Mühlen wurden kaum noch eingesetzt, die Ölmühle nach der Zerstörung durch Söldner gar nicht mehr erst instand gesetzt, da sie „seithero Osnabrl. belagerungh da sie sonderlich verletzet, beraubet und bewtohlen ward und biß dato auch ohne ansehentliche Kosten nicht reparieret werden können".[18] Graf Mauritz selbst war offenbar nicht an Osterberg interessiert, denn er versuchte 1637, Kloster und Ländereien an die Kreuzherren in Bentlage zu verkaufen. Ein Unterhändler wandte sich an den Bürgermeister von Rheine, der in dieser Sache diskrete Verhandlungen führen sollte. Die Gespräche scheiterten aber nicht zuletzt an den bekannten Konflikten über die Hoheitsrechte der Klostergüter im Stift Osnabrück.[19]

Erinnerung an die Leistungen der Kreuzherren

Die Klosteranlage zerfiel, und die seelsorgerische Tätigkeit der Kreuzherren wurde bald vergessen. Trotzdem blieben die frommen Männer in Erinnerung – im Kirchspiel Lotte wohl u.a. wegen ihres Beitrags zum leiblichen Wohl der Einwohner. Es heißt, daß man den Ordensbrüdern eine Apfelsorte zu verdanken habe, die als „Schmeerfenten" bezeichnet wurde und die man offenbar als eine Art Apfelkraut auf das Brot strich.[20] Außerdem hatte man den Klosterbrüdern möglicherweise auch das gute Bier, von dem Pastor Rumpius noch 1672 schwärmte, zu verdanken.

Exkurs: Klosterbier

Das Privileg zu brauen

Das Braurecht gehörte zu den Regalien, die einem Kloster verliehen wurden. Die meisten nahmen dieses Recht wahr, schließlich benötigten Mönche wie Nonnen das damals übliche Alltagsgetränk nicht nur für sich, sondern sie versorgten damit auch Arme, Kranke und zahlreiche Pilger, die im Kloster als Herbergsgäste einkehrten. In manchem Kloster wurde der Gerstensaft von einem erfahrenen Braumeister hergestellt, und manchmal wurden auch benachbarte Einrichtungen beliefert.

Nur der Graf kann die Braurechte verleihen

Die ansonsten vom Landesherrn verliehene Biergerechtsame, die zum Bierbrauen und Bierverkauf berechtigten, ließ sich der Graf von Tecklenburg jährlich mit drei Goldgulden bezahlen. In Lengerich hatte u.a. die Gaststätte Korte das Recht des Bierbrauens und Bierhandels erworben, dort schenkte die Wirtin nicht nur die Grut an die Gäste aus, sondern sie lieferte das Bier auch zur Tecklenburg.[21]

Die Biersorten

Grut – ein gewürztes Bier

Die im Tecklenburger Land bekannte 'Grut', von der es heißt, der päpstliche Nuntius Fabio Chigi wäre davon wenig begeistert gewesen, wurde

Gedenktafel über dem Hauptportal am Westflügel des Klosters Bentlage, 1657
Foto: Förderverein Kloster Schloß Bentlage, Rheine
„Zum höheren Ruhme Gottes und zur Ehre des heiligen Kreuzes ist der nach Osten gelegene Flügel dieses Klosters erbaut worden von 1463 bis 1466, die Kirche mit dem seitlichen Anbau von 1468 bis 1484, der nach Norden gelegene Flügel von 1499 bis 1504. Dieser aber begann errichtet zu werden am Tage nach Peter und Paul, vollendet wurde er 1657, nachdem alles im Jahre 47 von den Schweden in Brand gesetzt und anschließend wiederaufgebaut worden war". Bentlage, 1100 Jahre Bentlage, 32).

Die heilige Helena (Mutter Kaiser Konstantins), das Kreuz im Arm, kniet zusammen mit dem heiligen Quiriacus (Bischof zu Jerusalem) vor dem Kreuz im Strahlenglanz und der Umschrift „Crux ave Spees Vinica" [Keuz, sei gegrüßt, du einzige Hoffnung].

aus einer gegorenen Getreidemischung und unterschiedlichsten Gewürzen hergestellt. Hauptbestandteil dieser Verfeinerung waren entweder Waldrosmarin oder Gagelkraut. So bekam das Getränk nicht nur eine deutliche Geschmacksrichtung, sondern es wurde gleichzeitig konserviert.[22] Auch in Osterberg mag 'Grut' hergestellt worden sein; Rosmarin dazu hatte es im Kloster jedenfalls ausreichend gegeben, wie aus einem Lieferungsvermerk über einige Rosmarinbäume an den Osnabrücker Bischof hervorgeht.[23]

Das Hopfenbier

In jedem Falle ließen die Kreuzherren aber auch Hopfenbier brauen. Gutes Bier wurde damals übrigens aus Gerstenmalz und Hopfen gebraut und nicht etwa, wie es häufig vorkam, aus einem Getreidegemisch. Zum Kloster gehörte ein Hopfengarten von der Art, wie sie zum eigenen Gebrauch angelegt wurden und für einige Orte überliefert sind. So wurde in Lengerich ebenso Hopfen angebaut wie in Steinfurt. Im Kirchspiel Lengerich haben Repper aus Hohne, Boedeker in Aldrup und Bomken aus Wechte Hopfengärten angelegt.[24] Für Steinfurt sind Anpflanzungen von Hopfenwurzeln auf der Wulfswiese bekannt.[25] Wer allerdings viel Bedarf an Hopfen hatte, der mußte ihn von auswärts zukaufen.

Das 'koit'

Eine Variante des Hopfenbiers war das „Keut" oder „koit", das auf ein niederländisches Brauverfahren zurückzuführen ist. Aus Gerstenmalz, etwas Weizenmehl, Hopfen und Hefe gebraut, konnte es unter Zusatz von Gewürznelken und etwas Zucker gut verkorkt im Krug eine gewisse Zeit aufbewahrt werden.[26] Vielleicht hat Nuntius Chigi diese Bierart gekostet und darüber sein vernichtendes Urteil gefällt, daß man nur noch etwas Schwefel dazugeben müßte, und man hätte einen Trank der Hölle. „Koit" gab es speziell in Münster, das neben Hamm bekannt für seinen Handel mit „koit" war und mit seinem Siegel für die Qualität dieses in Münster gebrauten Bieres garantierte.[27]

Der Abnehmerkreis

Ob die Kreuzherren einen größeren Kreis mit ihrem Gerstensaft versorgten, ist nicht bekannt. Sie hatten das übliche Brauhaus, einen Braukessel mit ausreichend Gerätschaften und natürlich einen Bierkeller mit „allerley feßer Und Hollzen gezeugh".[28]

Die Reformierten trinken lieber Paderborner

Während der Kriegszeit, in der Krankheit und Hungersnot an den Kräften der Menschen zehrten, wurde auch so manche Gewalttat aufgrund des Bieres begangen; sei es, weil man zu viel des Gerstensaftes genossen hatte, sei es, weil man glaubte, zu wenig davon zu haben. Auch bei einer spektakulären Gefangennahme von Eingesessenen aus Hopsten durch

Im Kerspel Lotte ist gut Gerst-Land/ daher sein schmackhafftig Bier daselbst gebrawet und von den Einwohnern sehr geliebet wird; Es ist daselbst auch eine zimliche Kirche/darauff sie vor wenig Jahren einen newen Turm/Item ein grosses newes Pastoreyen Hauß nicht mit geringen Kosten gebawet.
In diesem Kerspel ligt das Kloster Osterberg/darein die Münche Cistertienser Ordens vor diesem gewesen/welcher Ao 1198 in Burgundien in der Wüsten und Einöde Cistertii, (daher Er auch den Nahmen bekommen) unter dem Bapst Urbano II. erstlich seinen Anfang genommen von Herrn Bernhardo aber fortgepflantzet und von Bapst Caelestino III. continuirt worden/wie nachfolgende alte Versche in etwa ausweisen/Anno milleno, centeno bis minus anno Sub Patre Roberto coepit Cistertius ordo. Sie seyn aber aus diesein Kloster zur Zeit Oßnabrückischer Belagerung (wie ich meine) selbst weggelauffen/und seithero nicht wieder darein kommen: dahero dan der Hochgeborner Graf/unser gnädiger lieber Landes Vatter/die Auffkommen desselben Klosters den geringen Pastoreyen/zu besserer Unterhaltung der Diener Gottes und dürfftiger Studenten/löblich und wol verordnet und angeleget hat. Es ist alda eine überauß schöne Kirche/drin alle Sontag als auch in der Fastenzeit alle Freytag/vom ordentlichen Prediger daselbst/jetziger Zeit Herrn Mauritio Ludovico Slutero, oder von dem H. Pastore zu Lotte der Gottesdienst verrichtet wird.
Gerhard[us] Arnold[us] Rump[ius]: Des Heil. Röm. Reichs uhralte hochlöbliche Graffschafft Tecklenburg. Aus viel und mancherley alten glaubwürdigen Geschicht-Büchern und Briffschafften zwar kurtz, aber doch eigend- und ordentlich aus schuldiger Liebe des Vatterlandes beschrieben, Bremen 1672, 64-65.

staatische Soldaten hatte das damals bekannte Hopfenbier aus Paderborn eine Rolle gespielt.

Die Hopstener sollen es holen

Die Niederländer hatten von einigen Männern aus dem Kirchspiel

Bier Brewer und Jungfraw, um 1650
Gerhard Altzenbach (1609-1672)
Kupferstich
Nürnberg, Germanisches Nationalmuseum

Hopsten Fuhrdienste nach Paderborn und zurück verlangt, damit sie von dort Bier holten. Als die Hopstener das Ansinnen der Soldaten ablehnten und die Fahrt verweigerten, weil das Anrecht auf Spann- und Fuhrdienste allein dem Bischof von Münster zustand, setzten die Soldaten die Leute gefangen, insgesamt wohl an die zwanzig Personen.[29]

Bier gibt es überall

Der so drastisch demonstrierte Wunsch nach dem Bier aus Paderborn muß im übrigen nicht unbedingt mit einem Notstand des Alltagsgetränkes in der Hopstener Gegend zusammenhängen. Das Hopfenbier aus Paderborn hatte damals einen besonders guten Ruf und war schon früher, zu friedlicheren Zeiten, bis in die Niederlande geliefert worden.[30] Vielleicht wollten die Soldaten sich nur etwas gönnen, was sie kannten und für gut hielten.

Der Hopfensaft aus Lotte

Trotzdem darf angenommen werden, daß im Kloster Osterberg ein annähernd so gutes Bier wie in Paderborn gebraut wurde. Wie sonst ließe sich erklären, daß Pastor Rumpius in seiner Geschichte der Grafschaft Tecklenburg aus dem Jahre 1672 Lotte wegen seines besonders geschmackvollen Bieres lobte. Dagegen weiß man hundert Jahre später vom guten Ruf des Gerstensafts aus Lotte nichts mehr. Als August Karl Holsche in seiner historisch-topographisch-statistischen Beschreibung der Grafschaft Tecklenburg auch Charakter und sittliches Verhalten der Westfalen ansprach, nannte er deren Bier schlecht, demzufolge ihren Bierkonsum gering.

Es wird mehr Branntwein getrunken

Dagegen soll Branntwein „bey Schauern die Fülle getrunken" worden sein, was jedoch nicht zu einer verbesserten Stimmung der melancholisch veranlagten Westfalen führte, sondern – so die Ansicht Holsches – deren „Sinne mehr betäubet als erheitert"; eine für Westfalen besonders ungünstige Begleiterscheinung, da der Branntwein „bey melancholischen Menschen am stärksten wirket".[31]

1 brawbodde
ein brawpfanne von ungefehr 4 oder 5 tonnen neben 5 braufeßern, klein und groß undt zugehoriger brawgereidtschaft
1 groß Fischgarn und ein schupf
Die Scheffern erstrecket sich ohngefehr zu 140 stücke, welche wegen abwesenheit des nit aigentlich gezelt werden kann und sein die lämmer vor diesem Jaer nit damit eingerechnet.
Inventar Küchenutensilien aus dem Kloster Leeden. Leeden, 27. Mai 1631. Niedersächsisches Staatsarchiv Osnabrück: Rep. 100, Abschnitt 340 d, Nr. 4, [fol. 7].

Wein statt Bier im Kloster Iburg

In dem nicht weit entfernt gelegenen Kloster in Iburg braute man übrigens ebenfalls Bier aus reiner Gerste, wie aus einer Notiz in der Klosterchronik hervorgeht. 1625 hatte der neue Abt Stephan Puling die Vorräte des Klosters an Gerstenmalz kurzerhand verkauft und die Bierfässer aus dem Keller schaffen lassen; er bevorzugte Wein und ließ sich vom hiesigen Bier offenbar nicht von seiner Vorliebe abbringen. Sein Wunsch nach Wein war allerdings eine teuere Angelegenheit. Entsprechendes Mißfallen rief der neu eingerichtete und nur schwer gefüllt zu haltende Weinkeller beim sparsamen Konvent hervor. Als der Abt kurze Zeit nach seinem Amtsantritt verstarb, richtete man unverzüglich wieder den Bierkeller ein.[32]

Die Tecklenburg. Ausschnitt aus der Ahnentafel „Neuenar Bentheimica et Isenburgica Genealogia 1674", 1674
Öl auf Holz
Privatbesitz
Foto: Christian Grovermann, Osnabrück

Das Stift Leeden – eine standesgemäße Versorgungsstätte

Das reformierte 'Kloster'

Anders als beim Kloster Osterberg war die rechtliche Sachlage zur Anwendung des Restitutionsedikts beim Stift Leeden nicht eindeutig auf seiten des Bischofs. Das um 1240 gegründete Stift, damals Zisterzienserkloster, hatte immer in enger Beziehung zum Tecklenburger Grafenhaus gestanden; Graf Otto und seine Frau Mechthild von der Mark hatten die Klosterkirche erbauen lassen.[33] In den folgenden Jahrhunderten war die Verbindung zur Grafenfamilie nie abgebrochen.

Seit wann evangelisch?

Als Tecklenburg durch Graf Conrad reformiert wurde, säkularisierte man auch kurz darauf das Kloster, und Margarethe von Tecklenburg erhielt das Amt der Äbtissin, das sie von 1538 bis 1583 wahrnahm.[34] Über den Zeitpunkt der Reformation gibt es unschiedliche Angaben. Die erste Kirchenordnung von Johannes Pollius ist von 1543; das Datum der Reformation der Grafschaft wird mit 1527, dem Jahr der Hochzeit zwischen Conrad von

Tecklenburg und Mechthild von Hessen, angegeben. Als Datum für die Säkularisierung des Klosters wird die Wahl der neuen Äbtissin im Jahre 1538 angenommen.[35] In dieser Zeit hielt sich auch Anna von Bentheim, Steinfurt und Tecklenburg im Stift Leeden auf, zusammen mit ihrem Sohn Arnold.[36] Im Jahre 1585 erließ Graf Arnold eine neue Kirchen-Ordnung für das Stift, die die Lehre Calvins berücksichtigte.[37]

Das Sift - zur Versorgung der Frauen des Adels

Die aus dem Adel stammenden Frauen, die sich in ein Stift bzw. Kloster wie Leeden begaben, erwarteten dort nicht nur ein religiöses, sondern auch ein standesgemäßes Leben. Die Frauen konnten von den Einkünften aus den selbstbewirtschafteten Klostergütern, den verpachteten Ländereien und Zehntansprüchen ein zumindest materiell unabhängiges Leben führen.

Die Stiftsfrauen aus dem westfälischen Adel

Im Leedener Stift waren Stiftsfrauen, die aus angesehenen, zur westfälischen Ritterschaft zählenden Familien kamen; besonders Töchter derer von Langen, von Grothaus und von Münster wurden hier erzogen oder verbrachten hier ihr weiteres Leben. Durch Übereignungen an das Stift erwarben Familien das Recht, bestimmte Stellen und Ämter zu besetzen. Mit einer einmaligen Zahlung konnte man sich in das Stift 'einkaufen'. Doch auch hier waren adlige Herkunft und gleicher Stand mit den Stiftsfrauen Vorbedingung.

Die Aufnahmebedingungen

Eine einmal akzeptierte Anwärterin hatte sich unter die Obhut einer Kanonisse zu stellen und dieser ein jährliches Kostgeld zu entrichten; für zwei Jahre lebte sie in diesem Status, „das erste Jahr in Ihren gewöhnlichen weltlichen Kleydern, des zweyte Jahr aber mit einem schwartzen wöllinnen oder wandtwerke und Schwartzen Schleyer auff dem Haubte".[38] War in der Zwischenzeit der Platz einer Stiftsfrau freigeworden - entweder weil eine jüngere Kanonisse geheiratet hatte oder aber, weil eine verstorben war - dann konnte die Praebendin an deren Stelle treten und offiziell als Kanonisse aufgenommen werden. Vorher mußte sie aber eine einmalige Zahlung leisten; 1655 wurden 50 Goldgulden und 20 Reichstaler erwartet.[39] Mit dieser Einlage hatte sie sich das Recht erworben, jährlich aus den Klostergütern bestimmte Abgaben zu erhalten.

Im Jahre 1630

Im Frühjahr 1630 befanden sich neben der 79jährigen Äbtissin Maria von Langen weitere acht Frauen im Stift Leeden: Elisabeth und Catharina Margarete von Grothaus, Berta Anne von Diepenbroick, Agnes Drosten, die drei Frauen aus der Familie von Münster, Anne Marien, Judit und Margarethe[40], und Elisabeth de Bake.

Die Familien der Stiftsfrauen

Die Familie von Grothaus besaß die Mesenburg, damals zu Ledde gehörig, ein anderer Zweig der Familie lebte auf der Krohnenburg im Kirchspiel

Stiftsdame, 17. Jhd.
Ölgemälde
Privatbesitz
Foto: Kreis Steinfurt, Pressereferat

1. Daß die sämptliche Conventualen und Stiffts-Junfferen/(dazu dan die Erw. Fraw Abatißin zur Zeit ein gut Exempel geben soll) neben und mit ihrem Pastor/alle Tage des Morgens zu sieben Uhren in der Kloster Kirchen zusammen kommen/Erstlich das Morgengebett sprechen/zum andern einen Psalm singen/und daß der Pastor Ihnen ein Capittel in der Bibel daselbst vorlesen und das summarischer weise auslegen solle. Wan solches verrichtet/daß man alsdan nach Gelegenheit der Zeit einen Psalm singe/und die Junfferen endlich mit des Herren Segen zu ihrer Arbeit tretten.
2. Imgleichen Nachmittags zu 3. oder 4. Uhren wiederum in der Kirchen zusamen kommen/und erstlich einen Psalm singen/zum andern der Pastor aus dem Haußbuche Bullingeri ein Capittel lesen und Summarischer weise erkleren solle; hernacher daß man einen Psalm singe/und endlich das Abendgebett spreche und also von einander scheide.
3. Und daß niemand sich ohne erhebliche Ursache/davon der werdigen Frawen zur Zeit welcher darob zu halten und die Wiederwilligen nach Befindung anzubringen oblieget/und hiemit anbefohlen wird/anzuzeigen/zu gesetzeten Zeiten durch einig praetext absentiren. Wie dan der Pastor insonderheit sich dabey finden lassen solle/es were dan/daß er aus Ehehafft eine andere bequeme Persohn darzu substituiret hette. Weil nun hierdurch Ihr der Conventualen selbst eigen Heil und Sehligkeit befördert/Gottes Ehr und Herzligkeit gesuch und damit gespüret werde welches Geistes Kinder sie seyn/und daß Sie in warem weniger mit List anderer in falschem Gottesdienst zu leben/eiferig und begierig/und endlich bey Ihnen die wahre Frucht als nemlich Heiligkeit gegen Gott und Gerechtigkeit gegen den Menschen erfolgen möge/wollen Wir Uns gnädig versehen gedachte Conventualen dieser Unser Ordnung nicht allein unterthänig gerne beyfallen/sondern auch nach des Herren Gnad und Segen mit der Zeit dieselb vermehren und verbessern werden.
Ordnung vom 27. Februar 1585, schriftlich vorgelegt durch Theodor Rump, in: Arnold Rump, Des Heil. Röm. Reichs uhralte hochlöbliche Graffschafft Tecklenburg. Aus viel und mancherley alten glaubwürdigen Geschicht-Büchern und Briffschafften zwar kurtz, aber doch eigend- und ordentlich aus schuldiger Liebe des Vatterlandes beschrieben, Bremen 1672, 67-68.

Stiftsdame, 17. Jhd.
Ölgemälde
Privatbesitz
Foto: Kreis Steinfurt, Pressereferat

Jeder Junfern deß Klosters Leeden ist Jahrlichs assignirt wie folgt.
3 Molt roggen/25 Schepfell Maltzs
2 Molt Haberenn/1 Schepfell gersten
1 Schepfell buchweitzenn/1 Vierthell Weitzenn/70 pundt butteren
vonn maist 3 feiste schweinn
Sunsten 3 Thlr oder 3 Magere Schweinn
Huener 3 par 1 par Zehent huner
1 Viertheill Saltzs/9 fuder Holtzes
2 fuder eichenholtzs/7 Rthlr opfergelt
Verzeichnis [1630]. Niedersächsisches Staatsarchiv Osnabrück: Rep. 100, Abschn. 340 d, Nr. 22, fol. 54.

Lengerich. Wahrscheinlich kamen die beiden Stiftsfrauen Grothaus aus der Krohnenburg. Catharina Margarete lebte bereits seit ihrem zehnten Lebensjahr im Stift Leeden und war unter der besonderen Obhut der mit ihr verwandten Stiftsfrau Gertraudt von Grothaus erzogen worden.[41]
Die Frauen von Münster kamen vermutlich aus dem Zweig der Familie Münster, die ihren Sitz in Vortlage im Kirchspiel Lengerich hatte. Es ist anzunehmen, daß Johann von Münster Vortlage, der vehement gegen die Inbesitznahme des Stifts durch den Bischof protestierte[42], der Vater der drei Kanonissen war.[43] Bertha Anna von Diepenbroick stammte aus dem Hause Marck im Kirchspiel Lengerich.[44]

Die Anwendung des Restitutionsedikts

Die Vereinnahmung des Stifts und der Kirche(n)

Am Montag, dem 25. März 1630 waren die Kommissare im Stift angekommen und hatten versucht, ihren Auftrag zur Inventarisierung der Güter zu erfüllen. Sie stießen jedoch auf Widerstand. Wilhelm Heinrich Graf zu Steinfurt hatte sowohl bei Franz Wilhelm von Wartenberg als auch bei Ferdinand von Bayern auf die Rechte der Tecklenburger Grafen an Stift und Gütern hingewiesen und gegen eine Restitution protestiert. Da offenbar befürchtet wurde, die niederländischen Generalstaaten könnten den Tecklenburger Glaubensgenossen zu Hilfe kommen, hatte man ligistische Soldaten aus Osnabrück beordert, die drei Tage später, am Donnerstag, dem 28. März 1630, sowohl die Stiftsgebäude als auch die Stifts- und Pfarrkirche zu Leeden besetzten und in den folgenden Tagen verschlossen hielten.

Katholischer Gottesdienst für die Reformierten

Am nächstfolgenden Tag wurde in der Pfarrkirche für die Gemeinde katholischer Gottesdienst gehalten und die heilige Messe gelesen. Die Proteste aus der Grafenfamilie über die Vereinnahmung der Stifts- und Pfarrkirche beschränkten sich nicht nur auf schriftliche Eingaben,[45] sondern nun ließ man die Tecklenburger Schützen aufmarschieren.

Der Kampf um den Kirchenraum

Die massive Gegenwehr wurde mit der Verschließung der Pfarrkirche begründet, denn selbst nach dem kaiserlichen Edikt, so die gräflichen Beamten, war die Vereinnahmung der Pfarrkirche von Leeden nicht rechtens, gehörte sie doch in keinem Fall zur 'Stiftsanlage'. Allerdings hatten die Tecklenburger jene Passage des Edikts übersehen, die sich gegen die calvinistische Glaubensrichtung wendete. Doch abgesehen davon, hatten die ligistischen Soldaten möglicherweise gar nicht bemerkt, daß sie zwei Kirchen besetzt hielten, denn die Pfarrkirche ließ sich von der Stiftskirche kaum unterscheiden.

Zwei Kirchen statt einer

Außenstehende sahen hinter dem großen Kirchturm nur ein doppel-

schiffiges Kirchengebäude. Mit einigen Mannen eroberte der Droste zu Tecklenburg den Kirchenraum der Gemeinde zurück und ließ nun seinerseits am Sonntag, den 31. März 1630, österlichen Gottesdienst im 'christlichen Glauben' abhalten.[46]
Sollte nun auf der linken Seite reformierter Gottesdienst für die Gemeinde, auf der rechten Seite katholischer Gottesdienst für Insassen des Stifts abgehalten werden? 1630 war eine simultane Nutzung des Kirchenraumes nicht vorstellbar; erst nach Abschluß des Friedensvertrags von 1648 fand - selten genug - eine friedliche Teilung des Kirchenraums im Interesse der Gläubigen statt. Überliefert ist dies für das Kirchspiel Schledehausen im Fürstbistum Osnabrück, allerdings mehr als 100 Jahre später.[47]

Die Bedeutung der Pfarrkirche

1630 ging es nicht um die Notwendigkeit, Kirchenraum für eine andersgläubige Minderheit zu erkämpfen, sondern dem Osnabrücker Bischof war daran gelegen, mit der Inbesitznahme des Gebäudes den rechtlichen Anspruch der katholischen Kirche an Stift und Stiftsgütern durchzusetzen. Für ihn waren Stift- und Pfarrkirche ein Gebäude; damit bot sich ihm die günstige Gelegenheit, auch die Kirche der Gemeinde zu schließen. Mit dem Entzug der Kirche gelang es ihm darüber hinaus, das Beziehungsgefüge und die sozialen Strukturen der „Häretiker" empfindlich zu stören.

Die Kirche - ein Ort der sozialen Bindungen

Damals vermittelte die Kirche den Menschen nicht nur das gemeinsame Ordnungsgefüge und kulturelle Wertesystem. Das Gebäude selbst hatte eine wichtige Bedeutungsfunktion im alltäglichen Zusammenleben der Menschen: Hier fanden sie sich aus den umliegenden Höfen ein, um sich als Gemeinde im Kirchenraum zu versammeln und dem Gottesdienst zu folgen; als Untertanen hörten sie die für sie relevanten Gesetze und Erlasse ihrer weltlichen Obrigkeit, die ihnen vom Pastor, dem Vertreter dieser Obrigkeit, von der Kanzel verlesen wurden; der Platz vor der Kirche war zudem Versammlungsort, man traf sich 'vor der Kirchentüre', wenn es um wichtige Vereinbarungen oder Verabredungen ging; das Läuten der Kirchenglocke - damals eines der wenigen mechanisch erzeugten lauten Geräusche - erreichte sie auf ihren Feldern und abgelegenen Kotten und kündigte wichtige Termine an oder warnte vor drohendem Unheil. Die Kirche war darüber hinaus ein wichtiger Schutzraum für die Landbevölkerung, besonders in Kriegszeiten, wenn sie sich in ihren eigenen Häusern nicht mehr sicher fühlten.
Wie sehr der Bischof zu Osnabrück die Kirche zu Leeden 'still' gelegt hatte, zeigte sich nach einem Jahr der Übernahme. Sein Siftsverwalter berichtete, daß im Kirchenraum „wenig pfeiffen vorhanden. Ein alt verfallens Orgeln, Drey verfallene Altar, zwei Chorstüle, etzliche andere Stüle, eine mit eißen beschlagener kasten, darin etzliche reliquien vorhanden, ein alt verfallenes Uhrwerck, ein leddige Kasten welche offin, Im Thurm ein Glocken."[48]

Das Ultimatum

Der Osnabrücker Bischof setzte mit Unterstützung seines Vetters Ferdinand von Bayern, Bischof von Münster, durch, daß die Übergabe des Stifts an die katholische Kirche nicht weiter von den Tecklenburger Schützen behindert wurde. Hilfreich war dabei, daß der in Osnabrück einquartierte Oberstleutnant Stephan Albers einige Soldaten nach Leeden abkommandierte.

Die „calvinischen Jungfern" sollen das Kloster verlassen

Den Stiftsfrauen wurde offiziell mitgeteilt, daß sie zu Pfingsten, am 19. Mai, die Gebäude zu verlassen hätten. Als „calvinische Jungfern"[49] sollten sie nicht länger im Stift verbleiben.

Der Widerstand der Äbtissin und ihrer Leidensgenossinnen

Maria von Langen kam aus dem Hause Surenburg im Kirchspiel Riesenbeck; sie war die Tochter von Lambert von Langen und Judith von Schele zu Schelenburg.[50] 1575 war sie als junge Frau in das Stift eingetreten und seit 47 Jahren Äbtissin. Maria von Langen, sicher vormals evangelisch-lutherisch, hatte die Entscheidung Graf Arnolds mitgetragen, als er 1585 dem Stift eine neue Ordnung gegeben hatte.[51] Nun erfuhr sie, daß für sie und ihre Glaubensschwestern kein Platz mehr im Stift sein sollte. Zusammen mit ihren Leidensgenossinnen versuchte sie, in den folgenden Monaten ihr Zuhause zu verteidigen und nachzuweisen, daß die Vereinnahmung des Stifts zu Unrecht erfolge und es lange vor 1552 säkularisiert worden sei. Vielleicht hofften die Frauen auch, daß ihnen der Bischof letztendlich den Verbleib im Kloster erlauben würde, besonders, da er das Kloster nicht mit anderen Nonnen zu besetzen gedachte.[52]

Der 20. August 1630

Am 13. August wurde an der Kirchentür bekannt gemacht, daß die Frauen innerhalb von acht Tagen das Kloster zu räumen hatten; bei Nichtbefolgung dieses Befehls drohte ihnen die kaiserliche Acht und Oberacht.[53] Am 20. August 1630 mußten die Kanonissen ganz unfreiwillig das Kloster räumen, die innerhalb der Klostermauern lagernden Soldaten des Oberstleutnants Stephan Albers hatten dem Befehl des Bischofs Nachdruck verliehen. Der Versuch des Vogts zu Leeden, mit bewaffneten Schützen die Vertreibung zu verhindern, war ohne Erfolg geblieben.

Die Äbtissin bittet um Unterstützung

In ihrer Not schrieb Maria von Langen zwei Tage später an Sekretär Schlaeff, den Bevollmächtigten des Bischofs in Osnabrück, und bat um Hilfe. Sie war zwar kurzfristig in der Tecklenburg untergekommen, doch sorgte sie sich um ihren zukünftigen Verbleib. Besonders bitter erschien ihr, daß sie nicht nur durch den Krieg leidvolle Erfahrungen gemacht hatte, von räuberischen Soldaten, „so zu middernacht eingefallen, [sie] erhasschet, Jemerlich [ihrer] Armen und glieder mit Kneppelen geschlagen" und

Ehrwester Wolgelertter Insonders vielgunstiger Herr Secretarig gueter freundt, negst meiner zu ehren geflißenen Dienstl. zuvorn kan deroselben umbgehende nit pergen, welcher maßen, mir neben dem semptlichen Junfern, hießiges stift zu reumen, welches mir weiß Gott almechtigh mit betrubten gemueth vor kommen, angesehen mich meine Liebe Elteren ehrlichen und mit Darleggungh deren pfenningen, so von alters preuchlichen eingepracht, und die zeit meines Lebendes darin zuverpleiben, auch kosth und Kleidung nach aller Noet recht versorget haben, auch ferner mir also verhalten, daß Ich gegen Gott und allen Menschen zuvorandtwortten weiß, und kan, hab auch funff und viertzich Jahr daß Abddißinnen Ambt nach meinen geringen Vermoegenn vorpleget, auch viel mehr und beschwer außgestanden, oftermahlen von dem Kreigeßleuten ahn pferden unnd sonsten berauibt worden, letzlichen von dem fleckensteinischen bestohlen worden war, sondern daß sie nun auch noch ihre an das Stift gebundene (Alters-)Versorgung verlieren sollte. So versuchte sie ihre Einkünfte zu retten und bat, ihr wenigstens die „Jehrlichen prebenden zubehueff [ihrer] geringen Hauiß und unterhaltungh" zu gewähren. Dabei versicherte sie dem bischöflichen Beamten auf eindringliche Weise, daß es ihr nicht um irgendwelche Bereicherungen ging, da, wie sie schrieb „Ich jetz uff deß grabes burden gehe und nichts mehr gewinnen noch erwerben kan".[54] Einem Begleitschreiben des Sekretärs an den Bischof zufolge, unterstrich sie ihr Unterstützungsgesuch mit der Rückgabe eines Kelches, der im Besitz der Tecklenburger Grafenfamilie gewesen war.[55] Franz Wilhelm von Wartenberg zeigte sich insoweit nachsichtig, als er Maria von Langen erlaubte, sich in seinem Hochstift aufzuhalten. Die Eintragungen in den Ausgabebüchern für das nächstfolgende Jahr machen allerdings deutlich, daß er weder Praebenden an die Äbtissin noch an die anderen ehemaligen Insassinnen des Klosters Leeden auszahlte – ausgenommen an Elisabeth de Bake.

Die Pläne des Bischofs zur Nutzung des Stifts

Die Abgaben und Leistungen, die dem Stift, nun wieder Kloster, zustanden, wurden dem Osnabrücker Bischof ausgehändigt. Franz Wilhelm von Wartenberg nutzte Leeden als Einnahmequelle, um seine missionarischen Aktivitäten in seinem eigenen Territorium, insbesondere in der Stadt Osnabrück, zu finanzieren. Neben dem Aufbau der Academia Carolina Osnabrugensis hatte er sich vorgenommen, auch das ehemalige Kloster der Franziskaner, das seit fast achtzig Jahren leer gestanden hatte und inzwischen eine Ruine war, wieder aufzubauen. Zusammen mit dem Domstift hatte er das Gebäude „mit großen Kosten von den Häretikern zurückerworben", nun sollte es neu belebt werden.[56]

Die Einkünfte des Klosters sollen den Klarissen zugute kommen

In der Nähe des Franziskanerklosters (auch Barfüßerkloster genannt) ließ er eine Unterkunft für Klarissen einrichten. Die Gebäude, die er für die Franziskaner und Clarissen zu nutzen gedachte, waren alle um die Osnabrücker Katharinenkirche postiert. So gelang es ihm, das Areal um die ehemals evangelische Kirche demonstrativ mit katholischen Geistlichen zu besetzen – möglicherweise sogar mit Hilfe der Osterberger Kreuzherren, die ebenfalls um die Katharinenkirche einige Grundstücke und Häuser besaßen.

Ein neuer Verwalter wird eingesetzt

Einem alten Brauchtum folgend, wurde symbolträchtig am 27. Mai 1631 das Herdfeuer in der Klosterküche zu Leeden im Beisein von Hermann von Grothaus und den Pächtern Wilhelm und Joe Schallenberg ausgelöscht und wieder neu angezündet. Herman Putman, der bis dahin die Verwaltung des Klosters verantwortlich geführt hatte, wurde abgelöst von Johann Roggen, der nun im Sinne des Bischofs Kloster und Klostergüter „namens des Ordens d. S. Clara in Osnabrück" verwalten sollte.[57] Neben den Einnahmen an Feld- und Kornfrüchten aus der Grafschaft Lingen sowie aus den Fürst-

Kreigeßleuiten achte schoener pferde berauibt und etzlicher silbernen gordelen abgenhommen, folgendes von einen streiffenden pacthirn, so zu middernacht eingefallen, mich erhasschet, Jemerlichen meiner Armen und glieder mit Kneppelen geschlagen, so Ich meiner Lebetage nit vorwinnen kan noch mag, abgeschatzet vier und funfftzigh Reichsthalr, und alles waß In der Kuchen gewesen, ahn fleisch Broet und alles leinen getzeuig so vorhanden mit genommen und so Ihme dienlich behalten welches Ich mit betruebten hertzen vorsmertzen mußen, Fernern vor ungefehr 20 oder mehr Wochen mir meine prebenden auffgekundigt, daß Ich wegen dießes Stiftes Uffborungh nit hab genoißen noch empfangen, und also von dem meinigen Jetz leben und unterhalten muiß, alß gelanget derwegen zu E. Ehre: wolh getru, meine Instendige Diemuetige und hogste bitte, bey Ihrer F. G. Hern Bischoven zu Oßnab: meinen gnedigen Fursten und herrn zu wege pringen, daß mir meine Jehrlichen prebenden zubehueff meiner geringen Hauiß und unterhaltungh mugten gefolget und gegeben wen wie auch noeturftige Fewrunge In meinem hohen alter da Ich jetz uff deß grabes burden gehe und nichts mehr gewinnen noch erwerben kan, Mit abermhaliger freudt fleißiger bete hirinnen nach Megligkeit daß beste theun, diemutiger Zuversicht Ihren F. G. wenden deßfals, wie auch allzeit mein gnediger Ferstl. und her sein und pleiben, welches der Almechtige der ein Vatter aller ehelenden wittiben und weisen Ist reichlichen gegen einen Jedweden vorgelten und bin eß nach meinen eußersten vermugen zu beschulden erpietig und willig und sei hirneer getröstliche andtworth gewertig geben ledn am 12 augusti Anno 1630.

Bittschreiben von Maria von Langen an den bischöflichen Sekretär Johann Schlaeff. Tecklenburg, 12./22. August 1630. Niedersächsisches Staatsarchiv Osnabrück: Rep. 100, Abschn. 340 d, Nr. 22, fol. 69-70.

Junfferen de Baeck
– 70 Pf[und]. butteren so ihr wegen ihrs Deputats zukohmmen betzahlt
mit 5 Rtlr.
Noch wolglr. Jungferen für ein halb rindt, Opfer- Weingeldt, Stockfisch, schuellen, und sonsten andere sachen so sie
jahrlichs ratione prabende bekohmenn solle haben, wie sie angibt,
verrichtet 7 Reichstaler
1 Viertel von der Toen Saltz mit 1 Rt
1 Scheppel Rubesamen 1 Rt
1 Scheppel Linsamen 1 Rt
1/4 Weißweitzen 5 ß 3 d
für 20 Eyer 1 ß
Jährlicher Versorgungsanspruch von Elisabeth de Baeck. [1630/31] Niedersächsisches Staatsarchiv Osnabrück: Rep. 100, Abschn. 340 d, Nr. 22, fol. 20.

Anno 1631 den 1. Marty In der Claristen Kloster In der Kerke 2 grote nije Venster gemaket dat stucke 4 vott einen ferdel macket datt stücke 11 ß 3 Pf die ganzen Fe[n]sterarb[eit]en - 26 Rtlr 16 ? 1 Pf. [...]
Erstlich denn 5. Aprilis lauth der designation ero deme Mawr- und Zimmerleuthenn, sunder Junfern Clarissinn Cloester gearbeitet erleget 8 Thlr 9 ß 6 d [...]
Am 23. May behuff der Junfferren Clarissin für etlichenn Kahrenn Kalchs, laut gl. patris Francisoi Quitungh außgeben, 7 ß 6 d [...]
Denn 30. May auf hl patris Guardiani anzeige denn Musicaten unnd Spielleuthenn, so bey einfuhrungh der Junfferen Clarißen aufgewarttet, durch Rudolffenn Kreiniest ubergesandt 5 Rthlr.
Quittungsnachweis für geleistete Glaserarbeiten, 1. März 1631. Niedersächsisches Staatsarchiv Osnabrück: Rep. 100, Abschn. 340 d, Nr. 4, [126] und Eintrag der Ausgaben [1631]. ebenda, Nr. 22, fol. 7-8.

bistümern Osnabrück und Münster erhielt der Bischof auch Ablösegelder. Einen Teil dieser Geldabgaben nutzte er zur Tilgung der Renovierungskosten für das zukünftige Klarissenkloster in Osnabrück.[58]

Die katholische Klosterfrau de Bake

Überraschenderweise hatte es im reformierten Stift Leeden eine Insassin gegeben, der es erlaubt worden war, „bey uhralter Romischer Catholischer und apostolischer religion" zu verbleiben.[59] Doch darin ein Zeugnis besonderer Toleranz zu sehen, ist sicher nicht angebracht. Bei ihrem Eintritt vor 1624, so erinnerte sich die spätere Äbtissin von Leeden, Bertha Anna von Diepenbroick, war „Junfern Baeck Lutherisch" gewesen.[60] Vielleicht hatte die Familie de Bake politische Gründe gehabt, die Konfession zu wechseln. Die adelige Familie de Bake hatte zwar Lehen in der Grafschaft Tecklenburg, doch gehörte sie nicht zur eingesessenen Ritterschaft.[61] Wichtiger als die Konfession war den Stiftsfrauen allemal die standesgemäße Herkunft. Die katholische Praebendin, die kein Amt inne gehabt hatte, war als einzige nicht aus dem Stift vertrieben worden. Ende 1631 mußte sie nun, trotz katholischer Konfession, ebenfalls Leeden verlassen. Ihre Bitte um Verbleib verband sie mit dem Vorschlag, sich unter die Regel des heiligen Benedikt stellen zu wollen, doch Gograf Gülich antwortete nur, sie möge sich an einen katholischen Ort begeben, „da sie unter den Calivinisten, wo kein beständiger kathol. Geistlicher sich aufhalte, dem täglichen Gottesdienste nicht beiwohnen könnte."[62]

Die Rechte auf Dienste und Einkünfte verbleiben beim Kloster

Nur ungern verließ die 'Nonne' ihr gewohntes Zuhause, in dem sie fast fünfzig Jahre gelebt hatte. Sie begab sich ins Fürstbistum Münster, wo sie wahrscheinlich im Kloster Gravenhorst Aufnahme fand. Die von ihr in das Stift ehemals eingebrachten Rechte an verschiedenen Höfen, u.a. an Brachtesende, Veltmann und Halmeyer im Kirchspiel Riesenbeck, blieben, so ist zu befürchten, im Verfügungsrecht des Stiftes Leeden. Ihre jährlichen Versorgungsansprüche, die das Stift ihr zu leisten hatte und die ihr auch vom bischöflichen Verwalter für das Jahr 1631 ausbezahlt worden waren, konnte der Bischof nun anderweitig verwenden.

Die Wende

Gustav Adolf von Schweden hatte im Juli 1630 mit seinen Truppen die pommersche Küste betreten und damit Ferdinand II. den Kampf angesagt.

Der Kurfürstentag zu Regensburg

Im gleichen Monat begann der Kurfürstentag zu Regensburg unter Anwesenheit Kaiser Ferdinands II., der katholischen Kurfürsten, des päpstlichen Nuntius, diplomatischer Vertreter Frankreichs, Spaniens, Venedigs, der Toskana und Englands sowie der Delegierten der Kurfürsten von Sachsen und Brandenburg. Im Laufe des Kurfürstentages, der bis November 1630 dauerte, wurde deutlich, daß die ehemals starke politische Position Ferdinands II. geschwächt war. Die Zugeständnisse an die Kurfürsten, u.a. eine umfassende Militärreform, bei der Wallenstein aus kaiserlichem Dienst entlassen wurde, waren höchst umfangreich, ohne daß Ferdinand II. eigene Ziele durchsetzen konnte. Einzig, als die katholischen Bündnispartner eine Lockerung der Bestimmungen des Restitutionsedikts forderten, blieb der Kaiser unnachgiebig; er bestand auf der Beibehaltung der ursprünglichen Ausfertigung seines Edikts.[63]

Der Leipziger Bund – eine Reaktion auf die Restitution

Mit seiner unerschütterlichen Haltung gegenüber Änderungen des Restitutionsedikts provozierte Ferdinand II. ein Bündnis zwischen dem lutherischen Kurfürsten Johann Georg von Sachsen und dem calvinistischen Kurfürsten Georg Wilhelm von Brandenburg. Die beiden Kurfürsten riefen alle protestantischen Fürsten im Reich zu einer Zusammenkunft auf, die am 6. Februar 1631 in Leipzig stattfand. Am 12. April 1631 gründete man den „Leipziger Bund", der als Verteidigungsbündnis protestantischer Fürsten und Stände vor militärischen Interventionen ebenso schützen wollte wie vor weiteren Rekatholisierungsmaßnahmen des Kaisers.[64]

Mönche müssen aus evangelischen Territorien fliehen

In den Iburger Klosterannalen wurde für das Jahr 1631 vermerkt: „Dum intus essent timores, foris saevibant pugnae, imperium et catholica religio in tantum quatiebantur, ut eiecti e monasteriis suis per Saxoniam partesque Brunsvio-Luneburgenses religiosi exules undique obarrarent". „Während innerhalb des Klosters Besorgnis herrschte" (wegen eines Konflikts zwischen dem Klosterabt und dem Bischof), „tobte draußen der Krieg, das Reich und die katholische Kirche wurden tief erschüttert, so daß überall in Sachsen und Braunschweig-Lüneburg die Ordensgeistlichen, aus ihren Klöstern vertrieben, umherirrten."[65]
Mönche und katholische Geistliche wurden aus den protestantischen Territorien, in denen sie sich gerade niedergelassen hatten, wieder vertrieben. Ein Teil der Flüchtlinge fand im Fürstbistum Osnabrück, so auch im Kloster Iburg, vorübergehend Aufnahme.

Auch der Osnabrücker Bischof spürt die 'Wende'

Die auf dem Kurfürstentag beschlossene Militärreform hatte den Abzug ligistischer Truppen in einigen Gebieten zur Folge. Das Fürstbistum Osnabrück war davon allerdings (noch) nicht betroffen. Im Sommer 1630, als die spanischen Truppen aus Lingen abzogen, quartierte man dort Soldaten der Liga ein, um den befürchteten Übergriff des Prinzen von Oranien auf die Grafschaft Lingen zu verhindern. Der Osnabrücker Bischof, der an der späteren Neutralitätserklärung der Grafschaft Lingen und der Entscheidung, die Festung Lingen zu schleifen, beteiligt war,[66] baute in der Zwischenzeit seine Festung Petersburg in Osnabrück aus. Im Sommer 1632 wurden Munition und Waffenbestände aus Lingen nach Osnabrück transportiert. Am 13. Juli 1632 kamen „107 Wagen voll Munition" aus Lingen und am 24. Juli „200 Wagen nebst 10 Stück groben Ge-

1632, 19. Jul
Freytags Morgens zu 3 Uhr haben die Staten Ferdinandum Grafen von Wartenberg des Bischofs von Osnabrück bruder, den Obristen Hermann von Westerwalt und etliche offizierer mehr etliche sind davon kommen zu Schüttorp gefangen, groß geld bey ihm bekommen und binnen Staden gebracht. Man sagt daß sie 180 Pferde zur beithe davon gebracht, 6. Personen sind todt blieben.
1632, 24. Juli
Vom Hause Lingen an die 200 Wagen darunter 10 grobe Stück Wagen die andern mit Heut, Cath Leuthen Speisen Feldmühlen und andern kriegs-Sachen gheladen, durch unsere Statt geführt und in die S. Petriburg gebracht, den 22 Juli nach Mittag zu 3 Uhr hat unser Bischop den Zuritt zu Minden gethan, doch ohne convent des Domcaptials, Rath und bürgerschaft.
1632, 13. August
23 Prediger oder Pastoren aus dem Stift Minden und sonst an der gränzen zu Minden geflüchtet im Nahmen des Bischofs zu Oßnabrück und demselben durch den Obristen Leutnant Steffan Albrecht anmelden lassen, sie solten 40.000 thaler geben, [...]
Tagebuchaufzeichnungen, Abschrift. Niedersächsisches Staatsarchiv Osnabrück: Dep. 54b, Nr. 339.

Denn 29. Augusti ist der tag Sankt Johannis Decollationis hochfeyrlich gehalten, da man im thumb und Unser Lieben Frawen, wie auch bey denn munchen gepredigt und meß gehaltenn, insonderheyt zu Sankt Johann hat man mit meß, predigten und processionen, orgel schlagen und singen das fest zum ende gebracht.
Zu dieser zeyt ist die statt Reine von denn Schwedischenn kriegsvolck eingenommen.
Etliche tag zuvor der belagerung unser stadt ist das gerucht zuvor kommen, das Schwedisch kriegsvolck sey im starckem anzoge, also haben sich etliche haußleuthe, so umb unse stadt wohnen, mit weib und kindern sampt ihrem vieh, als pferte, kuhe, schweine, inn unse stadt zum beschutz gegeben, und habenn die guten leute etlich hunger und kummer. Die armen beyste mu[s]en auch kummer leydenn und fast verderbenn, das die armen leuth mit ihrem vieh sehr ubel daran sein, auch wir mit ihnn, dieweil wir noch nicht wyßenn, was uns widerfahren soll,
Gott helf uns einmall alle aus dem großem beschwer.
Auszug aus Chronik der Belagerung und Besetzung Osnabrück durch schwedische Truppen im Jahre 1633. Bistumsarchiv Osnabrück: MA 79. zit. n. Gerd Steinwascher, Ursula Rötrige; Krieg Frieden Toleranz. Quellen zum Dreißigjährigen Krieg und Westfälischen Frieden aus dem Fürstbistum Osnabrück [Schriften zur Kulturgeschichte des Osnabrücker Landes, Bd. 7, hrsg. vom Landkreis Osnabrück], Osnabrück 1996, 54-56, hier 55-56.

schützes, mit Feldmühlen und andern Kriegsgeräthen".[67] Zur gleichen Zeit befanden sich niederländische Soldaten an den Grenzen zu Osnabrück; im Bentheimischen nahmen sie den Bruder des Bischofs, Graf Ferdinand von Wartenberg, zusammen mit Oberst Hermann von Westerholt und weiteren Offiziere gefangen,[68] um Gelder vom Osnabrücker Bischof zu erpressen. Im Oktober 1632 konnte Franz Wilhelm sein ehrgeiziges Projekt, die „Academia Carolina Osnabrugensis", noch feierlich eröffnen, sein weiteres Handeln wurde jedoch vom aktuellen Kriegsgeschehen geleitet. Franz Wilhelm von Wartenberg verließ die Petersburg in Osnabrück, das nach dreißig Tagen Belagerung im September 1633 von braunschweigisch-lüneburgischen Truppen, die unter der Fahne Schwedens kämpften, eingenommen wurde.

Die Stiftsfrauen kehren zurück

Die Grafschaft Tecklenburg war in dieser Zeit Tummelplatz unterschiedlichster Truppen; besonders Tecklenburg, Westerkappeln und Lengerich wurden mehrmals überfallen und ausgeraubt.[69] Die Stiftsfrauen kehrten wahrscheinlich erst nach 1633 in das Stift Leeden zurück. Die streifenden Truppen werden die Frauen sicher ebenso davon abgehalten haben, nach Leeden zurückzukehren, wie die Sorge um den Zustand ihres ehemaligen Zuhauses. Vermutlich waren verschiedene Reparaturen an den Stiftsgebäuden vorzunehmen, waren doch schon kurz nach dem unfreiwilligen Weggang der Frauen „vogel, Meuse und sonsten alles ungeziffer, durch daß gantze Cloeser" gezogen und hatten dem Verwalter viel Ärger und Kosten verursacht.[70] Wahrscheinlich kamen die Stiftsfrauen im Laufe des Jahres 1634 nach Leeden zurück. Unter ihnen war die Äbtissin Maria von Langen; sie trat allerdings 1635 von ihrem Amt als Äbtissin zurück. Bei Rump heißt es, „Maria von Langen / bey die 52. Jahr Abtissin / hat Alters und unvermögenheit halber auch Resigniret Ao. 1635"[71]; vier Jahre später starb sie im hohen Alter von fast 85 Jahren.

Die Äbtissin und ihr Amt

Die Resignation einer Äbtissin

Der Rücktritt einer Äbtissin aus Altersgründen kam wahrscheinlich häufiger vor, trotzdem bedeutete eine „Resignation" immer einen Prestigeverlust und eine Minderung des Auskommens. Deshalb geschah eine solche Amtsaufgabe meist nicht ganz freiwillig. Aus Gravenhorst hat sich eine Rücktrittserklärung erhalten, die Aufschluß über mögliche Hintergründe, die zu einer solchen Entscheidung führten, geben kann. Damals hatte Catharina Warendorf zu Evekinghove das Amt der Äbtissin niedergelegt, weil sich die Kritik ihrer Klosterschwestern an ihrer Amtsführung verschärft hatte. Dabei spielten ihr hohes Alter und ihre körperliche Schwäche, so die Äbtissin selbst, eine gewisse Rolle. Aufgrund ihrer körperlichen Konstitution war es ihr immer schwerer gefallen, die geforderte klösterliche Disziplin für die Gottesdienste und geistlichen Exerzitien vorbildlich einzuhalten; auch konnte sie sich, so ihre eigene Einschätzung, bei den „Jungfern und Systern" selbst nicht mehr genügend durchsetzen und hatte an der „auferziehung der Jugent und die jungen Jungferen zu lehren" nach so vielen Jahren kein rechtes Interesse mehr.[72] Ausschlaggebend für ihren Rücktritt aber war die Kränkung, die ihr durch den Vorwurf der im Amt der Kellnerin fungierenden Gertrud von Groethaus widerfahren war, sie habe durch ihr Unvermögen dem Kloster Einnahmeverluste von mindestens 1.000 Talern zugefügt.

Die besondere Stellung

Catharina Warendorf hatte mit ihrer Rücktrittserklärung einige Bedingungen verbunden, die ihre zukünftige Versorgung im Kloster sicherstellen sollte. So legte sie fest, daß sie weiterhin die ihr als Äbtissin zustehende Magd für persönliche Dienste beanspruchen konnte, und sie versicherte sich der ihr zustehenden, jährlichen Abgaben: 1/3 [Malter] Roggen, „eine feist schwein höcken, gersten zu bier für 4 rlr." und, nach der üblichen Schlachtung im Herbst, ein halbes Rind. Wenn sie aber andernorts Freunde besuchen wollte, so legte sie standesbewußt fest, mußte sichergestellt sein, „daß Ich als dan mit Wagen und pferden alß einer Junfferen gebuert verholffen und verschaffet werde".[73]

Die neue Äbtissin in Leeden: Berta Anna von Diepenbroick

In Leeden haben die Frauen der Äbtissin möglicherweise vorgeworfen, sich nicht konsequent gegen die Vereinnahmung des Stifts durch den Osnabrücker Bischof verwahrt zu haben. 1635 schien sich jedenfalls einiges in Leeden geändert zu haben, denn auch der langjährig tätige Prediger aus Leeden verließ den Ort und wurde Pastor in Lotte.[74] Nachfolgerin im Amt der Äbtissin wurde Berta Anna von Diepenbroick. Als Tochter des Arnold von Diepenbroick und Christina Kreyenberg aus dem Hause Marck war sie wahrscheinlich schon als junges Mädchen in das Stift gekommen; sie hatte mit den anderen das Stift 1630 verlassen müssen und war 1635 zurückgekehrt. Die Wahl zur Äbtissin, die für 1639 überliefert ist,[75] war für die damals 29jährige in den schwierigen Kriegszeiten sicher nicht nur eine große Herausforderung, sondern auch eine schwere Bürde, denn die Versorgungsnot während des nächsten Jahrzehnts traf nicht nur die von Überfällen und Kontributionsforderungen bedrohten Bauern, sondern auch jene, die in normalen (Friedens-)Zeiten von den Erträgen der Bauern gut gelebt hatten.

Epitaph der Äbtissin Catharina Warendorf
In honorem Dei Oniptis:Vgisq Mariae & S.S. Benedicti & Bernardi huiusq Templi ornametu, Rda Nobilis ac Virtuosa Dna Catharina Warendurf hui Coenobij Gravenhorst ad 17 aos Abba hoc monumetum suptib. pateris vittens posuit Ao Dni 1623
Gravenhorst, Klosterkirche
Foto: Kreis Steinfurt, Pressereferat

Ab 1630
Der europäische Krieg

1630

Eintritt König Gustav II. Adolfs von Schweden in den Krieg. *Juli:* Kurfürstentag in Regensburg, Entlassung Wallensteins, Eroberung Mantuas durch die Kaiserlichen. *13.10.:* Friede von Regensburg.

1631

20. 5.: Eroberung und Zerstörung Magdeburgs durch Tilly. *17.9.:* Schlacht bei Breitenfeld. Dezember: Erneute Berufung Wallensteins.

1632

Schlacht bei Rain am Lech. Tod Tillys. Wallenstein erhält erneut Oberbefehl über die kaiserlichen Truppen. *17.11.:* Schlacht bei Lützen, Tod Gustav Adolfs.

1633

23.4.: Heilbronner Bund (bis 1635). *Juni:* Einfall Frankreichs in Lothringen. *Juli:* Schlacht bei Hessisch-Oldendorf.

1634

25.2.: Ermordung Wallensteins in Eger. *6.9.:* Schlacht bei Nördlingen, Sieg der Kaiserlichen.

1635

19.5.: Frankreich erklärt Spanien den Krieg. *30.5.:* Prager Friede zwischen Kaiser und Kurfürst von Sachsen.

1636

März: Kriegserklärung des Kaisers an Frankreich. *4.10.:* Schlacht bei Wittstock.

1637

15.2.: Tod Kaiser Ferdinands II, Thronfolger Ferdinand III.

1638

15.3.: Vertrag zwischen Frankreich und Schweden in Hamburg.

1640

Februar: Kurfürstentag in Nürnberg. *Mai:* Aufstand in Katalonien (bis 1652). *September:* Reichstag in Regensburg.

gegenüberliegende Seite:
Der Mars ist nun im Ars
Gerhard Atzenbach
Flugblatt auf den Westfälischen Frieden
Nürnberg, Germanisches Nationalmuseum

Der MARS ist nun im ARS.

Wohlgemeint, vnd boß verstanden,
Machet manche Schrifft zu schanden

Sa, LEX vnd ARS, Die steigen Wieder hoch,
Ihr leydt ist vmb, der Mars hatt nnn ein Loch,
Es hatt genug gedaurt, daß der Mars,
Hatt Ars getrillt, Nun ist der Mars im Ars.
2. Nun halten Lex vnd Ars, den Mars im Zaum.
Nun Wirdt vnd ist mir auß dem Mars ein traum,
Im Ars ist Lust, im Lex ist Süßigkeit,
Im Mars gestanck, Von Puluer sturm vnd streitt
3. Wo Lex vnd Ars, die Oberhandt behelt,
Da scheust der Mars nicht mehr so grob ins feldt
Der Mars ist roth Vnndt Schwartz, Lex aber Weiß,
Vnd Ars Wie Goldt, Lex Ars behelt den preyß.
4. So finster Vnndt so grewlich es im Mars,
So Sonnenklar Vnnd lieblich ist Lex Ars,
Lex Ars sind freundt; vnd halten nichts vom Mars,
Es sey dann Mars ein freundt vom Lex vnd Ars.
5. Wolan O Mars scheuß nur nicht mehr so grob,
Es zörnen sonst Lex vnnd auch Ars darob,
Wan Ars regiert, vnnd Lex die Zunge braucht,
So zittert Mars, scheust er gleich das es raucht
6. Im Mars ist nichts das vnß hertz erfrewt
Lex aber hat viel lust vnndt liebligkeitt
desgleichen Ars, Ars ist so wunder fein
Daß Jedermann im Ars will Burger sein
7. Lex mich im Mars sehr Wenig schützen kan,
Dann Wo der Mars regiert, kombt Lex nicht an,
Nun aber Mars im Ars, Lex mich beschirmt
Vnd hilfft nun nicht daß Mars viel scheust vñ sturmt,
8. Küst mir nun Ars, vnd Lex vñ flücht dem Mars,
Verflucht sey Mars, gekust sey Lex vnndt Ars,
O susses Lex, o dreymahl schöner Ars
Wir küssen euch, kombt an verflucht sey Mars
9. Mars scheust vnd stinckt, Ars aber ist sehr mild,
Lex angenehm, der Mars ein greulich bildt,
Ars machet gunst, Lex hat daß lob, was Ars,
Was greulich ist, daß ist furwar im Mars,
10. Weg mit dem Mars, heran mit Lex vnd Ars,
Ars liebt die ruh, Lex auch, krieg aber Mars,
Viel lieber fried als streitt, weil Mars verzehrt,
Was Ars erwirbt, Mars raubt, Lex Ars ernehrt.

Den Feind im Land

Gustav Adolfs Eingreifen in das Kriegsgeschehen

Der Schwede – ein Feind im Reich

Seit November 1630 hatte der Kaiser bekannt geben lassen, daß der schwedische König gewagt hatte, seine „KriegsArmada auf des Heyl. Reichs Boden" auszusetzen. Die Reichsstände wurden aufgefordert, Unterhalt für das kaiserliche Heer zu leisten und sich jeder Unterstützung der schwedischen „soldatesca" zu enthalten.

Die finanzielle Unterstützung der Schweden

Ein Jahr, nachdem Schweden in den Krieg eingetreten war, erhielt es von Frankreich finanzielle Unterstützung. Im Vertrag von Bärwalde vom Januar 1631 hatte Frankreich sich verpflichtet, dem Schwedenkönig jährlich 400.000 Taler zu zahlen.

Die Konfessionen sollen toleriert werden

In diesem Vertrag wurde zudem festgelegt, daß in eroberten und von altersher katholischen Gebieten die Religion der Gläubigen zu tolerieren sei. Ebenso sollten die Länder der katholischen Liga als neutral angesehen werden, solange von ihnen keine feindlichen Angriffe gegen das schwedische Heer erfolgten.

Der Leipziger Bund und sein Scheitern

Die protestantischen Reichsstände hatten im Frühjahr 1631 ein Verteidigungsbündnis geschlossen. Unter Vorsitz Johann Georgs von Sachsen wurde am 12. April der „Leipziger Bund" begründet, der sich als dritte politische Macht zwischen Kaiser und Schwedenkönig konstituieren sollte. Zu diesem Zweck sollte ein Söldnerheer von 40.000 Mann aufgestellt werden.[1] Tatsächlich gelang es den evangelischen Reichsständen jedoch nicht, sich als dritte Kraft zu etablieren, vielmehr wurden sie – mehr oder weniger freiwillig – in die schwedische Koalition gezwungen. Am 21. Juni 1631 schloß sich Kurfürst Georg Wilhelm von Brandenburg den Schweden an, kurz darauf folgte seinem Beispiel Kurfürst Johann Georg von Sachsen, mit ihm die bis dahin geworbene Armee des Leipziger Bündnisses.[2] Ausschlaggebend für diese Entscheidung war die Besetzung und Zerstörung der Stadt Magdeburg durch das kaiserliche Heer, das zu diesem Zeitpunkt unter dem Oberbefehl Tillys stand.

Der schwedische König als Retter der 'christlichen' Kirche

Die Vernichtung der protestantischen Hochburg Magdeburg durch einen

gegenüberliegende Seite:
Dänischer Nachklang. Schwedischer Fürgang. Das ist/Gründliche Erweisung/Daß der Anfang deß jetzigen Schwedischen Kriegswesens dem Dänischen/was die Ursachen anlaget/bey weitem nicht gleich. Dahero auch der Außgang/so viel die Billigkeit betrifft/ nicht erstpießlicher zuhoffen. Gedruckt im Jahr Christi/1631
Titelblatt mit Darstellung eines Boten (Aventurirer)
Frankfurt, Postmuseum

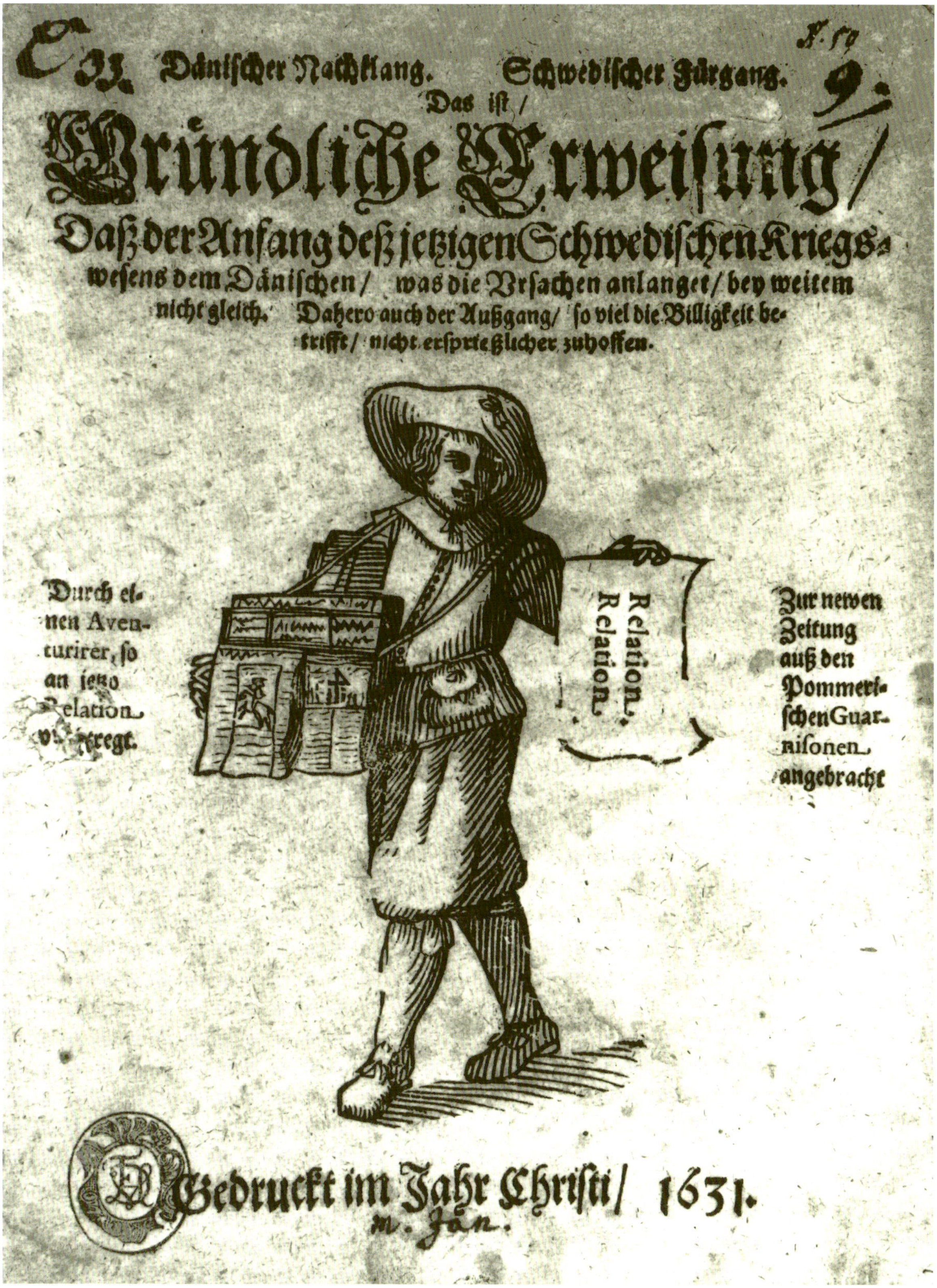
C 33. Dänischer Nachklang. Schwedischer Fürgang. N. 59 9.

Das ist/

Gründliche Erweisung/

Daß der Anfang deß jetzigen Schwedischen Kriegswesens dem Dänischen/ was die Vrsachen anlanget/ bey weitem nicht gleich. Dahero auch der Außgang/ so viel die Billigkeit betrifft/ nicht ersprießlicher zuhoffen.

Durch einen Aventurirer, so an jetzo Relation vortregt.

Zur newen Zeitung auß den Pommerischen Guarnisonen angebracht

Gedruckt im Jahr Christi/ 1631.

m. Jan.

im Laufe der Plünderungen ausgelösten Brand wurde propagandistisch (aus)genutzt, um gegen den Kaiser zu polemisieren. Von diesem Brand, in dessen Verlauf fast die gesamte Stadt zerstört wurde, konnte man kurz danach in 20 unterschiedlichen Zeitungen, 205 Flugschriften und 42 illustrierten Flugblättern nachlesen, wobei das 'gewaltsame Vorgehen' Tillys für die Vernichtung der Stadt verantwortlich gemacht wurde.[3]

Die Belagerung Magdeburgs, 1631
Peter Meulener
Ölgemälde
Stockholm, Nationalmuseum

Der Schutz der Fürstbistümer

Die Bischöfe von Osnabrück und Münster, Ferdinand von Bayern und Wilhelm von Wartenberg, wußten um die Gefährdung ihrer Fürstentümer im nordwestlichen Gebiet durch das schwedische Heer. Ferdinand von Bayern hatte deshalb dafür gesorgt, daß sich in seinen Territorien ligistische und kaiserliche Soldaten aufhielten, um Übergriffe schwedischer Truppen zu verhindern. Seit Wallenstein im Dezember 1631 als Heerführer zurückberufen worden war, sollte die Liga in erster Linie die Bundeslande in West- und Süddeutschland besetzt halten, das kaiserliche Heer dagegen im Gebiet zwischen Elbe und Oder operieren.

Der Zustand des kaiserlichen und des ligistischen Heeres

Die Regimenter des kaiserlichen Heeres hatten Anfang 1631 kaum ein Viertel ihres Sollbestands gezählt, der klägliche Rest war zudem alles andere als gesund gewesen. Mutlosigkeit und Widerwillen gegen den Krieg hatten die Atmosphäre beherrscht. Die Soldaten waren erschöpft, da sie die Kontributionen ständig selbst eintreiben mußten und daher auf zunehmend massiver werdende Gegenwehr der Bevölkerung trafen.[4] Der Zustand des ligistischen Heeres war – im Vergleich zum kaiserlichen – besser geordnet. Die neun Infanterieregimenter hatten 1631 bei einer Sollstärke von 27.000 Mann immerhin eine Ist-Stärke von 24.000 Mann. Doch auch bei den Ligatruppen hatten die mangelhaft eingehenden

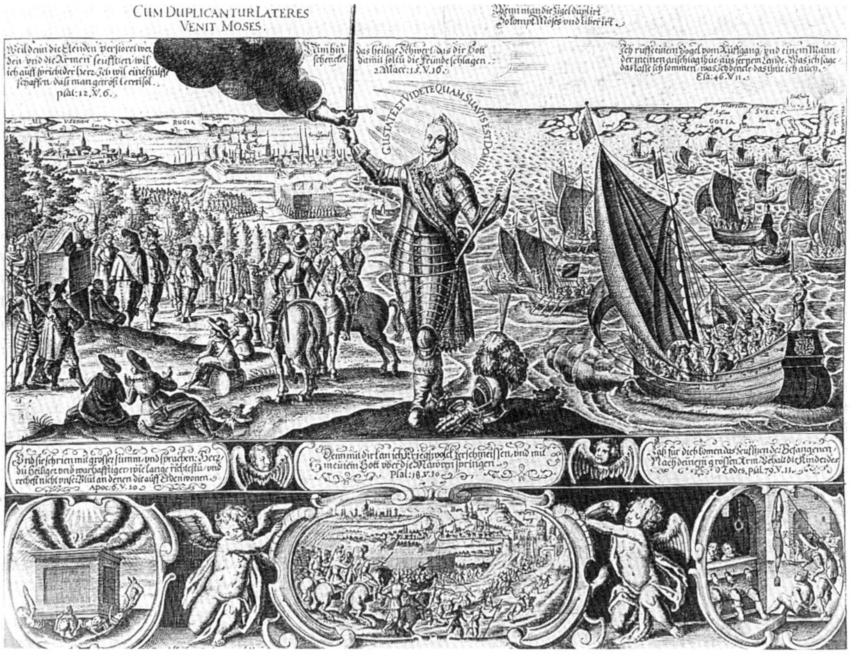

Drangsal der Belagerung - Gustav Adolf als Retter, 1630
Kupferstich
Stralsund, Stadtarchiv

[...] der König in Schweden/sich ohne alle vorgehende Feindtliche denunciation understanden/ein starcke Kriegs Armada zu Roß und Fuß zuversamblen/dieselbe auff des Heyl. Reichs Boden auszusetzen/sich des Herzogthumbs Pommern maistenthails zubemächtigen/auch im Hertzogthumb Mechelburg/und andern des Nider-Sächsischen Crayses Fürstenthumben vornehme Päß/mit Feindlichem Gewalt anzufallen/dieselbe einzunemmen/und sich also in Wercken/ für Unsern und des Heyl. Reichs Feind zuerklären/und darzustellen/
Kaiserliches Mandat. Regensburg, 9.November 1630. Fürstliches Archiv Burgsteinfurt: Bestand E, Urkunde 98.

Gelder und die schlechte Versorgungslage in den Quartieren die Kampfmotivation der Soldaten geschwächt.[5]

1632 - Hoch zu Roß - ein Regiment für die Kavallerie

Mit der Rückkehr Wallensteins als kaiserlicher Heerführer sollte nun im Winter 1631/32 eine neue Armee geworben und das Heer innerhalb von drei Monaten reorganisiert werden. Im hiesigen Gebiet sollte Obrist Johann von Luttersheim („Lüttersem", „Louterßheim") auf Befehl des kaiserlichen Feldmarschalls und Kavallerieführers Graf von Pappenheim ein Regiment zu Pferd mit sechs Kompanien zusammenstellen. Die Musterplätze wurden in den protestantischen Grafschaften Bentheim, Tecklenburg und Steinfurt eingerichtet; jedem Soldaten sollte bei seiner Einstellung nicht nur ein Gewehr ausgehändigt, sondern auch das nötige Antrittsgeld bzw. „Anreitzgeld" und „Monatssoldt" ausbezahlt und Verpflegung für sechs Wochen mitgegeben werden. Für die Kosten der Anwerbung sollten die drei Grafschaften aufkommen.[6]

Private Werber sind unterwegs

Das expansive Werben beschränkte sich nicht nur auf die protestantischen Territorien, auch in den angrenzenden Bistümern Osnabrück und Münster wurde für den Soldatendienst geworben. Es waren nicht mehr ausschließlich Obristen oder deren Beauftragte, die nach geeigneten Männern und Pferden Ausschau hielten, um ihre Kompanien aufzustocken, sondern sogenannte 'private' Werber, die für den Nachschub an tüchtigen Leuten aus westfälischem Gebiet sorgten; gleichzeitig waren sie auf ihren eigenen Vorteil bedacht und ließen sich für ihre Dienste gut bezahlen.[7]

Kriegsmüdigkeit

Deserteure werden verschont

Die Zahl bereitwilliger Westfalen, die sich für den Soldatendienst werben ließen, war offenbar geringer als die Zahl der benötigten Männer. Jedenfalls sah man sich 1632 genötigt, Deserteure, die sonst von der Todesstrafe bedroht waren, besonders nachsichtig zu behandeln: In einem Mandat vom 30. März 1632 wurde ihnen Generalpardon versprochen, sollten sie innerhalb von vierzehn Tagen zu ihrem Heer zurückkehren.[8]

Die Schlacht bei Lützen

Als Wallenstein im Jahre 1632 Pappenheim mit seinen Leuten zur Unterstützung anforderte, befürchtete dieser, „wenig von der Kavallerie mitbringen zu können, da sein Volk in der Mehrzahl aus Leuten bestehe, die vom Feind abgebrannt, verderbt und desperiert seien, weswegen man sich hierzulande wohl auf sie verlassen könne. Sollten sie aber gezwungen sein, Weiber, Kinder und verbrannte Höfe verlassen zu müssen, seien sie nicht zu erhalten“,[9] und auch den bedrängten Kurfürsten Maximilian hatte er wissen lassen, daß die Westfalen wohl im Lande gut taugten, außer Landes geführt aber bald entliefen.[10] Als der General mit vier Regimentern nach Lützen kam, war die Schlacht bereits im Gange. Es war seine letzte, ebenso wie König Gustav Adolf wurde er in diesem Treffen tödlich verwundet.

Der Sold bleibt aus

Auch im schwedischen Heer ließ sich eine gewisse Kriegsmüdigkeit beobachten. Es gab Schwierigkeiten bei der Auszahlung des Soldes, und dem ehemals 70.000 Mann starken Heer konnten nur unter ungünstigen Bedingungen weitere Soldaten aus Schweden zugeführt werden. Zudem gab es Versuche, sich dem Militärdienst zu entziehen. So verließ u.a. ein

‘Leichtes’ Feldgeschütz, 17. Jh.
Wien, Heeresgeschichtliches Museum
Foto: Dr. Parisini, Wien

schwedischer Reiter namens Gedsson aus Hattula sein Regiment, um seiner „elenden" Situation zu entgehen, und der schwedische Rittmeister Duesse bat offiziell um seinen Abschied; Ende 1633 schickten schwedische und finnische Reiter Abgesandte zu Oxenstierna, die um Entlassung der Reiter aus dem Kriegsdienst und um die Erlaubnis zu ihrer Heimkehr nach Schweden baten.[11]

Ein 'elendes' Leben

Ein Brief, den ein Fähnrich aus einem Feldlager vor Münster an seine Frau in Köln schrieb, verdeutlicht die Not der Soldaten. „Wir liegen auf der Straße wie das tote Vieh. Großen Mangel leiden wir. O Brot, o Brot, o frisches Wasser. Wenn ich das Leben hätte verwirkt, so könnte man mich nicht ärger ins Elend bannen."[12]
Nach einer Schlacht mußten die Verluste an Soldaten ausgeglichen werden; dies bedeutete, man hatte wieder neu zu werben. Ebenso mußte – besonders wenn man die Schlacht verloren hatte – für Nachschub an Munition und Waffen gesorgt werden; natürlich wollte dies alles bezahlt sein.

Münster soll zahlen

Die Beschaffung des Notwendigen konnte nur in Gebieten erfolgen, die nicht vom Kampfgeschehen betroffen waren. Insofern war es konsequent, daß der kaiserliche Obrist Bönninghausen nach verlorener Schlacht in Hessisch-Oldendorf (8. Juli 1633) die Stadt Münster um Unterstützung zur Werbung seines neuen Reiterregiments aufforderte und Kontributionszahlungen in Höhe von 50.000 Talern sowie die Bereitstellung von Musketen verlangte. Doch selbst das wenig belastete Münster, das sonst mit allem gut versorgt war, konnte im Sommer 1633 solche Summen nicht aufbringen. Immerhin trieb man 10.000 Taler auf, um rückständige Kontributionen zu begleichen; ferner konnte man dem Regimentskommandanten 2.000 Musketen liefern.[13] Die Grafschaft Bentheim hatte ebenfalls für die kaiserlichen Truppen Leistungen zu erbringen, im Jahre 1633 zahlte sie monatlich 1.200 Reichstaler an den Obristenleutnant von Lippelt.[14]

Ruinöse Überfälle

Die in der Region verstärkt wahrzunehmenden Überfälle von Soldaten standen im Zusammenhang mit der katastrophalen Versorgungslage, die durch die Einrichtung der Musterplätze in den Grafschaften Bentheim und Tecklenburg, die Belagerung der Städte und die Durchzüge entstanden war. Von diesen Überfällen betroffen waren besonders Höfe und Bauerschaften, die an einer Straße oder an einer Flußüberquerung lagen. Sie waren leicht erkennbare Ziele des weniger ortskundigen Kriegsvolks, das sich, noch nicht in den Soldatendienst geworben, gerade zu einem der Musterplätze begab; gleichzeitig waren solche Häuser am Wegesrand erste Anlaufstelle für die Eintreibung der wöchentlichen Kontributionen. Die verantwortlichen Kommandanten waren sich der Tatsache bewußt, daß die Ausbeutung und ruinöse Schädigung eines Gebiets letztlich zum Schaden der eigenen Regimenter führte. Doch noch hatte man keinen

Ach meine tausend herzallerliebste Agatha, ehelichen Gruß und Treue zuvor. Von Deiner Gesundheit einmal zu vernehmen, wäre mir eine überaus große Freude, wie auch ein tröstliches Schreiben, deren ich noch keines bekommen habe, zu empfangen. Was mich anbelangt, bin ich halb gesund, voller Läuse, nackend, eine armseligste Kreatur und verlassen. Falss Du es genau wissen würdest, wie es uns ergeht, einen Stein müßte es erbarmen. Wir sind als nichts geachtet, gleichgültig, ob einer krank, gesund, liegend oder stehend sei. [...] Der Feind hat uns verfolgt und uns eingeschlossen, gejagt bis nach Münster in Westphalen. [...] Wir liegen auf der Straße wie das tote Vieh. Großen Mangel leiden wir. O Brot, o Brot, o frisches Wasser. Wenn ich das Leben hätte verwirkt, so könnte man mich nicht ärger ins Elend bannen. [...] Gleichwohl alle meine Spießgesellen sind mit mir müde und begehren ihren Abschied. Alle Tage reißen Soldaten aus, insbesondere Offiziere. Alle vier Tage bekomme ich ein Pfund Brot und nicht mehr. Oh, oh oh! [...] Ach, ich bitte Dich abermals fußfällig und um Gottes Christi Jesu Willen, hilf mir meinen Abschied von den Herren zu bekommen, stelle die Herren Vettern an, es kostet mir sonst mein Leben, wenn wir ferner ins Land zum kaiserlichen Heer hinbeordert werden, welches gewiß ist. Dort werden wir nur für's Schanzen und als 'Gräberfüller' gehalten, wie es jederzeit geschieht in allen Sachen, daß die kölnischen Soldaten an die vorderste Front gesteckt werden, wie auch die Fähnriche selbst zum Sturm und für die Laufgräben entgegen der Gewohnheit mit kommandiert werden. [...] Datum, Münster in Westphalen, im kaiserlichen freien Feldlager vor der Stadt, geschrieben zu Pfingstmittwoch, Anno 1634. Benedict Serratz, dem Boten ein Trinkgeld. [Überarbeiteter Brief, veröffentlicht in „Extra-Ordinari Zeitungen aus Frankfurt am Main vom 24. Juni 1634", gedruckt bei E. Buchner, Das Neueste von gestern, Bd.1, München 1911.

Weg gefunden, das Übel der rigorosen Ausbeutung zu unterbinden. Diebstahl, Raub, Erpressung und Drangsalierung der Bevölkerung gehörten weiterhin zum alltäglichen (Kriegs-)Geschäft.

Die 'Hessen'

Landgraf Wilhelm V. von Hessen-Kassel hatte sich als einer der ersten in diesem neu entfachten Krieg auf die Seite des Schwedenkönigs gestellt. Als Versorgungsgebiet war ihm von Gustav Adolf u.a. auch das Fürstbistum Münster zugeteilt worden. Von ihrem Hauptstützpunkt in Coesfeld überfielen hessische Soldaten die Ämter Horstmar, Rüschau und Rheine.

Wilhelm V. Landgraf von Hessen-Kassel (1602-1637), um 1650
Kupferstich von Philipp Kilian
Münster, Stadtmuseum
WILHELMUS. V. D. G. HASSIAE. LANDGRAVIUS.&.HEROS. FORTITUDINE. AC . CONSTANTIA. INCOMBARABILIS.

Unndt stelt man sich auch alsso an, als wan kein theill heernechst im landt pleiben solte, dan weiber, manspersonen unndt kinder seindt vogelfrey, werden geknebelt und so hoch als müglich rantzioniret, auch gar doch geschlagen, alles klein unndt grosses viehe wirdt weggetrieben, die stätte unndt adeliche heusser, will man nur kan ein- unndt auskommen, aussgeplündert unndt theils eingeäschert unndt wan solches geschehen, werden sie mit schweren contributionen beleget, keiner, weder sommer- oder winterfrucht, wirdt verschonet, sondern man stelt mitten in den feldern redezvous unndt halten an. Summa, es wirdt kein baur ein jahr drein pleiben können, multo minus der soldat. Redt man dagegen, so sagt man, es seye feindtsland, da hette man macht ein zu thun, was man wolte.
Generalkriegskommissar Otto von der Malsburg an den Landgrafen von Hessen-Kassel, 1634. Zit. n. Helmut Lahrkamp, Lothar Dietrich Freiherr von Bönninghausen (1598-1657). Kaiserlicher Feldmarschall-Leutnant und Maréchal de Camp des Königs von Frankreich, in: Westfälische Zeitschrift, 108 (1958), 239-366, hier 300.

Disziplin wird eingefordert

Um die Soldaten zu disziplinieren und das eigenständige Eintreiben der Kontributionen zu organisieren, wurden im Jahre 1634 alle Lager und Garnisonen der hessischen Truppen, die sich im Fürstbistum Münster aufhielten, inspiziert. Offiziere wie Soldaten sollten auf den Artikelsbrief des hessischen Landgrafen schwören. Bei Leib- und Lebensstrafe wurde den Soldaten verboten, Gottes Namen zu lästern, Kirchen, Pfarreien und Schulen zu plündern oder gar in Brand zu setzen; ebenso wurden sie aufgefordert, sich von den Gütern und Häusern des Adels fern zu halten. Für Verfehlungen wurden hohe Strafen angedroht. Wer erst vor kurzem angeworben worden war, konnte für einen Monat Probezeit Nachsicht erwarten, doch danach sollte auch er sich diszipliniert und gehorsam zeigen, da nach der Monatsfrist jegliche Mißachtung der Befehle hart bestraft werden sollte.

Plündern ist verboten

Das übliche Plündern und Brandschatzen wurde strengstens untersagt – ausgenommen, es wurde von einem Offizier dazu aufgefordert. Besonders die „Zerschlagungh, und Verwüuestungh der Mühllen, gute mobilier fenster, theven, Bettstetten, Kisten“ und dergleichen sollte man unterlassen. Unabhängig davon, daß mit diesen Verboten das 'wilde' Plündern des einfachen Soldaten unterbunden werden solle, dienten die Vorschriften auch dem Heer selbst, wie der nachfolgende Absatz des Artikelbriefes dem Soldaten zu erläutern weiß: Auf diese Weise nähme man den Bauern die Mittel, die das Eintreiben von Kontributionen erst möglich machten, schade doch „Raub, Rantzionierung und Wegführung des Viehes, Pferde, Schweine u. derl.“ dem Proviantamt letztlich mehr, als es dem einzelnen Soldaten nutzen könne.

Passierscheine werden ausgegeben

Damit man eine gewisse Kontrolle über das einfache Soldatenvolk erhielt, durften die Männer nur mit einem Passierschein ihres Vorgesetzten das Quartier bzw. die Garnison verlassen.

Sozialer Druck

Die Soldaten wurden zudem aufgefordert, auch untereinander auf mehr Disziplin zu achten. Damit ein Anreiz bestand, den Kameraden bei Verfehlungen zu melden, wurden 50 Reichstaler dem versprochen, der Verstöße bei dem verantwortlichen Vorgesetzten denunzierte.

Der Kontributionsbezirk

Wenn auch dieser Artikelbrief suggeriert, daß es den Heerführern und Offizieren um Einhaltung von Recht und Ordnung nicht nur in ihrem Heer, sondern auch in dem Verhalten gegenüber der Bevölkerung ging, so ist doch zu bedenken, daß zwischen dem 'Plündern' und dem 'Eintreiben von rechtmäßigen Kontributionen' realiter kein großer Unterschied bestand. Trotzdem gibt es zahlreiche Beispiele, die darauf hinweisen, daß

1.Ihr soltt schwören zu Godt, daß Ihr dem durchleuchtigen hochgebohrenen Fürsten Und Herrn Wilhelmen Landtgrafte zu Hessen, Grafte zu Ratelnbogen, Dietz, Ziegenheim, und Niddag unserem gnedigsten Fürsten und Herrn getrew und holtt, wie nicht bringen der Cron es ehredt und deroselben Bundgenossen, zu schlägten, stürmen, besatzungh zu: Undt außerhalb des feldes, zu wasser, und zu landt aufrichtigh dienen, Undt Euch sampt Undt sonders, Alß ehrliche officieren, Undt Soldaten ayenet Undt gebührett, verhalten wollet Undt sollet.
[...]
Was mir vorgelesen ist, Undt Ich woll verstanden habe, Verspreche Ich zu haltten, Undt allen selbigen trewlich, redlich, Undt aupfrichtigh nach zu khommen wie einem Ehrliebenden officierer, Cavallirer,, Undt Soldaten woll ahnstehett, Undt gebührett, Undt meiner Schuldighkeit ohne dz mit sich bringt. So whar mir Godt helfe.
Dörsten den 20 July 1634 B. Carall von Apfelen

Artikelbrief des hessischen Heeres und Eid. 26. Juli 1634. Juli 1634. Staatsarchiv Münster: Fürstentum, Landesarchiv-Militaria, Nr. 291 [o.f. und] fol. 142.

der 'Rechtsraum', in dem das Kriegsgeschäft stattfand, nicht aufgelöst war und etwa nur 'Chaos' herrschte.
Von festen Lagern oder Quartieren zogen die Soldaten mit ihren Anführern, ganz im Sinne des Artikelbriefes, in das Umland, um sich zu versorgen. Das Kontributionsrecht war auch während des Waffenstillstands, der Verhandlungen über die Bedingungen eines Beitritts des Landgrafen zum Prager Frieden von 1635 ermöglichen sollte, nicht aufgehoben. Mit Wissen und Duldung des Kurfürsten von Köln bediente man sich in bestimmten Bezirken seines Territoriums.

Die „Hessen-Stüber“

In der Bauerschaft Westum bei Emsdetten hat sich die Sage vom 'Hessen-Stüber' erhalten. Es heißt, man hatte jedem hessischen Soldaten ein Essen auszugeben und unter den Teller sieben Stüber zu legen.[15] Diese sieben Stüber entsprachen genau dem Wert der „guten Reichsmüntze“ oder dem von 90 Kreuzern und galten als der tägliche Sold eines in einem kaiserlichen Regiment stehenden Soldaten; dieser Betrag war im Artikel 42 des Prager Friedensinstruments ausgehandelt worden. Der bestellte Reichspfennigmeister legte dabei den Ort fest, an dem die Auszahlung für die jeweiligen Truppen zu erfolgen hatte.[16]
Es ist vorstellbar, daß während der Verhandlungen um den Beitritt des Landgrafen zum Prager Frieden dieser Sold auch für die hessischen Soldaten galt. Dann wäre es logisch, daß sie ihren Sold direkt im vereinbarten Kontributionsbezirk kassierten, und zwar von jenen, die in jedem Falle für ihren Unterhalt aufkommen mußten – von den Untertanen selbst.

Die Reaktionen der Menschen auf dem Lande

Die Verstecke

Die Reaktion der Bauern auf das Eintreiben der Kontributionen oder, wie es die Betroffenen wahrnahmen, auf die Überfälle der Soldaten, war im Normalfall die Flucht zu ergreifen, um die (letzte) Habe in Sicherheit zu bringen. Um ihren Viehbestand besorgt, insbesondere um die unentbehrlichen Zugtiere, führten die Bauern ihre Tiere mit.

Flucht in die Kirche

Üblicher Fluchtort war die Kirche. Zwar suchte sich jeder Ort mit einer Landwehr zu schützen, doch die mit einem oder mehreren Wällen und dazugehörigen Gräben angelegten Grenz- und Verteidigungsringe boten letztlich wenig Schutz vor den Soldaten. Hatten die Reiter die dicht bewachsenen Wallkronen erst einmal durchbrochen oder an den Durchlässen der Landwehr die Schlagbäume beiseite geschafft, war man den bewaffneten Horden ausgeliefert. Die bedrohten Wettringer nahmen auf ihrem Rückzug in die Kirche das von den Soldaten so begehrte Vieh mit in das Gotteshaus, um es vor dem Zugriff des Kriegsvolks zu schützen, für den Pastor ein Ärgernis, weil sein Gotteshaus nach einem solchen Aufenthalt von Mensch und Tier dementsprechend aussah. Um einen „Saustall" im Gotteshaus abzuwehren, mußte beim Sendgericht im Jahre 1629 auf Abhilfe gedrungen werden, und es wurde beschlossen, „wann in Kriegsgefahr die Bieste in die Kirche getrieben, sollen die Bauern, denen die Bieste zukommen, die Kirche wieder rein und sauber machen."[17] Doch das Reinigen nach überstandener Gefahr scheint nicht recht geklappt zu haben: Ein halbes Jahr später bestand der Pfarrer energisch darauf, daß „hinfurter keine Schweine, Kelber oder dergleichen Vieh sollen in Zeit Kriegstumult in die Kirche zu Wettringen eingetrieben werden."[18]

Unterirdische Verstecke für Pferde und Ochsen

Da aber auch die Kirchen regelmäßig von den Söldnern überfallen wurden, mußten sich die Bauern im Laufe der Kriegszeit andere Schutzräume suchen. In der Bauerschaft Schmedehausen, im damaligen Kirchspiel Greven, hob man zur Rettung des Viehbestands Erdgruben aus und richtete sie als unterirdische Ställe ein. Hier wurden die Tiere so lange versteckt gehalten, bis die Soldaten weiterzogen.[19]

Münzen werden vergraben

Das nicht nur von Soldaten so begehrte Geld wurde ebenfalls so gut es ging in Sicherheit gebracht. Die in späterer Zeit gefundenen Schätze an Münzen müssen allerdings nicht immer von ansässigen Bauern vergraben worden sein. Oft waren es die Soldaten selbst, die aus guten Gründen ihre Silbermünzen unter dem Erdreich verschwinden ließen: So konnten sie ihren Sold vor herannahenden Feinden sichern oder ihre Beute dem gierigen Blick ihrer Kameraden entziehen. Die Orte der eingegrabenen 'Schätze' wurden sinnvollerweise gekennzeichnet, um diese zu einem günstigen Zeitpunkt wieder auffinden zu können. Doch nicht immer hat die Rückholung geklappt. So fand man in Altenberge 29 Silbertaler, die damals jemand – frühestens 1628 – in der 'Großen Gasse' am Haus Müllenbeck-Heymann vergraben hatte. Ob die Taler ehemals einem Eingesessenen oder einem Soldaten gehörten, wird man nicht mehr erfahren. Es ist jedoch wahrscheinlich, daß die Münzen von einem Söldner stammten, der vermutlich in spanischen Diensten gestanden hat.
Ebensowenig weiß man, wer einst die 50 Silbermünzen in der Bauerschaft Overbeck im Kirchspiel Ladbergen bei einem Eichensprößling eingegraben hat. Im Jahre 1880/81, als die inzwischen zu mächtig gewordene Eiche gefällt wurde, konnte der 'Schatz' gehoben werden.[20] Dagegen soll die Geldsumme, die in der Nähe des Hauses Stapel in Ladbergen gefunden wurde, damals vom Vogt Gerdt Stapel selbst dort versteckt worden sein. Dies berichtete jedenfalls sein Sohn Johannes Stapel im Jahre 1666, als er seinen plötzlichen Reichtum zu erklären hatte.[21]

Häuser werden umgesetzt

Im Kirchspiel Lienen hatten einige Bauern in ihrer Not ihre Häuser, die direkt am Deetweg in Westerbeck und Höste lagen, abgebaut und sie an einem weniger zugänglichen Ort wieder aufgebaut. Die 'Hausleute' waren es leid geworden, den ständigen Übergriffen jener Soldaten ausgesetzt zu sein, die den Deetweg benutzten und sich in den Häusern – sozusagen im Vorübergehen – mit dem, was sie für nützlich und nötig hielten, bedienten.[22]

Erinnerungen an die 'Schweden' und 'Hessen'

Über die Jahrhunderte hat sich, was das durch den Dreißigjährigen Krieg verursachte Leid der Menschen betrifft, das Wissen erhalten, daß dieser Krieg über sechs Millionen Menschen das Leben gekostet habe. Einzelne Greueltaten aus besonders betroffenen Regionen wurden zudem zum Zeugnis der Unmenschlichkeit dieser Auseinandersetzung.
Darüber hinaus finden sich in den 'Heimatgeschichten' jeder Region 'Sagen', die an diese Zeit erinnern. In der hiesigen Region sind diese 'Sagen' häufig mit den 'Schweden' verbunden, die als 'evangelische' Streitmacht 1630 in den Krieg eintraten. Aus nachstehend zitierten Quellen geht hervor, daß damals die Bevölkerung sowohl die 'Kaiserlichen' als auch die 'Schweden' für ihre Not verantwortlich machte.

'Schwedenbusch' und 'Schwedenschanze'

Der 'Schwedenbusch' in Westerkappeln

Im evangelischen Westerkappeln weiß man heute von der Existenz eines „Schwedenbusches". In der Heimatgeschichte Westerkappelns heißt es, daß an dieser Stelle ehemals schwedische Soldaten gelagert haben sollen. (Möglicherweise gehörte dieser 'Busch' einst zum Verteidigungsring einer 'Landwehr'.) Eine eher vage Aussage, wenn man bedenkt, wie viele Soldaten aus unterschiedlichen Heeren um und in Westerkappeln gelagert haben werden. Wie anderswo werden sich die Menschen in Westerkappeln wohl vor den Soldaten und deren Ausschreitungen gefürchtet haben. Doch in der kollektiven Erinnerung blieb nur der Busch, eine weitere Erklärung oder eine 'Geschichte', warum er in den Kontext mit den Schweden gestellt wird, gibt es nicht.

Die 'Schwedenschanze' in Greven

Anders im katholischen Greven, wo man noch zu erzählen weiß, vor wem man sich zu schützen hatte. Vor dem Hof des ehemaligen Schulten Aldrup bei Greven befindet sich noch heute eine Erhebung, die im Volksmund die „Schwedenschanze" genannt wird. Da sich beim Schultenhof eine Brücke über die Aa befand, die sicherlich stark frequentiert war, kam es wohl häufiger vor, daß Soldaten auf dem Hof leichte Beute witterten. Um nun solche Übergriffe zu erschweren oder gar zu verhindern, hatte man zwischen Weg und Hof einen Erdwall bzw. eine Schanze aufgeschüttet. Diese Schanze war sicher ebenso gegen spanische, staatische, kaiserliche oder eben auch schwedische Soldaten nützlich – die Bezeichnung 'Schwedenschanze' macht jedoch deutlich, wer im Kirchspiel Greven als Feind angesehen wurde.

Die „Hessenhoeker Stiegg"

In Dumte erinnert man sich an die 'Hessen'

Anders als im nördlichen Grenzgebiet des Oberstifts Münster waren im südwestlichen Teil nicht die Schwedischen die Eindringlinge, sondern die Hessen, die – von Coesfeld operierend – während der dreißiger Jahre im Gebiet des heutigen Kreises Steinfurt in die Ämter Horstmar, Rüschau und Rheine eindrangen. Der Volksmund sagt, daß sich auf dem Dumterweg die Eingesessenen der sechs Bauernhöfe, die unmittelbar an der Stiege lagen, gegen hessische Soldaten gewehrt hätten. Unbemerkt von den Soldaten, die den Weg benutzten, ließen die Bauern an einer unübersichtlichen Stelle „Eggen" auf die Soldaten niederprasseln. Diese Tat, so die Erzählung, gab dem Weg an dieser Stelle die Bezeichnung „Hessenhoeker Stiegg".[23] Das 'gute Gedächtnis' über diese Tat mag darin seine Begründung finden, daß es zwischen den Eingesessenen untereinander einen schwelenden Konflikt gab, der sich u. a. an Wegerechten und -pflichten entzündete. In diesem Zusammenhang ist vorstellbar, daß die reformierten 'Hessen' eigentlich Eingesessene waren, die zwar im hessischen Heer dienten, doch letztlich aus der Gegend stammten; vielleicht waren sie es, denen die Nutzung der Stiege von den dem Kloster eigenhörigen Borghorstern (oder Dumtern) beschwerlich gemacht werden sollte.

[...]daß von dem Ahnfelds Heeck, im gleichen von Bekenbruchs Baum, biß zum Newen Baum sintemahl kein böser weg uff & nährit befunden, Ein denen uffgeworfen und Weg verbessert werd möge, worzue den dahmalß zur auffwerffung deß dammes von BekenbuchsBau biß zum Newenbaum nicht allein deß dorfs Burhost Eingeseßene, sondern auch die Oistendörfer und Wilmesberger geholfen; [...] die Burhoster Eingesseßenen den grundt zwischen Bekenbröeks und den Newen Baum mit ihren Beestern und Schweinen täglichs betreiben, und sich deselben allein ahnmassen und d[en] weg von ihren Beestern zertreten Und den Schweinen so dae gelegt von den schweinen umbgewühlet und verdorben werde, Und unß nicht gestattet wird, denselben grundt mit Einiger genß viellweniger Einiger Beest od[er] schweinen zugeniessen Einen von den dörffern gehülfet und uffgetrieben werden, dahero dan d[ie] billigkeit nicht ungemeß, da d[ie] zeuge, so sich des grundts anmasset auch den weg machen zu helfen schuldich sein söllen, Inmassen den auch d[er] selbe weg, von den Wilmersbergern täglich von uns über gantz weinich geprauchet wirdt, [...]
Beschwerde aus der Bauerschaft Dumpte an den Grafen Wilhelm Heinrich von Steinfurt. 4. Juli 1628.
Fürstliches Archiv Burgsteinfurt: Bestand A, Steinfurt Nr. 298, fol. 12.

Der „Schwedenhökser" in Recke

Aus der Heimatgeschichte Reckes ist eine Begebenheit überliefert, die auf die Präsenz schwedischer Soldaten in der Gemeinde Recke hinweist und gleichzeitig Zeugnis davon gibt, wie in jener unruhigen und gewaltbereiten Zeit Nachbarschaftshilfe zur Frage des Überlebens werden konnte.

Der Totschlag auf dem Stroothof

Zwei schwedische Soldaten, so wird erzählt, wurden von der Brokmühle aus beobachtet, wie sie an der Kirchspielgrenze zwischen Recke und Hopsten den Weg zum Stroothof einschlugen. Die beiden Zeugen, der Pächter der Brokmühle und sein Knecht, entschlossen sich, den fremden Eindringlingen zu folgen. Wahrscheinlich gehörten der Brokmüller und sein Knecht der Truppe wehrfähiger Männern an, die das Kirchspiel vor feindlichen Angriffen und Überfällen zu schützen hatten; mit geschultertem Gewehr gingen sie nun ebenfalls in Richtung Stroothof. Auf dem Stroothof selbst schien sich niemand aufzuhalten, die Männer hörten weder die normalen Arbeitsgeräusche der Hofleute noch die Laute der Tiere – offenbar hatte man die Gebäude bereits verlassen, um sich vor

den 'marodierenden' Soldaten zu verstecken. Doch dann hörten die beiden Hilferufe: Der greise Bauer, „den seine Beine nicht mehr recht tragen wollten", hatte sich der Flucht der übrigen Hofleute nicht anschließen können und befand sich noch im Haus. Als die beiden Männer herbeieilten, sahen sie durch ein Fenster, wie der alte Mann von den beiden Soldaten gezwungen werden sollte, das Versteck preiszugeben, in dem sie reiche Beute witterten. Den Beteuerungen des Alten, es gäbe nichts zu holen, dementsprechend auch kein Versteck, schenkten die Soldaten keinen Glauben und begannen, den Greis zu foltern. Mit einer Flachshechel schlugen sie ihm wiederholt aufs Knie, so daß das Opfer bereits tiefgehende und stark blutende Wunden hatte. Um dieser Grausamkeit ein schnelles Ende zu bereiten und den Gequälten zu erlösen, schoß der Brokmüller direkt durch das Fenster auf einen der Peiniger und traf ihn tödlich; der andere Soldat, nun selbst um sein Leben bangend, ergriff die Flucht.
Der „Schwedenhökser", so erzählt man, ist die Grabstätte des erschossenen Schweden, ein kleiner Hügel, ca. 70 Meter in nordwestlicher Richtung vom Stroothof entfernt. Bis 1873 hatte dort noch eine alte Eiche gestanden, und als man 1903 das verbliebene Wurzelwerk entfernte, wurden Reste eines menschlichen Skeletts entdeckt, die die Überlieferung vom Totschlag eines Schweden wahrscheinlich machte.[24]

Das lange gewahrte Geheimnis

Wenn auch anzunehmen ist, daß die Landwehr sich ab und zu erfolgreich gegen einzelne Soldaten wehren konnte, so wurden solche Fälle des Widerstands sicherlich eher verschwiegen, schon um nicht Sanktionen der Kameraden des Erschlagenen zu provozieren. So verhielt es sich wahrscheinlich auch mit dem tödlichen Schuß des Brokmüllers auf dem Stroothof. Denn wenn auch die Schweden im damaligen Rechtsverständnis im Kirchspiel Recke kein Kontributionsrecht besaßen, so lagerte ihre Garnison doch nahe genug, um einen Rachefeldzug durchführen zu können. Die Begebenheit, die sicher nicht als 'Sage' zu bezeichnen ist, wurde erst im 20. Jahrhundert publik gemacht. Der Autor des Artikels über den Schwedenhökser veröffentlichte die Tat in den „Heimatblättern Rote Erde" und setzte unter die Überschrift „Nach Mitteilung des derzeitigen Besitzers des Stroothofes, Felix Strootmann".[25] Bis zu diesem Zeitpunkt soll ausschließlich die Familie auf dem Stroothof von dem Totschlag gewußt haben, die das Geheimnis von Generation zu Generation mündlich weitergegeben hatte.

Die Bauernfamilie, 1647
Adriaen van Ostade (1610-1685)
Kupferstich
Osnabrück, Kulturgeschichtliches Museum
Foto: Seelig-Bothe, Osnabrück

Die Opfer

Meist sind die Bauern die Leidtragenden

Die Erzählung von der Tat in Recke ist deshalb interessant, weil in der Auseinandersetzung zwischen Landbevölkerung und Soldaten in den meisten Fällen die Bauern die Opfer waren. Es waren die Bauern, die beraubt, geschlagen und so manches Mal getötet wurden. Auch aus dem Kirchspiel Recke sind solche Untaten nachzuweisen, allerdings ohne daß daraus eine populäre Überlieferung enstanden ist.

Überfall auf den Wellinckhof

1633 überfielen schwedische Soldaten den Wellinckhof und stahlen alles, was nicht niet- und nagelfest war. Der Haushaltsvorstand des Hofes war dabei so schwer mißhandelt worden, daß er kurz darauf an den Verletzungen starb; der Knecht des Heggers Geuck von Halverde war bei einem Zusammentreffen mit Soldaten sogar „iamerlyck doodt geschoten“ worden.[26]

Der Überfall auf die Mühle

Besonders in den Jahren 1633 und 1634 sind solche brutalen Übergriffe häufiger vorgekommen. „Anno 1633, als die Stadt Osenbrugge [...] belegert waren“, schädigten „keisersche en Sweetsche krychsluiden“ die Eingesessenen. Mit Gewalt schlugen Soldaten die Mühle auf und stahlen das Korn und was sie sonst noch finden konnten.[27]

Bei den Holtgreves zu Swastrup

Bei Holtgreves zu Swastrup hatte man es ebenfalls auf das „Korn auff dem Balcken“ abgesehen, das „von den Soldaten ausgedroschet“ worden war. Die beiden Pferde, die man bis dahin noch im Stall gehabt hatte, mußten an das Haus Langelage abgegeben werden. Ein Füllen, zwei Kälber und zwei Kühe waren alles, was die Holtgreves noch besaßen – ihre Schweine hatten schon längst die Soldaten weggeholt.[28]

Giseker zu Warendorf in Armut

Giseker zu Wehrendorp ist vurstorben im Jahr 1633 und sagen ihr Nachbarn, das er in großer Elende gestorben sey und nichtes nachgelassen, das ein Thaler wert. Nichts befunden alß eine Kueh, da die Kinder von betelen; und von Acker- und Haußgereitschaft nichtes befunden.“
Wechselbuch der Gutsherrschaft Hange, Eintrag 1633. Archiv Freiherr von Ascheberg, Haus Venne, (Dep. im NW StAM); zit. n. Frese (1991), 9.

Bei „Giseker zu Wehrendorp“ hatten die Söldner ebenfalls geplündert. Was ihm nicht geraubt worden war, das hatte er wahrscheinlich als Pfand abgegeben, um sich und seine Kinder mit dem Nötigsten zu versorgen. Als er starb, fand man jedenfalls nichts in seinem Haus, was mehr als einen Taler wert gewesen wäre. Es fehlte an jeglichen Acker- und Hausgerätschaften. Die Nachbarn konnten dem Gutsherrn, der das Sterbegeld beanspruchte, nur mitteilen, daß sein Eingesessener „in großer Elende gestorben sey.“[29] Neben den hungrigen Kindern gab es – außer einer Kuh im Stall – nichts, von dem die beanspruchte Abgabe hätte bezahlt werden können.

Der Hunger ist schuld

[...] Woledel Gestr. mögen wir hiemit nit vergelten, welchermaßen hiesselbsten den Landtsaßen, benemblich Gerdt Dirßmann, Schult Oldendorff vnd Thonies Buddemeier, so sich zwaren vor Schwedische Reutter außgeben, aber eine vnß gemeine Lüge Dieser endts herumb ohne Paß vaiert vnd allerhandt Insolentien vnd Landtlungereien verübet, inspecie Neutral Persohnen etzliche Last Roggen auf freien Straßen genommen, auch eines Edelmanns Drosten zu Loborch, zu Beveren im Stift Münster wonhafft, Knecht, so anhero geschickt gewesen, vnß vnterm Schloß allhier jämmerlich geschoßen vnd verwundet, gefanglich eingezogen vndt

Die schlechte Ernährungslage der Soldaten förderte ihre grausamen Plünderungen. Den Eingesessenen fehlte es allerdings ebenfalls an grundlegender Versorgung. So kam es vor, daß sich jüngere Männer zusammenrotteten, kurzerhand als ‘Schwedische’ oder ‘Staatische’ ausgaben und in den Nachbargemeinden das stahlen, was ihnen zu Hause ausgegangen war. Meist wurden sie nicht als Einheimische erkannt, und selten konnte man sie fassen und für ihre Untaten bestrafen. 1634 ließ allerdings der Droste von Tecklenburg einige Männer verhaften, die ihr Unwesen als schwedische Reiter bei den Bauern getrieben hatten. Gerd Dißmann, Schult Oldendorff und Tonnies Buddemeier mußten nun – zur Strafe – tatsächlich als schwedische Soldaten ihr Brot verdienen.[30]

Exkurs: Rheine, Pumpernickel und das 'harte' Brot des Soldaten

In Rheine wurde der Pumpernickel nicht 'erfunden'

In Rheine existieren zwei Sagen, die sich auf diesen Krieg beziehen. Die eine handelt von dem Hund eines Boten, der durch seine Klugheit und Treue der Stadt die Befreiung von den feindlichen Besatzern bringt, die andere erzählt, wie der 'Pumpernickel' zufällig in Rheine entstanden ist. Wie Rheine zu der Ehre kam, der Geburtsort des Pumpernickels zu sein, ist nicht bekannt; die Stadt ist im übrigen auch nicht die einzige, die sich diese Ehre gibt.

Altbierbrauer, Wirt und Bäcker Pompey

Es heißt, Nikolaus Pompey, „Altbierbrauer, Wirt und Bäcker" zu Rheine, habe bei der Belagerung der Stadt am 25. Januar im Jahre 1635 dieses Brot aus Versehen gebacken. Die auf seiten der Reformierten kämpfenden Hessen hatten seit dem 5. September 1633 die Stadt besetzt gehalten, nun lagerten Anfang 1635 die Stiftssoldaten vor Rheine, um den strategisch so wichtigen Ort an der Ems wieder für sich zu gewinnen. Sicher war Alarm gegeben worden, und der Bäcker war – wie alle Bürger, die zu Wehr- und Wachtdienst eingeteilt waren – beim warnenden Glockenschlag auf seinem Posten erschienen. Das in den Backofen geschobene Brot hatte er dabei vergessen, so die Sage, und als er nach 24 Stunden in seine Stube zurückkam, war das Brot „hart wie Backstein und ein schwarzer Knubben". Nikolaus Pompey und seine Rotte waren aber von den Anstrengungen der Verteidigung so ausgehungert, daß sie das Brot unter sich aufteilten und verzehrten.[31]

Rheine und andere Städte

Es sehen sich allerdings mehrere Städte als Entstehungsort des Pumpernickels an und können dementsprechend auch eine diesbezügliche Sage vorweisen. Gemeinsam ist den Sagen meist, daß ein Bäcker, wie eben auch in Rheine, zufällig und ohne Absicht das Brot zu lange im Ofen ließ, es aus der Not heraus probierte und für gut befand.[32]

Grüße „aus der Barbarei der Breifresser"

Tatsächlich hat es den 'Pumpernickel' schon vor 1635 gegeben: Roggenkorn wurde damals zu Brei verarbeitet, den man mit Früchten oder Gemüse anreicherte. Auf heißen Steinen unter Glut gebacken, ergab der Kornbrei einen durchaus genießbaren Fladen, allerdings mußte er warm gegessen werden – kalt war er steinhart.[33] Nach dem Urteil des Niederländers Joest Lips war dieses Brot jedoch ungenießbar, spöttisch nannte er die Westfalen dementsprechend die Barbaren, so gab er auf einem Brief, den er aus Westfalen schrieb, als Absender an: „aus der Barbarei der

biß noch detiniert. Was nun einß derselben, alß gen Dirßmanns Brüder zu Oßnabrügh elenmäßigh inhaftiert vnd dießfalß Compliees sein vnd nun jetzo vernommen, dieselbe etwa dennen exceßen halber zum Regiment anfordert werden mögten, alß wenn solchemfalß, wie obens hieselbst fürhandene dennen Mitgesellen ihn alß auch mit zu überschicken wolgeneigte Pitte [...]. Thun Vnß zu derselben jedezeit zu allem eußerst möglichen Diensten hinwieder erzeigen vnd befehlen Sie damit Gott allmechtig.
Geben Tecklenburg ahm 29. July 34.
E. Woledl. Gestr.
Dienstwillige Gräfl. Drost, Räthe vnd Beambte dasselbst.
Schreiben des Tecklenburger Drosten an den schwedischen Kriegskommissar Clemens Glauberg. Tecklenburg, 29. Juli 1934. Königlich Schwedisches Reichsarchiv Stockholm: Akten Diplomatica Germanica E II Bentheim-Tecklenburg 1633-1707, Blatt 14-15.
Kopie in Kreisarchiv Steinfurt: Nachlaß Niehoff 10, Nr. 15.

Breifresser".[34] Eine ungerechte Einschätzung, wie auch Johannes Domann[35] fand, der die Ehre der Westfalen verteidigte und das schwarze Brot zum besonderen Leckerbissen erklärte: „Über dieses Brot falsche Aussagen zu machen, daran kann nur der interessiert sein, der nichts vom Geschmack versteht."[36]

'Pumpernickel': ein Komißbrot – und der Anteil, den der Abenteuerroman von Grimmelshausen daran hat

Grimmelshausen, dem Bäckersohn aus Hessen, der auch in Rheine gewesen sein soll, war das dunkle Roggenbrot ebenfalls bekannt. Er läßt seinen Simplicissimus klagen, daß sein Herr zu anständig für das Kriegsgeschäft sei und tatsächlich versucht habe, ehrlich vom Soldatenlohn zu leben. So mußte denn auch sein Knecht Simplicissimus, zusammen mit dem armen Pferd, sparen helfen, „davon kams, daß ich den treugen Pumpernickel gewaltig beissen, und mich mit Wasser oder wanns wol gieng, mit dinn Bier behelffen muste, welches mir ein abgeschmacke Sach war, massen mir meine Keel von dem schwartzen truckenen Brod gantz rauch, und mein gantzer Leib gantz mager wurde."[37]

Die Herstellung

Grimmelshausen beschreibt sogar die Backart des westfälischen Leckerbissens: Simplicissimus trifft einen Bauern in Recklinghausen, „der seinen Bachofen zuklaibte, welcher grosse Pumpernickel darinnen hatte, die 24 Stunden da sitzen und ausbachen solten". Kurz entschlossen räumt der hungrige Simplicissimus gegen Mitternacht den Backofen aus und kommt so, zusammen mit seinen Kameraden, zu ausreichend Brot für seine Truppe.[38]

Das Komißbrot

Interessanterweise wird der Pumpernickel als einfaches, schwarzes Brot außerhalb von Westfalen mit dem 'Komißbrot' für die Soldaten in Verbindung gebracht, wie dies auch der Barockdichter Friedrich von Logau aus Schlesien um 1650 dichtete: „Heist Marcipan Soldaten Brot, So essens nur die Grossen: Der arme Knecht der mag sich nur / am Pompernickel stoßen."[39]

Das Elend

Die Schuldenlast

Darlehen werden aufgenommen

Emsdetten: „Einer für alle und alle für einen"

Die Soldaten plünderten und brandschatzten in den Dörfern und Wigbolden nicht ohne Wissen ihrer Offiziere. Ihrem gewaltsamen Handeln lag sogar meist ein Befehl ihrer Führer zugrunde. So hatte der hessische Offizier Adam Karpff mit seinen Reitern nach Kriegsrecht die Eingesessenen des Kirchspiels Emsdetten mit „feuer und schwerdt bedrouet" und „mit wegholung etzlicher gefangenen" mehrere 100 Reichstaler erpreßt. Die längst ausgeplünderte Bevölkerung mußte sich das Lösegeld über Kredite besorgen. So borgte man sich 200 Reichstaler von einem Bürger der Stadt Rheine, um die Angehörigen auszulösen.[1]
Die Verschuldung des Kirchspiels Emsdetten war so hoch, daß weder Steuern noch Abgaben pünktlich bezahlt werden konnten. Über Jahre nahmen einzelne Bauerschaften immer wieder Kredite auf, nur um die jährliche Schatzung an den Landesherrn entrichten zu können. Als Sicherheiten wurde Haus und Hausgerätschaften eingesetzt. Bei einer Kreditaufnahme von Einwohnern aus Emsdetten noch im Jahre 1672 verbürgten sie sich, daß „einer für alle und alle für einen" diese Sicherheit zu geben bereit wären.[2] Eine Sprachwendung, die in ähnlichen Vereinbarungen sonst nicht vorkommt, die aber auf besondere Weise den Zusammenhalt eines Kirchspiels bezeugt, den offenbar die Not diktiert hatte.

Geld ist knapp

Obwohl alle Klagen über die Schuldenlasten darauf hinweisen, daß die Not der Menschen eine existentielle war, so gab es doch während dieser schwierigen Kriegszeit immer noch einzelne, die ausreichend Geld zur Verfügung hatten, um den verarmten „Hausleuten" aus der finanziellen Notlage zu helfen. Johann Wessel aus Wettringen z.B. konnte dem Ehepaar Gerd und Anna Thymann, „Wehrfester"[3] aus Elte 62 Reichstaler leihen, damit sie ihre Schat zungen und Kriegssteuern bezahlen konnten. Die Thymanns hatten sowohl Abgaben an die in Osnabrück sitzenden Schweden abzugeben als auch an die in Rheine sitzenden 'Kaiserlichen'. Sie waren mit ihren Zahlungen in Verzug geraten und hofften nun, durch die Verpachtung eines Stücks Land an Johann Wessel aus der Schuldensituation herauszukommen.[4]

Das Handwerk leidet

Die Verarmung des Kirchspiels Emsdetten lag u.a. an den geringen landwirtschaftlichen Erträgen, die schon in Friedenszeiten aufgrund der geringen Bodenergiebigkeit bescheiden waren. In Emsdetten selbst hatte man sich neben den üblichen Handwerken, darunter das des Webens, auf die Fertigung von großen „Wannen" aus Weidenruten verlegt, die als Kornschwinger zur Reinigung des Getreides benötigt wurden und von deren Herstellung man in Friedenszeiten solide leben konnte.[5] Doch diese eng mit der Landwirtschaft verbundene Erwerbstätigkeit konnte die Menschen in der Kriegszeit nicht mehr ernähren. Der übliche Handel mit den „Wannen" in die Niederlande, aber auch ins Osnabrücker Land war durch den Krieg eingeschränkt, und andere (für den Krieg notwendige) Handelswaren standen nicht zur Verfügung. Im Gegenteil, man hatte sich auch noch mit konkurrierenden Wannenmachern außerhalb des Kirchspiels abzufinden.

Wenn die Emsdettener 'Torf' stechen und verkaufen wollten, kamen sie mit den angrenzenden Bauerschaften in Konflikt. Die diesbezüglichen Versuche der „Dettener" in der Ostendorfer Mark des Kirchspiels Borghorst wurden von den Ostendorfern als Mißachtung ihrer Rechte an der Mark angesehen und vehement zurückgewiesen[6] (abgesehen davon war der Verkauf von Torf aus der gemeinnützigen Mark verboten).

Emsdetten mußte weiterhin Kredite aufnehmen, und noch lange mußte „einer für alle und alle für einen" bürgen.

Auch die Ochtruper klagen

Das Kirchspiel Ochtrup, in dem irdene Töpferware hergestellt, mit der Handel getrieben wurde, empfand seine Lage besonders ungünstig. Zum einen klagten auch die Bewohner Ochtrups, daß ihre Gegend nicht sonderlich fruchtbar war, zum anderen sahen sie sich der Tatsache gegenüber, daß immer mehr Leute das Kirchspiel verließen und nach Twente oder Bentheim abwanderten. Allein - so die lapidare Feststellung zur Fluchtbewegung der Eingesessenen – „das Kerspell must verbleiben". Die Unfähigkeit, die geforderten Steuern zu zahlen, begründeten die Verantwortlichen des Kirchspiels, wie im übrigen viele andere in gleicher Situation, mit den ständigen Einquartierungen der Soldaten: 1633 logierte ein ganzes Regiment hessischer Reiter drei Wochen lang im Kirchspiel, 1635 eine Kompanie zu Pferde und eine zu Fuß 33 Wochen, 1638 eine pfalzgräfische und schwedische Kompanie für einige Tage. Statt nun für die Versorgung der Soldaten einen Nachlaß an den darüber hinaus zu leistenden Kontributionen zu erhalten, wurden den Ochtrupern weitere Kriegssteuern aufgebürdet, die diese Forderungen besonders ungerecht empfanden, da andere Kirchspiele durchaus Nachlässe erhalten hatten. Ein „Kötter" aus Ochtrup, so die Beschwerde an die Räte in Münster, mußte so viel geben wie ein „Vollerbe" im benachbarten Amt.[7]

Metelen kann sich behaupten

Das Wigbold Metelen wurde von den Plagen des Krieges ebenso heimgesucht wie die anderen Orte im Fürstbistum Münster; ob es nun die Steueraufkommen waren, die ihnen abverlangt wurden, die Soldaten mit

1. Kerchspell Ochtorpff gelegen an westeigen ort hat schlim schlumig unfruchtbar landt. Das zu verwunderen wie vormals das Kerspel uff 300 R. in schatzung angeschlagen, Ein Koiteren [Kötter] in Kerspel Ochtorpff muß so viel geben als ein gantz Erbe im nachbar Kerspell, wan Ein Erbe außgethan wert kan es die halbe schatzung nit ainbringen,
2. 1633 im Kerspel logiert Ein gantz Regiment hessischer Reuter 3 Wochen lang; 1635 Ein Copagnie zu Pferde und Ein Compagnie zu fuß hessisch volck alda logiert 33 Wochen. 1638 das paltzgrevisch und schwedische C[ompag]n ger zu Ochtorff im Kerspel logiert drei tage und 3 nacht. Was uberig gebliven an Korn Immen hat der Maior Molete zu Nienborgh alles wegholen laißen. Darzu viele bauern be[i]le[i]be nidergehowen, weggefrt. darauff alle Eingeseßene nach Twenter, Bentheimb verlauffen. Das Kerspell must verbleiben. In disen beschwerlichen iharen hat das Kerspel krig schatzung an fürstl. pfennig Cammer bezohlet. Dahero die große Unabfindliche Rettanten an Kriegs Officiern ossigniert. Die itzlebende nach Erbe bezahln konnen,
3. [...]
4. Vielle aigenhorige der Geistlichen im Kerspell, diewelche mehrentheils wüst, darumb das Sie von den hessischn wegen fürstl diensten wij Reiden beschweret,
5. Die beschwerligheiten hat vielmals das Kerspell, auch die Gutthern fürstl. H. Rhete furgetragen umb linderung aber nichts erhalten kennen,
6. Nachbarn Kerspele solln gelindert sein, Ochtorff auff fiellen anschlagh unbegnadet verbleiben, das die Anmaßende barmmittig machet.
7. Da auff so vielfeltige supplicieren kein niederdagh wider zuversicht erfolgen würte ist nit anders als ein degeneration der Leuten und gewis ruin des gantzes Kerspel zu vermuten.

Beschwerde des Kirchspiels Ochtrup. o.D. Nordrhein-westfälisches Staatsarchiv Münster: Fürstentum Münster, Landesarchiv-Militaria, Nr. 291 [o.f.]

ihren Verpflegungsansprüchen oder gar die Pest, die besonders schwer in den Jahren 1635 und 1636 auch in Metelen hauste. Andererseits gelang es dem Ort, seine guten Beziehungen mit der Handelsstadt Deventer für sich zu nutzen und sich von dort die nötigen Kredite für die aufzubringenden Kontributionsleistungen zu besorgen.[8] Der Rat von Metelen zeigte sogar mehr Phantasie als andere in gleicher Lage: Als man sich immer mehr verschuldet hatte, beschlossen Bürgermeister und Gemeinheit von Metelen im Jahre 1640, einem gut situierten Kaufmann, der sich in Metelen niederlassen wollte, besondere Konditionen für seine Aufnahme als Bürger einzuräumen. Der Kaufmann half dem Rat vorab mit einem Kredit über 200 Reichstaler aus; im Gegenzug versprach der Rat ihm die Befreiung von jeglichen Kontributionszahlungen und Einquartierungen.[9] Ob dieses Versprechen einzulösen allerdings in der Macht des Rates stand, ist zu bezweifeln.

Auch Rheine findet noch Kreditgeber

Im Jahre 1632 verkauften Bürgermeister und Rat der Stadt Rheine der Äbtissin Maria von Grothaus „fünf und zwantzich gutte silberne vollgeluende Reichsthaler iahrlicher pension für fünffhundert Reichsthaler hauptzstuels", um die durch die „schwehrlich einquartirung des keißerlich Kriegßvolcks dieser Statt angekommener beschwernüß" entstandenen Kosten abzahlen zu können. Fast mit gleichem Wortlaut lieh Rheine sich zwei Jahre später vom Kloster noch einmal 320 Reichstaler und setzte dafür eine Rente von 16 silbernen Reichstalern aus, die jährlich zu entrichten war. Zur Sicherheit wurden bestimmte Güter benannt, so z.B. das eigene Adelsgut Langenhoff in Rheine, die „Höfe Schulte Maestrup im Kirchspiel Greven, Loysing im Kirchspiel Emsdetten und Pottmeyer im Kirchspiel Saerbeck, den Schlopzehnten in Höhe von 21 Molt Roggen zu Mesum und die Ziegelei vor der Stadt Rheine, außerdem alle Gefälle und speziell alle von der Brau-Pfanne und dem Pfannenzeichen fließende Einkünfte."[10]

Die Sicherheiten für die Kredite

Als Sicherheiten für die Kredite wurde oft das Adelsgut Langenhoff eingesetzt, das seit 1615 in Besitz der Stadt war. Zusammen mit den Rechten über den Hof Pottmeyers aus Saerbeck hatte Rheine den „eigenthumblichen freien Adlichen Hoeff und darauff stehenden Zimmer unnd Brauhauß wie dieselbe Hoff zu seinen Bezircken binnen Rheine ahn der Statts Mauer gelegen unnd alles waß darin nagelfest" war immerhin damals noch „baar" erwerben können. Vorbesitzer waren Albrecht von Langen und seine Frau Cornelia von Rutenberg gewesen, die dem neuen Besitzer alle Rechte, die mit dem Gut zusammenhingen, übertrugen: nach „Uhralter gerechtigkheit" die „Jagt auß der Statt Rhein auß allen pforten in Ämpteren von Rheine unnd Bevergern", außerdem das Recht, zum Landtag zu erscheinen; ebenso den Hof „Pottmeyer zu Saerbecke mit den Leuthen unnd seiner alten unnd neuwen Zubehor unnd Gerechtig-

In Gottes Namen geh' ick aus,
O Gott, bewahr min ganzes Haus!
Min Wif un mine Kindelin,
O Gott, laß die befalen sin!
Nun Herr/du grosser Gott/der du die Himmel zwingest/Der du/und keiner sonst/den Frieden wiederbringest
Wir wissen gar zu wol, daß ausser Fried und Ruh'
Hie nichts bestendig ist: Ach gib doch gnädig zu/
Daß alle Könige und grosse Potentaten
Der Krieg ergeben Welt zu Fried' und Eintracht rahten/
Damit der lange Krieg werd einmahl abgestelt
Und jedermann mit Lust erbawen mag sein Feld.
Ach laß' uns lauter Pflüg an stat der Büchsen sehen/
Gib/daß kein bluthigs Schwert durch unser Land kan gehen/
Laß Holstein friedlich seyn/straff unsre Bößheit nicht
Ach Herr/heb' über uns dein freundlichs Angesicht.
Laß uns dein gnädigs Wort/O trewer Vater/hören
In welchem du versprichst den Frieden zu verehren
Ach gönn' uns deinen Fried' Herr Gott bey dieser Zeit/
So preisen wir dich hie/und dort in Ewigkeit.

Hausinschriften in Lengerich (1636) und Leeden (1633); in: Friedrich Ernst Hunsche; 300 Jahre Schützenverein Leeden 1665-1965, Lengerich 1965, 19 und 47.

gegenüberliegende Seite:
Bettelnde Familie
Rembrandt (1606-1669)
Kupferstich
Osnabrück, Kulturgeschichtliches Museum

heit alles mit wurcklicher Unterlieferung deren darauff haltender Siegel, Briefe unnd Uhrkunden".[11] Neben dem Langenhoff und dem Kotten in Saerbeck wurde nur noch die Ziegelei vergleichsweise oft als Sicherheit genannt. Anders als viele Schuldner, die ihre eingesetzten Sicherheiten an die Gläubiger verloren, konnte Rheine immer wieder Geldgeber finden, die Kapital zur Tilgung der städtischen Verpflichtungen zur Verfügung stellten.

Die Armenkassen sind leer

Bettler oder Gesindel?

In einer Zeit, in der Steuern und Kontributionszahlungen nicht mehr geleistet werden konnten, blieben auch die Armenkassen leer.

„Den Armen zum Besten"

Das Kirchspiel Bevergern bekam zwar für das Jahr 1633 zwar noch insgesamt über 130 Mariengroschen zusammen, doch nach Abzug aller Auslagen blieben „den armen zum besten" weniger als 35 Mariengroschen.[12] Dreiunddreißig Jahre später konnten für die Armen insgesamt 274 Reichstaler von 153 Haushalten eingesammelt werden.[13]

Betteln, um zu überleben

Wer seine existentielle Grundlage verloren hatte und zu krank oder zu alt war, als Knecht oder Magd unterzukommen, dem blieb oft nichts anderes übrig, als seinen Ort zu verlassen und zu betteln. Für die Zeit während des Krieges gibt es kaum Quellen, die Auskunft geben, wie und wo die verarmten Menschen gebettelt haben. Sicher konnten sie nicht, wenn sie ohne Unterkunft waren, in den Kirchspielen verbleiben, sondern mußten versuchen, von Ort zu Ort zu gehen, und auf eine mildtätige Gabe hoffen. Die Mandate, die besonders nach dem Krieg gegen das Betteln erlassen wurden, weisen darauf hin, daß es eine große Schar von Menschen gab, die aus ihrem normalen Leben herausgerissen worden war. Hatte man kein Zuhause mehr, fühlte sich niemand für eine Unterstützung zuständig. Schon in der Gogerichtsordnung von 1621 wurden besonders die „Ziegeiner, garteknechte und der leich gesindel"[14] dazu aufgefordert, die Gegend zu verlassen und den Bauern nicht die Nahrung zu stehlen. Wieviel mehr mag sich im Laufe der Kriegszeit die Situation (nicht nur) für diese Außenseiter verschärft haben?

Item so jemandts in dussem Gogerichte unbekandte archwonige, verdechtige Persoenen, denst- und hernlose Knechte, Horen oft Boven [Spitzbuben], Gielen [Bettler], Prochen, die nicht arbeiden willen, herbergede, ufhaldetten oft drincken geve. Nota Dan ist der Brock darauf 10 Marck
Gödingsartikel, Nr. 5 aus dem Jahre 1578; in: Prinz [1950], 115-118, hier 116.

Ein 'Armutszeugnis' aus Ibbenbüren

Claus Steingröver traf deshalb umsichtige Vorsorge, nicht als Mitglied solchen 'Gesindels' davongejagt zu werden, wenn er sich in die Nachbargemeinde begab, um dort um Almosen zu bitten. Durch Überfälle und Einquartierungen – „Ubertöge und inquartierungen, so woll von Key: alß

auch Schweydische Troppn" - waren seine Vorräte aufgebraucht, sein Haus ausgeplündert. Zusätzlich hatte er sich durch einen Sturz vom Baum so verletzt, daß er sich - behindert durch die Verletzung und den Verband - kaum noch bewegen konnte und arbeitsunfähig war. Seine Ehefrau war bei einem Überfall von Soldaten schwer verletzt worden und hatte sich von den Folgen dieser Mißhandlung nicht mehr erholt, sie war „alt und krank" ein Pflegefall geworden. Steingröver bat deshalb den Pfarrer von Ibbenbüren, ihm eine Bestätigung auszustellen, daß er ihm bekannt sei und er wisse, daß Steingröver unschuldig in Not geraten war. Das Schreiben wollte Steingröver dann den Leuten zeigen, von denen er sich Unterstützung erhoffte. Der Pfarrer stellte ihm das Gewünschte aus, und Claus Steingröver bettelte nun mit Erlaubnis einer anerkannten Autorität in den Nachbargemeinden. Offenbar hat sich Steingröver dieses

Zu wißen sey hirmit Jeder mennichlichen, so mit diesen offenen patent vnd breef besocht werden, welcher gestalt verzeiger dieses Claes Steingröver des Kerspels Ibbenburen in der Graffschafft Lingen, wegen verschuiedene und vielfältigae vbertöge und inquartirungen, so woll von Key. alß auch Sweydischen tropen. Viell verscheydene mahlen, nicht allein beraubt, sein Hauß außgeplündert, sondern auch sein vehe gentzlich henwegh genommen, in sonderheit aber allß das Keysersche Krigscher Von beiden theilen umb Oßnabrugg sich nieder gelaght, gantz und gahr her undergebracht und ihme unleitlichen großen schaden Zugefügt, also das er nichtes mehr hat als sein einzgiges mit veilen Schulden behafftetes Heußlein und waß mehr ist, hat dieser obglten Steingröver einen so schwären fall gedaen von eine hohen boeme, daß er einen schwären brugh bekommen, und sein lieb in benden und rimen muß herumb tragen un tho den arbeit gahr unbequem. Weiters hat dieser eine sehr alte und beedlegrige frawe zu Hauß, welche sich vor etlichen Jahren iahmerlich gequetzet und von die vorgemlten Krigsvolkker uebergeriten und Zertretten worden; kan also ihre vohrige gesundheit nicht widerumb erlangen; seint also in eußerste noet geraden, daß ehr bramhertzige leute umb eine almosen muß besuchen, und hat von mihr untergmlten Pastoren schriftliche Zeugnusse begert, daßen Ich ihme wegen seiner Nemlichen ahrmut nicht weigern können. So langet dan hir mit mein freundtliches bitten und begeren an allen und iedermennichlichen so dieses schreiben wirt vor kommen, ein ieder so dieses Gott wirt mit herze geven, wolle diesen oggmlten auß Christliches mitleiden nach seinen Vermögen eine geringe almosen mittheilen, welches Gott almechtich laut seiner verheißunge reichlich wirt verg. Zu mehrer Urkunt der warheit hab Ich untergaeschreiben Pastor Zu Ibbenburen mit eigener hant untergeteikent und mit meinem angebornes pitschafts bedreffigt. Actum Ibbenburen, 13 Aprilis Ao 1641. Henricus Vathauer Pastor in Ibbenburen
Niedersächsisches Staatsarchiv Osnabrück, gedruckt in: Pelster o.J. [Laggenheck], 13 und 15.

'Zeugnis' immer wieder neu bestätigen lassen, auch als sein 'Bruch' schon längst verheilt gewesen sein muß.[15]

Die Obrigkeit schreitet ein

Wer Mitleid hatte und etwas gab, der wurde für diese Großzügigkeit nicht immer gelobt; man sorgte sich vielmehr darum, daß die Mildtätigkeit sich herumsprechen und weitere bettelnde Arme in das Dorf oder die Stadt kommen könnten.
Die weltliche wie die geistliche Obrigkeit war deshalb darauf bedacht, die Almosen für die Armen selbst einzusammeln und die Beträge unter den ihnen bekannten Notleidenden zu verteilen. Statt unkontrolliert 'fremden' Bettlern etwas zu geben sollten die Spenden in den 'Armenkasten' oder in den 'Armenbeutel' der Kirche eingezahlt werden.

Opferstock, 1632
Eisenbeschlagener Holzkasten
Westerkappeln, Evangelische Pfarrkirche
Foto: Kreis Steinfurt, Pressereferat

Die verlassenen Kinder

Die Waisenkinder auf dem Land

Wenn Eltern starben und Haus und Hof von anderen gepachtet wurden, konnten die verwaisten Kinder manchmal in dem Haus verbleiben, wenn die nachfolgenden Pächter sich damit einverstanden erklärten. Häufiger mußten die unmündigen Erben jedoch ihr bisheriges Zuhause verlassen, wie die „kleinen Töchterchens" vom Hofe Beulichmann in der Bauerschaft Westerode im Kirchspiel Greven. Nach dem Tode der Eltern fand sich in der Folgezeit kein neuer Pächter, der den hoch verschuldeten Hof übernehmen wollte.[16] Bei wem und wo die beiden Mädchen unterkamen, ist nicht überliefert. Greven hatte damals weder ein eigenes Armen- noch ein eigenes Waisenhaus. Meist wurden Waise bei weitläufigen Verwandten untergebracht oder zu Familien im Kirchspiel zur Pflege gegeben; manchmal fand sich auch ein Kloster bereit, einen alleinstehenden Jungen bzw. ein Mädchen aufzunehmen und zur 'Dienstarbeit' anzuleiten. In Ochtrup konnten Waisenkinder im 'Gasthaus zum Goch' untergebracht werden. 1633 stellte Gerrat Decker dem Haus ein Stück Land zur Verfügung und bestimmte, daß es so lange vom Gasthaus genutzt werden konnte, wie das Kind namens Lamert dort im 'Waisenhaus' lebte.[17] Es gab für die Armenhäuser keine Beschränkung, was das Alter betraf – wichtiger war wohl, daß die Aufgenommenen ihre Versorgung bezahlen konnten. Wenn dies nicht gewährleistet war, so kam in letzter Instanz das Kirchspiel bzw. die Armenkasse für die Verpflegungskosten des Bedürftigen auf. Bedenkt man die leeren Kassen der Kirchspiele, so wird man sich vorstellen müssen, daß ein Großteil der verwaisten Kinder ihren Unterhalt erbettelt hat.

Was war mit den „Soldatenkindern"?

Kinder, die im Tross einer Kompanie verwaisten, hatten es noch schwerer. Für ihre Versorgung war – falls nicht Vorsorge getroffen worden war – die Heimatgemeinde zuständig, demzufolge mußten sie dort hingebracht werden. Im Jahre 1627 verließ eine Soldatenfrau ihren in Lingen stationierten Mann; da sie schwer erkrankt war, wollte sie offenbar Vorsorge für ihr Kind treffen. Ziel ihrer Reise war ihr Heimatort Wesel, doch Mutter und Kind kamen nur bis Rheine. Die Mutter starb, und das „klein Kindt", das sie bei sich hatte, wurde in Pflege gegeben. Wahrscheinlich hatte der Rat der Stadt vor, das verwaiste Kind nach Wesel zu überführen. Dazu kam es allerdings nicht mehr, das geschwächte Kleinkind starb, bevor es auf Reisen geschickt werden konnte.

Alß vor 14 tagen ungefehr eine Soldatenfrauw, so von Linge kranck abkommen in d Münsterpforten verstorben und ein klein Kindt nachgelaßen, welches dan ein Erb. Rhat in Verwahrung gethan. Ist aber am 20. dieses strack verstorben.
Der frauwen pack aber ist durch die Stattsdienern eroffnet und durchgesehen worden etzlich Kind Gezeug gefunden neben d sehlig frauwen Rock
Item zwei briefe alß eine Misiffunden Testimonium dz gl Sehlige frauw mit ihren sachen zu Wesell copilirt worden.
Protokollbuch der Stadt Rheine 1625-1627. 28. Dezember 1627. Stadtarchiv Rheine: AA I, Nr. 344.

Die Pest

Die Pestjahre

Zu den kriegsbedingten Erschwernissen kamen die im Krieg besonders häufig auftretenden Seuchen, die das 'Elend' der Menschen verstärkten. In Rheine hatte die Pest schon im Jahre 1625 besonderes Leid gebracht. Auch in Osnabrück und Münster fiel der tödlichen Seuche eine große Zahl Menschen zum Opfer.[18] Die Pest der Jahre 1624 und 1625 gehört zu den großen Pestwellen, die mit den Epidemien von 1565/66 und 1597/98 zu vergleichen ist.[19] Nachfolgende Pestausbrüche im Dreißigjährigen Krieg blieben zwar regional begrenzt, wirkten sich aber auf die betroffenen Gebiete ebenso katastrophal aus.

Die Jahre 1634 bis 1636

In Burgsteinfurt, Horstmar und Greven – jenen Orten, in die die Soldaten häufig durchzogen – wütete die Pest in den Jahren 1635 und 1636 besonders übel. In Burgsteinfurt sollen nur noch 50 Menschen am Leben gewesen sein. Allerdings waren wohl die meisten vor Ausbruch der Seuche aus dem Ort geflohen. In Horstmar soll $^1/_6$ der Bevölkerung dem schwarzen Tod erlegen sein.

Die Städte sind besonders von Seuchen betroffen

Besonders die Städte konnten sich, waren die Seuchen erst einmal innerhalb der Stadtmauern, nur wenig schützen. Gefürchtete Seuchen waren neben der Pest die Lepra, die Syphilis und die Ruhr. Man wußte um die 'Ansteckungsgefahr' dieser Krankheiten, auch wenn man den genauen Hergang der Übertragung noch nicht erforscht hatte, und isolierte dementsprechend die Betroffenen meist außerhalb der Stadtmauern. In Rheine blieben die an der Pest Erkankten allerdings innerhalb der Stadt und wurden – isoliert von den Gesunden – in einem Haus in der Wallstraße bzw. in einer Unterkunft im Katthagen versorgt. Das Haus auf der Wallstraße hieß die „große Elende", das andere die „kleine Elende".[20]

Was man noch nicht wissen konnte

Gegen die in drei Formen auftretende Pest, die Beulenpest, die septikämische und die Lungenpest, hatte man im Grunde nur das Mittel der 'Isolie-

[...] Die particular zeichen dabei man weiß, ob diese oder jene persohn die Pest habe oder nicht, seint folgende:
1. Irstlich erzeigt sich gleichsamb ein starck hitzig fieber mit [sc]haudern und frost, endlich mit großer hitze,
2 Zum anderen Uberwerffen des Magens, und gantzliche benemmung des Appetits,
3 Zum dritten, Großes haubtwehe, und bittere Durheit[Trockenheit] des Mundes, mit großen unaußleschlichen Durste,
4 Zum Vierdten Unnaturliche Bangigkeit umbs hertz, mit großer unaußsprechlicher unmacht unnd schwackheit,
5 Zum funften gantz und gar kein, oder gantz unmaeßiger schlaeff, welches dann garböß,
6 Zum Seckstenn ein ungewonlich Angesicht, alß wan einer truncken, oder sonsten nit woll daheim were
7 Zum siebenden Fantasey und Verwirrungh des Verstandts,
8 Zum Achtenn Unruhe, daß man balt hin, balt dort sein will,
9 Zum Neundten trueber und stinckender Urin, Welcher von keiner warme sich klaret,
10 Zum Zehendten Pestilentische Beulen od Geschwulsten, so In aller eill herfur kommen, am Halß unnder dene Achselen, insunderheit In der Weiche des Leibs
11 Zum Elften ungewontliche Flecken und Blattern, biß weiln purpur, bißweilen blaw, auch zu Zeiten schwartz,
12 Zum Zwelften eiliger schwacher, und geringer Pols, Von diesen Zeichen ist zu wißen, 1. daß Sie nicht bei allen gefunden werden, sonde nur etliche, 2. daß ob sie schonn in andern Kranckheitn auch sein, alß in etzliche Fiebern, gleichwol alhir ungewondligsten und gefehrligsten, 3. daß die außschlagenden Bewlen alheitt sicherligste und unfeilbare anZeigeungen sein, wiewoll etzliche Pest ist, welche nit außschlecht, sondern In der eill den Meister spielet ohn außschlaegenn
Ulrich Söbbing, Eine Beschreibung der Pest von Johann Gigas (1582-1637), Westfälische Quellen im Bild 31 (1995), Seite 6.

rung'. Das Bakterium wurde erst 1894 entdeckt; die primäre Übertragungskette, Ratte - Rattenflöhe - Mensch, bzw. die sekundäre, Mensch - Menschenfloh - Mensch, waren noch nicht bekannt. Man ging davon aus, daß die 'Luft vergiftet' sei und die Krankheit durch Einatmen dieses Gifts übertragen würde. Daneben sah man im schlechten Gesundheitszustand bzw. der 'Disposition' eines Menschen eine Ursache seiner Erkrankung.

Vorsorge nach Vorschlägen von Dr. Gigas

Die Luft vom Gift befreien

Johann Gigas hatte sich als Arzt mit der 'Pest' beschäftigt und einige Beobachtungen zu ihrem Verlauf gemacht. Aus diesen Beobachtungen hatte er Vorschläge zu Verhaltensmaßnahmen und -regeln entwickelt, die er auch schriftlich festgehalten hat. Neben der vergifteten Luft, vor der man sich hüten sollte, sie einzuatmen, warnte er vor den Kranken selbst, ihren Hausgeräten und Kleidern, „insonderheit waß von wolle gemacht". Er sah aber auch in Katzen, Hunden und „andere thier, so auß einen hauß ins andere lauffen", eine Ansteckungsgefahr (insofern hat er die Trägerwirte der die Pest übertragenden Flöhe bereits ausfindig gemacht). Zudem fand er „kinder unnd junges volck, so allereli obst unnd sonsten vorderbliche speise in den leib jagen", besonders gefährdet.[21] Um die Luft vom Gift zu befreien, empfahl er, in Räumen, in denen nicht ständig Feuer gehalten werden konnte, Rauch durchziehen zu lassen: „rauchere mit wachholder beeren, deßelben holtz, mastix, weirauch, moscaten, negelen, lorberbletter, eichen laub, agtstein, essigh auf gluende kyselstein gegoßen unnd sunsten anderen, wolreichenden kreutteren, dan soviel dießer dampff platz einnimpt, so viel mueßen andere fremde schädliche dunste weichen".[22]

Die Flucht ist die beste Vorsorge

Wer allerdings konnte, der flüchtete aus der Enge der Stadt und zog sich aufs Land zurück. Auch Gigas empfahl, „sich weit darvon [zu] machen, je ehr je beßer"[23] und nur zögernd wieder zurückzukehren, und zwar erst dann, wenn die Gefahr wirklich vorüber sei. Wer in der Stadt verbleiben mußte, hatte nur geringe Chancen, der Krankheit zu entfliehen. Man stiftete den Heiligen, besonders den 'Pestheiligen' Antonius oder Sebastian, Nikolaus von Tolentino oder Rochus, und vermied es ansonsten, bereits Erkrankte zu kontaktieren.

Keine Fremden in die Stadt einlassen

Natürlich suchte sich die Stadt mit Verordnungen zu schützen. Gigas erwähnte z.B.: „Alß 1. daß man keine vorgiffte oder von suspecten orteren kommende personen leichtlich einlaße oder der verstorbenen kleider, haußrath, und anders auff gesunte ortere brenge."[24]

Sauberkeit ist höchstes Ziel

Besonderes Augenmerk wurde während der Seuche auf die Sauberkeit

Beerdigungszug, um 1588
Zeichnung, aquarelliert
aus dem Stammbuch des
Bernhart von dem Bongart
Westfälisches Privatarchiv

Der Szenenausschnitt zeigt, wie ein in Tüchern gehüllter Leichnam, der zum Transport an eine Stange gebunden wurde, weggebracht wird. Einer der Träger hält einen Wasserkrug in Händen, der andere, jüngere – offenbar ein Knecht – hält einen Stab. Drei weitere Männer begleiten den Transport. Vielleicht sind sie Mitglieder einer 'Bruderschaft', zuständig für die Pflege und Bestattung Pestkranker, oder es sind Amtsmänner, die die Begleitung und Überwachung des Leichnams zum Friedhof übernommen haben.

innerhalb der Stadt gelegt: Die Straßen, Häuser und Ställe sollten gekehrt und von Abfällen und Mist befreit werden. In Kriegszeiten, in denen sich weitaus mehr Menschen und Tiere in und vor der Stadt aufhielten, konnten die geforderten hygienischen Maßnahmen vermutlich nicht geleistet werden. Es ist eher das Gegenteil anzunehmen, daß gerade die 'unhygienischen' Zustände eine Ursache des Ausbruchs der Seuche waren.

Die Kennzeichnung der Häuser

Die Häuser, in denen sich Pestkranke aufhielten, wurden gekennzeichnet und so Gesunde vorgewarnt; und man bestimmte, daß auch jene, die die Kranken pflegten und versorgten, sich von den Gesunden fernzuhalten hatten. In manchen Städten bildeten sich Bruderschaften, die die Pflege und Bestattung der Seuchenopfer übernahmen; für Rheine ist eine solche Gründung allerdings nicht überliefert. Die von Gigas aufgestellten zehn Regeln (mit insgesamt 22 Artikeln), sahen die Isolierung des Kranken vor, die Kennzeichnung der Pest-Häuser, die Versorgung der Erkrankten mit Medikamenten und die sofortige Beseitigung der Leichname. Gigas empfahl zudem, die Schulen zu schließen und so die besonders empfindlichen Kinder zu schützen, des weiteren sollte jegliche größere Zusammenkunft vermieden werden.[25]

Die Toten

Es war üblich, die an der Seuche Verstorbenen so schnell wie möglich,

am besten noch am gleichen Tag, zum Friedhof zu bringen und zu beerdigen. An manchen Orten wurden Knechte benannt, die die Toten, oft nur in Leinentücher eingewickelt, auf sogenannte Pestwagen karrten und sie eiligst zum Friedhof brachten.[26] Gigas verweist ausdrücklich darauf, die Toten tief genug unter die Erde zu bringen, damit jegliche Ansteckungsgefahr auch wirklich vermieden werde. Um die Menschen nicht zu sehr über die große Zahl der Verstorbenen zu schockieren, wurde das bei Begräbnissen sonst übliche Glockenläuten in Pestzeiten meist eingestellt, ja es wurde sogar, wie Gigas beschrieb, „derowegen an vielen orteren bei der nacht die verstorbene heimlich begraben".[27]
Rheine hatte 1625 einen zusätzlichen Friedhof für seine Pesttoten eingerichtet. Damals waren die „Christenleichname", so der Rat an den Kurfürsten, ganz unchristlich aus ihrer Ruhe gebracht worden, weil der Friedhof ständig umgegraben werden mußte.[28] In der Nähe der zum Heilig-Geist-Hospital gehörenden Kirche (auf dem heutigen Heilig-Geist-Platz) wurde der zusätzliche Begräbnisplatz eingerichtet. Daß die Kirche bei der neuen Begräbnisstätte, die im Laufe der Zeit St. Nicolai-Kirche genannt wurde, ihre Benennung nach dem Pestheiligen Nikolaus von Tolentino (mit dem Stern auf der Brust) aus dieser Zeit erhalten hat, ist denkbar; neben dem Festtag der heiligen Elisabeth und dem heiligen Hieronymus wurde jedenfalls auch der Tag des heiligen Nikolaus festlich in dieser Kirche begangen.

Heiliger Rochus, um 1630
Werkstatt Gerhard Gröningers
Sandstein (mit moderner Bemalung)
Nienberge, Katholische Pfarrkirche
St. Sebastian
Foto: Karl-Heinz Wilp, Steinfurt

Kriegstaktik und Verhandlungsgeschick

Die Festungen - Zankapfel der Kriegsparteien

Die Festung Lingen soll geschleift werden

Im Juni 1632 hatte die Infantin von Spanien dem Drängen des Kurfürsten zu Köln und Bischof zu Münster nachgegeben und eingewilligt, Lingen zu neutralisieren und die Festung dort schleifen zu lassen.[1] Mit der Durchführung wurde der Bischof von Osnabrück, Franz Wilhelm von Wartenberg, beauftragt. Artillerie und Munition sollten nach Osnabrück in die Petersburg gebracht werden und dort für die spanischen Truppen in Verwahrung gehalten werden. „Der kaiserliche General-Feldmarschal, Graf von Pappenheim, hatte indeß schon früher Befehl ertheilt, daß zur besseren Besatzung der Feste Petersburg 2 halbe Karthaunen mit Zubehör und 600 Kugeln, auch drei Handmühlen, aus der Lingenschen Festung verabfolgt werden sollten".[2] Lingen wurde aller Verteidigungsmöglichkeiten beraubt.
Generalfeldmarschall Pappenheim hatte dem Stadtkommandanten befohlen, die Festung zu schleifen. Die Gefahr schien zu groß, daß sich die Schweden im Verbund mit staatischen Truppen in Lingen niederließen und von dort aus das Emsland besetzt hielten.

Karte der Grafschaft Lingen im 17. und 18. Jahrhundert, 1849, Ausschnitt
Lithographie nach Zeichnung von Geometer Seeling
Osnabrück, Niedersächsisches Staatsarchiv

Die Ämter sollen bei der Niederlegung helfen

Die Ämter Emsland, Cloppenburg, Vechta und Bevergern wurden aufgefordert, bei der Niederlegung der Burg und Festung Lingen mitzuhelfen. Ebenso ging eine Aufforderung ähnlichen Inhalts an den Grafen Wilhelm Heinrich zu Steinfurt.[3]

Das Jahr 1633

Am 5. Januar 1633 übernahm der Prinz von Oranien die Grafschaft Lingen und setzte Rütger van Haersolte als Drosten ein. Am 12./21. September des gleichen Jahres wurde Osnabrück von Feldmarschall Dodo von Knyphausen und Innhausen eingenommen.
Herzog Georg von Braunschweig-Lüneburg, Feldoberst des Niedersächsischen Kreises, hatte sich mit seinen Truppen dem Schwedenkönig unterstellt; an seiner Seite befand sich sein ehemaliger General Dodo von Knyphausen, der nun als schwedischer Feldmarschall agierte. Siegreich in der Schlacht bei (Hessisch) Oldendorf am 8. Juli 1633, wollte er nun, zusammen mit den Truppen Wilhelms V. von Hessen, die Verbindung zu den niederländischen Generalstaaten herstellen. Der Nordwesten des Reichs war so gut wie in protestantischer Hand; nun wollte man das Stift Münster in Besitz nehmen.

Um diesem Ziel näher zu kommen, wäre die Einnahme der Stadt Münster eine strategisch wichtige Voraussetzung gewesen; vom 26. bis 30. August 1633 lagerten hessische Truppen vor Münster, doch mußten sie unverrichteter Dinge nach Rheine abziehen.

Amtssitz und Burg Bevergern werden besetzt

Am 15. September 1633 wurde das Wigbold Bevergern durch Feldmarschall Dodo von Knyphausen eingenommen. Die Einnahme erfolgte ohne größere Kampfhandlungen, im Gegenteil, man hatte die „lüeneburgischen one ein je resistenz eingelaßen“,[4] und nach vier Tagen Belagerung konnte auch die Burg und damit das Amt Bevergern eingenommen werden.[5] Feldmarschall Knyphausen setzte als Kommandanten den Schotten Olaf Hanson ein, der jedoch auf Veranlassung des schwedischen Reichskanzlers Axel Oxenstierna am 29. Mai 1634 [6] Burg und Amt dem Prinzen von Oranien übergeben mußte. Dieser ließ sie mit ca. 50 bis 60 Mann besetzen; Kommandant wurde Julius von Gönen, laut Bericht des Drosten von Twickel ein Mann „geringen Herkommens“, der ehemals Schuster gewesen sein soll und wegen seiner Tapferkeit im Krieg zum Leutnant ernannt worden war.[7]

Dr. Munnich im Amt des Rentmeisters

Die Geschäfte des Amtsrentmeisters und Verwalters übernahm – spätestens seit Oktober 1635 – der von Lingen gesandte Dr. Heinrich Munnich.[8] Von der Übergabe nicht betroffen war das Wigbold Bevergern, doch hatten sich die Bürger – schon aus Selbsterhaltungstrieb – dem neuen Burg- und Amtsherren anzupassen.

Der Kampf um die Burg

Seit Übergabe der Burg an die Oranier gab es Pläne, Amt und Schloß für den Landesherrn zurückzuerobern. Im September 1634 schlug der Droste von Twickel eine Rückeroberung des Amtssitzes mit eigenen Leuten vor, Ende 1635 riet man dem Kurfürsten in Köln, mit Hilfe der Spanier den Versuch zu wagen, wieder in den Besitz der Burg zu gelangen. Doch Kurfürst Ferdinand sah sich nicht in der Lage, aus eigenständigen Mitteln die Rückeroberung zu forcieren; er rechnete vielmehr mit einem Engagement der kaiserlichen Truppen, wie einem Brief vom 4. März 1636 an seine Räte in Münster zu entnehmen ist.[9] Inzwischen zog der in oranischen Diensten stehende Rentmeister Dr. Munnich die Kriegsabgaben bei den Eingesessenen in den Kirchspielen des Amtes Bevergern ein.

Auch das Wigbold wird besetzt

Als kaiserliche Soldaten das Wigbold besetzten und Soldaten aus der Kompanie des Drosten Twickel einquartiert wurden, lag eine Rückeroberung des Amtshauses nahe. Doch man benötigte die Männer in Rheine, und auf Befehl Alexanders II. von Velen zog der Großteil der Soldaten aus Bevergern ab. Die zurückgelassene Mannschaft konnte eine Besetzung des Wigbolds durch staatische Soldaten am 9. August 1637 nicht verhindern.

Ew WollEdl. sein meine bereitwilligste pflichtschuldige dienste bevor demnegst hab dienstlig verstendigen sollen, daß heutigen mittag zwischen zwolff und ein Uhren die Orangische von hiesigem Ambthause das Wigbolt wiederumb eingenohmmen Ew. WollEl soldaten unnd Schützen auß denn pforten getrieben, dieselbe wiederumb besetzt aber ihnen kein gewöhr genohmmen, sagendt Die solten vortgehn die wacht wehre ihnnen bevohlen, oder Sie wolten feur uff sie geben, wie zeiger dieses berichtet, und sein eben so vort mher soldaten von Lenge oder Ippenbueren herein kommen, So kumbt auch bey verfertigung dieses der Sergiant vom Schloß Anton hardt bey mich inß hauß entschuldiget sich dießer einnohmb für seine Persohn unnd sagt daß Er deßwegen von Ihrer Printzl: Exeltz. von Orangen unnd drosten zu Linge Order habe das flecken zu besetzen unnd für alle kriegende theile zu schützen weilln daß Wigbolt mit so weinig soldaten besetzt gewesen, berichtet da bey daß Ew. WollEdl. logiment nicht allein zu deroselben dienst open unnd frey pleiben, Sundern auch Ew. WollEdl. frey sein Ihre heußhaltung alhie zu asterfolgen sollen für die Schwedsche unnd andere feindlige Volker hiebinnen geschützet und beschirmet werden, Welches in eill nicht verhalten solte, gestalt die fürstl. Münst. heimbgel. Herrn Rhedte so vort davon avisiert werden müegen Ew. WollEdl. damitt Eelentz Bevergerne [...].
Hausvogt Johann Hensendorf an den Drosten zu Bevergern, Johann Beveren von Twickel. Bevergern, 9. August 1637. Staatsarchiv Münster: Fürstentum Münster, Landesarchiv, Fach 272, Nr. 2, fol. 355.

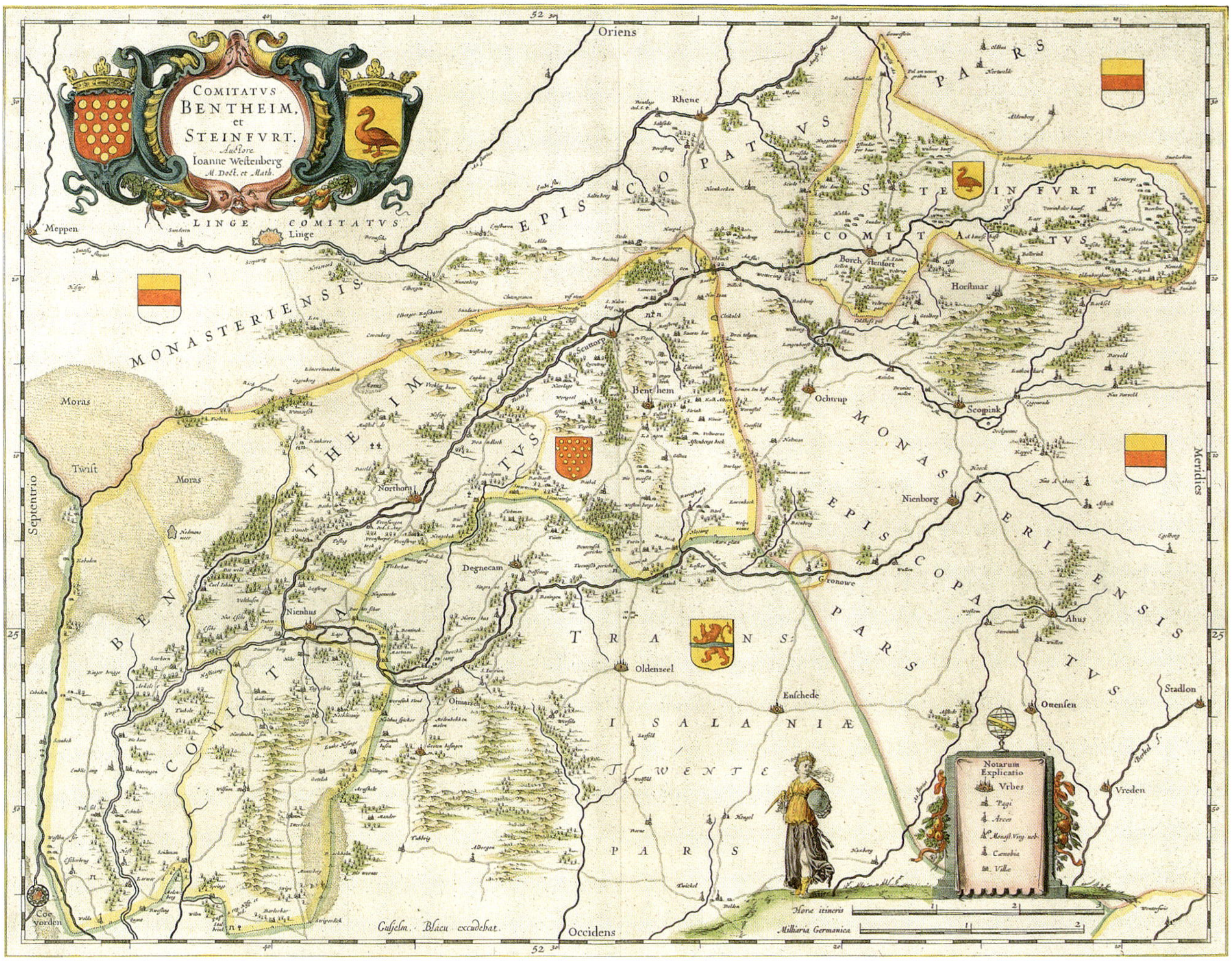

COMITAVS BENTHEIM et STEINFURT. Karte der Grafschaft Bentheim und Steinfurt, 1640
Ioannes Westenberg
Münster, Nordrhein-Westfälisches Staatsarchiv

Amtssitz und Burg Horstmar

Die Vorsorge der Hessen

Als Carl Rabenhaupt mit seinen Truppen das Schloß Steinfurt besetzt hielt, mußte er damit rechnen, daß von der nahegelegenen Burg Horstmar, in der Munition und Waffen lagerten, ein Angriff erfolgen und ihn bald in Bedrängnis bringen könnte. Als Carl Rabenhaupt mit seinen Truppen das Schloß Steinfurt besetzt hielt, mußte er damit rechnen, daß von der nahegelegenen Burg Horstmar, in der Munition und Waffen lagerten, ein Angriff erfolgen und ihn bald in Bedrängnis bringen könnte.
Um eine Besetzung der Burg Horstmar mit einer größeren Zahl von Soldaten zu verhindern, erließ er umgehend Befehl, die nahegelegene Festung zu schleifen. Der Befehl richtete sich an die Bürger der Stadt Horstmar. Diese, das Beispiel Bevergerns vor Augen, wo bei der Auseinandersetzung um den Stützpunkt nicht zuletzt die Einwohner des Wigbolds die Leidtragenden waren, kamen dem Befehl nach. Die Horstmarer han-

Es wird hiermit der Stadt Horstmar ernstlich anbefohlen, die Festung des Hauses daselbsten niederzureißen und was noch an truckenem Holz im Keller und sonsten vorhanden neben dieser Partei anzuzünden und zu verbranden; wie auch die Pforten und Tornbrüggen am selben Hause ganz abzubrechen und zu demolieren. Im widrigen Falle aber, da solches von euch nicht geschehen wird, und der Feind darüber dasselbe incorporieren und wiederumb befestigen und seinen Unterhalt also aus Eurer Stadt ziehen möchte, werde ich das Haus samt Eurer Stadt ganz und gar in die Esche setzen lassen. Danach ihr euch das Schicksal zu richten habt. Signatum Steinfurt, den 3. Januari anno 1635.
Zit. n. Franz Isfort/Anton Janßen, Horstmar. Bernhard der Gute von Horstmar. Heimatschrift der Stadt Horstmar zur Festwoche vom 2. Juli bis 11. Juli 1977 anläßlich des 750. Todestages des Edlen Bernhards des Guten von Horstmar und 50jährigen Bestehens des Heimatvereins Horstmar, hrsg. vom Ortskulturring der Stadt Horstmar, Horstmar 1977, 25.

delten damit zwar gegen die Interessen ihres Landesherrn, doch bedroht vom Feind sahen sie keine andere Wahl. Die Burg wurde geschleift, und die Bürger nutzten die Reste der Gemäuer in der Folgezeit als Baumaterial für ihre eigenen, von Überfällen und Brandanschlägen zerstörten Häuser.

Die Steinfurter „frolocken" ?

„Das schone veralter Münsterich Ambt und fürstligh Residentzhauß horstmar/:welches den Steinfurttischen Steetz ein Dorn im Augh geweßen:/auß dem Hauß Steinfuert, durch Die alda logirt gewesene hessische soldaten mit großen frolocken der steinfurttischen eingesessenen, deren nach eingelengten bericht nach etliche dazu weidtlich geholfen haben sollen", wurde niedergelegt.[10] Auch wenn die Zerstörung der Burg Horstmar einen politischen Prestigeverlust des Bischofs darstellte, so standen bei der Niederlegung eines solchen Verteidigungsstützpunkts doch eher strategische Ziele im Vordergrund und wurden im übrigen von jeder Kriegspartei angewandt. Zogen solche Festungen doch stets die feindlichen Truppen an: Hatte man sie erst einmal in Besitz, wurde eine Garnison einquartiert, und man konnte von diesem Stützpunkt aus ein größeres Gebiet kontrollieren.
Insofern mag die Niederlegung der Burg tatsächlich im Interesse des Grafen von Steinfurt gelegen haben. Auch die Einwohner von Horstmar mögen sich insgeheim Hoffnung auf Verschonung zukünftiger feindlicher Belagerungen gemacht haben, da sie trotz Schutzbriefes des kaiserlichen Generalfeldmarschalls immer wieder, besonders auch von hessischen Truppen, die sich der Burg zu bemächtigen suchten, überfallen worden waren.

Die Burg Bevergern verfällt

Die Festung Bevergern blieb dagegen weiterhin ein Zankapfel zwischen den Kriegsparteien. Während der letzten Kriegsphase im Besitz des Prinzen von Oranien, wurde ihre Übergabe an den Landesherrn im Friedensvertrag von 1648 festgelegt. Doch da man sich außerstande sah, die Entschädigungszahlungen an den Prinzen zu leisten, blieb die Burg vorerst in seinem Besitz.
Inzwischen waren die Gebäude verfallen, und der Burgvogt hatte Mühe, ihren Einsturz abzuwenden. Im März 1651 mußte er an den Drosten zu Lingen berichten, daß besonders „an der seiten, da es eingefallen, ober der stuben an der Küchen daselbst ist alles nachgewichen, und mus nothwendig fallen", wenn nicht bald etwas geschieht. Das Mauerwerk konnte nicht einmal provisorisch abgestützt werden, weil die dazu notwendigen Holzstämme nicht aufzutreiben waren.

Es gibt kein Holz für Reparaturen

Bischöfliche Beamte aus dem Amt Rheine hatten den Zimmerleuten verboten, Holz zu schlagen, und als der Vogt zu Bevergern die Sache selbst in die Hand nehmen wollte, mußte er unverrichteter Dinge wieder abzie-

Die Befreiung der Burg Bevergern von feindlicher Besatzung durch fürstbischöfliche Truppen und dem Amtsdrosten Jan Beveren von Twickel, nach 1652
Aquarell auf Papier
Havixbeck, Archiv Freiherr von Twickel
Foto: Kreis Steinfurt, Pressereferat

hen: Die von ihm bestellten Bauern, die die Bäume fällen sollten, waren nicht erschienen, sondern hatten ihm ausrichten lassen, es sei ihnen nicht erlaubt, für ihn tätig zu werden. Als er mit Strafe und Pfändung drohte, erschienen aus dem Amt Rheine die Soldaten des Bischofs.[11]
Da Reparaturarbeiten nicht geleistet werden konnten, mußte Vogt Bertlinck sogar fürchten, die einzige Brücke zur Burg könnte ihm unter den Wagenrädern wegbrechen.[12] Resigniert berichtete er nach Lingen, daß die Interessen des Prinzen nicht durchzusetzen seien, Kontributionszahlungen nicht geleistet würden und die 'Münsterschen' sogar von der Kanzel verkünden ließen, Steuern und Abgaben nur an die Beamten des neuen Bischofs zu leisten.[13]

Droste von Twickel klärt den Besitzstand zugunsten des Bischofs

Auch wenn sich der Vogt noch ein Jahr in der baufällig gewordenen Burg halten konnte, so mußte er die ungastlich gewordenen Gemäuer im August 1652 letztlich doch verlassen, wenn auch nicht nicht ganz freiwillig. Mit einer List war es dem Amtsdrosten von Rheine und Bevergern, Johann Beveren von Twickel, gelungen, die Burg einzunehmen.[14] Die Vorgehensweise, mit der die Burg den Oraniern abgetrotzt werden konnte, beschrieb Tepe Kramer, ein Fähnrich, der vormals in holländischen Diensten gestanden hatte. Seine Schilderung war einem Bittgesuch beigelegt, in dem er um Unterstützung für seine Familie bat.

Grenze zwischen Münster und der Obergrafschaft Lingen bei Bevergern, um 1705, Ausschnitt
Federzeichnung, aquarelliert
Adolf Cloppenborg nach einer Vorlage von 1616 von Adolf van Gimmenich und Egbert Wandtscher
Osnabrück, Niedersächsisches Staatsarchiv

Mein Teepen Kramers gewesenen Fendrichs unter Ihro hochfürstl. Gnad zu Oßnabrügk, bericht, wegen gemachten anschlags auff daß Schloß bevergern.
Zuvörderst ist zu wißen, nachdem Ihro hochEdl. &. Gestr Hl obrister Lieutenambt Vnnd Drost Twickel einige soldaten, umb unter die oranische dienst zu nehmmen in Bevergern gesandt, Ich zu des Haubtmans Verwaltern gesprochen, daß mehr alß Vier soldaten darinnen sein muesten, worauf noch drei gefolgt, Und also sieben insambt sich befunden, mit welchen auf Ihro HochEdl. & Gestr. gegebenen Vorschlagh Ich des Anschlags halben communicirt, vnd alß Ich wollgln Hl obrist Lieutenambt Vnnd Drosten davon berichtet, und selbigen widerrumb hierüber consulirt, hat zur antwort geben, wie auch des Haubtmans Verwalter, man müeste auf daß Schloß oder Hauß ansetzen, worauf mich von Rheine hinwidder auf Bevergern erhoben, daßelbe meinen Cameraden oder collegen zuerkennen geben, dha wir mit ein ander unsern Zuvor gemachten anschlag permutirt, unnd Hl. Obrist Lieutenambts rhat nach, folgenden anschlag aufs Schloß gemacht, Alß sich nun denselben mehr wolglr. hl Obrist Lieutenambt und Dorst gefallen laßen, habe darzu einige handtgranaten, so der hl Haubtmans Verwalter mir in die Rodder wyschen Zugebracht, begert, so Ich empfangen und Vnter ein holfften voll äpfell in Bevergern getragen, gefragt, waß im Holfter hette, habe zur andtwort geben äpfele, also damit hineingangen, und meine collegen in Lambert von Lyens Hauß da selbst widderumb bescheidn Ihnnen gelt zenv und erden mehl, so hl Obrist Lieutenambt Twickell mir zugestelt, gelangt, all who wir unß zusammen zu leben unnd zu sterben, auch ener dem andern trew und holt zu sein, beschworen, und waß ieder verrichten soll, uns verreinbart, benentlich daß Joachim Rhebecke den Sergianten angriffen, Matthias Möller die stücke loesen, der Schwarte Hanß die Brücken auffziehen, die andern aber solten mit den dobbeltn Haken fewr geben, und Ich auff der brügggen biß deren verpleiben, daß gewiße sähe, daß eß gewunnen were, weill Ich anloben müßen Ihnnen Innerhalb einer halben stunden einen succueß zubringen, welches reportirt, und seint also auff Ihro HochEdl. &. Gestr belieben die soldaten zwarn nacher Coeßfelt commandirt, aber durch die nacht sich in eine Zehent scheune bei Rodde den von Gravenhorst zustendig, verborgen gehalten, dieß habe zu bevergern spargirt, daß die Volcker nacher Coeßfelt widder gezogen, welches auch geglaubt worden, haben aber die oranische Patroli außgesant, Welcher Ich biß ahn bte Zehentscheune, worin die Unserige verborgen lagen, durch die nacht beyseits ahn gefolgt, umb zu erfahren ob eß auch außkommen würde, alß nhun der 28. tag Augusti eingefallen, hat sich ein ieder des seinigen angelegen sein laßen, und alß die Oranische umb Vier Uhren nachmittag die wacht auffuhren willen, seint die soldaten fuer der Pforten stehen plieben, Matthias von Oer od rotkop aber von den unserigen, bei einigen oranischen zwischen beiden brüggen verplieben, und ist also, als Joachim rhebeckhe fuer einen stufer toback gekauft der Sergiant angegriffen, die nähiste brucke zum schloß aufgezogen, die stücke geloeset, Ich auch minder alß ein halbe stunde, nachdem Ich gesehen daß der anschlag gelungen, den Succurs durch ein loch welches Ich darzu gemacht hatte, durch eine ledder davon die lengede durch benandte Kernebecke ubergesant, auffs schloß gebracht, und dha selbigen thages der anschlag nit gelungen, solten Matthias Möller und d Schwarte Hanß bei d nacht der Schiltwacht den Halz zerbrochen haben, in maßen dieselbe die Wacht drauf gehabt, und also daß schloß bestigen sein worden, Ich also durch rhat Ihrer hochEdl. &. Gestr. hl Obrist Lieutenambts und Drost Twickels daß hauß Bevergern In Ihrer hochfürstl. Gnadn macht und gewalt hinwidderum kommen.
Bericht von Tepe Kramer. Bevergern, 6. September 1652. Nordrhein-Westfälisches Staatsarchiv Münster: Fürstentum Münster, Landesarchiv 272, Nr. 4 fol. 557-559.

Die Festung wird gesprengt

Einige Jahrzehnte später existierte der 'Zankapfel' zwischen dem Fürstbistum Münster und dem angrenzenden Nachbarn nicht mehr: Vom 6. März bis 15. März 1680 wurde die Burg Bevergern im Auftrag des Bischofs gesprengt.

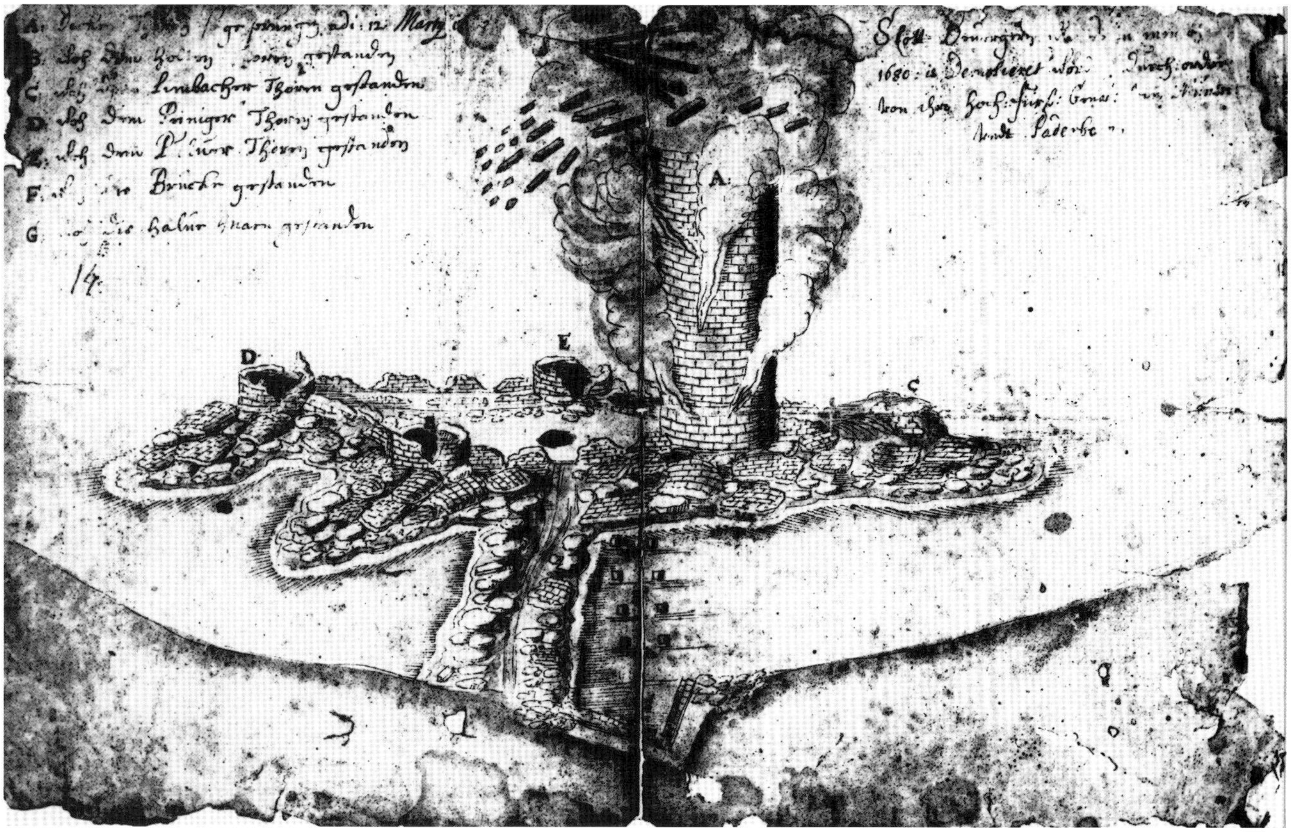

„Die Burg zu Bevergern erbaut ihm Jahr 1130 und gesprengt von 6ten bis 15ten Merz 1680 vom Drosten Ch.B.v.Twikel Christian Corveijnten", nach 1680
Federzeichnung auf Papier
Privatbesitz, Kopie im Heimathaus Bevergern
Foto: Georg Pistorius, Lichtbild, Hörstel

Eine Trutzburg anderer Art - Burgsteinfurt

Zwischen den Parteien

Graf Arnold Jost übernimmt die 'Herrschaft' Steinfurt

Nach dem Tod Graf Wilhelm Heinrichs von Steinfurt, der am 6. Oktober 1632 verstorben war, versuchte Graf Arnold Jost von Bentheim, den Status der Neutralität für Schloß und Stadt Burgsteinfurt zu erreichen. Doch Burgsteinfurt wurde die nächsten Jahre in steter Abwechslung entweder von den 'Münsterschen' oder den 'Hessischen' besetzt gehalten. Befanden sich im Jahre 1633 noch Soldaten Wilhelms V. von Hessen-Kassel in Burgsteinfurt, so zog im Februar 1634 Baron von Ketteler mit seinen Soldaten in Stadt und Schloß ein. Im Mai jedoch mußten sie wieder abziehen, da

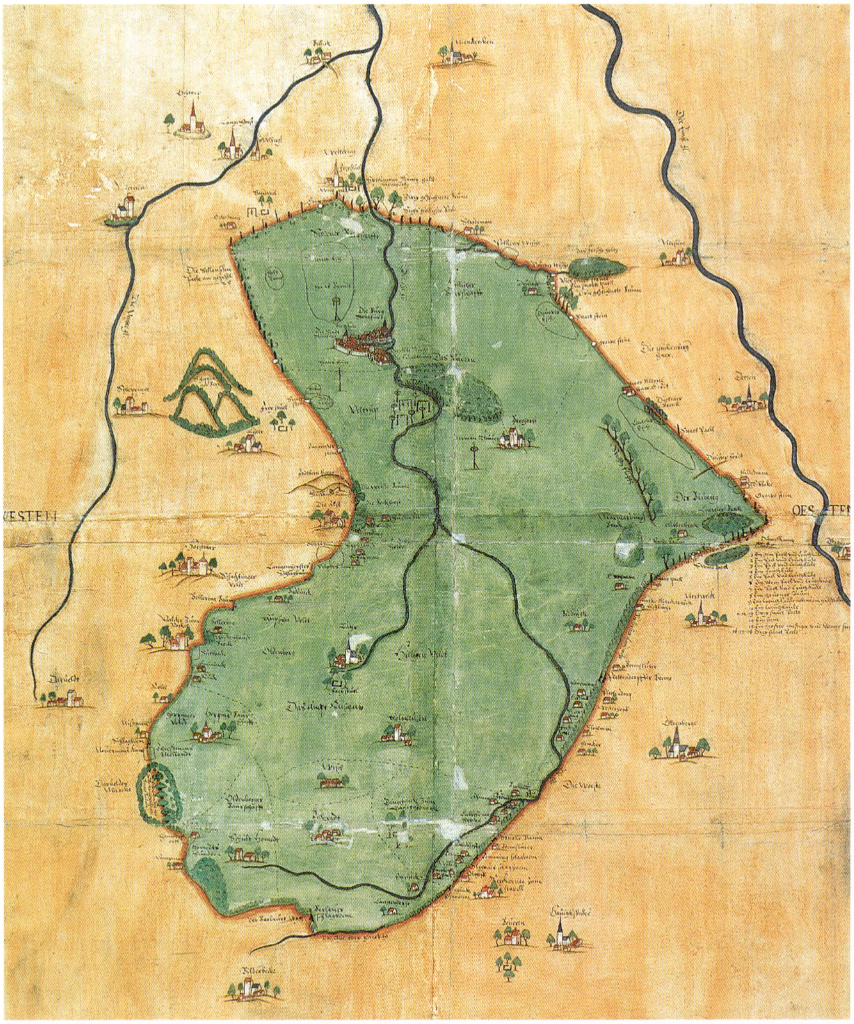

Reichsgrafschaft Steinfurt, 1597
Henrich Nehmer [Pfarrer zu Emlichheim]
Federzeichnung, aquarelliert
Münster, Nordrhein-Westfälisches Staatsarchiv

1635, November Rittmeister Dankelman mit seiner Compagnei Pferd, wie auch nach dessen Abzug Ritmr Piekenkamp und welsting anhero ankommen und einquartiert, so wir alle mit Kost bier, Haber und Hew haben verpflegen müssen.
1636 Hauptman Warburh, Hauptman Hovel wieder einquartiert, das Westerholtische Regiment zu fueß wieder versamblet, nach etlichen Wochen der Gen. Wachtmeister Fr. von Westerholt, neben hohen officieren als Obr. Leutnant Obristen Wachtmeister und andere Hauptleuthe neben deren Compagneien hieselbst logiret vom 1. April [1636]- Michaelis alhie einquartiert.
Uf Michaelis Hauptman Schreiber mit seiner Compagnei zu Fuß aufm Schloß sein quartier genohmen, deme wir vorerst an die Viertzig Rthlr. itz uber 50 Rthlr serviẞgelt wöchentlich haben bißhero uber die bette, Keßell Pötte, geben müßen.
30. Dez. Ritmeister Knephausen mit seiner Compagnei Pferd hierein gekommen, das ganze Jahr 1637 verpflegt, hat etliche Thausend gekostet. und zur gleichen Zeit den Westerholtischen wöchentlich bis zum 1.12. [1637] 60 Rthlr. in Rhene bezahlen müßen.
1. 12. 1637 bis zum letzten Juny 1638 wöchentlich Herrn Baron Ketler gleichf. 80 Reichstaler Uheno
18. Juni 1638 General Wachtmeister Freiherr von Westerholt mit s. ganzen Regiement zu Pferd hier einquartiert, sein 9 Wochen hier, und jetzt General Wachtmeister Freiherr von Vehlen uns von seinem Regiment tismonierte Reuter zugeschickt, so itz 4 Compagneien stark, als Obrister Lieutenant Knigge, Ritmeister La Court und Kniephausen und Ritm. Schade so wie biß dato ohn einige bestewr mit aller Nodturft für sie und deren Pferde verpflegen + wöchentliches Servißgeld.
Schadensverzeichnis für Stadt und Grafschaft Steinfurt. 3. Dezember 1638. Fürstliches Archiv Burgsteinfurt: Akten, Bestand D 30, fol. 175-176.

nun wieder die Hessen im Anmarsch waren. Für die Einwohner Steinfurts und der Umgebung machte es jedoch keinen Unterschied, welche der Kriegsparteien sich hinter den Gemäuern von Steinfurt niederließ; für die Versorgung der Soldaten hatten sie in jedem Falle aufzukommen.

Wenn sich zwei streiten, freut sich der Dritte

Im Zusammenhang mit den Erbstreitigkeiten um die Grafschaft bzw. Herrschaft Steinfurt suchten die Grafen zu Tecklenburg, die ständig wechselnde Besetzung Steinfurts in den Jahren 1633 bis 1638 für ihre Interessen zu nutzen. Die Rechte Graf Arnold Josts an Steinfurt waren ihm von seinen Neffen, den Grafen Mauritz (Moritz) und Friedrich Ludwig von Tecklenburg/Rheda streitig gemacht worden. In diesem Zwist versuchten die Grafen, die jeweiligen Kriegsparteien für ihre Interessen einzuspannen. Graf Arnold konnte sich der Gunst Wilhelms V. von Hessen-Kassel sicher sein. Zum einen hatte dieser ein territoriales Interesse am Fürstbistum Münster, zum anderen war er als Calvinist dem Grafen konfessionell verbunden. Dagegen versuchten die Tecklenburger Grafen, im Gefolge der kaiserlichen Besetzungen ihre Rechte geltend zu machen. 1635 hatten sie sich „mit Hülfe der Kaysserlichen Truppen [...] Landeshoheit und sonstige Rechte" an der Grafschaft bzw. an der Herrschaft Steinfurt angemaßt; so jedenfalls schätzte dies Johann Theodor von Reinhard hundert Jahre später in der Schloßchronik ein.[15]

Der Vergleich

Doch offenbar mußten die Grafen erkennen, daß keine der beiden kriegsführenden Parteien tatsächlich in ihrem Interesse handelte. 1638 wurde mit einem Interimsvergleich vom 12. März der Erbstreit vorerst beigelegt.[16]

Die enge Verbindung zu Hessen-Kassel

Wie eng die Verbindung zu Hessen-Kassel war, zeigt die im Mai 1634 erfolgte Besetzung hessischer Truppen unter Führung des aus Steinfurt gebürtigen Michael Vogts, der sich in das Heer Wilhelms V. hatte werben lassen. Ihm gelang es (sicher nicht nur aufgrund seiner guten Ortskenntnis, sondern weil er durchaus im Sinne des Grafen handelte), in den Vorhof der Burg einzudringen und von da aus die Befreiung von den 'Stifts-

Soldaten hausen in einer Stadt, um 1635
Zeichnung, aquarelliert
Foto: Kreis Steinfurt, Kreisarchiv

Ernst Wilhelm zu Bentheim Tecklenburg und Steinfurt (1623-1693), um 1660
Ölgemälde
Privatbesitz
Foto: Christian Grovermann, Osnabrück

soldaten' zu bewirken. Der 'Bezwinger' Melchior Vogt forderte seine Kontributionen von Arnold Jost mit dem Hinweis ein, die Besetzung sei nicht nur im Interesse des Landgrafen von Hessen, sondern auch „ Ihrer g. gnad zu Bentheim und dw Underthan besten" angefangen, und nun sollte sie wohl „auch geliebts gott continuirt werden".[17]

Es geht indirekt um die Glaubensfrage

Die Hohe Schule wird zerstört

Die wechselnde Besetzung von Steinfurt verdeutlicht in der Perspektive des Mikrokosmos den Konfessionskonflikt, das Streitpotential des Krieges, das auch während der langen Kriegszeit nie erlöschte. Als im Juli 1635 einmal mehr kaiserliche Truppen Burgsteinfurt eroberten, nachdem sich die Hessen zurückgezogen und die Soldaten des Grafen von Bentheim das Schloß bewacht hatten, wurde die reformierte 'Hohe Schule' in besonderer Weise angegriffen und offenbar mit Kalkül brutal zerstört: Drei Kompanien stürmten das Gebäude und „alles [wurde] verwüstet und zerschlagen, die Bibliothek eröffnet und spoliert, und übel auf der Schule gehauset, also daß damals der Schule großer Schaden geschehen und der Schaden der Stadt und Schulen so groß gewesen, daß es nicht auszusprechen ist [...]".[18] Der Rektor der Schule, Winand Rütgers, flüchtete mit den Insignien der Akademie nach Deventer, die Akademie bzw. „universitas littera Steinfurtensis" aber erreichte, trotz gesicherter Rechte durch den Friedensvertrag von 1648, nie mehr ihre bis dahin durchaus bemerkenswerte Bedeutung.[19]

Disputationsraum, 18. Jhd.
Kupferstich
Foto: Kreis Steinfurt, Kreisarchiv

Die Stadt

In diesem sowohl konfessionell als auch politisch motivierten Kampf versuchte der verbliebene Rest der Bürgerschaft – die meisten waren geflohen – ihre Eigenständigkeit gegenüber dem Grafen einerseits und den

Kommandeuren andererseits zu bewahren. Trotz der schweren Belastungen – in ihren Häusern wurden die Soldaten einquartiert – ließ man sich ein neues Stadtsiegel prägen; ganz so, als ob gerade in dieser schweren Kriegszeit die politische Eigenständigkeit der Stadtgemeinschaft besonders beschworen werden sollte.

Die städtischen Strukturen sind zerstört

Eine solche politische Eigenständigkeit existierte aber nicht. Steinfurt war fest in den Händen der 'Kaiserlichen'. Ab 1635 quartierten sich entweder die Rittmeister und Hauptleute der 'Kaiserlichen' ein, zusätzlich hatte Steinfurt die in Rheine einquartierten Truppen zu versorgen, darunter auch den 1637 zum kaiserlichen Generalwachtmeister ernannten Freiherr von Westerholt, der auf Haus Alst zu Hause war.[20]

Waffenstillstandsabkommen und Verhandlungsbemühungen

Frieden kündigt sich an

Der Prager Friede

Am 30. Mai 1635 wurde zwischen Kaiser Ferdinand II. und dem Kurfürsten von Sachsen ein Friedensvertrag geschlossen, dem sich die Reichsstände anschließen konnten. In diesem Vertrag wurde festgelegt, daß der Augsburger Religionsfriede von 1555 weiterhin Gültigkeit haben sollte. In der Streitfrage um das Reichskirchengut wurde aber keine Lösung gefunden, die Einigung zielte vielmehr darauf, Schweden und Frankreich aus dem Reichsgebiet zu verdrängen bzw. fernzuhalten.[21] In der Folgezeit traten fast alle Reichsstände diesem Frieden bei. Die Verhandlungen mit Bernhard von Weimar und Wilhelm von Hessen-Kassel allerdings scheiterten. Bernhard von Weimar und seine Armee stellten sich im Oktober 1635 in den Dienst Frankreichs.

Bernhard Hackfort von Westerholt
(1597-1638), um 1637
Ölgemälde
Zypthen, Städtisches Museum

Hessen-Kassel tritt dem Frieden nicht bei

Während der Verhandlungen zu einer Einigung mit Hessen-Kassel verhandelte Wilhelm V. von Hessen-Kassel mit dem Kurfürsten von Köln, der den Abzug des Landgrafen aus seinen Territorien zu erreichen wünschte. Letztlich blieben aber auch diese Versuche ohne Erfolg. Nach einigen immer wieder verlängerten Waffenstillstandsabkommen, in denen verhandelt wurde, kündigte der Landgraf am 20. Mai 1636 den Waffenstillstand auf und wurde daraufhin am 19. August 1636 vom Kaiser zum 'Friedensbrecher' erklärt.

Die Witwe kämpft weiter

Trotz der kaiserlichen Ächtung wurden die Friedensbemühungen zwischen Hessen-Kassel und Ferdinand von Bayern weitergeführt, doch nachdem Hessen-Kassel das Bündnis mit Schweden und Frankreich am 22. August 1639 erneuern konnte, entschied sich die Witwe des 1637 verstorbenen Landgrafen für eine Weiterführung der Kriegshandlungen und gegen einen Friedensabschluß.

Landschaft mit Blick auf Burgsteinfurt, um 1651
Jacob van Ruisdael (1628-1682)
Ölgemälde
London, Wallace Collection

Die Ausbeutung durch Zoll und Wegerechte

Die Hessen verlangen Zoll

Neben den geforderten Kontributions- und Steuerleistungen wurden in den besetzten Gebieten Zölle verlangt. Eine neu erlassene Akziseordnung von 1640 unterwarf die besetzten Städte und Wigbolde der Steuerabgabe auf jede eingeführte Ware.[22] Wer mit Waren durch ein besetztes Gebiet zog, mußte ebenfalls für seine Fuhre Zoll zahlen. Konnte man keine Lizenz vorweisen, die den Durchzug legitimierte, wurden die Waren kurzerhand konfisziert. In einem Fall beschwerte sich Arnold Jost von Bentheim erfolgreich gegen eine solche Beschlagnahme. In der Nähe des Schlosses Bentheim hatte eine Truppe von 15 hessischen Reitern einen Kaufmann gefangengesetzt, der auf dem Jahrmarkt zu Gildehaus sechs Pferde erstanden hatte. Die hessischen Soldaten hatten Händler wie Pferde gefangengesetzt und nach Ahaus verschleppt. Generalleutnant Peter Holzapfel, an den sich der Graf gewendet hatte, wollte die guten Beziehungen zum Grafen nicht gefährden und ordnete die sofortige Freilassung des Kaufmanns und seiner Pferde an. Die Anweisung an seinen Hauptmann erfolgte mit der Begründung, die Pferde seien weder aus hessischem Gebiet gekommen (sie stammten aus Ostfriesland) noch sollten sie in hessisch besetztes Gebiet gebracht werden, folgedessen sei die Beschlagnahme nicht rechtens.[23] Dieses Beispiel von einer Rückgabe beschlagnahmter Waren ist vermutlich eher singulär. Die Abgabe- und Zollforderungen in den besetzten Gebieten beeinträchtigte in hohem Maße die Handelsgeschäfte, und ihre ruinöse Wirkung auf die ökonomischen Verhältnisse waren der Grund, daß hohe Zollforderungen mit dem Friedenswerk von 1648 ausgeschlossen werden sollten. Allerdings blieb die Formulierung so allgemein, daß sie wenig Wirkung im Alltag zeigte.

Kaufmannswagen, 17. Jh.
Federzeichnung [Skizze], sign. E B
Foto: Rheinisches Bildarchiv, Köln

Ab 1641 Friedensverhandlungen und Friedensvertrag

1641-1654
Friedensverhandlungen und Friedensvertrag.

1641

30.6.: Hamburger Präliminar-Vertrag. Reichstag in Regensburg.

1642

Januar: Friede von Goslar zwischen dem Kaiser und dem Hause Braunschweig. *4.12.:* Tod Richelieus, Nachfolger wird Mazarin.

1643

Februar: Deputiertentag in Frankfurt (bis 1645). *Mai:* Krieg zwischen Dänemark und Schweden (bis 1645). *August:* Münster und Osnabrück werden für neutral erklärt.

1644

Königsmarck erobert Stift Bremen und Verden.

1645

5.3.: Sieg der Schweden über die Kaiserlichen bei Jankau. *August:* Schwedisch-dänischer Friede von Brömsebro. *Oktober:* Belagerung Wiens durch die Schweden.

1646

15.9.: Vorfriedensvertrag zwischen Frankreich und dem Kaiser in Münster.

1647

Januar: Waffenstillstand zwischen Spanien und den niederländischen Generalstaaten.

1648

30.1.: Sonderfrieden zwischen Spanien und den Generalstaaten. *6.8.:* Vorfriedensvertrag zwischen Schweden und Kaiser in Osnabrück. *Oktober:* Belagerung von Prag durch die Schweden. *24.10.:* Westfälischer Friede.

1649/50

Verhandlungen in Nürnberg. *26.6.50:* Nürnberger Abkommen (Exekutions-Haupt-Rezeß) über die Abdankung der Armeen.

gegenüberliegende Seite:
Freüdenreicher Postilion zu Münster, 1648
Marx Anton Hannas
Holzschnitt, koloriert [Nachdruck]
Münster, Stadtarchiv
Foto: S. Ahlbrand-Dornseif, Münster

Freüdenreicher Postilion von Münster/ den durch deß Allerhöchsten ohnaußsprechliche Gnad/ von den Vornembsten Potentaten der gantzen Christenheit/ daselbst den 24. vnd 25. Octob. Anno 1648. Ratificierten/ vnderschriben en vnd mit grossen Frewden offentlich Publicierten hochwerthen lieben Frieden bringent.

JCh die Fama vnd gmain Geschrey/
Von allen Kräfften mich erfrew?
In der ja glückseligen Stundt/
Erheb mein Gefider jetzundt/
Deßgleichen ich Mercurius/
Gantz schnell ohn alle hindernuß/
Vor grossen Frewden mich schwing auff/
So renne ich in vollem Lauff/
Als ein Frewden Postilion
Damit Ich eylendt verkündt schon
Der hart betrangten Christenheit
Die ohnaußsprechlich grosse Frewd
So sich newlich durch GOttes gnad/
Zu Münster geoffenbart hat/
In Westphalen solcher gestalten/
Dann als sich alldort auffgehalten
Etlich Jahr die Allerhöchsten
Vnd Christlichsten Potentaten
Zu berath schlagen rechter Sachen/
Wie doch wider wer Fried zumachen/
Darnach viel tausendt Christen-hertzen/
Vil Jar seufftzen mit grossem schmertzen/
Hat endtlich der getrewe Gott/
Sich erbarmet vber die Not/
Die hohe Sach dahin gewendt
Vnd gebracht zu eim gutten Endt
Daß alldort der hoch edle Fried
Allerseits ohne vnderschied
Vnderschriben vnd ratificiert
Auch offentlichen proclamiert
Zu diesem End ließ man vor allen
Viel Trompeten frölich erschallen
Die Heer-Paucken thäten erklingen
Mit grossem Eifer thät man singen
Das Te Deum Laudamus fein/
In allen Kirchen insgemein
Ja man ließ auch nit ohnvermitten
Daß man mit alln Glocken gelitten
Den gantzen Tag an solcher stätt/
Die Thürnen man bestecken thät/
Mit Fahnen/ als rechte Friedszeichen
Alle Stuck hat man deßgleichen
Gelösst hindurch den gantzen Tag/
Sonst mehr Frewden-zeichen ich sag
Hat man gebraucht/ so nit zubschreiben
Die Frewd thät reich vnd arme treiben
So sehr das mit verwunderung
Es bald außsprechen kan kein Zung/
Ich Fama thät mich da auffhalten/
Vnd sprach wolan das muß Gott walten
Ich schwing mich auff vnd bring hiebey
Das allgemaine gut Geschrey/
Erstlichen dem Geistlichen Standt/
In den Stätten vnd auff dem Landt
Kan nun fürohin ohn beschwerden
Rein vnd lauter geprediget werden
Das wort GOttes/ mit fried bescheiden
Kan ein Seelenhürt die Schaf weiden
Auff die recht grühne Aw zum Leben
Wol den Schafen/ die volgen eben
Ihren Hürten/ welche sie straffen
Vmb das böß/ sie zum gutten schaffen.
Von dannen so schwing ich mich wider/
Zu den Schülen hoch vnd auch nider/
Bring jhnen die frölich Botschafft/
Dann all gute Künsten lobhafft
Sprachen vnd auch wissenschafften
Hinfort wider werden hafften
Bey euch/ vnd Frücht bringen in rhü/
Zum lob deß Höchsten nemen zue/
Daß auß euch komen glehrte Leuth
Vnd zu Gottes forcht vnd Weißheit
Die Jugendt aufferzohen werd/
Auff schneller Post wend ich mein Pferd/
Zu Obrigkeiten vnd Regenten
Thü jhnen den Frieden verkünden
Dann jetzund können/ Fürsten/ Herren/
Vnd alle Regenten mit Ehren
In Rhü regieren gantz glücklich/
Alles wird bestelt ordenlich
Groß vnd kleine Stätt/ die Länder/
Wachsen vnd zunemen jhe mehr/
Mit Ehr vnd Rühm kan auch der Adel/
Seinen Stand Christlich füren ohn tadel
Jedem Vnderthanen mit Heyl/
Wird Gricht vnd Grechtigkeit zu theyl/
Wa sich der liebe Fried thüt regen
Daselbst blühet Glück vnd Segen
Wa Fried ist alles wolgedeyt/
Ihr Vnderthanen euch erfrewt/
Dann jhr nun in Rüh vnd Fried köndt
Mit allem ewrem Haußgesindt/
Vnder dem schutz vnd schirm mit Nam
Ewrer Obrigkeit gantz lobsam/
Leben vnd haben ewren Rast/
Der beschwerliche Krieges-Last/
Contribution/ plündern/ brennen/ morden
Was deß Vnheyl mehr an den Orthen
Ist nun dahin/ drumb lobt GOtt/
Befleissigt euch hinfort ohn Spott/
Allen Gehorsam zu erzeygen/
Der Obrigkeit vnd thüt euch neygen/
Gebührende Steur/ Gildt vnd Rendt/
Willig zu raichen an dem endt/
Den gemainen Nutzen vnzerspalten/
In gutem Wolstandt zu erhalten/
Vnd seydt allzeit dahin gerist/
Zu geben GOtt/ was GOttes ist/
Deßgleichen dem Kayser das sein/
Jetzundt nimb ich den Enickher mein
Bey dem Haußstandt/ der sich nit minder
Zu erfrewen/ dann jetzt die Kinder
Mit sambt dem Gesind alt vnd jung/
Könden in besserer Ordnung/
Vnd gutter Zucht gehalten werden
Das offt verhindert kriegsbeschwerden
Daß es geheissen frü vnd spät/
Muß alls gehn lassen wie es geht/
Der Krieg bringet vil hindernuß.
Deßgleichen ich Mercurius/
Bring die gut Botschafft hin vnd wider
Kauffleuth vnd Bürger auff vnd nider
Dann nun mehr die Comerzien
Wider glücklich werden fortgehn/
Deren jhr vor offt müßt vergessen/
Jetzt könd jr wider Märckt vnd Messen/
Bawen/ ewr Gewerb vnd Handlung/
Treiben/ euch zu gutter nutzung/
So wol zu Wasser alls zu Landt/
In frembde Länder weit erkandt/
Vnd durch GOttes Segen auff Erden/
Grosse Schätz samlen/ vnd reich werden
So dann der arm Mann ohn verdriessen/
Auch gantz reichlich hat zugeniessen
Daß euch der getrew Gott gantz milt
Hundertfältig wider vergilt
Darumben übt Barmhertzigkeit.
Jetzund bring ich euch Handwercksleuth
Die fröliche Zeitung von Gott/
Hinfort könd jhr ewr täglich Brot
Durch GOttes Segen reichlicher
Gewinnen/ als geschehen bißher/
Dann viel Handthierungen ehrlich
In den Kriegsläuffen thäten sich
Stecken/ vnd gar darnider ligen
Entgegen aber war gestigen
In hohem Preß/ was der Mensch baldt/
Braucht zu seins Lebens auffenthalt/
Da es hat ghaissen vnder dessen
Mit gutten Zähnen vbel essen/
Wie dann mancher in wahrer that/
Mit Weib vnd Kindt erfahren hat/
Sei getrost/ vnd darbey ermahnt/
Daß ein jeder in seinem Standt
Fleissig bete/ vnd auch arbeit
Gebrauche sich der Redligkeit
Vnd thü sein Gwissen nicht verletzen
So wird jhn GOtt reichlich ergetzen
Seins grossen Ellends/ hie vnd dort/
Wolan ich schwing mich weiter fort/
Vnd muß den armen Bawersmann
Welchen auch viel ist gangen an/
Diese frölich Botschafft entdecken/
Nun dörfft jhr euch nit mehr verstecken/
In die Wälder mit grossem grauß
Oder fliehen von Hof vnd Hauß/
Hin in die Stätt mit Weib vnd Kind/
Vih Haußrath Hew Stro vnd Gesind
Daselbst ligen auff freyer Gassen/
Oder die Leuth bschweren dermassen/
Vnd wohnen vnder frembdem Tach/
Sonder in ewrem aignen Gmach/
Wohnen im Fried vnd gut vertrawen
Die Felder könd jhr wider bawen
Aller orthen wie es seyn soll/
Alßdann stehn sie der Früchten vol/
Dieselben thüt jhr samlen ein/
Ists Herbstzeit macht jhr gutten Wein/
Vnd setzt euch nider in der Neth/
Trinckt ein reuschlein mit ewrer Greth/
Ihr könd wider züglen allhie (Khü/
Pferdt Ochsen Schaf Schwein Gaisen
Darvon jhr hernach ohn verdriesen/
Milch butter käß vnd fleisch könd gnieser
Item/ Gänß Enten Hännen Tauben/
Darvon könd jhr zusamen klauben/
Die Eyr/ vnd macht ein kirchweih Muß/
Was jhr dann habt zum vberschuß
Könd jhr wider im Fried vnd rhü/
Hernach den Stätten tragen zu/
Darauß jhr dann/ es euch nit fehlt
Mögt erlösen ewr bares Gelt/
Es gilt jetzt nit mehr vmb sunst kauffen
Mit gewalt nemen/ darvon lauffen
Wie es zu Kriegszeit offt geschehen
Hernach so könd jhr euch hin nähen
In ein Würtshauß/ euch nit zü schaden/
Allda essen ein gutten Braten/
Oder aber ein gute Wurst/
Auch könd jhr leschen ewren durst
Mit gutem Wein/ Meth oder Bier/
Was euch selbst zum besten schmeckt hier/
Vnd auch ein guten rausch heim bringen
Ein wackers Bauren-Liedlein singen
Jedoch daß es nicht sey zu grob/
Für diß alles saget GOtt lob/
Im Krieg gieng es anderst daher/
Jetzt zu den Würthen ich mich kehr/
So wol in Stätten/ als dem Landt/
Vnd mach euch den Frieden bekandt/
Dann jhr habt euch bey meinen trewen/
Dessen nicht wenig zu erfrewen/
Dann wann die Strassen sicher seyn/
Fahren die Führleuth auß vnd ein/
Alle Gewerb die thün auch wandern
Wol von einem Orth zu dem andern
Diese alle sambtlicher weiß
Die müssen haben Tranck vnd Speiß/
Pferdt vnd Menschen alt vnd auch jung
Das gibt dann ein gute Zehrung
Vnd anders mehr ohn verdriessen/
Deß jhr reichlich habt zu geniessen
Es sey dann daß jhr in den Sachen
Selbsten zu wenig Zech wolt machen/
Hoff doch jhr solt ewr nicht vergessen/
Jedoch heißt es: wie jhr thüt messen/
Soll euch wider gemessen werden
In Sum̃a all Ständen auff Erden/
Bringen wir die Botschafft von Gott/
Vnd wir für vnser Boten-brot/
Begehren nicht mehr allbereit
Als daß die gantze Christenheit
Mit wahrem büßfertigem Hertzen
Vnd zerschlagnem Gemüt mit schmertzen
Diese vnaußsprechliche Gnad
GOttes erkenn mit wahrer that/
GOtt im Himmel mit Lob erheb/
Hinfort in aller Gottsforcht leb/
Daß nit widerumb GOtt der HErr/
Vns zustraffen genötigt wer/
Vnd sonderlich du Teutschlandt
Vergiß es nit/ sey hoch ermahnt
Was guttes dir der HErr gethan/
Laß ab vom bösen von stundan/
Thü wahre büß/ süch rechte Sach/
Den Frieden/ vnd jage jhm nach/
Halt an mit beten Tag vnd Nacht/
Bedenck allzeit vnd nimb in acht
Die Ewigkeit/ die Ewigkeit/
Leg ab Zoren Haß Hoffart Neid
Geitz Wücher Vnzucht sauffen fressen
Veb wahre Gottsforcht vnder dessen
So wird dir Gott beystehn auff Erden
Nimmermehr lasn zuschanden werden
Drumb fall nider auff deine Knie/
Danck GOtt dem HErrn spat vnd frü
Für die Wolthat ohnaußsprechlich/
Biß endlich Er dich nimbt zu sich/
In die ewig him̃lische Frewdt
Da der rechte Fried ist bereit
O heylige Dreyfaltigkeit
Sey gelobt vnd gebenedeit/
Von jetzund an/ vnd allezeit.

A M E N.

Der lange Weg zum Frieden

Voraussetzungen und Folgen des Friedenskongresses

Die formalen Bedingungen - und die Bedeutung Lengerichs als Verhandlungsort

Reichstag in Regensburg

Ferdinand III. hatte im September 1640 den Reichstag in Regensburg einberufen, um mit den Reichsständen auf der Basis des Prager Friedens von 1635 zu einer endgültigen Friedenseinigung zu kommen. Die drei Kollegien des Reichstages (Kurfürsten, Reichsfürsten und Reichsstädte) tagten über ein Jahr, doch die Herzöge von Braunschweig, die Erben Friedrichs V. von der Pfalz und Amalie Elisabeth von Hessen-Kassel sahen ihre Interessen nicht vertreten und verweigerten die Einstellung der Kriegshandlungen gegen den Kaiser. Sie erneuerten ihre Bündnisse mit Schweden und belagerten im Januar 1641 mit ihren vereinten Truppen unter Führung des schwedischen Feldherrn Johann Banér Regensburg und bombardierten die Stadt (und zwar während der Reichstag beriet).
Als nach dem Tod Georg Wilhelms von Brandenburg sein Sohn, Friedrich Wilhelm, im Juli 1641 ein Waffenstillstandsabkommen mit Schweden schloß und sich damit ebenfalls gegen den Kaiser stellte, war eine Einigung zwischen Kaiser und Reichsständen erneut in ferne Zukunft gerückt.

Der Präliminarvertrag von 1641

Die Friedensbemühungen zwischen dem Kaiser und den Staaten Frankreich und Schweden wurden dagegen konkretisiert. Am 25. Dezember 1641 wurde der Hamburger Präliminarvertrag auch von Ferdinand III. unterzeichnet. In ihm wurde festgelegt, daß in den beiden zu neutralisierenden Städten Münster und Osnabrück der Friedenskonkreß stattfinden sollte. Die Entscheidung für ein Städtepaar sollte sowohl Frankreich als auch Schweden die Möglichkeit geben, unabhängig voneinander zu verhandeln. Neben Köln/Hamburg und Mainz/Frankfurt hatte man auch über Worms/Speyer nachgedacht; nun sollte das evangelische Osnabrück, das 1641 noch von den Schweden besetzt war, zum Stand- und Verhandlungsort der Schweden, das katholische Münster zu dem der Franzosen werden. Im Vertrag hatte man außerdem vereinbart, daß in Münster über einen Frieden zwischen Spanien und den niederländischen Generalstaaten beraten werden sollte.
Als Friedensvermittler wurden der päpstliche Nuntius Fabio Chigi[1] und der Diplomat Alvise Contarini[2] , Gesandter der Republik Venedig, berufen.

Am 27. Mai 1643 erklärte der kaiserliche Bevollmächtigte Johann Krane Münster und am 4. Juni 1643 die Stadt Osnabrück für neutrale, vom Kaiser und Reich unabhängige Orte; die beiden Städte erhielten damit während der Zeit des Friedenskongresses den Status souveräner Stadtstaaten. Ende 1643 trafen die ersten Gesandten, Berater und Beobachter des Kongresses ein.[3] Nach 1645 waren es an die 176 Bevollmächtigte, die ihrerseits fast zweihundert europäische Fürsten und Reichsstände vertraten; hinzu kamen Personen der Gesandtenhaushalte, aber auch andere, die im Gefolge des Kongresses ihre Geschäfte betreiben wollten.

Ein dritter Verhandlungsort in Lengerich

Die Kommunikation zwischen den Gesandten, der Austausch des jeweiligen Standes der Verhandlungen und der neuesten Informationen, aber

Ansicht der Stadt Münster mit Einzeichnung der Gesandtenquartiere und Randkolumnen mit den Wappen der Gesandten, 1648
MONASTERIUM WESTUALIAE.METROPOLIS LEGATORUM TOTIUS FERE EUROPAE. PRINCIPUM AC STATUUM CONUENTU. CIUITAS CELEBERRIMA REGNANTIUM CONSENSU [...]
Kupferstich, koloriert [Nachdruck]
Münster, Stadtarchiv
Foto: Tomasz Samek, Münster

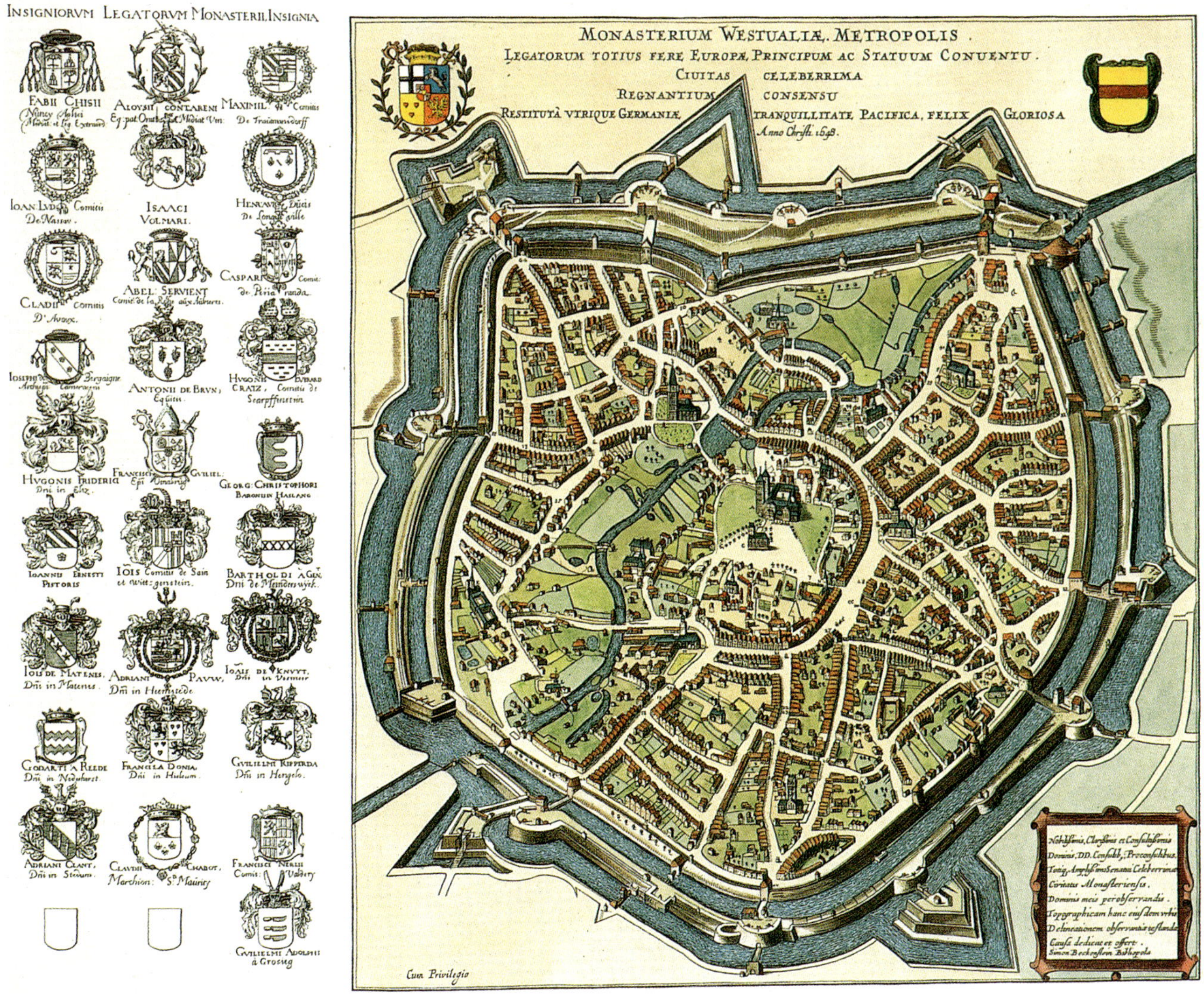

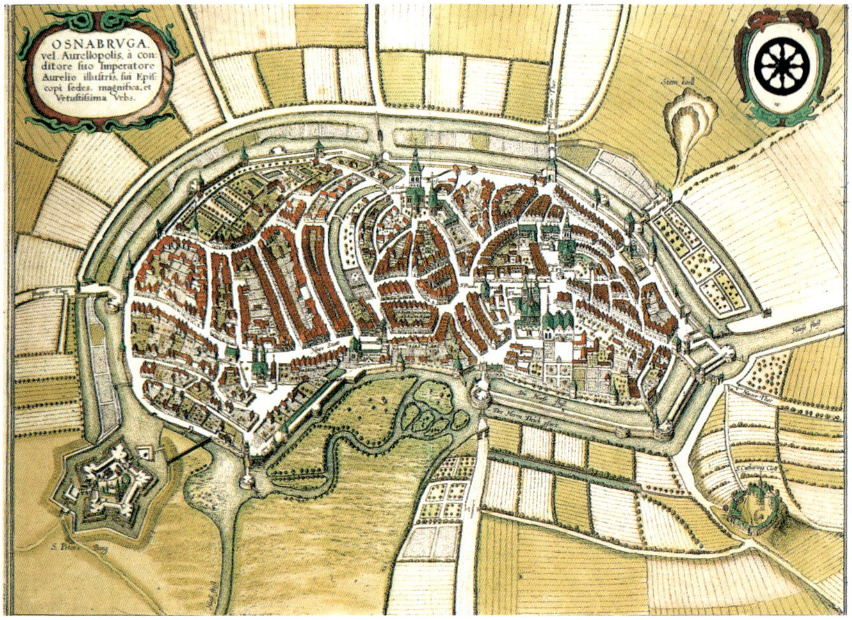

Ansicht der Stadt Osnabrück von Osten, 1633
OSNABRVGA vel Aureliopolis à conditore suo Imperatore Aurelio illstris sui Episcopi sedes, mangnifica et Vetustissima Urbs
Wenzel Hollar (1607-1677)
Kupferstich, koloriert
Osnabrück, Kulturgeschichtliches Museum
Foto: Christian Grovermann, Osnabrück

Lengerich – ist ein fein ansehnliches gros ses Dorff, mit einem weitläufigen Kirchspiel, an einem ebenen und luftigen Ort etwa eine Stunde von Tecklenburg gelegen, soo mit zween Jahrmarkten, als erstlich auf Philippi Jacobi, darnach auff Laurentii Tag privilegirt; und wegen der Münsterisch- und Oßnabrückischen Friedens-Tractaten/ (da die Herrn Abgesandten offtmahls hierdurch, entweder von Oßnabrück nach Münster, oder von dannen wieder gen Oßnabrück gereist, ja auch mehrmalen in das HochGräfl. Tekeleburg. wolverordnete Herrn Rentmeisters des Edel Vest und wolgelerten Herrn Eberhardi Coccei Behausung ihre Zusammenkünfte und Gespräche gehalten; worin auch Königin Christina von Schweden logirt, als sie anno 1654 erstmals in Italien gereiset, wie dan dessen der fleissige, sehr belesene und hochgelehrte Mag. Martinus Zeilerus in seinem Reisebuch auch gedenket, sehr berühmt worden.
Gerhard Arnold Rump, Des Heil. röm. Reichs uhralte hochlöbliche Graffschafft Tecklenburg. Aus viel und mancherleiy alten glaubwürdigen Geschicht-Büchern und Briffschafften zwar kurtz, aber doch eigend- und ordentlich aus schuldiger Liebe des Vatterlandes beschrieben, Bremen 1672.

auch die Übermittlung von Stimmungsbildern aus der jeweiligen Stadt erfolgte zum Großteil schriftlich. Im Vorfeld der Vorbereitungen des Gesandtenkongresses sollte ein dritter Tagungsort gefunden werden, der Gespräche unter den Teilnehmern von Münster und Osnabrück ermöglichen sollte, ohne daß ein Partner in die jeweils 50 km entfernte andere Stadt reisen mußte. Aus diesem Grund erörterten Johann Krane und der königlich-dänische Rat von der Lippe im Juli 1643 die Möglichkeit, im Adelssitz Haus Marck bei Lengerich Tagungen der Gesandten stattfinden zu lassen.[4] Die Entscheidung scheint jedoch gegen das Haus gefallen zu sein, denn in der Folgezeit traf man sich sporadisch in unterschiedlichen Häusern in Lengerich und seiner näheren Umgebung.

Die Einrichtung von Poststationen

Von größter Wichtigkeit für den Kongreß war der ständige Kontakt der Gesandten mit ihren Regierungen. Die meisten Gesandten hatten nicht die Kompetenz, in den Verhandlungen weitreichende Entscheidungen zu treffen. Dies bedeutete, daß die Delegierten des Kaisers, der Königshäuser Frankreich, Spanien und Schweden sowie der niederländischen Generalstaaten ebenso wie die beiden neutralen Vermittler, der päpstliche Nuntius Fabio Chigi und der Venezianer Alvise Contarini, jeweils Berichte in ihre Länder versandten und auf Anweisungen und Ratschläge zu warten hatten. Um diesen für damalige Verhälnisse gigantischen Schriftverkehr überhaupt meistern zu können, mußten Vorbereitungen getroffen werden, das Wegesystem der Thurn und Taxischen Reichspost auszubauen, in den beiden Orten jeweils ein Postamt der Thurn und Taxischen Reichspost einzurichten und den reitenden Botendienst einzuführen. Osnabrück war in nördlicher Richtung über Detmold an die Taxische Post angeschlossen, Münster über Unna bzw. als neue Anbindung über Köln. Die Bemühungen um den zügigen Anschluß an den Postverkehr waren allerdings erst ab 1646 abgeschlossen. Einzelne Regierungen, vor allem Schweden, verbesserten zusätzlich ihre eigenen Kurierdienste, und zwar schon aus dem Grunde, nicht auf die 'kaiserliche' Post angewiesen zu sein. Die Strecke Osnabrück – Münster führte über Lengerich, der Postdienst selbst wurde bis in das Jahr 1646 von städtischen Boten aus Osnabrück übernommen.

Specification und Ordnung Deren beym Kayserl. Osznabrückschen Reichs Post-Ampt abgehenden und ankommenden Posten.
Osnabrück, Niedersächsisches Staatsarchiv

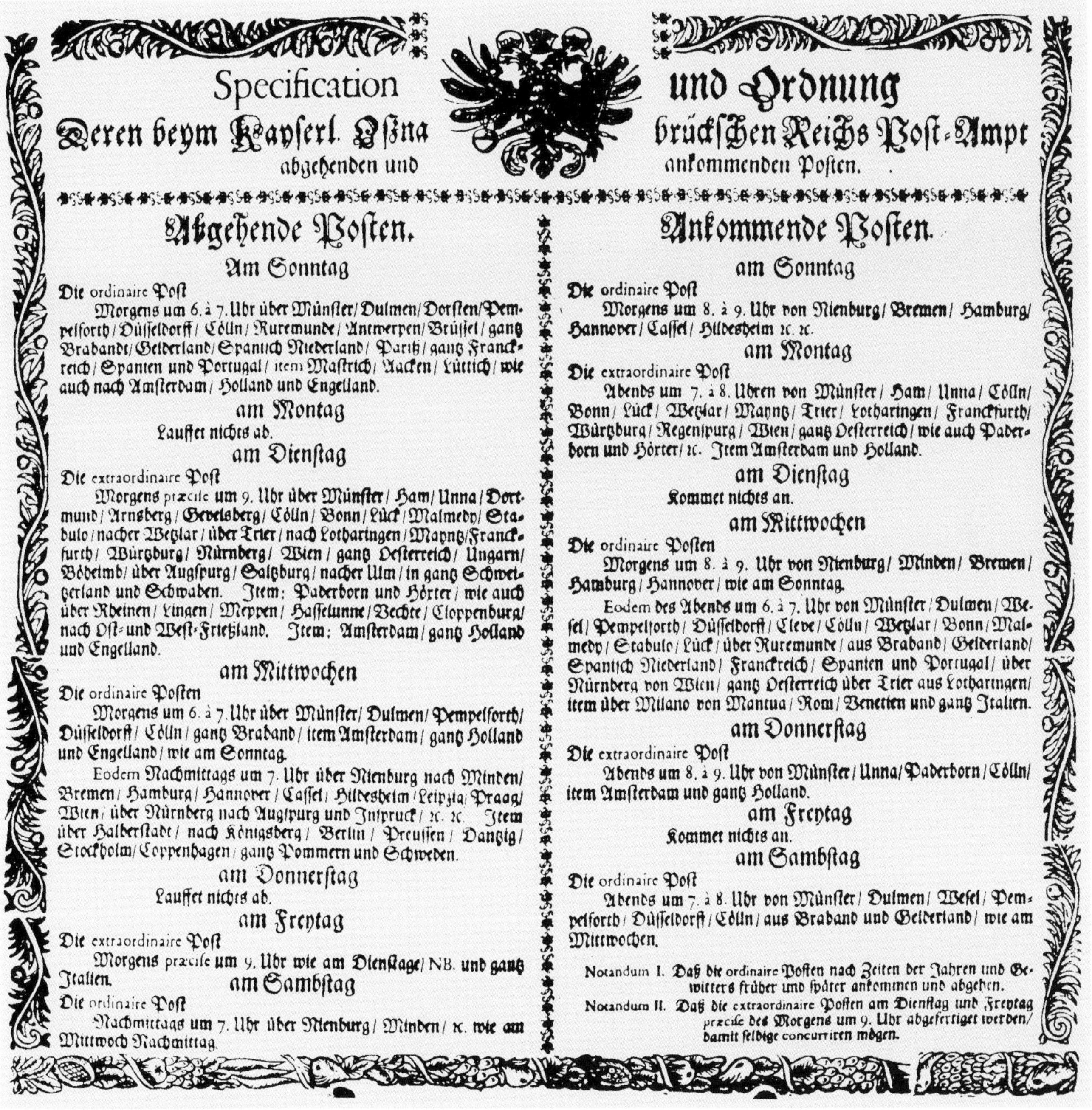

Specification und Ordnung
Deren beym Kayserl. Oßnabrückschen Reichs Post-Ampt abgehenden und ankommenden Posten.

Abgehende Posten.

Am Sonntag
Die ordinaire Post
Morgens um 6. à 7. Uhr über Münster/ Dulmen/ Dorsten/ Pempelforth/ Düsseldorff/ Cölln/ Ruremunde/ Antwerpen/ Brüssel/ gantz Brabandt/ Gelderland/ Spanisch Niederland/ Paritz/ gantz Franckreich/ Spanien und Portugal/ item Mastrich/ Aacken/ Lüttich/ wie auch nach Amsterdam/ Holland und Engelland.

am Montag
Lauffet nichts ab.

am Dienstag
Die extraordinaire Post
Morgens præcise um 9. Uhr über Münster/ Ham/ Unna/ Dortmund/ Arnsberg/ Gevelsberg/ Cölln/ Bonn/ Lück/ Malmedy/ Stabulo/ nacher Wetzlar/ über Trier/ nach Lotharingen/ Mayntz/ Franckfurth/ Würtzburg/ Nürnberg/ Wien/ gantz Oesterreich/ Ungarn/ Böheimb/ über Augspurg/ Saltzburg/ nacher Ulm/ in gantz Schweitzerland und Schwaben. Item: Paderborn und Hörter/ wie auch über Rheinen/ Lingen/ Meppen/ Hasselunne/ Vechte/ Cloppenburg/ nach Ost- und West-Frießland. Item: Amsterdam/ gantz Holland und Engelland.

am Mittwochen
Die ordinaire Posten
Morgens um 6. à 7. Uhr über Münster/ Dulmen/ Pempelforth/ Düsseldorff/ Cölln/ gantz Braband/ item Amsterdam/ gantz Holland und Engelland/ wie am Sonntag.
Eodem Nachmittags um 7. Uhr über Nienburg nach Minden/ Bremen/ Hamburg/ Hannover/ Cassel/ Hildesheim/ Leipzig/ Praag/ Wien/ über Nürnberg nach Augspurg und Inspruck/ etc. etc. Item über Halberstadt/ nach Königsberg/ Berlin/ Preussen/ Dantzig/ Stockholm/ Coppenhagen/ gantz Pommern und Schweden.

am Donnerstag
Lauffet nichts ab.

am Freytag
Die extraordinaire Post
Morgens præcise um 9. Uhr wie am Dienstage/ NB. und gantz Italien.

am Sambstag
Die ordinaire Post
Nachmittags um 7. Uhr über Nienburg/ Minden/ etc. wie am Mittwoch Nachmittag.

Ankommende Posten.

am Sonntag
Die ordinaire Post
Morgens um 8. à 9. Uhr von Nienburg/ Bremen/ Hamburg/ Hannover/ Cassel/ Hildesheim etc. etc.

am Montag
Die extraordinaire Post
Abends um 7. à 8. Uhren von Münster/ Ham/ Unna/ Cölln/ Bonn/ Lück/ Wetzlar/ Mayntz/ Trier/ Lotharingen/ Franckfurth/ Würtzburg/ Regenspurg/ Wien/ gantz Oesterreich/ wie auch Paderborn und Hörter/ etc. Item Amsterdam und Holland.

am Dienstag
Kommet nichts an.

am Mittwochen
Die ordinaire Posten
Morgens um 8. à 9. Uhr von Nienburg/ Minden/ Bremen/ Hamburg/ Hannover/ wie am Sonntag.
Eodem des Abends um 6. à 7. Uhr von Münster/ Dulmen/ Wesel/ Pempelforth/ Düsseldorff/ Cleve/ Cölln/ Wetzlar/ Bonn/ Malmedy/ Stabulo/ Lück/ über Ruremunde/ aus Braband/ Gelderland/ Spanisch Niederland/ Franckreich/ Spanien und Portugal/ über Nürnberg von Wien/ gantz Oesterreich über Trier aus Lotharingen/ item über Milano von Mantua/ Rom/ Venetien und gantz Italien.

am Donnerstag
Die extraordinaire Post
Abends um 8. à 9. Uhr von Münster/ Unna/ Paderborn/ Cölln/ item Amsterdam und gantz Holland.

am Freytag
Kommet nichts an.

am Sambstag
Die ordinaire Post
Abends um 7. à 8. Uhr von Münster/ Dulmen/ Wesel/ Pempelforth/ Düsseldorff/ Cölln/ aus Braband und Gelderland/ wie am Mittwochen.

Notandum I. Daß die ordinaire Posten nach Zeiten der Jahren und Gewitters früher und später ankommen und abgehen.
Notandum II. Daß die extraordinaire Posten am Dienstag und Freytag præcise des Morgens um 9. Uhr abgefertiget werden/ damit selbige concurriren mögen.

Die Straßen wurden neutralisiert

Die wichtigsten Wegestrecken wurden neutralisiert, um Überfälle und Behinderungen durch das 'Kriegsvolk' auszuschließen. Diese Bemühungen fruchteten allerdings nur, wenn die entsprechenden Offiziere der besetzten Gebiete Schutzbriefe ausstellten und damit den sicheren Durchgang des Boten garantierten. Dabei war der Bote auf der Strecke zwischen Osnabrück und Münster weniger gefährdet als die Boten, die die Reiserouten nach Wien, Rom, Madrid, Paris oder Brüssel zu bewältigen hatten. Über die Jahre blieben diese Strecken ein gefürchtetes 'Pflaster'. Die Boten der Post, wie auch die Kuriere, liefen Gefahr, überfallen und ihrer wichtigen Nachrichten beraubt zu werden; die Adressaten dagegen mußten befürchten, daß Vorschläge oder Instruktionen in falsche Hände geraten könnten und durch ihre Bekanntgabe eine gerade errungene günstige Verhandlungsposition gefährdet sei.

Das nächste Treffen in Lengerich im Juli 1644

Die unsicheren Straßen und die Gefährdung der Boten waren das zu besprechende Thema, das Anlaß zu einem weiteren Treffen in Lengerich gab. Im Juli 1644 besprachen u.a. die beiden kaiserlichen Bevollmächtigten, Graf Johann Ludwig von Nassau [5] und Johann Krane,[6] die Möglichkeiten, die Sicherheit der Wege zu verbessern.[7]

Der Kaiser und die Reichsstände

Die Verhandlungspartner

Eine der Voraussetzungen, die Frankreich und Schweden in den Vorgesprächen zu einem Friedenskongreß gleichermaßen gefordert hatten, war die Klärung der Religionsfrage zwischen dem Kaiser und den Reichsständen. Seit 1643 war zudem diskutiert worden, inwieweit das Kurfürstenkollegium bzw. die Reichsstände an den Friedensverhandlungen in Münster und Osnabrück beteiligt werden sollten. Ferdinand III., der die Vertretung der Belange des Reichs in den Verhandlungen beanspruchte, suchte auf der Basis des 1635 geschlossenen Prager Friedens die noch nicht geklärten Konflikte mit den Reichsständen auszuräumen und lud 1643 zum Reichsdeputationstag (ein Sonderausschuß des Reichstags) nach Frankfurt.

Der Reichsdeputationstag in Frankfurt

In Frankfurt sollten analog zum Friedenskongreß in Münster und Osnabrück die reichsinternen Fragen geklärt werden; mit der offiziellen Zustimmung Ferdinands III. im Jahre 1645, die Reichsstände in Münster und Osnabrück zuzulassen, wurde der Deputationstag aufgelöst.
Als Gesandter des Kurfürsten von Köln hielt sich Christoph Bernhard (Bernardt) von Galen, der spätere Bischof von Münster, in Frankfurt auf. Im Dezember 1643 berichtete er dem Kurfürsten von dem nur zögerlichen Eintreffen der Deputierten. Eine Marginalie, aber aufschlußreich für den 'Alltag' der Gesandten (und sicher auch für die Bevollmächtigten in

Osnabrück und Münster zutreffend), ist das im gleichen Schreiben angesprochene Geldproblem – Galen, inzwischen bereits bei anderen Deputierten verschuldet, bat dringlichst um die Übersendung der ihm zustehenden Gelder, um seinen Aufenthalt im (teuer gewordenen) Frankfurt finanzieren zu können. Er vergaß dabei nicht, seinem Herrn zu erläutern, welchen schlechten Eindruck es machte, wenn der Gesandte des Kurfürsten von Köln Rechnungen nicht begleichen könnte.[8] Ähnlich mag auch der kaiserliche Gesandte in Münster, Graf von Nassau, gedacht haben, von dem man weiß, daß er in den ersten Jahren aus seinem eigenen Vermögen für Repräsentationskosten hohe Summen ausgegeben hat; bei Abschluß des Kongresses soll er so hoch verschuldet gewesen sein, daß er Münster nicht verlassen konnte und erst seine Verbindlichkeiten zu klären hatte.[9]

Das Lengericher Conclusum

Im Juli 1645 trafen sich die Delegationen der Kurfürsten von Köln, Bayern, Mainz und Brandenburg, um im Hause des Rentmeisters Koch noch einmal über die Zulassung der Reichsstände am Friedenskongreß zu referieren. Dem Frankfurter Deputationstag war in dieser Hinsicht kein Erfolg beschieden, denn mit kaiserlichem Einverständnis vom 29. August 1645 erhielten die Landesfürsten das „Jus belli ac pacis“ (das Recht zur Selbständigkeit bei Kriegsführung und Friedensschluß) und waren damit offiziell bei den Friedensverhandlungen in Münster und Osnabrück zugelassen.[10]

Die Folgen dieses Beschlusses

In Münster und Osnabrück wurden nun nicht ausschließlich, wie vorgesehen, die Friedensbedingungen zwischen dem Kaiser und den drei Kronen Frankreich, Schweden und Spanien sowie den niederländischen Generalstaaten verhandelt, sondern auch die Einigung zwischen dem Kaiser und den Reichsständen. In Osnabrück verhandelten die evangelischen Reichsstände („Corpus Evangelicorum“), in Münster die katholischen („Corpus Catholicorum“).
Die Verflechtung von 'reichsinternen' und außenpolitischen Vereinbarungen, die im Friedensinstrument von 1648 festgelegt wurden, hatte zur Folge, daß die 'auswärtigen' Mächte, Frankreich und Schweden, auch für die Einhaltung der zwischen Kaiser und Reichsstände ausgehandelten Artikel garantierten. Die Zulassung zum Kongreß hatte den politischen Handlungsspielraum der Reichsfürsten vergrößert, die Garantien der beiden Staatsmächte stärkten in der Folgezeit ihre Position gegenüber dem Kaiser.

Kardinal Richelieus Vision

Die weitgehende Garantie der beiden Staatsmächte Frankreich und Schweden, für die Einhaltung der Vereinbarungen in Angelegenheiten innerhalb des Reichs zu bürgen, war ein Aspekt des von Richelieu entworfenen Friedensplans: die Ablösung der Universalmonarchie durch eine 'europäische Friedensordnung', die durch weit verzweigte Bündnissysteme und Garantien einen zukünftigen 'Universalfrieden' sichern sollten.[11]

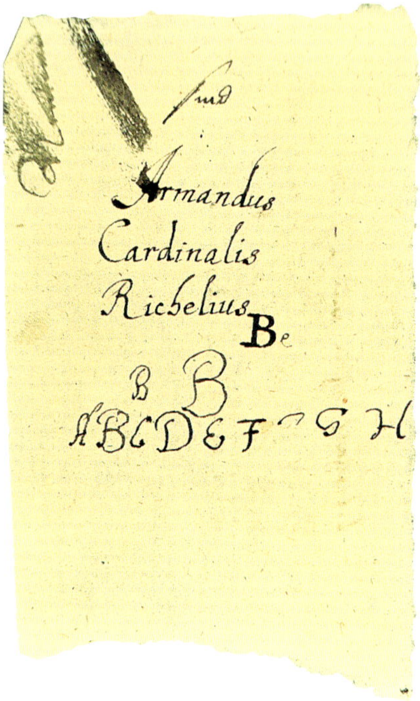

„Armandus Cardinalis Richelius"
Schönschreibübung auf der Rückseite einer Quittung mit Text.
Bertha Jordaan-van Heek Stiftung, Haus Welbergen, Archiv: Akte Nr. 9153
Foto: Kreis Steinfurt, Pressereferat

Medaille auf den Spanisch-Niederländischen Frieden und die Freiheit der sieben nördlichen Provinzen, 1648
Sebastian Dadler, nach einem Entwurf von Marcus Zerius Boxhorn
PAX / ET /LIEBERT[AS] FOED[ERATORUM] BELGAR[UM] [Friede und Freiheit der Vereinigten Niederlanden]
Münster, Stadtmuseum

Der Kaiser und Frankreich

Die Interessen Frankreichs

Frankreich, das sich seit 1635 offiziell im Krieg mit Spanien befand, hatte besonderes Interesse daran, Kaiser und Reich zu neutralisieren und jegliche Einmischung in den spanisch-französischen Konflikt zu verhindern. Mit den niederländischen Generalstaaten ebenso verbündet wie mit den Portugiesen, suchte Frankreich die (Verhandlungs-)Position Spaniens zu schwächen. Bereits im September 1646 wurde ein Vorfriedensvertrag mit Ferdinand III. geschlossen.
Wenn auch die eigenen innenpolitischen Konflikte und Aufstände Frankreich belasteten und einen baldigen Friedensschluß notwendig erscheinen ließen, so gelang es doch, die eigenen politischen Interessen gegen den Kaiser durchzusetzen.

Die Ergebnisse

Die Bedingungen, unter denen Frankreich zum Friedensschluß von 1648 bereit war, betrafen die bereits 1646 getroffenen Vereinbarungen über die Anerkennung der französischen Eroberungen auf dem rechten Rheinufer mit den Festungen Philippsburg und Breisach, die Übereignung der Landgrafschaft Oberelsaß, des Streubesitzes in der Landgrafschaft Unterelsaß, der Landvogtei über die zehn elsässischen Reichsstädte und die Sanktionierung der französischen Herrschaft über die drei 1552 erworbenen lothringischen Bistümer Metz, Toul und Verdun.[12] In der letzten Verhandlungsphase gelang es, das Bündnis zwischen dem österreichischen und dem spanischen Hause Habsburg weitgehend aufzulösen.

Die niederländischen Generalstaaten

Im Präliminarvertrag von 1641 war der Abschluß eines Friedensabkommens zwischen Spanien und den niederländischen Generalstaaten festgelegt worden, die sich, unterbrochen von mehrjährigen Waffenstillständen, seit 1568 in kriegerischen Auseinandersetzungen befanden. Frankreich hatte die sieben niederländischen Provinzen mit einem Vertrag an sich gebunden, um einen Separatfrieden der Niederländer mit Spanien zu verhindern.

Die niederländischen Gesandten

Auf dem diplomatischen Parkett waren Protokoll- bzw. Statusfragen von höchster Bedeutung. Insofern lag den niederländischen Provinzen, die um ihre Anerkennung als von Spanien unabhängige Staaten kämpften, daran, auf dem Kongreß als gleichwertige 'Partner' angesehen zu werden und den Status von 'Gesandten' zu erhalten. Die acht Gesandten der sieben Provinzen (zwei, darunter Adriaen Pauw, für Holland) konnten durchsetzen, daß sie als 'Ambassadeurs' empfangen wurden. Um auch 'standesgemäß' in Münster einziehen zu können, hatten die französischen Verbündeten drei Galakutschen zur Verfügung gestellt, die mit

Einzug des Gesandten Adriaen Pauw und seiner Ehefrau Anna von Ruytenburgh in Münster, um 1646
Gerard ter Borch und Gerard van der Horst, monogramiert GTB und GVH
Ölgemälde
Münster, Stadtmuseum

zwei Staatswagen der portugiesischen Delegation (deren Interessen gegenüber der spanischen Krone ebenfalls von den Franzosen vertreten wurden) ergänzt wurden.[13]

Im Steinfurter Schloß

Weniger spektakulär war dagegen ein Zwischenhalt, den einige niederländische Gesandte im Zusammenhang der Anreise in die Kongreßstadt Münster vom 7. bis 11. Januar 1646 im Schloß zu Steinfurt machten. Man weiß von ihrem Aufenthalt nur zu berichten, daß der „große eysen ofen" repariert wurde, um den Saal beheizen zu können. Größere Ausgaben für ein festliches Gastmahl scheint es dagegen nicht gegeben zu haben.[14]

Alß am 28 xbr. [Dezember] 1645 die Statische Herrn ambassadeure hie kommen, Vnnd vf Ih. hochgE. Gnad genedigen Befehl von mir defraiert worden, Vnd biß am 1 January 1646 hie verplieben, in alles Verthan – 82 Taler 12 Schillinge 8 Pfennige.
Fürstliches Archiv Burgsteinfurt: Bestand G, Nr. 4372, fol. 123.

Der 30. Januar 1648

Nachdem die Verhandlungen des französischen Bündnispartners nach Abschluß des Vorfriedens von 1646 nicht sichtbar vorangingen, verhandelten die niederländischen Generalstaaten separat mit den Spaniern. Am 30. Januar 1648 wurde der „Friede von Münster" zwischen den beiden Parteien geschlossen, und am 15. Mai folgte der feierliche Friedensschwur. Mit diesem Sonderfrieden hatten sich die Provinzen vor einer weiteren Instrumentalisierung durch Frankreich, das noch immer mit Spanien Krieg führte, geschützt und die offizielle Anerkennung als Vereinigte Republik der Niederlande durchgesetzt. Diese offizielle Geburtsstunde der Republik wurde am 5. Juni mit dem Friedensschluß feierlich verkündet.

Der Kaiser und Schweden

Die schwedischen Bedingungen, einen dauerhaften Frieden mit dem Kaiser zu schließen, umfaßten drei Ziele: Den Besitz günstiger Stützpunkte im Küstengebiet Norddeutschlands, die Überlassung der säkularisierten Stifte Bremen und Verden und damit die Kontrolle über die Elbe- und

So von den Herrn Kayl. zu evacuierung
Frankenthal
Heidelberg
Manheimb
Luttepug
Bereken
Lindaw
Augspurg
Menningen
Regenspurg
Hohen Aßberg
Wildtstein
Hohenzollern
Albeck
Nottweil
Offenburg
Aschenberg
Schildach
Leuberg
Aurach
nemblich alle kayst. guarnisonen in Westvalen ober und Nieder Sachsen, so zu benennen sein.

So von den gfl. Königl Schwedischen zu evacuieren
Böhmen [sieben Städte]
OberPfalz [sechs Städten]
Schwaben [sieben Städte]
die königl. schwed.
Elsas (eine Stadt)
Francken
mit Schweinfurt, Vertheimb, Newhauß, Winßheimb
Maihren
Obersaxen [sechs Städte]
Niedersaxen [vier Städten]
Westvalen mit Minden, Vechta, Nienburg
Schlesien [zehn Städte]
Bericht nach Köln, betr. Rückzug aus den Städten. Nürnberg, 4. Mai 49. Nordrhein-Westfälisches Staatsarchiv: Fürstentum, Landesarchiv, Fach 473, Nr. 15, fol. 162-166.

Wesermündungen und ausreichende Entschädigungszahlungen (Satisfaktion) für den militärischen Abzug aus den besetzten Gebieten.
Am 6. August 1648 unterzeichnete Schweden einen Vorfriedensvertrag mit dem Kaiser, nachdem man sich auf eine Satisfaktion von fünf Millionen Talern geeinigt hatte. Schweden erhielt Vorpommern und einen Teil von Hinterpommern, die Bistümer Bremen und Verden sowie Stadt und Hafen Wismar mit der Insel Pöl und dem Amt Neukloster.[15]
Zum Teil gingen die Vereinbarungen auf Kosten der eigenen Verbündeten, so mußte Friedrich Wilhelm von Brandenburg auf seine Ansprüche an Pommern verzichten, er erhielt jedoch als Entschädigung die Stifte Halberstadt, Kammin und Minden. Zusätzlich wurde ihm das Erzstift Magdeburg versprochen, das er nach dem Tod des kursächsischen Administrators erhalten sollte.[16]

Amalie Elisabeth, Landgräfin von Hessen-Kassel

Mit dem Abschluß des Vorfriedens zwischen den Schweden und dem Kaiser erklärte sich auch Amalie Elisabeth von Hessen-Kassel bereit, die Plätze und Festungen im Fürstbistum Münster zu räumen. Für den Abzug sollten insgesamt „sechsmal hundert Tausend Reichsthaler" aufgebracht werden,[17] sie erhielt zudem die Abtei Hersfeld und vier Ämter des Bistums Minden.[18]

Das Argument der Waffe

Das Kriegsvolk und der Friede

Wenn in Münster und Osnabrück auch die Friedenszeit durch den Kongreßbeginn bereits eingekehrt sein mag, so war das Umland beider Städte doch weiterhin vom Kriegsgeschehen betroffen.

Die Menschen flüchteten sich nach Münster

Im Jahre 1646 berichtete der in Münster sitzende Postverwalter nach Brüssel, dem damaligen Sitz des Grafen von Thurn und Taxis: Die Schweden „tirannitziren so grewlich, daß die Leuthe hauffiger Weise mit Wagen unndt Pferden, Sack und Pack alhir einfluchten."[19] Ähnlich prekär war die Situation, als im Jahre 1647 ein kurzfristiger Waffenstillstand wieder einmal aufgekündigt worden war. Die Königsmarkschen Regimenter besetzten Fürstenau, Wiedenbrück und Warendorf und belagerten die Stadt Rheine. Den 'Eingesessenen' blieb nur noch die Flucht in die beiden 'Friedensstädte'.[20]

Ein Überfall im Jahre 1648

Aber auch im Friedensjahr 1648 konnten die Menschen den Fortschritt in den Friedensverhandlungen nicht wahrnehmen. Einer der vielzähligen Überfälle, die trotz Friedenskongreß zum Alltag gehörten, betraf Johann Pagenstecher, Kanzler des Grafen von Bentheim (und ehemals Vertrauter von Obrist Limbach). Der schwedische Major Hans Smale war Anfang des Jahres 1648 mit drei Kompanien in die Grafschaft Bentheim eingefallen; einige Soldaten waren gegen drei Uhr morgens in das Haus von Johann Pagenstecher eingedrungen und hatten den inzwischen 73jährigen aus dem Bett geholt, ihn mißhandelt und ihn ausgeraubt.[21]

Die Bedrohung Rheines oder: Königsmarck gegen Lamboy

Während der Verhandlungen versuchten die kriegsführenden Parteien ihren Forderungen Gewicht zu verleihen, indem sie weiterhin Gebiete besetzt hielten bzw. neue eroberten.
Im Gebiet des heutigen Kreises Steinfurt lagerten vor allem schwedische und hessische Soldaten, die noch immer mit dem Argument der Waffe einen 'siegreichen' Frieden durchsetzen wollten. Der Waffenstillstand, den der Kurfürst von Köln mit Schweden und Hessen-Kassel im März 1647 geschlossen hatte, hielt bis Mitte August, danach nahmen die Kriegshandlungen auch in der hiesigen Region wieder zu.[22]

Als ob es ein Lager wäre

Belagerungen und Einnahmen von Städten bzw. Gebieten gehörten während des Friedenskongresses zur Verhandlungsstrategie. Die Angriffe des schwedischen Heeres wirkten auf die Verhandlungen wie unterstützende Maßnahmen, die die Kompromißbereitschaft des Kaisers und seiner Verbündeten vorantreiben sollte.
In den Machtkampf zwischen den Kriegsparteien geriet auch die Stadt Rheine im Jahre 1647. Von Kaiserlichen unter dem Befehl Lamboys als Quartier in Beschlag genommen, belagerten nun die 'Schwedischen' unter dem Befehl Königmarcks die Stadt. Am 27. September 1647 berichtete der Postbote der kaiserlichen Taxis-Post, daß „ahm platz der Friedens Tractaten, der Krieg alhir tapffer vortgehet", man hatte sich „bey die Statt Reine verschantzet, daß Sie der feindt schwerlich auß ihrem Vorttheil treiben wirt". Das Lager der Schweden und Kaiserlichen lag so „hart ahn ein ander als wan es ein Lager".[23]

Die Versorgung der Generalität durch die Steinfurter

Steinfurt hatte sowohl den Truppen Lamboys als auch in das Lager Königsmarcks Kontributionen zu liefern: Allein zwischen dem 11. und 28. September hatte man täglich 1.500 Brote an das Lager des schwedischen Feldherrn zu schicken, ins kaiserliche Lager lieferte man 50 Molt Roggen, das Molt, wie es in einer Aufstellung heißt, zu vier Reichstalern. Die weitere Aufstellung des Steinfurter Rentmeisters zeigt, daß die beiden feindlichen Lager durchaus gut beliefert wurden, und zwar mit mehreren Tonnen Bier, (Tuch)Leder für Schuhe, aber auch Gewürzen, Salz und Öl, Stockfisch und Wein. Für das einfache Soldatenvolk wurde zusätzlich sowohl für die Schwedischen wie auch für die Kaiserlichen „Commisbrod" gebacken, allerdings nicht vom Bäcker aus Rheine (dem

Uff Sontagh den 23. Apriel 5.V.648 morgens um 3 Uhr der Schwedische Obristwachtmeister auf der Vecht zu Benth [-eim] mit 3 Compagnien zu roß einen einfall zu executiren gethan, Also etliche reuter in mein d. Joh. Pagenstechs Haus gefallen, kisten und kasten aufgeschlagen, mich nackendt auß dem bett gezogen, ohne kleider/:ein Camesoll und schlafmütz aufbescheiden:/auß dem Hause beim arm und d handt geschlepft, ohne wabß, ohne hosen und ohne strümpfe, vort müssen, und in der stegge be des SlütersHauß uffs Pferd mich geworfen, Also hinder Vogelsags Hauß mich gebracht, woren sie stillgehlaten, Mein Haus aber inmittelß gantz und gahr aufgeschundt, Also mir so viel Ich dessen in d Eill gewhar werden können, entwendet [...].
Bericht mit Schadensliste von Dr. Pagenschtecher über den schwedischen Überfall, 26. April 1648. Fürstliches Archiv Burgsteinfurt: Bestand A Steinfurt, Nr. 122.

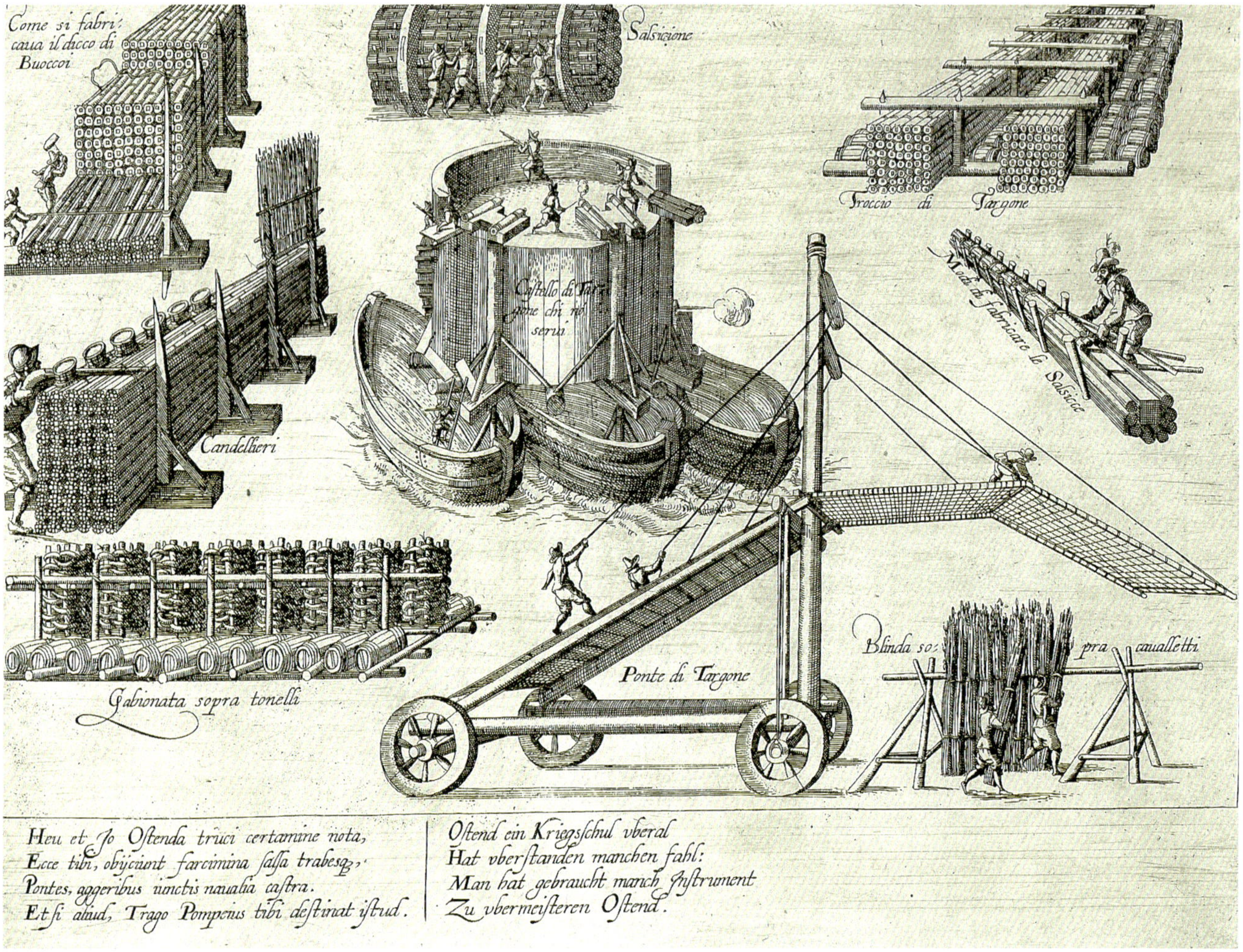

Die Überquerung eines Flußes durch ein Heer, um 1636
Kupferstich von Johan Faulhaber
in: Johan Faulhaber, Ingeneurs Schul Erster Anderer Dritter und Vierdter theil: mit 33 figuren in Kupffer Illustriert. Durch Johan Faulhabern Ingenieurn. Nürnberg: Wolffgang Endters, 1637, Blatt 365
Foto: Christian Grovermann, Osnabrück

man die Erfindung des Pumpernickels nachsagt), sondern von seinem Kollegen aus Steinfurt. Für den schwedischen General Königsmarck wurden zusätzlich noch einige Dutzend „ochsenzungen" und zwei Faß Butter besorgt, die man sich aus Münster anliefern ließ.[24]

Rheine wird zerstört

Am Ende dieses Machtkampfes zwischen Kaiserlichen und Schwedischen wurde Rheine bombardiert; insgesamt 365 Häuser wurden zerstört, mit ihnen die Nikolaikirche. Die Schweden – so konnte man am Fortgang der Friedensverhandlungen bemerken - hatten die 'besseren Argumente' vorgebracht. Es mag dabei wenig tröstlich für die Stadt gewesen sein, daß sie nur eine von vielen war, die für das zukünftige Friedenswerk zerstört worden war.

Das Militär verfolgt eigene Interessen

Ein damaliger Zeitgenosse der Friedensverhandlungen bemerkte, daß im Winter, wenn die Soldaten im Winterquartier lagerten, die Diplomaten ihre Aktivitäten steigern würden, dagegen übernähmen im Sommer die Generäle die Verhandlungen. „Auf diese Art haben diejenigen, die sich mit dem Frieden und mit dem Kriege beschäftigen, beiderseits ihre Arbeit und keiner kann sich beklagen.“[25] Nicht immer klappte das unterstellte Zusammenspiel zwischen diplomatischem Geschick der Gesandten auf der einen und militärischem Erfolg auf der anderen Seite. Als der Abschluß eines Vorfriedens zwischen dem Kaiser und Schweden kurz bevorstand, überfiel Königsmarck am 26. Juli 1648 die Prager 'Kleinseite' und den 'Hradschin'. Am 6. August wurde der Vorfrieden unterschrieben, ohne daß dieser 'Erfolg' des schwedischen Heers noch Eingang in die Friedensbedingungen fand. Das Vorgehen der Offiziere fand wenig Anklang bei den Diplomaten, auch wenn sie im Ergebnis daraus Nutzen zogen. In diesem Fall spiegelt sich vielmehr die Eigenständigkeit des Militärs wider, das - sollte es endlich Frieden geben - nicht um sein Auskommen bangen wollte. So 'bediente' man sich und belagerte Gebiete, für die man nach Abzug der Soldaten Entschädigungsgelder verlangte.

Nach dem Friedensabschluß

In Nürnberg

Nach der Ratifikation des Friedensvertrags reiste der Großteil der Gesandten 1649 nach Nürnberg, um dort weitere, im Vertrag nicht speziell ausgeführte Bedingungen nachzuverhandeln. Dabei ging es hauptsächlich um den Zahlungsmodus der Satisfaktionsforderungen für das Militär und um die Ausarbeitung einer Logistik für den Abzug der Soldaten. Die weiteren Ausführungen zu den einzelnen Artikeln des Vertrags wurden im Sommer 1650 im Nürnberger Exekutionsrezeß zwischen Kaiser und Schweden bzw. Frankreich unterzeichnet. Auch dieses Ereignis wurde feierlich begangen.

Ein Soldat aus Coesfeld

Es ist anzunehmen, daß der Großteil der Söldner - im Gegensatz zur Bevölkerung - mit Sorge der Friedenszeit entgegensah, auch wenn sich mit den Unruhen an der Grenze zur Türkei bereits ein neuer Krieg abzeichnete.[26] Die Soldaten, die vom Kriegsgeschäft lebten, mußten sich nach neuen Anstellungen umsehen.
Als das hessische Heer seine erste Rate der Entschädigungszahlungen erhielt, räumten die Soldaten im Jahre 1649 Ahaus, Ottenstein, Schloß Neuhaus und Borken, 1650 Bocholt und im Jahre 1651 Coesfeld und Warburg. Gleichzeitig wurden sukzessive die Kreisarmeen entlassen. Es läßt sich vorstellen, daß sich daraus weitere (soziale) Probleme ergaben. Nicht jeder konnte, wie etwa Bernd Kerkering aus Coesfeld, der seit 1643 in Soldatendiensten gestanden hatte und im Jahre 1651 in Bevergern wahrscheinlich als Wachsoldat unterkam, eine neue Stellung finden.

Alexander von Velen

Die häufig aus dem Adel stammenden Offiziere dagegen hatten meist ihren Besitzstand während des Krieges vergrößern können. Ein Vertreter

Amt Rheine	
Kspl. Embsbüren	80
Embsdetten	50
Mensumb	10
Stadt und Kersp Nienkerken	26
Statt Rheine	20
K. Schepdorf	80
Salzbergen	12
Summa	210 Rht.
facit 6 mahl 1260 Rht.	
Amt Horstmar	
Stadt Horstmar	150
Kspl. Horstmar	65
Kspl. Lahr	70
Kspl Metelen	20
Statt Metelen	160
Statt und K. Nienborg	50
Statt und Kp. Ochtrup	200
Die Grafschaft Steinfur	740
für fünf Compagnien	3700
für sechs „	4440

Summa Summarium aller heßische in martio contributirende quartier
14. 247 5/121.235 6/145.482
Wan hinzu die Schwedische Quartier contribution
1.677 38.765 46.518
thut das canzue contingent beider seits contribucentn 32.000 160.000 192.000
Verzeichnis, wie hoch die Contribution in dem Monat März dieses Jahres [1648] in dem Münsterischen Quartier gestanden. Nordrhein-Westfälisches Staatsarchiv: Fürstentum Münster, Landesarchiv-Militaria, Nr. 291.

Bestälter Obrister zu fües, Drost und Commendant zu Bucholt, Herman von Westerholt, thun kundt und betzeigen hirmit, waß gestalt vorweißen dieses Berndt Kerkering auß Coesfeld, welcher bei dero in anno 1643 beschehener reformation von h. hauptman schreibens Compagnien abgenohmenn, und dabei fünff iahren gedient, bey deme hinbevor wheloschen nun westerholttischen regiment unter deß hern obrit Liedenandten Twickells Compagnien wanit ietzo dessen Sohne begnädigent, die zeit von achtt Jahren und fünff Monatn für Musquettir gedient, Sich auch auff Zugh- und Wachtn in schlacht und sturmb, auch allen andern begebenheiten, so oftes die Kriegs notturft erfürdert, herzhaft und nämlich bezeiget,

daß man dieses persohn in soldaten dienst hette länger erdulden mögen, weiln nun wegen deß getroffenen allgemeinen friedenß und geschlossenen landtage, deren wölcke soviel nicht mehr über alß habe dem loblichen Kriegs geprauch zuvolgen, und seiner geleisteten trewen diensten halben, denselben irgen wurttige posportt hierin ertheilen wöllen.
Zeugnis und Paßierschein für Bernd Kerkering, 1651. Archiv Heimatverein Bevergern: BM Bevergern Militaria A 240.

[...] Waß schließlichen die Calvinisten anlagen thuet, so ist zwar diser punct auf der catholischen und anderer stendt belieben gestelt. Demnach aber zu besorgen, daß man damit nit gelangen, sondern dardurch abermahls die handlung steckhendt und ruckhaltendt machen werde, und gleichwol in vorigen unß gegebenen guetachten wichtige motiven deducirt, warumb wir unß diß orths zeitlich ercleren sollen, so thuen wir solche unsere erclerung dahin stellen, daß wir unserstheils gnedigst zufriden, daß die reformirten in den religionsfriedt khomen und aller dessen commodorum und gerechtigkheiten, quoad effectum futurum wie auch quoad praeteritum, salvis tamen regbus uidicatis et transactis, wie auch dessen, waß bey gegenwertigen tractaten den Augspurgischen confessionsverwandten zu guet und zum besten möcht erhandelt und beschlossen werden, ruhiglich geniessen solten; iedoch daß sie dagegen auch daßienige praestieren, waß andere derselben confession zugethane stendte zu elissten schuldig und verbunden sein.
Instruktion Kaiser Ferdinands III. an die Gesandten Trauttmansdorff, Naussau, Lamberg und Volmar, Linz 27. Februar 1646; zit. n. Herbert Langer, 1648. Der Westfälische Frieden. Pax Europaea und Neuordnung des Reiches, Berlin 1994, 113-114.

eines erfolgreichen Kriegsoffiziers ist Alexander II. von Velen, der es im Kriegsdienst bis zum Generalwachtmeister gebracht hatte und 1638 in den Reichsgrafenstand erhoben worden war. 1643 mit dem Kaiserlichen Kommando in Westfalen betraut, bat er 1646 um Entlassung aus dem Kriegsdienst. Im Jahre 1653 wurde er anläßlich seines Aufenthalts in Regensburg zum kaiserlichen Feldmarschall ernannt und bekam den Titel eines Kriegsrats verliehen. Als Anerkennung seiner Verdienste wurden ihm zusätzlich 40.000 Gulden verehrt.[27] Sein Vermögensstand hatte es ihm im Jahre 1643 erlaubt, sein Schloß Raesfeld zu erweitern und aufwendig ausbauen zu lassen.
Durch die Gleichstellung der Konfessionen im Friedensinstrument mußte er nicht mehr mit unangenehmen Konsequenzen rechnen, als er im Jahre 1655 als Katholik Anna Magdalena, Gräfin von Bentheim, die der reformierten Glaubenslehre angehörte, heiratete. Im Ehevertrag wurde der Gräfin zugesichert, daß sie weiterhin in ihrem Glauben verbleiben könnte.[28]

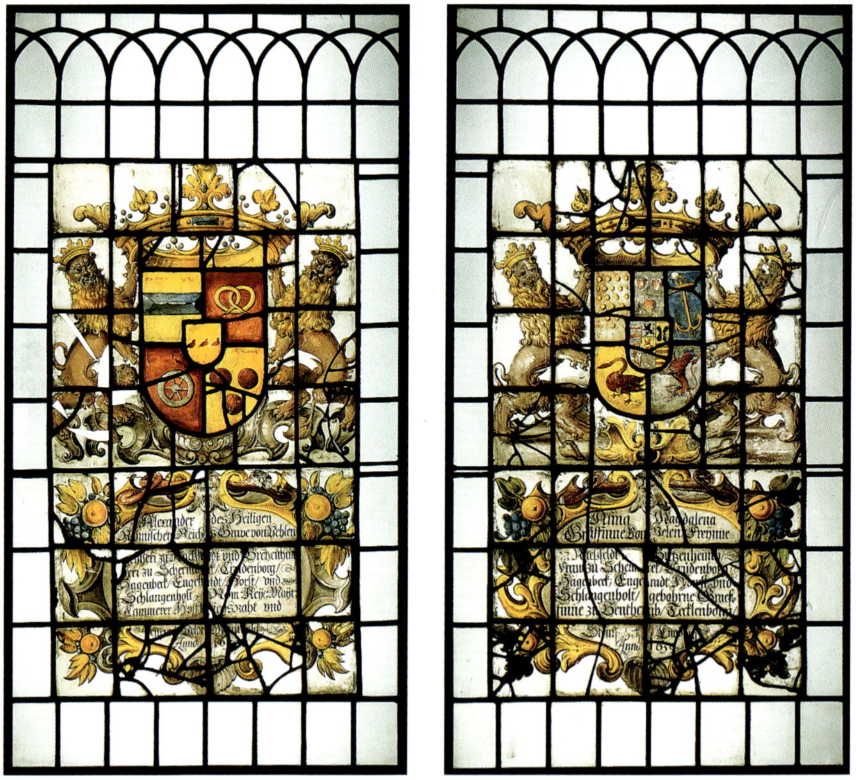

Wappenscheibe von Alexander Graf von Velen und Anna Magdalena, geb. Gräfin zu Bentheim, Tecklenburg und Steinfurt, 1659
Bierscheiben
Münster, Westfälisches Landesmuseum für Kunst und Kulturgeschichte

Schwedischen Fewrwerks. Anno 1650
Kupferstich
Wolfenbüttel, Herzog August Bibliothek

Der Friede im Reich

Die Konfliktlösungen

Das Instrument

Beide Teilvereinbarungen, das „Instrumentum Pacis Osnabrugense" (IPO) und das „Instrumentum Pacis Monasteriense" (IPM) galten als ein Vertrag, der das „Westfälische Friedensinstrument" darstellte. Hatten bei den Verhandlungen in Münster die europäischen Fragen im Vordergrund gestanden, so war in Osnabrück - neben der Einigung mit Schweden - die Konfliktbewältigung innerhalb des Reiches Thema der Verhandlungen gewesen, wobei das Prinzip der 'Parität' zwischen den beiden Konfessionsparteien als eine Lösung der anstehenden Probleme angesehen wurde.

Das Prinzip der Parität

Im Artikel VIII des IPO wurde eine weitgehend autonome Stellung der

Gottlob! nun ist erschollen
Das edle Fried- und Freudenwort,
Daß nunmehr ruhen sollen
Die Spieß und Schwerter und ihr Mord,
Wohlauf! und nimm nun wieder
Dein Saitenspiel hervor,
O Deutschland! und sing Lieder
Im hohen vollen Chor.
Erhebe dein Gemüte
Und danke Gott und sprich:
Herr, deine Gnad und Güte
Bleibt dennoch ewiglich!

Paul Gerhardt, Dankeslied für die Verkündigung des Friedens von 1648, erste Strophe; zit. n. Herbert Langer, 1648. Der Westfälische Frieden. Pax Europaea und Neuordnung des Reiches, Berlin 1994, 174.

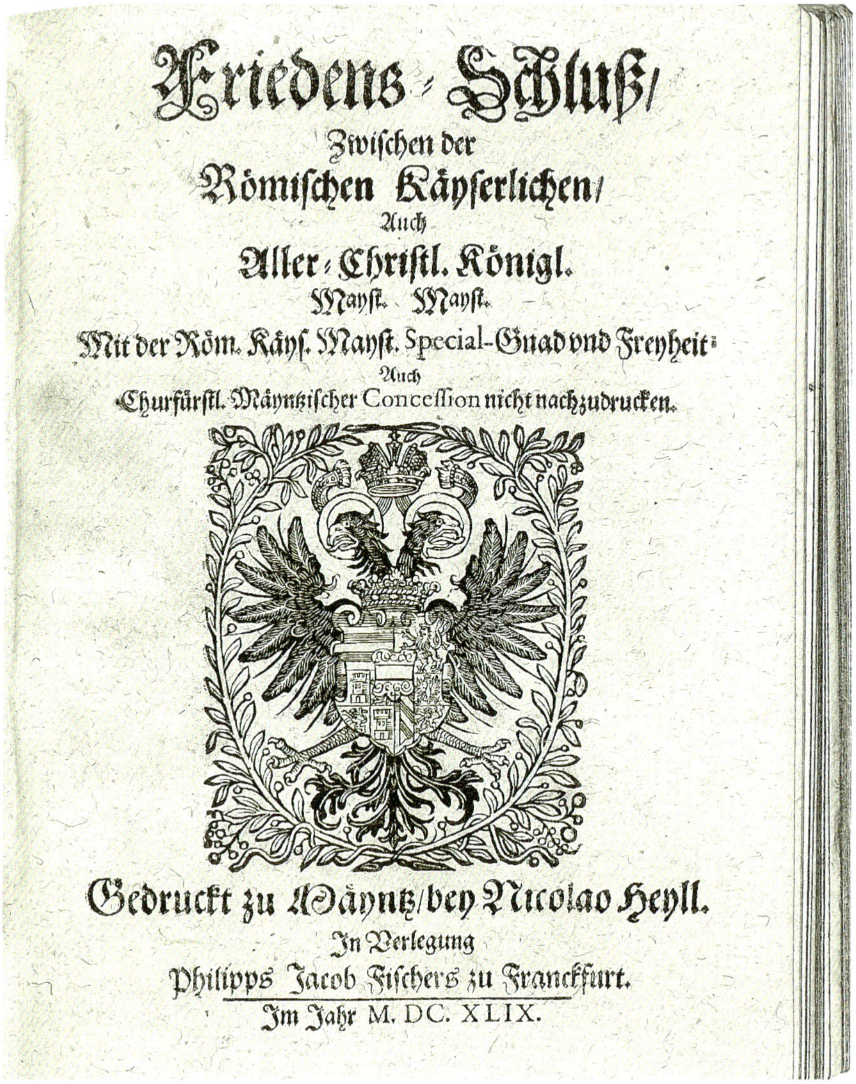
Friedens-Schluß/
Zwischen der
Römischen Käyserlichen/
Auch
Aller-Christl. Königl.
Mayst. Mayst.
Mit der Röm. Käys. Mayst. Special-Gnad vnd Freyheit:
Auch
Churfürstl. Mäyntzischer Concession nicht nachzudrucken.
Gedruckt zu Mäyntz/bey Nicolao Heyll.
In Verlegung
Philipps Jacob Fischers zu Franckfurt.
Im Jahr M. DC. XLIX.

Friedens-Schluß/Zwischen der Römischen Kayserlichen/Auch Aller-Christl. Königl. Mayst. Mit der Röm. Kays. Mayst. Special-Gnad und Freyheit Auch Churfürstl. Mayntzischer Consession nicht nachzudrucken, gedruckt Mainz: Nicolao Heyll, verlegt Frankfurt: Philipps Jacob Fischer, 1649
Titelblatt
Foto: Christian Grovermann, Osnabrück

Kurfürsten, Fürsten und Stände bestätigt. In der Folgezeit bildeten sich im Reichstag zwei Konfessionsfraktionen („Corpus evangelicorum“ und „Corpus catholicorum“), welche die politischen Fragen, die aus unterschiedlichen konfessionellen Auffassungen nicht gelöst werden konnten, klärten. Dies bedeutete, daß, sobald ein zur Entscheidung vorliegender Sachverhalt auf dem Reichsdeputationstag zur ‘Religionssache’ erklärt wurde, das Mehrheitsprinzip aufgehoben war und die ungeklärte Frage zur weiteren Bearbeitung den beiden Fraktionen übertragen wurde. Die beiden Gremien mußten eine gemeinsame gütliche Einigung über das anstehende Problem finden.[29]
Dem gleichen Prinzip der Parität folgten die Vereinbarungen über die Besetzung der Ämter im Reichskammergericht, auch wenn das Amt des Kammerrichters in katholischer Hand blieb.
Der Vorstellung der Gleichheit der Konfessionen folgte auch die Sonder-

regelung über das Fürstbistum Osnabrück, das eine alternierende Besetzung des Bischofamtes vorsah. Abwechselnd sollte nach einem katholischen Bischof das Amt ein Kandidat aus dem Hause Braunschweig-Lüneburg übernehmen, dem wiederum ein katholischer folgen sollte. Franz Wilhelm von Wartenberg, Osnabrücker Fürstbischof und während der Verhandlungen Gesandter des Kurfürsten von Köln, hatte die Säkularisierung seines Hochstifts zwar verhindern können, doch die territorialen Entschädigungsansprüche des evangelischen Hauses Braunschweig-Lüneburg hatten letztlich zu diesem Kompromiß geführt, der so als „successio alternativa" im Friedenswerk festgelegt wurde.

Religionsfrieden im Reich

Was die kirchenrechtlichen Fragen betraf, so wurde der Augsburger Religionsfriede von 1555 bestätigt. Der 1. Januar 1624 wurde zum Stichtag für den konfessionellen Besitzstand erklärt, ausgenommen davon war die Kurpfalz, für die das Jahr 1618 Gültigkeit haben sollte. Für bestimmte Gebiete und Orte galten weitere Sonderregelungen, die ebenfalls in Nürnberg ausgearbeitet worden waren. Eine der Sonderregelungen betraf das Fürstbistum Osnabrück. Aufgrund der Bestimmung des Alternats erschien eine Sonderbestimmung notwendig: In der „Capitulatio Perpetua Osnabrugensis" wurde vereinbart, daß die Konfession nicht für das gesamte Fürstbistum, sondern für jedes einzelne Kirchspiel festgestellt werden sollte, entscheidend war dabei die Konfession des Pfarrstelleninhabers im Normaljahr 1624. Dies bedeutete jedoch nicht, daß die Untertanen zum Übertritt des dabei festgelegten Glaubensbekenntnisses gezwungen wurden.[3]

Das Religionsrecht ist noch keine Religionsfreiheit

Je nach Konfessionszugehörigkeit der Gläubigen im Jahre 1624 wurde nun unterschieden, wo und wie sie ihre Gottesdienste abhalten durften. Das Recht zur 'öffentlichen' Religionsausübung galt für jene, deren Konfession mit der des Landes (und Landesherrn) übereinstimmte, ihnen wurde der Gottesdienst in den dafür bestimmten Kirchen, die mit Türmen und Glocken ausgestattet werden durften, gestattet. Der jeweils anderen Konfession war eine 'private' Religionsausübung gestattet, ihnen wurden sowohl Bethäuser (mit Dachreitern) als auch die Anstellung privater Prediger zugestanden. Den reformierten Gläubigen, deren Glaubenslehre bis dahin nicht anerkannt worden war, wurden Hausandachten erlaubt; dies galt natürlich nur für Territorien, die nicht calvinistisch waren. Es wurde ihnen zudem erlaubt, einen 'öffentlichen' Gottesdienst in einem anderen Gebiet aufzusuchen; ebenso konnten sie von nun an ihre Kinder in ihrer Glaubensvorstellung erziehen.[31]

Nicht alle sind zufrieden

Von der neuen Regelung waren im Gebiet des heutigen Kreises Steinfurt insbesondere die Grafschaften Tecklenburg und Steinfurt betroffen. Ein

Art. I: Es sei ein christlicher, allgemeiner, immerwährender Friede und wahre und aufrichte Freundschaft zwischen der hl. kaiserlichen Majestät, dem Hause Österreich und allen seinen Verbündeten und Anhängern und deren jeglichen Erben und Nachfolgern, insbesondere dem Katholischen König, den Kurfürsten, Fürsten und Ständen des Reichs einerseits, und der hl. königlichen Majestät und dem Königreich Schweden und allen seinen Verbündeten und Anhängern und deren jeglichen Erben und Nachfolgern, insbesondere dem Allerchristlichen König und den betreffenden Kurfürsten, Fürsten und Ständen des Reichs andererseits; und es soll dieser [Friede] dergestalt aufrichtig und ernstlich gehalten und gepflegt werden, daß jeder Teil des andern Nutzen, Ehre und Vorteil fördern und daß in jeder Hinsicht, sowohl seitens des gesamten Römischen Reichs mit dem Königreich Schweden, als auch hinwiederum seitens des Königreichs Schweden mit dem Römischen Reiche, vertrauens volle Nachbarschaft und die gesicherte Pflege der Friedens- und Freundschaftsbestrebungen neu erstarken und erblühen.
Erster Artikel des Osnabrücker Friedens vom 24. Oktober 1648. Übersetzung, zit.n. Herbert Langer, 1648. Der Westfälische Frieden. Pax Europaea und Neuordnung des Reiches, Berlin 1994, 147.

Konflikt in Religionsfragen zeichnete sich aber auch in der Grafschaft Lingen ab, zu dem u.a. die Orte Recke und Ibbenbüren des heutigen Kreises Steinfurt gehörten.
Der im „Frieden von Münster“ geklärte Streit um die Grafschaft Lingen war zugunsten des Hauses Oranien ausgefallen. Durch den Separatfrieden zwischen den Niederlanden und Spanien galten zwar die Bestimmungen des Westfälischen Friedenswerkes in diesem Gebiet nicht, doch unterschied sich das 'Religionsrecht' kaum von dem im IPO zugestandenen. Die katholischen Gläubigen in der Grafschaft, die seit 1630 zunehmend an ihrer Religionsausübung gehindert worden waren, sorgten sich um ihre Rechte; deshalb versuchten sie, eine 'Sonderregelung' für ihre Situation zu erwirken. Im Jahre 1649 hatte man mit Petitionen bei einzelnen Gesandten des Friedenskongresses auf den 'Sonderfall' in der Grafschaft Lingen hinzuweisen versucht. Besonders aktiv war dabei der Pfarrer von Badbergen und Neuenkirchen (Amt Vörden), der u.a. bei Franz Wilhelm von Wartenberg um Unterstützung bat. Alle Versuche, eine Regelung im Westfälischen Friedensvertrag zu verankern, blieben jedoch erfolglos – allein schon deshalb, weil der Großteil der Friedensgesandten zu diesem Zeitpunkt im Aufbruch begriffen war, um nach Nürnberg abzureisen.[32]
Die Sorge der katholischen Minderheit, weiteren Behinderungen in der Ausübung ihrer Glaubenslehre ausgesetzt zu werden, war nicht unbegründet. Im April 1649 war ein bereits 1641 erstmals veröffentlichtes Plakat mit Verordnungen 'die Religion betreffend' neu aufgelegt und bekannt gemacht worden. Darin wurden nicht nur jenen hohe Strafen angedroht, die weiterhin katholischen Gottesdienst abhielten oder ihre Kinder im katholischen Glauben erzogen, sondern es wurde auch vehement gegen den katholischen Klerus, insbesondere gegen die Jesuiten, polemisiert.[33]

Recke wird reformiert

Nachdem der katholische Pfarrer von Recke im Mai 1649 verstorben war, kam in seiner Nachfolge ein reformierter Geistlicher. Die katholischen Gläubigen mußten von nun an Gottesdienste andernorts besuchen, ihr Altar wurde aus der Kirche entfernt und dort nur noch reformierter Gottesdienst abgehalten.[34]

Die Glocken läuten nicht für jeden!

Mit dem hier angeführten eher harmlosen Streit um das 'öffentliche' Glockenläuten soll darauf aufmerksam gemacht werden, daß die Vorstellung von 'Toleranz' eine Frage des Rechts war. Darüberhinaus zeigt der Streit, daß ein friedliches Miteinander von Menschen unterschiedlicher Konfessionen oder Religionen spätestens dann zu Konflikten führte, wenn die Unterschiede politisch instrumentalisiert wurden.
Als Ferdinand von Bayern im Oktober 1650 verstarb und in seinem Fürstbistum feierlich die Glocken geläutet werden sollten, hatte man in den Kirchspielen Hopsten, Riesenbeck und Saerbeck aus dem Amt Bevergern, das zu diesem Zeitpunkt noch immer von den reformierten Ora-

Ferdinand von Bayern (1577-1650)
Wolfgang Kilian (1581-1662)
Kupferstich, um 1612/1619
Münster, Westfälisches Landesmuseum für Kunst und Kulturgeschichte

niern besetzt gehalten wurde, das Läuten zu Ehren des verstorbenen Bischofs untersagt. Der fürstbischöfliche Rentmeister von Bevergern hatte daraufhin von Rheine aus je zehn Soldaten mit dem Auftrag in die Kirchspiele geschickt, das dreitägige Totengeläut durchzuführen.
Als nun kurz darauf der Prinz von Oranien starb, sollten im Amt Bevergern – wie dies auch in der Grafschaft Lingen angeordnet worden war – ebenfalls die Glocken zum Tode des Prinzen feierlich erklingen: Vorgesehen war ein Läuten bis zum Zeitpunkt der Beisetzung, und zwar vormittags, mittags und abends je eine Stunde, drei Tage lang. Das Ritual des Läutens der Reformierten unterschied sich im übrigen nicht von dem der Katholiken. Aus dem begründeten Rechtsanspruch des Bischofs auf das Amt Bevergern sollte nun das Läuten verhindert werden. Der bereits erwähnte Rentmeister beorderte je vier Soldaten in die betroffenen Kirchspiele. Sie sollten die Kirchenschlüssel einziehen, die Kirchen be-

Fürstbischof Christoph Bernhard von Galen, um 1670
Wolfgang Heimbach († 1678)
Ölgemälde
Münster, Westfälisches Landesmuseum für Kunst und Kulturgeschichte

Da aber des Bischofs Christoph Bernhard von Münster und seiner Kriegsthaten hier Erwähnung geschehen ist, so scheint es mir der Mühe werth, deren Ursprung gründlicher darzulegen [...]. Ich will hierbei anführen, was Krantz in seiner „Saxonia" im 8. Buche Cap. 35 von Hannover sagt [...]; „Mit der wachsenden Festigkeit der Städte wuchs auch der Trotz der Bürger den Fürsten gegenüber, und so ist denn alle fürstliche Gewalt unaufhörlich bemüht, die Macht der Städte zu schwächen oder ganz zu vernichten. Wenn nur die einen im Befehlen Maß hielten, und die andern willig gehorchten, so gäbe es auf der Erde nichts Ehrwürdigeres, als die Vereinigung der Menschen, die man, wie Cicero sagt, Städte nennt. Aber so lange die Fürsten glauben, alles sei für sie geschaffen und der Himmel und die ganze Natur müsse ihnen dienen, hören sie nicht auf herrisch zu befehlen, daß ich nicht sage, die Armen zu bedrücken." Carl Stüve, Die Iburger Klosteranna len des Abts Maurus Rost, bearbeitet von Oberlehrer a.D. Dr. C. Stüve (Osnabrücker Geschichtsquellen, Bd. 3), Osnabrück 1895, 127 und 128.

wachen und so den Glockenschlag verhindern. Die Oranier sandten nun ihrerseits Soldaten aus, die sich um die Durchführung des Läutens zu Ehren des Prinzen kümmern sollten. Wie letztlich der Streit um die Glocken gelöst wurde, ist nicht bekannt. Anlaß des Schreibens, durch das diese Begebenheit überliefert ist, war im übrigen nicht der Wunsch, eine weitere Konfrontation zwischen den Soldaten zu verhindern, sondern die Sorge des Rentmeisters, seine Leute würden, sollte ihnen kein Sold gezahlt werden, die Bewachung der Kirchentüren aufgeben.[35]

Einem friedlichen Europa eine Zukunft

Die enttäuschten Hoffnungen

Neuer Landesherr im Fürstbistum Münster wurde Christoph Bernhard von Galen. Dessen Wahl zum Bischof wurde von Papst Innozenz X. am 21.5.1651 bestätigt, und er wurde von Ferdinand III. in seiner Funktion als Landesherr am 4.9.1651 belehnt. Während seiner Regierungszeit konnte jedoch weder der lang ersehnte Frieden erhalten werden noch konnte die so oft für die Friedenszeit versprochene Blütezeit des Handels ihren Einzug nehmen. Vielmehr mußte die Bevölkerung weitere Steuerbelastungen hinnehmen und sich den politischen (Kriegs-) Zielen des Landesherrn unterwerfen.

Der Grundstein für einen dauerhaften Frieden

Insofern war offenbar die Zeit, das ausgearbeitete Friedensinstrument in allen seinen Artikeln lebendig werden zu lassen und in die Tat umzusetzen, noch nicht reif. Der Grundstein für einen Frieden war jedoch gelegt, denn ohne das Westfälische Friedenswerk wäre eine Weiterentwicklung des europäischen Völkerrechts kaum denkbar gewesen.[36] Dieser Grundstein ist für die Zukunft Europas noch immer von Bedeutung, denn in diesem Vertrag wurde erstmals jeder Staat, jedes souveräne Gemeinwesen als autonomer Vertragspartner akzeptiert, und es gelang, weitgehendst Diskriminierungen oder Ausgrenzungen auszuschließen.

Anmerkungen

1618–1625 Der böhmisch-pfälzische Krieg
Die Schlacht im Lohner Bruch, 7–26

1) Unterschiedliche protestantische Bekenntnisse, auf die man sich 1575 geeinigt hatte. **2)** Vgl. Parker (1987), 67-71 und 114-119. **3)** Das Kurrecht, das zur Wahl des Königs bzw. Kaisers berechtigte, besaßen: die Erzbischöfe von Mainz, Trier und Köln, der Pfalzgraf bei Rhein, Herzog von Sachsen, Markgraf von Brandenburg, der König von Böhmen. **4)** Vertrag von München der Mitglieder der katholischen Liga, 16. Juli 1609. Die Mitglieder der Liga 1609: Erzherzog von Österreich, die Bischöfe von Würzburg, Augsburg, Regensburg und Konstanz, der Abt von Kempten und der Prior von Ellwangen; außerdem die Bischöfe von Worms, Speyer, Bamberg, sowie die drei geistlichen Kurfürsten Köln, Trier und Mainz. Parker (1987), 93-94. **5)** Die Pfalz war aufgeteilt in die lutherische Oberpfalz, die im Osten an Böhmen angrenzte und etwa 40 % der Einkünfte des Kurfürsten ausmachte, in die calvinistische eigentliche Pfalz beiderseits des Rheins auf der Höhe von Heidelberg, in Pfalz-Zweibrücken und Pfalz-Neuburg, die von Zweigen der Dynastie regiert wurden. Parker (1987), 76. **6)** Vgl. Kapitel Exkurs: Isaac Lardin von Limbach, 68–82. **7)** Parker (1987), 134. **8)** Parker (1987), 134. **9)** Vgl. Akte über Maßnahmen gegen die im Stift Münster raubenden und plündernden Truppen des Herzogs Christian von Braunschweig, 1622. NW StAM FM Landesarchiv-Militaria, Nr. 13; Landtagsabschied vom 15. April 1622 und Landtagsbuch Januar bis Juni 1622, „in specie den Einfall des Herzogs Christian von Braunschweig in das Stift Münster betreffend". NW StAM FM Landesarchiv, Fach 490, Nr. 65. **10)** Dreinsche, Stevernsche, Bramsche und Emsländische Quartiere. Wolf (1983), 542. **11)** Rezess zwischen dem Herzogthum Westfalen und den Stiften Münster und Paderborn. Beckum, 29. August 1622. NW StAM FM Landesarchiv, Nr. 12, 1a, fol. 2-11. **12)** Vgl. Parker (1987), 137. **13)** Bericht des Drosten zu Ahaus an die münsterschen Räte, 14. Mai 1623. NW StAM FM Landesarchiv-Militaria, Nr. 18, fol. 26. **14)** Vgl. Parker (1987), 136-137. **15)** Schreiben Christians von Braunschweigs an Tilly, Grüningen, 16. Juni 1623. Bericht 1623, in: ZvGA 23 (1863), 342. **16)** Schreiben Tillys an Christian von Braunschweig, Eschwege, 3. Juli 1623. Bericht 1623, in: ZvGA 23 (1863), 346. **17)** Resolution, 11. Juli 1623. Bericht 1623, in: ZvGA 23 (1863) 349-350. **18)** Nachricht über Truppenbewegungen von Julich Neuenhaus an Kanzler und Räte zu Münster, 27. Juli 1623. NW StAM FM Landesarchiv-Militaria, Nr. 18, fol. 264. **19)** Bericht Diedrich Haverkenschedt an den Kanzler in Münster, Johann von Westerholt. 15. Juni 1623. NW StAM FM Landesarchiv-Militaria, Nr. 18, fol. 129. **20)** Bericht des Drosten an münstersche Räte. Ahaus, 20. Juli 1623. NW StAM FM Landesarchiv-Militaria, Nr. 18, fol. 236. **21)** Bericht des Drosten an münstersche Räte. Ahaus, 20. Juli 1623. NW StAM FM Landesarchiv-Militaria, Nr. 18, fol. 237. **22)** Stevermann's Chronik, in: Janssen (1856), 250. **23)** Bericht der münsterschen Räte an den Kurfürsten. Münster, 4. August 1623. NW StAM FM Landesarchiv-Militaria, Nr. 18, fol. 276. **24)** Vgl. Parker (1987), 280. **25)** Bericht der münsterschen Räte an den Kurfürsten. Münster, 4. August 1623. NW StAM FM Landesarchiv-Militaria, Nr. 18, fol. 276v. **26)** Christian war als dritter Sohn des Herzogs Heinrich Julius von Braunschweig-Lüneburg-Wolfenbüttel 1616 zum Bischof von Halberstadt gewählt worden, die Wahl war jedoch vom Kaiser nicht bestätigt worden. **27)** Auch wenn es sich hier um Lyrik handelt, die zweihundert Jahre später entstand und eine eigene Intention verfolgte, wird das Gedicht hier als „Quelle" aufgeführt. Es dient als Einstieg zur quellenkritischen Betrachtung, wie sie auch den (Tatsachen-)Berichten über die „Schlacht", die Mitte des 17. Jh. entstanden sind, zukommen sollten. **28)** Darpe (1914), 53. **29)** Protest gegen die Visitation, 1616. Visitationes Episcopales III Februar 1616. BAM GV, Metelen, Hs 25, fol. 67. **30)** Immunitätspfeiler, die räumlich den Sonderstatus des Stifts und seiner Eigenbehörigen begrenzten und damit auch gegenüber dem

Landesherrn demonstrierten, befinden sich seit 1817 am Münstertor in Horstmar. **31)** († 1644 Köln) Die Angaben zur ihrer Person sind unterschiedlich. Von 1620 bis 1637 soll sie Äbtissin von Metelen und Nottuln gewesen sein, gleichzeitig auch Dechantin von Vreden. **32)** Wurzbachs biographisches Lexikon, Bd. 36, 94. **33)** Als Essen im Jahre 1629 von den niederländischen Generalstaaten besetzt wurde, brachte sich die Äbtissin in Köln in Sicherheit. Dort starb Maria Clara Gräfin zu Spaur im Jahre 1644; vgl. Darpe (1914), 53. **34)** Ferdinand Schmidt, Privatbriefe Essener Äbtissinnen im Reichsarchiv zu Arnheim, in: Heimat 5 (1923), 6. **35)** Vgl. Darpe (1914) 53, Fußnote 4. **36)** Die in der Heimatgeschichte Metelens gerne kolportierte, unrechtmäßige Mitnahme des „Stiftssilbers" bei ihrer Flucht nach Köln ist sicher unter diesem Aspekt zu bewerten. **37)** Darpe (1914), 56. **38)** Bericht 1623, in: ZvGA 23 (1863), 351. **39)** Gesuch der Tuchmacher-Gilde zu Metelen an die Äbtissin. HAW, Nr. 2782. **40)** Metelen (1964), 91. **41)** Protest des Bürgermeisters und der Gemeinheit zu Metelen an den Erbholzrichter, 30. Juni 1621 und ebenso an die Äbtissin zu Metelen, 30. Juni 1621. AGM, I U Nr. 87. **42)** Ersuchen des Bürgermeisters an die Äbtissin, sich beim Drosten zu Horstmar für ihre Belange einzusetzen. 6. Juli 1631. AGM, I U Nr. 102. **43)** Bericht der Räte an den Kurfürsten. Münster, 6. August 1623. NW StAM FM Landesarchiv-Militaria, Nr. 18, fol. 283. **44)** Bericht der münsterschen Räte an den Kurfürsten. Münster, 6. August 1623. NW StAM FM Landesarchiv-Militaria, Nr. 18, fol. 283. **45)** Die Annahme, Christian von Braunschweig habe in einer der Kurien zu Metelen übernachtet, wie bei Bernhard Hegemann, Stift und Gemeinde Metelen. Beiträge aus dem Stadtarchiv Metelen Nr. 5, 46 angedeutet, ist eher unwahrscheinlich. **46)** Bericht der münsterschen Räte an den Kurfürsten. Münster, 6. August 1623. NW StAM FM Landesarchiv-Militaria, Nr. 18, fol. 283. **47)** Bericht 1623, in: ZvGA 23 (1863),354. **48)** Schreiben Ernsts von Mansfeld an Obrist Limbach. Leer, 9. August 1623. NW StAM Landesarchiv-Militaria, Nr. 24, fol. 194 und fol. 157. **49)** Schreiben Tillys an die münsterschen Räte. 1. August 1623. NW StAM FM Landesarchiv-Militaria, Nr. 18, fol. 277 und Antwortschreiben der münsterschen Räte an Tilly. Münster, 3. August 1623. NW StAM FM Landesarchiv-Militaria, Nr. 18, fol. 278. **50)** Bericht der münsterschen Räte an den Kurfürsten. Münster, 4. August 1623. NW StAM FM Landesarchiv-Militaria, Nr. 18, fol. 276. **51)** Schreiben der münsterschen Räte an die Ämter. Münster, 5. August 1623. StAM FM Landesarchiv-Militaria Nr. 18, fol 287. **52)** Schreiben der münsterschen Räte an den Grafen zu Anholt. Münster, 18. Juli 1623. NW StAM FM Landesarchiv-Militaria, Nr. 18, fol. 220. **53)** Bürgermeister und Rat der Stadt Rheine an münstersche Räte. Rheine, 31. Juni 1623. NW StAM FM Landesarchiv-Militaria Nr. 18, fol. 268. **54)** Schreiben Tillys an den Rat zu Coesfeld, 13. August 1623 und Antwortschreiben. NW StAM FM Landesarchiv-Militaria, Nr. 291 [o.f.]. **55)** Schreiben der münsterschen Räte an Graf von Tilly. Münster, 13. August 1623. NW StAM FM Landesarchiv-Militaria, Nr. 291 [o.f.].**56)** Schröder (1985), 24 und Stevermann's Chronik, in: Janssen (1856), 251.

Die Ausplünderung des Landes, 27–50

1) Verzeichnis des durch die spanischen und staatischen Kriegsvölker im Gogericht Backenfeld, im Amte Dülmen, im K. Altenberge und Saerbeck verursachten Schadens. NW StAM FM Landesarchiv-Militaria, Nr. 15, fol. 4-7 (Altenberge) und fol. 10-12 (Saerbeck). **2)** Vgl. Parker (1987), 323, Anmerkung 17. **3)** Stevermann's Chronik, in: Janssen (1856), 248 und 252. **4)** Heinrich Vrohoff, Sohn des Johann Vrohoff, gen. Hesse, 1624. Brockpfähler, Beiträge 49, Pfarrarchiv Wettringen, Stiftung einer Seelenmesse. **5)** Sendgerichtsprotokoll 1623/24 und Dorfordnung aus Tecklenburg, 1755. **6)** Brockpähler (1938), 74. Zur unterschiedlichen Klasseneinteilung eines Hofes in Vollerbe, Halberbe, Pferdekötter, Kötter, Brinksitzer und Backhäuser Vgl. von Hagen/Behr I (1987), 141. **7)** Vgl. Wissing (1987), 66-71. **8)** Hunsche (1965), 144. **9)** Brockpähler (1970), 85-102. **10)** Brockpähler (1938), 74. **11)** Salm-Horstmarsches Archiv, Paket 285, zit. n. Brockpähler (1970), 221. **12)** Fr. Hilgemann, Rund um's Kerbholz, in: Steinfurter Heimatbote (Juni 1976), 1. **13)** Alle Angaben aus Brockpähler (1970), 121. **14)** Vgl. Brockpähler (1938), 74. **15)** Vgl. auch Brockpähler (1938), 79. **16)** Der Dom in Münster ist dem Heiligen Paulus geweiht. **17)** Brockpähler (1970). **18)** Notarielle Beglaubigung der Zeugenaussagen in Sachen St.-Pauli-Freie in Wettringen wegen ungewöhnlicher Dienste. Münster, 18. Oktober 1618. NW StAM Mskr. II, Nr. 117, 239, fol. 135-136, hier 135^{v}. **19)** Aufzeichnung des Rentmeisters für das Jahr 1626, Amt Bevergern. NW StAM FM Amt Rheine, Nr. 769, fol 58 und 59v. **20)** Vgl. Brockpähler (1970), 123. **21)** Notarielle Beglaubigung von Arnold Tolbier. Rheine, 5. April

1621. NW StAM Kloster Gravenhorst, Nr. 36, [19]. **22)** Das Verzeichnis der Münsterländer in 'ausländischen' Kriegsdiensten, 1622/23 ist erwähnt bei Brockpähler (1938), 50; vollständig gedruckt (in überarbeiteter Fassung) bei Richard Borgmann, Münsterländer in ausländischen Kriegsdiensten 1622/23, in: Beiträge zur Westfälischen Familienforschung 1 (1938) 3, 178-187, Wettringen 180. **23)** Verzeichnis aus dem Amt Horstmar über Soldaten in fremden Diensten. Horstmar, 7. Mai 1622. NW StAM Landesarchiv, Fach 432, Nr. 19, fol. 43-48, hier 43v. **24)** Schreiben des Grafen Anholt an Kurfürst Ferdinand. Telgte, 7. Januar 1623. Tophoff I (1852), 144. **25)** Vgl. Tophoff I (1852), 139-140. **26)** Ratsprotokoll vom 30. Dezember 1622. NW StAM FM Städte, Stadt Rheine Nr. 21, fol. 108. **27)** Schreiben des Grafen Anholt an den Kurfürsten zu Köln. Telgte, 7. Januar 1623. zit. n. Tophoff I (1852), 144. **28)** Schreiben des Grafen Anholt an Kurfürst Ferdinand. Telgte, 7. Januar 1623. Tophoff I (1852), 144 und „Armenbefehl betrefend die Verpflegung und Quartierung im Bistum Münster". 25. Juni 1623. NW StAM FM Urkunden Nr. 4322. **29)** Tophoff I (1852), 144-147. **30)** Zit. n. Wegener (1960), 62. **31)** Johann von Plettenberg im Kirchspiel Ochtrup, Vgl. Wegener (1960), 101. **32)** 4154 Reichstaler 19 Schillinge 10 Pfennige. Insgesamt hatte das Amt für seinen Verwaltungsbezirk 27.744 Reichstaler 24 Schillinge und 2 Pfennige eingenommen. Empfangsbestätigung der an Nicolai 1623 eingenommenen Feuerstättenschatzung. NW StAM FM Landesarchiv, Fach 487, Nr. 21. **33)** Schreiben des Ernsts von Mansfeld an seinen Obristen Limbach. Aurich, 15./25. November 1622. NW StAM FM Landesarchiv-Militaria, Nr. 24, fol. 195. **34)** Befehl an „Lohn- und Minderen Kriegs Officieren, Rittmeistern, Hauptleutten, Reitern und Soldaten". 25. Juni 1623. NW StAM FM Urkunden Nr. 4322. **35)** Schreiben des Daniel Schele an Schweder Schele. Kuhoff, 24. November 1623. HAW A Nr. 1112. **36)** Schreiben Graf Wilhelms von Steinfurt an General Graf von Anholt. Steinfurt, 29. Januar 1623. FAB Bestand A, Nr. 1370, fol. 8. **37)** Entwurf einer Beschwerde des Kirchspiels Ochtrup. o.D. NW StAM FM Landesarchiv-Militaria, Nr. 291 [o.f.]. **38)** Rittmann (1975), 11a/231-232. **40)** Vgl. Rittmann (1975), 11a/225. **41)** Rittmann (1975), 11a/240. **42)** Innemann (1990), 38. **43)** Ratsprotokoll vom 7. Februar 1620. NW StAM FM Städte, Stadt Rheine, Nr. 21, fol. 139. **44)** Die Nummerierung der Bischöfe stimmt nicht mit der heute bekannten überein, die chronologische Reihenfolge wurde nicht von Stevermann übernommen. Bei den Bischöfen handelt es sich um: 41. Walram von Moers, von 1450-1456 Bischof zu Münster; Johann von Hoya, Stiftsverweser des Fürstbistums Münster und im Konflikt mit Walram von Moers; 42. Johann von der Pfalz-Bayern, Herzog und Erzbischof von Bremen und von 1457-1466 Bischof zu Münster; 43. Heinrich von Schwarzenburg (hier: Sassenberg), Erzbischof von Bremen und von 1466-1496 Bischof zu Münster; 35. Johann von Virneburg (hier: Ferneberg), von 1363-1364 Bischof zu Münster. Handbuch des Bistums Münster, Bd 1, Münster 1946, 103-105. **45)** Eintrag im Kaufmannsbuch des Arnoldt Wernicke. 6. Januar 1622. HAW A 915, fol. 237. **46)** Vlg. Berghaus (1983). **47)** Rittermann (1975), 11a/245-246. Zur Grundwährung im Fürstbistum Münster vgl. Innemann (1990), 33-34. **48)** Eintrag Nr. 2, Mai 1618 im Verzeichnis sämtlicher den Gemeinde-Armenfonds zu Ochtrup zustehender Kapitalien, 1616-1854. StO A 8. **49)** Vgl. Greiwe/Ilisch (1983), 2. **50)** Armenrechnung für das Jahr 1633. BAM GV Bevergern 36 [o.f.]. **51)** Vgl. Rittermann (1975) 11a/255-256. **52)** Bürgermeister und Rat der Stadt Warendorf an die münsterschen Räte. Warendorf, 17. April 1625. NW StAM FM Landesarchiv-Militaria, Nr. 33, fol. 100-101. **53)** Vgl. Verzeichnis sämtlicher den Gemeinde-Armenfonds zu Ochtrup zustehender Kapitalien, 1616-1854. StO A 8. **54)** Kirchenregister 1613-1870. Pfarrarchiv Ochrup St. Lamberti, A 169, fol. 230. **55)** Testamentsbestimmungen der Anna von Schele. 8. Juli 1612, HAW, Nr. 1093. **56)** Vgl. Wegener (1960), 92-100. **57)** Verzeichnis sämtlicher dem Gemeinde-Armenfonds zu Ochtrup zustehender Kapitalien, 1616-1854, Nr. 2, Spalte 3. StO A 8. **58)** Renten des Gasthauses zum Gock. Einträge aus dem Jahre 1633. HAW A 753, 92 und 94. **59)** Testament des Nikolaus Warburg aus dem Jahre 1660. Prinz [1950], 182. **60)** Schreiben Daniel Scheles an Schweder Schele. Kuhoff, 26. April 1622. HAW, A Nr. 1136. **61)** Schreiben Daniel Scheles an Schweder Schele. Kuhoff, 11. August 1622. HAW, A Nr. 1136. **62)** Schreiben Daniel Scheles an Schweder Schele. Kuhoff, 7. Oktober 1622. HAW, A 1136. **63)** Schreiben Daniel Scheles an Sweder Schele. o.O. 23. Dezember 1622. HAW, A Nr. 1124.

Ein Obrist im Amtsgefängnis, 51–60

1) Philippi (1907), 168-169. **2)** Sagebiel (1966), 37. **3)** Tophoff II (1853), 322. **4)** Barudio (1988), 215. **5)** Schreiben Limbachs an den Kurfürsten zu Köln. Bevergern, 18. Juni 1624.

NW StAM FM Landesarchiv-Militaria, Nr. 24, fol. 198-199, hier 198. **6)** Kurfürst Ferdinand an Graf von Tilly. Bonn, 22. Januar 1624. NW StAM FM Landesarchiv-Militaria, Nr. 24, fol. 305. **7)** Geständnisprotokoll Limbachs [o.D.]. NW StAM FM Landesarchiv-Militaria, Nr. 24, fol. 32-43, hier 32. **8)** Akte in NW StAM FM Landesarchiv-Militaria, Nr. 24, fol. 241-247. **9)** Zeugenaussagen [o.D.]. NW StAM FM Landesarchiv-Militaria, Nr. 24, fol. 230-231. **10)** Weskamp (1891), 319. **11)** Zeugenaussagen [o.D.]. NW StAM FM Landesarchiv-Militaria, Nr. 24, fol. 230-231. **12)** Artikel 14 der Anklage gegen Oberst Limbach. NW StAM FM Landesarchiv-Militaria, Nr. 24, fol. 241v. **13)** Sagebiel (1966), 46. **14)** Notariell beglaubigte Zeugenaussage des Johann Brotegüße unter Anwesenheit des Bürgermeisters Otto Volbier. Bevergern 23. März 1625. NW StAM FM Landesarchiv-Militaria, Nr. 24, fol. 84. **15)** Dietrich von Galen hatte in einem Streit Erbmarschall Gerhard von Morrien zu Nordkirchen in Münster getötet und war - ohne Verhandlung - zwölf Jahre im Gefängnis von Bevergern eingesessen. Mit Urteil vom 15. Juli 1619 wurde er begnadigt und frei gesprochen. Dietrich von Galen hat später hauptsächlich in Livland gelebt. Zur Geschichte des Streits ausführlich: H. Ossenberg, Dietrich von Galen, der Vater Christoph Bernhards, in: WF 57 (1899), 60-89; Abbildung des Vaters und Kurzfassung seines Falles in: 300 Jahre Marienschule Borghorst 1981. 1681-1981, hrsg. von der Marienschule Borghorst, Steinfurt o.D. [1981], o.S.[10].
16) Johann Riese, genannt Gigas (um 1582 Lügde/Pyrmont - 1636/Anfang 1637 Münster) hatte in Helmstedt, Wittenberg und Basel Medizin und Mathematik studiert. 1607 erhielt er einen Lehrauftrag an der Hohen Schule in Burgsteinfurt für Mathematik und lehrte zusätzlich Physik und Medizin; er richtete die erste Apotheke in Burgsteinfurt ein, kündigte aber seine Stellung 1614 und ging nach Münster, um dort 1616 hauptsächlich als Arzt im Dienst des Landesherrn tätig zu sein. Als Leibarzt des Kurfürsten hatte er einen erlauchten Kreis von Patienten, u.a. Franz Wilhelm von Wartenberg, Johan Tserclaes von Tilly und Jakob von Bronckhorst-Anholt. Zwischen 1616 und 1630 erscheinen auch seine bekannten kartographischen Arbeiten; Vgl. Prinz (1959), 17-36. Zur Biographie außerdem: Hans Jürgen Warnecke. Johannes Gigas, in: WF 31 (1981), 148-153. **17)** Bittschreiben im Namen des Limbach, gez. Gerhard an den Drosten zu Bevergern. Bevergern, 14. März 1624 und Schreiben des Drosten an die münsterschen Räte. Bevergern, 20. März 1624. NW StAM FM Landesarchiv-Militaria, Nr. 24 fol. 258 und 257 und Antwortschreiben der Münsterschen Räte an den Drosten. Münster, 22. März 1624. NW StAM FM Landesarchiv-Militaria, Nr. 24, fol. 256. **18)** Bittschreiben im Namen des Limbach, gez. Gerhard an den Drosten zu Bevergern. Bevergern, 14. März 1624 und Schreiben des Drosten an die Münsterschen Räte. Bevergern, 20. März 1624. NW StAM FM Landesarchiv-Militaria, Nr. 24 fol. 258 und 257 und Antwortschreiben der Münsterschen Räte an den Drosten. Münster, 22. März 1624. NW StAM FM Landesarchiv-Militaria, Nr. 24, fol. 256. **19)** Abschrift des Briefes von Dr. J. Pagenstecher an Obrist Limbach. Bentheim, 22. November 1624. NW StAM FM Landesarchiv-Militaria, Nr. 24, fol. 150-151, hier 150. **20)** Schreiben Weichard Saurbecke an die münsterschen Räte. Bevergern, 24. April 1624. Nr. 24. NW StAM FM Landesarchiv-Militaria, Nr. 24 fol. 223.
21) Laut einer Anfrage des Rentmeisters, ob man einen Inhaftierten „Uff den Peters Thurm, waruff für diesen der Leutenambt Suirbeck inhaftirt gewesen" setzen sollte. Rentmeister Lüttring Khusen an Räte. Bevergern 27. April 1626. NW StAM FM Landesarchiv-Militaria, Nr.36, fol. 83. **22)** Schreiben des Amtsdrosten Ludolff Falcke an die münsterschen Räte. Bevergern, 5. Juni 1624. NW StAM FM Landesarchiv-Militaria, Nr. 24, fol. 211.
23) Schreiben des Drosten an die Räte. Bevergern o.D. NW StAM FM Landesarchiv-Militaria, Nr. 24, fol. 121. **24)** Ein Großteil der Schreiben liegt in Abschriften vor. NW StAM FM Landesarchiv-Militaria, Nr. 24. **25)** Die genaue Zahl der Häuser in Bevergern läßt sich nicht eindeutig angeben, da die Feuerstätten aus den Schatzungslisten nicht mit der Häuserzahl identisch sind. In einem Haus konnten zwei bis drei Feuerstätten sein. Erschwerend kommt hinzu, daß auch graduell ein Unterschied zwischen Haus (mit möglicherweise mehreren Wohnparteien), Gadem (Hinterhäuser und Anbauten) und Speicherwohnungen gemacht wurde. Die für Bevergern angegebenen achtzig Häuser bei Schriever (1896), 41 für diese Zeit oder hundert (Unterwegs 1984, 124) erscheinen jedoch zu gering angesetzt. Vgl. Sagebiel (1966), 82-83. **26)** Das bei Sagebiel genannte Brandjahr 1625 ist ein Druckfehler, in der älteren Literatur wird der große Brand für 1624 angegeben: Schriever (1896) 42; Keyser (1954), 46. **27)** Stevermanns Chronik, in: Janssen (1856), 252. **28)** Schriever (1896), 42; Rothert (1950), 213. **29)** 1088 - 1988. Festschrift zum 900jährigen Bestehen der Bauerschaft Birgte, hrsg. vom Festausschuß, Hörstel-Riesenbeck [1988], 23. **30)** Memo-

rial. Münster, 7. Januar 1625. NW StAM FM Landesarchiv-Militaria, Nr. 33, fol. 115. **31)** Schriever (1896), 13-14. **32)** Schreiben des Kurfürsten Ferdinand an die münsterschen Räte. Bonn, 2. Mai 1625. NW StAM FM Landesarchiv-Militaria, Nr. 24, fol. 10-11. **33)** Geständnis des Obristen Limbach, Bevergern, 9.6.1625. NW StAM FM Landesarchiv-Militaria, Nr. 30, fol. 2 - 3. **34)** Schreiben der Gildemeister Johand Frantz und Heinrich Srader. Osnabrück, 28. Mai 1625. NW StAM FM Landesarchiv-Militaria, Nr. 24 fol. 45-47, hier 47. **35)** Schreiben Johann Pagenstechers an Oberst Limbach. Bentheim, 17. Mai 1625. NW StAM FM Landesarchiv-Militaria, Nr. 24, fol. 48-49, hier 48.

Der Soldat, 61–88

1) Lahrkamp (1958), 249. **2)** Grimmelshausen III, 8-10, Was Simplicissimus in und bei Rheine erlebt; zit. n. Büld (1977), 79. **3)** Hans Konrad Lavater, Kriegsbüchlein: Das ist grundtliche Anleitung zum Kriegswesen, Zürich 165; zit. n. Parker (1987), 281. **4)** Parker (1987), 280-281. **5)** Verzeichnis der Kleidung des Obristen von Velen im Amte Sassenberg, um 1630/31. NW StAM Landsberg-Velen, Nr. 21 245. **6)** Abschrift eines Schutzbriefes aus dem 18. Jahrhundert. (Papier und Schrift aus dem 19. Jahrhundert). StO, Nr. 101. **7)** Parker (1987), 68-71. **8)** Vgl. Parker (1987), 296-298. **9)** Parker (1987), 98-99. **10)** Henri de la Tour d'Auvergne, Herzog von Bouillon, Hugenottenführer und Freund Christians von Anhalt; 1602 hatte er Schutz in der Pfalz erhalten. Er war durch Heirat ebenfalls mit dem Hause Nassau verbunden. 1606 kehrt der Herzog zu seinem Stammsitz bei Sedan zurück, mit ihm der junge Friedrich, der dort seine Ausbildung beendete. Parker (1987), 89. **11)** Parker (1987), 105. **12)** Parker (1987), 131. **13)** Schreiben Ernsts von Mansfeld an seinen Obristen Limbach. Aurich, 15./25. November 1622. NW StAM FM Landesarchiv-Militaria, Nr. 24, fol. 195. **14)** Abschrift des Schreibens Doktor Pagenstechers an Limbach. Bentheim, vom 22. November 1624. NW StAM FM Landesarchiv-Militaria, Nr. 24, fol. 150-151. **15)** Parker (1987), 146. **16)** Abschrift des Schreibens von Johann Pagenstecher an Limbach. Bentheim, vom 17. Mai 1625. NW StAM FM Landesarchiv-Militaria, Nr. 24, fol. 49. **17)** Zit. n. Parker (1987), 149. **18)** Bericht des Drosten zu Vechta an Münstersche Räte. Vechta, 5. März 1626. NW StAM FM Landesarchiv-Militaria, Nr.33, fol. 11. **19)** Drost von Bevergern an münstersche Räte. Bevergern 3. Mai 1626. NW StAM FM Landesarchiv-Militaria, Nr.36, fol. 80. **20)** Drost von Bevergern an münstersche Räte. Bevergern, 3. Mai.1626. NW StAM FM Landesarchiv-Militaria, Nr.36, fol. 79. **21)** 17. Juni 1627; zit. nach Klopp II (1893), 770. **22)** Klopp II (1893), 788. **23)** Schreiben des Kurfürsten an den Münsterschen Rat. Bonn, 3. Mai 1625. NW StAM Archiv Landberg-Velen, Nr. 35095. **24)** Landständeprotokoll vom 15. Mai 1625. NW StAM FM Landesarchiv-Militaria, Nr.32, fol. 61. **25)** Alexander von Velen an Kurfürst Ferdinand. Münster, 25. April 1625. NW StAM FM Landesarchiv-Militaria, Nr. 33, fol. 154-155. **26)** Beschwerde des Oberst Erwitte bei den münsterschen Räten. 4. Mai 1625. NW StAM FM Landesarchiv-Militaria, Nr. 32, fol. 49-50. **27)** Burschel (1994), 105. **28)** Bittschreiben der wachhabenden Soldaten der Burg Bevergern an die münsterschen Räte. Bevergern, 30. September 1633. NW StAM FM Landesarchiv, Fach 272, Nr. 2, fol. 190-191. **29)** FAB, Bestand A, Nr. 1370, fol. 31. **30)** Mandat vom 17. April 1628; in: Sammlung Gesetze I (1842), Nr. 85, 208. Wiederholung des Gebots am 24.11.1628, 23.12.1634, 18.4.1637 und 1.10. 1637. **31)** Liste der Kapitäne und Kompanien, zusammengestellt von Alexander von Velen. [Juni 1625]. NW StAM FM Landesarchiv-Militaria Nr. 32, fol. 63. **32)** Kosten für die Aufstellung von Truppen, 17. Jh. Archiv Landsberg-Velen Nr. 33 635. **33)** Vgl. Bericht der Drosten um Nachlaß der Kontribution im Jahre 1626. NW StAM FM Landesarchiv, Fach 62, Nr. 24. **34)** Godingsartikel von 1578, Paragraph 14. Zit. n. Prinz, Greven [1950], 118; nach Prinz handelt es sich bei dem 'langen Tell' ebenfalls um ein Feuerrohr. **35)** Aufzeichnung des Rentmeisters, Amt Bevergern für das Jahr 1626. NW StAM FM Amt Rheine, Nr. 769 fol. 134. **36)** Schriftverkehr Alexanders von Velen mit den münsterschen Räten im November 1625 betr. Musterung in den Ämtern Sassenberg und Wolbeck, Warendorf, Juni/ September/ November 1625. NW StAM FM Landesarchiv-Militaria Nr. 23 (mehrere Schreiben ohne Folionummerierung. **37)** „Verordnung behufs der zur Erhaltung des Wohlstandes der Unterthanen dringend nöthigen weiteren Beschränkung ihrer häufigen Zusammenkünfte und schwelgerischen Gelage". Münster, 20. November 1628. Insgesamt 9 Artikel, hier Artikel 7. In: Sammlung Gesetze I (1842), 209.

1625–1629 Der dänisch-niedersächsische Krieg
Widerstand, 91–104

1) Zum Thema Kirchspiel vgl. „Ämterhierarchie im Bistum Münster" in Theising (1993), 112-113 und Philippi I (1907), VIII-IX. **2)** Im Juli 1625 besetzten die Männer von Johann Ernst von Sachsen-Weimar das Amt Fürstenau, ein Jahr später löste ihn der lüneburgisch-braunschweigische Dodo von Knyphausen ab. **3)** Bericht des Rentmeisters Puttring (in Abwesenheit des Drosten) an münstersche Räte. Bevergern, 12 Juni 1626. NW StAM FM Landesarchiv-Militaria, Nr. 36, fol. 22 -24, hier 22. **4)** Bericht des Rentmeisters Puttring (in Abwesenheit des Drosten) an münstersche Räte. Bevergern, 12 Juni 1626. NW StAM FM Landesarchiv-Militaria, Nr. 36, fol. 22-22[v]. **5)** Bericht des Rentmeister Puttring (in Abwesenheit des Drosten) an münstersche Räte. Bevergern, 12 Juni 1626. NW StAM FM Landesarchiv-Militaria, Nr. 36, fol. 22[v]. **6)** Nachricht des Rentmeisters Lüttring Khusen an münstersche Räte. Bevergern, 28. April 1626 und Antwortschreiben. **7)** Dieser Überfall wurde Limbach zur Last gelegt, obwohl sich keine weiteren Indizien für seine Beteiligung ergaben, als daß er kurz vorher in Fürstenau gelagert hatte. **8)** Wolf (1994), 231. **9)** Parker (1987), 170. **10)** Vgl. Press (1991), 211. **11)** Zit. n. Kessel (1979), 197 Anm. 90 in: Parker (1987), 171. **12)** Goldschmidt (1850), 96. **13)** Akte Protokoll des Gografen zur Meest über ein Zeugenverhör, 1626. NW StAM FM Landesarchiv-Militaria, Nr.38 und Akte über Niederländische Truppen in Altenberge, Landesarchiv-Militaria, Nr. 289. **14)** Plakat der Generalstaaten. Graven-Hag, 7. September 1628. FAB, Bestand A, Nr. 1370, fol. 16. **15)** Vgl. Die Grafschaft Mark in der ersten Hälfte des Dreißigjährigen Krieges, in: Wolf (1983), 550-552. **16)** Verhörprotokoll durch Richter Johann Römer. Münster, 15. August 1628. NW StAM FM Landesarchiv-Militaria, Nr. 47, fol. 6. **17)** Verhörprotokoll durch Johann Römer. Münster, 15. August 1628. NW StAM FM Landesarchiv-Militaria, Nr. 47, fol. 16. **18)** Verhörprotokoll durch Johann Römer. Münster, 15. August 1628. NW StAM FM Landesarchiv-Militaria, Nr. 47, fol. 18[v]. **19)** Prinz [1950], 238. **20)** Prinz [1950], 238, Fußnote. **21)** „Verzeichnis des Schadens und Unkosten so spanische und staatische Kriegsleute den Saerbeckern zum Theil 1621 und 22 zugefügt". September 1622. NW StAM FM Landesarchiv-Militaria, Nr. 15, fol. 10. **22)** „Verzeichnis des Schadens und Unkosten so spanische und staatische Kriegsleute den Saerbeckern zum Theil 1621 und 22 zugefügt". September 1622. NW StAM FM Landesarchiv-Militaria, Nr. 15, fol. 10. **23)** Stand 1636, wahrscheinlich durch die Pest reduziert; vgl. Ulrich Theising, Saerbeck 1100 - 1800. Beiträge zur Geschichte eines münsterländischen Kirchspiels im Alten Reich, o.O. o.J. (Maschinenschrift), Anhang 7. Bibliothek Kreisarchiv Steinfurt. In dieser Arbeit finden sich noch einige interessante Ausführungen zum Kirchdorf Saerbeck, die im 1993 erschienen Beitrag mit gleichem Titel nicht vorhanden sind, z.B. das Kapitel „Das Dorf als kirchliches Verwaltungszentrum und kultureller Mittelpunkt", in dem sich u.a. eine Übersetzung zum „status ecclesiae" von 1771 befindet. **24)** Zit. n. Prinz [1950], 238. Wenn nichts anderes angegeben, folgt die Darstellung dem Bericht von Heinrich Pottmeyer, Greueltaten der Spanier in Saerbeck, in: Heimatblatt des Heimatbundes Emsdetten (1923), abgedruckt in: Münstersche Zeitung, Kreis Steinfurt, 1. August 1977. Heinrich Pottmeyer verfaßte seinen Artikel nach der Akte „Übergriffe spanischer Soldaten in Saerbeck, Albersloh, Rinkgerode, Greven, Handorf, Hopsten und im Kirchspiel Rheine, u.a. Rauben, Plündern und Morden unter dem Befehl des Rittmeisters Don Petro d'Aquillera im Dorf Saerbeck". NW StAM FM Landesarchiv-Militaria, Nr.47. **25)** Theising (1993), 181. **26)** Verhörprotokoll durch Johann Römer. Münster 15. August 1628. NW StAM FM Landesarchiv-Militaria, Nr. 47, fol. 26. **27)** Verhörprotokoll durch Johann Römer, Frage 26 und 28. Münster, 15. August 1628. NW StAM FM Landesarchiv-Militaria, Nr. 47, fol. 9-9[v] und fol. 28. **28)** Normalerweise wurden zum Wachtdienst einer Stadt ausschließlich die Bürger selbst eingeteilt (Bürgerwehr); zudem waren Soldaten einquartiert. Trotzdem hatte man im Jahre 1625 zwanzig „Dettensche" angefordert. Führer (1974), 215. **29)** Pottmeyer (1923). **30)** Prinz [1950], 239. **31)** Prinz [1950], 238. Im Verhörprotokoll, wo von ca. 600 Soldaten die Rede ist, wird erklärt, daß „700 man billet gefordert" worden waren. Verhörprotokoll durch Johann Römer. Münster, 15. August 1628. NW StAM FM Landesarchiv-Militaria, Nr. 47, fol. 27[v]. **32)** Pottmeyer (1923). **33)** Aussage Dietrich Plates (20 Jahre alt) im Verhörprotokoll. Münster, 15. August 1628. NW StAM FM Landesarchiv-Militaria, Nr. 47, fol. 32[v].

Die Verluste einer Stadt, 105–122

1) Zur Einwohnerzahl Münsters vgl. Franz-Josef Jakobi, Bevölkerungsentwicklung und Bevölkerungsstruktur im Mittelalter und in der frühen Neuzeit, in: Jakobi (1993), 485-534, hier 498. **2)** Press (1991), 71. **3)** Führer (1974), 448. **4)** Führer (1974), 173. Normalerweise multipliziert man die Hausstände mit dem Faktor drei bis dreieinhalb, um die Einwohnerzahl zu erhalten. Hinzu kommen der nicht erfaßte Klerus in der Stadt und die ratsbürgerliche Oberschicht. **5)** Führer (1974), 85. **6)** lt. Führer (1974), 84, 1570 erstmals erwähnt. **7)** Zum Thema bürgerlicher Wehrdienst vgl. Sicken (1993), 735-771, hier 735-740. **8)** Zur Bedeutung der „Schüttenscheffen" und der „Keisebierscheffen" von Rheine, die Kontrollaufgaben außerhalb der Stadt über Weideland und Markrechte wahrnahmen, vgl. Führer (1974), 73-79. **9)** Verzeichnis der Wachtordnung Rheines, um 1608. NW StAM FM Stadt Rheine, Nr. 21, Ratsprotokolle 1608-1623, fol. 12. **10)** Rheinische Wachtordnung vom 2. April 1628, zit. n. Darpe (1880), 139. **11)** Darpe (1880), 140. **12)** Ratsprotokolle 1608-1623. Verzeichnis der Wachtordnung vom Bürgermeister und Rat der Stadt Rheine. NW StAM FM Städte, Stadt Rheine, fol. 12. **13)** Darpe (1880), 132. **14)** Darpe (1880), 139. **15)** Ratsprotokolle 1608-1623. Verzeichnis der Wachtordnung vom Bürgermeister und Rat der Stadt Rheine. NW StAM FM Städte, Stadt Rheine, Nr. 21, fol. 12 und Wachtordnung der Stadt Rheine vom 2. April 1628; zit. n. Darpe (1880), 140. **16)** Ratsprotokoll der Stadt Rheine, Eintrag 23. Februar, 28. Februar und 3. März 1625. StAR, AA I, Nr. 344. **17)** Wachtordnung vom 2. April 1628, zit. n. Darpe (1880), 140. **18)** 1673 hatte sich die 'Gilde' gegen den Einfluß der 'Gemeinheit' auf das Wahlverfahren gewehrt, da diese mit ihren fünf Stimmen die vier der Gilde überstimmen konnte. Damals wurde vom Drosten angeordnet, daß nur noch drei Stimmen aus der 'Gemeinheit' zugelassen werden sollten: zwei aus der Stadtgemeinde, eine aus der Thiegemeinde. Außerdem sollten gewählte 'Kurgenossen' zwei Jahre aussetzen, bevor sie als Kandidaten wieder zur Verfügung standen. Wahlbestimmung der Kurgenossen. Rheine, 19. Februar 1673. Urkunde, gedruckt in: Schröder (1985), 259-260. **19)** Führer (1974), 50. **20)** Darpe (1886), 101. **21)** Verzeichnis des Vermögensstandes der arrestierten Bürgermeister und Ratsleute. Rheine, 17. Januar 1624. NW StAM FM Landesarchiv, Fach 432, Nr. 19, fol. 33-34. **22)** Bericht der Kommission aus Warendorf. 24. Juli 1623. NW StAM FM Landesarchiv, Fach 432, Nr. 20/1 fol. 30-34, hier 31^{v}. **23)** Vgl. Protokoll der Kommission, 17. Oktober 1623; in: Bült (1977), 69 und Ratsprotokoll 1625-1627, Eintrag vom 29. August 1625. StAR AA I, Nr. 344. **24)** Restitutionsrezeß vom 15. März 1632; zit. n. Führer (1974), 213. **25)** Schröder (1985), 26. Der dort mit 24.000 angegebene Betrag ist ein Druckfehler, vgl. NW StAM FM Landesarchiv, Fach 432, Nr. 20/4 fol. 114 und fol. 158. **26)** Protokoll der Kommission. 17. Oktober 1623; in: Büld (1977), 68. **27)** Rezeß Ferdinands von Bayern, Bischof zu Münster. Bonn, 15. März 1627. Abschrift des „Recessus Destitutorii de anno 1627" 15.3.1627 in: NW StAM FM Kabinettsregistratur, Nr. 875, fol. 92-95; BAM GV II Bistum, Oberstift Spic XVII (Hs 178) fol. 91-106; gedruckt in: Tophoff I (1852), Beilage 11, 178-184. **28)** Vgl. „Extract Vorgangener Relation welchen der wiedersetzlichen dieses Stifts Stätten fernero bestrafung und Resolution, neben beygefügten Vorbedenken, wie eß damit und deren Administration hinfür gehalten werden solle". [Gutachten der münsterschen Räte] 30. Januar 1625. NW StAM FM Landesarchiv, Fach 432, Nr. 20/4, fol. 181-188 und NW StAM FM Landesarchiv, Fach 432, Nr. 20/1 fol. 92-101. **29)** Gutachten der münsterschen Räte vom 30. Januar 1625, inhaltlich im Rezeß Ferdinands beibehalten: Tophoff I (1852), Beilage 11, 178. **30)** Auszug aus dem von der Stadt Rheine eingeschickten Bericht und Verzeichnis an Einnahmen für das Jahr 1626. NW StAM FM Landesarchiv, Fach 432, Nr. 20/4a fol. 36. **31)** Führer (1974), 212. **32)** Ratsprotokoll 1625-1627; zit. n. Darpe (1880), 132. **33)** Bürgermeister und Rat der Stadt Rheine an die münsterschen Räte. Rheine, März 1628. StAR AA I, Nr. 363, fol. 2. **34)** Die Ratswahl 1625-1806. StAR AA I, Nr. 363. **35)** Vgl. Führer (1974), 54-55. **36)** Führer (1974), 56. **37)** Führer (1974), 487. **38)** Münstersche Hof- und Landgerichtsordnung 1617, III, 2-3. **39)** Gutachten der münsterschen Räte vom 30.Januar 1625. NW StAM FM Landesarchiv, Fach 432, Nr. 20/4 fol. 184-184^{v}. **40)** Gutachten der münsterschen Räte vom 30. Januar 1625. NW StAM FM Landesarchiv, Fach 432, Nr. 20/4 fol. 185. **41)** Gutachten der münsterschen Räte vom 30. Januar 1625. NW StAM FM Landesarchiv, Fach 432, Nr. 20/4 fol. 185 und Tophoff I (1852), 180-181. **42)** Protest der Stadt gegen Richter Johann Borchorst wegen Beeinträchtigung ihrer Privilegien. Rheine, 20. Juli 1605. StAR AA I, Nr. 950. **43)** Gutachten der münsterschen Räte vom 30. Januar 1625 und Tophoff I (1852), 182. **44)** Restitutionsrezeß vom 15. März 1632; vgl. Führer (1974), 213. **45)** Restitutionsrezeß vom 15. März 1632. Führer (1974), 213. **46)** NW StAM FM Landesarchiv, Fach 432, Nr. 19, Deckblatt. **47)** Führer (1974), 212. **48)** Restitutionsrezeß vom 15. März 1632. Führer (1974), 213. **49)** Notariell beglaubigte Erklärung des Rats der Stadt Münster. Münster, 6. August 1621; vgl. Hanschmid (1993), 256. **50)** Ratsprotokoll, Pfingstmontag 1614; zit. n. Führer (1974), 180. **51)** „Rescript der Landes-Regierung, an sämtliche geistliche und weltliche Behörden des Bisthums Münster"; in: Verordnung Sammlung I (1842), 205-207. **52)** Schreiben Johann Brincks an Bürgermeistere und Rat der Stadt Rheine. Ort unbekannt, am Neujahrsabend 1625. StAR AA I, Nr. 411. **53)** Ratsprotokoll vom 13. Januar 1625. StAR AA I, Nr. 344. **54)** Ratsprotokoll 1625-1627, Eintrag vom 15.März 1625. StAR AA I, Nr. 344. **55)** Press (1991) 288. **56)** Mandat vom 12. August 1624. StAR AA I, Nr. 199.

Die Rechte des Osnabrücker Bischofs, 123–143

1) Zur Geschichte des Klosters Osterberg, der Tecklenburgischen Reformation und des Guts Leye bei Osnabrück vgl. OM 9 (1870), 244-274. **2)** Press (1991), 212. **3)** Am 20.1.1628 konnte die Liga die Stadt Osnabrück einnehmen. Stüve (1895), 104. **4)** Aufzeichnungen eines Zeitzeugen. 18. April 1629. NStAO Dep. 54b, Nr. 339. **5)** Aufzeichnungen eines Zeitzeugen. Mai 1629. NStAO Dep. 54b, Nr. 339. **6)** Vgl. Bemerkung über den „verwichenen Osnabrücker Bürger" im Protokoll der Ausführung des kaiserlichen Edikts. Abschrift von 1631. NStAO Dep. 54b, Nr. 524. **7)** Press (1991), 212. **8)** Der Augsburger Religionsfriede wurde 1555 geschlossen. Das 'Normaljahr' von 1552 ergab sich aus dem im August 1552 geschlossenem „Passauer Vertrag" zwischen Erzherzog Ferdinand von Bayern, den Kurfürsten und Moritz von Sachsen. **9)** Parker (1987), 173. **10)** Parker (1987), 172; Stüve (1895), 106. **11)** Aufzeichnungen eines Zeitzeugen. 22. März 1630. NStAO Dep. 54b, Nr. 339. **12)** Goldschmidt (1850), 102. **13)** Cramer (1940), 45. **14)** Protokoll der Ausführung des kaiserlichen Edikts. Abschrift von 1631. NStAO Dep. 54b, Nr. 524. **15)** Über den genauen Zeitpunkt der Rückkehr der Kreuzherren finden sich in der entsprechenden Literatur unterschiedliche Angaben, wobei offensichtlich auch zwischen Leye und Osterberg nicht unterschieden wurde: „ [...] seit 1626 lebten im Osterberger Kloster wieder Mönche katholischen Glaubens", in: 650 Jahre, 30; „Um die selbe Zeit [1627], oder in Folge des Restitutionsedicts kam denn auch der Orden wieder in den Besitz der Tecklenburgischen Güter", in: Zur Geschichte des Klosters Osterberg, der Tecklenburgischen Reformation und des Guts Leye bei Osnabrück: OM 9 (1870), 274. Goldberg nahm an, daß sich die Mönche im Gefolge der Kommissare und der 50 bewaffneten Soldaten im Kloster einfanden: „Am 22. März 1630 kamen die gedachten Commissarien mit 50 wohlbewaffneten, in der Nähe liegenden kaiserlichen Soldaten zum Osterberge und ließen das Kloster in Besitz nehmen und den Pater Gerh. Hewerus als Prior eintreten, welcher den katholischen Gottesdienst alsbald wieder eröffnete." Goldschmidt (1850), 102. **16)** Tönsmeyer (1980), 45. **17)** Tönsmeyer (1980), 45. **18)** Verzeichnis über die zum Kloster Osterberg gehörigen Güter und Gerechtigkeiten aus dem Jahre 1634. NStAO Dep. 54b, Nr. 485. **19)** Arnold Haußbrand an Johann Kannengießer. Tecklenburg, 29. Dezember 1637/8. Januar 1638. NStAO Dep. 54 b, Nr. 521. **20)** 650 Jahre Lotte, 21. **21)** Schumann I (1981), 127-128. **22)** Kuske (1943) ,37. **23)** OM 9 (1870), 265. **24)** Schumann I (1981), 128. **25)** Vom Bier und seinen Brauern im alten und modernen Burgsteinfurt; in: Steinfurter Heimatbote, (Juni 1959) 6, 21-23, hier 22. **26)** Kuske (1943), 41, Fußnote 10. **27)** Kuske (1943), 41. **28)** Inventarliste aus dem Kloster Osterberg. 14. Oktober 1630. Abschrift 1721. NStAO Dep. 54b, Nr. 485. **29)** Bericht des Gografen zu Rheine an die fürstlichen Beamten in Münster, betreffend eines Überfalls in Hopsten mit Gefangennahme des Vogts und anderer Hausleute. Rheine, 6. Juli 1640. NW StAM FM Landesarchiv, Fach 272, Nr. 3, fol. 159. **30)** Vgl. Kuske (1943), 40. **31)** Holsche (1788), 139. **32)** Stüve (1895), 102. **33)** Goldschmidt (1850), 103. **34)** Zeugenverhör das Kloster Leeden betreffend, 1630. NStAO Rep. 100, Abschn. 340 d, Nr. 4, fol. 18-22. **35)** Nissen (1958), 31. Zur Datierung der Reformation in Tecklenburg vgl. auch Kohl (1983), 475. **36)** Nissen (1958), 32. **37)** Rump (1672), 66-68. **38)** Erklärung der Äbtissin zu Leeden. Leeden, 30. Dezember 1655. NStAO Rep. 100, Abschn. 340 d, Nr. 22, fol. 95. **39)** Erklärung der Äbtissin zu Leeden. Leeden, 30. Dezember 1655. NStAO Rep. 100, Abschn. 340 d, Nr. 22, fol. 95. **40)** Memorandum vom 16. April 1640. NStAO Rep. 100, Abschn. 340 d, Nr. 4, fol.2. **41)** Zeugenverhör von Catharina Margaretha von Grothaus im Jahre 1630. NStAO Rep. 100, Abschn. 340 d, Nr. 4, fol. 21^{v}. **42)** Goldschmidt (1850), 103. **43)** Ein anderer Zweig der Familie von Münster saß auf Velpe im Kirchspiel Cappeln (Westercappeln), allerdings war das Anwesen 1629 an Conrad Meyers zu Tecklenburg und Lattbergen verkauft worden. **44)** Vgl. a. Kapitel V, Burgmänner und Adelshäuser in der Grafschaft Tecklenburg, in: Rumpius (1672), 28-40. **45)** Beschwerde des Grafen zu Steinfurt in seiner Funktion als Vormund des Grafen zu Tecklenburg beim Kurfürsten zu Köln. Steinfurt 30. März 1630. FAB Bestand A, Nr. 1100. **46)** Goldschmidt (1850), 103. **47)** Steinwascher/Rötrige (1996), 131, 132. **48)** Inventar der Klosterkirche. 27. Mai 1631, Abschrift. NStAO Rep. 100, Abschn. 340 d, Nr. 4, fol. 7. **49)** Goldschmidt (1850), 103. **50)** Hunsche II (1989), 90. **51)** Zeugenprotokoll Marias von Langen und Catharina Margaretha von Grothaus aus dem Jahre 1630. NStAO Rep. 100, Abschn. 340 d, Nr. 4, fol. 18, 21^{v}. **52)** Zeugenprotokoll Marias von Langen und Catharina Margaretha von Grothaus aus dem Jahre 1630. NStAO Rep. 100, Abschn. 340 d, Nr. 4, fol. 18, 21^{v}. **53)** Schreiben Johann Schlaeffs an Bischof Franz Wilhelm. Osnabrück 28. August 1630. NStAO Rep. 100, Abschn. 340 d, Nr. 22, fol. 68. **54)** Bittschreiben Marias von Langen an den bischöflichen Sekretär Johann Schlaeff. Tecklenburg, 12./22. August 1630. NStAO Rep. 100, Abschn. 340 d, Nr. 22, fol. 69-70. **55)** Goldschmidt (1850), 105 und Schreiben Johann Schlaeffs an Bischof Franz Wilhelm. Osnabrück, 28. August 1630. NStAO Rep. 100, Abschn. 340 d, Nr. 22 o.f. **56)** Stiftungsurkunde Franz Wilhelm von Wartenberg. 15. März 1628. NStAO Rep. 11, Nr. 8. **57)** Übernahme der Klostergüter. Leeden 27. Mai 1631. NStAO Rep. 100, Abschn. 340 d, Nr. 4, fol. 3 und fol. 7 und Instruktionen für Johansen Roggen. Osnabrück 27. Mai 1631. NStAO Rep. 100, Abschn. 340 d, Nr. 22, fol. 3. **58)** Quittungsnachweise für geleistete Arbeiten aus dem Jahre 1631. NStAO Rep. 100, Abschn. 340 d, Nr. 4. **59)** Goldschmidt (1850), 103. **60)** Erklärung der Äbtissin zu Leeden. 30. Dezember 1655. NStAO Rep. 100, Abschn. 340 d, Nr. 22, fol. 93. **61)** Vgl. Hunsche II (1989), 112. **62)** Schreiben des Gografen Gülich an die Klosterfrau de Bake. 20. September 1631; zit. n. Goldschmidt (1850), 105. **63)** Parker (1987), 189-190. **64)** Parker (1987), 196 und Abschrift des Memorandums, Leipzig 18. April 1631. FAB Bestand E 6, Reichssachen. **65)** Stüve (1895), 108. **66)** Reskript vom 4. Juni 1632. Goldschmidt (1850), 110. **67)** Goldschmidt (1850), 110. **68)** Goldschmidt (1850), 111-112. **69)** Goldschmidt (1850), 112. **70)** Eintrag für Ausgaben aus dem Jahre 1630. NStAO Rep. 100, Abschn. 340 d, Nr. 22, fol. 19^{v}. **71)** Rumpius (1672), 68. **72)** Resignation der Äbtissin Catharina Warendorf. Gravenhorst. 3. April 1623. NW StAM Kloster Gravenhorst, Nr. 83. **73)** Resignation der Äbtissin Catharina Warendorf. Gravenhorst, 3. April 1623. NW StAM Kloster Gravenhorst, Nr. 83. **74)** Rumpius (1672), 70. **75)** Nissen (1958), 55.

Ab 1630 Der europäische Krieg
Der Feind im Land, 146–162

1) Parker (1987), 196. **2)** Press (1991), 220. **3)** Parker (1987), 204. **4)** Bericht des Grafen von Tilly an Maximilian von Bayern. Februar 1631. Münchener Staatsarchiv 4/5, zit.n. Ritter III (1908), 471. **5)** Ritter III (1908), 472. **6)** Protokoll der Besprechung zwischen den Abgesandten der Grafen, dem Drosten zu Bentheim, Dr. Wünnich und Mitgliedern der Landstände. 1/11. Februar 1632. FAB Bestand D 35. **7)** Mandat gegen private Musterung. Osnabrück, Mai 1631 und März 1632. NStAO Dep. 54b, Nr. 192 und Mandat gegen die Kriegswerbung. Bonn, 17. April 1628. Wiederholung des Gebots am 24. November 1628, 23. Dezember 1634, 18. April 1637 und 1. Oktober 1637. Sammlung Gesetze I (1842), 208. **8)** Mandat des Kurfürsten zu Köln. Köln, 30. März 1632. Sammlung Gesetze I (1842), 213; Festnahme von Deserteuren des kaiserlichen Regiments von Westerholt, 1633. NW StAM FM Landesarchiv-Militaria, Nr. 57, darin auch Maßnahmen gegen Deserteure der Armee des Generals von Pappenheim aus dem Jahre 1632. **9)** Roeckl, Quellenbeiträge, 77. **10)** Hallwich, Briefe und Akten III, 305; zit. n. Lahrkamp (1958), 266. **11)** Oxenstierna beschwichtigte die Unzufriedenen und bat mit einem Brief, datiert vom 3. Januar 1634, die Männer darum, noch auszuharren. Pleiss (1990), 43. **12)** Schreiben an die „ehr- und viel tugendsamen Frau Agatha Schneidin, vom Fähnrich im Kölnischen Kanonen-Regiment". [Münster, 1634] in: Kuczjnski I (1981), 100. **13)** Kanzler Dietrich von Horst an Regimentskommandanten Obristen Bönninghausen, 21. Juli 1633; zit. n. Lahrkamp (1958), 289. **14)** Kontributionsrechnungen der Jahre 1633-1635, hier 1633. NStAO Rep. 125 I Hann. Reg. in Bentheim, Nr. 137. **15)** Münsterländische Sagen (1929), 27. **16)** „Wahrer und eigentlicher Extract des Zwischen der Röm:Kay:Meijst und der Churfl. Durchl. zu Sachßen dem 30. May dieses 1635 Jahres auff dem Königlichen Schloß Prage beliebten und Confirmierten Friedens." (Artikel 42). FAB, Bestand E, U 132. **17)** Sendgerichtsprotokolle für 1629. Salm Horstmarsches Archiv, Coesfeld; zit. n. Brockpähler (1938), 49. **18)** Sendgerichtsprotokolle für 1629.

Salm Horstmarsches Archiv, Coesfeld; zit. n. Brockpähler (1938), 49. **19)**. Prinz, Greven [1950], 238. **20)** Saatkamp (1975), 196. **21)** Hunsche I (1988), 217. **22)** Hunsche (1965), 41. Der Deetweg verläuft am Teutoburger Wald von Iburg über Lienen nach Lengerich. **23)** Münsterländische Sagen (1929), 29. Zu dem Weg und seiner Bedeutung vgl. Warnecke, Die Münsterstiege, in: 350 Jahre Dumter Schützenverein, 63-76. **24)** Louis Stüve, Dat Schwedenhöksen, in: Heimatblätter (1925) 4, 188. **25)** Heimatblätter (1925) 4, 188. **26)** Rentmeister-Rechnung des Kirchspiels Recke für das Jahr 1634. NStAO Rep. 130, Nr. 37, fol. 140; zit. n. Bröker (1990), 62. **27)** Rentmeister-Rechnung des Kirchspiels Recke für das Jahr 1633. NStAO Rep. 130, Nr. 36, fol. 123; zit. n. Bröker (1990), 62. **28)** Sterbefallinventar 1633. Archiv Graf Droste zu Vischering, Darfeld, Best. Kaldenhof Loc. I, 26; zit. n. Frese (1991), 26. **29)** Wechselbuch der Gutsherrschaft Hange, Eintrag 1633. Archiv Freiherr von Ascheberg, Haus Venne, [Dep. im NW StAM]; zit. n. Frese (1991), 9. **30)** Schreiben des Tecklenburger Drosten an den schwedischen Kriegskommissar Clemens Glauberg. Tecklenburg. 29. Juli 1634. Königlich Schwedisches Reichsarchiv Stockholm, Akten Diplomatica Germanica E II Bentheim-Tecklenburg 1633-1707, Blatt 14-15. Kopie in: Nachlaß Niehoff. KASt NN 10, Nr. 15. **31)** Wiegand (1983), 95-97. **32)** Alles Wissenswerte über den Pumpernickel findet sich in der Arbeit von Carin Gentner, Pumpernickel 1991. Die umfangreiche Arbeit ist nicht nur in hohem Maße lehrreich, sondern zudem erfreulich unterhaltsam. **33)** Vgl. Gentner (1991), 102-103. **34)** Justus Lipsius [Joest Lips] (1547-1606), bedeutender Gelehrter und Jurist, schrieb an seinen Freund Jan van Heurn in Leiden. **35)** Johannes Domann (1564-1618), geboren in Osnabrück, Professor an der Universität Helmstedt. **36)** Justi Lipsii epistolarum centuriae duae: quarum prior innovata, altera nova. Lugduni Batavorum, ex officina Plantiniana, apud Franciscum Raphelengium. 1590 und Joannis Domanni pro Westphalia ad cl. v. Justum lipsium apologeticus. Helmstedt 1591; zit. n. Genter, (1991), 45-46. **37)** Hans Jakob Christoffel von Grimmelshausen; Der Abentheurliche Simplicissimus Teutsch und Continuatio des abentheurlichen Simplicissimi. Hrsg. v. Rolf Tarot, Tübingen 1967, 181; zit. n. Gentner (1991), 58-59. **38)** Grimmelshausen; zit. nach Gentner (1991), 51. **39)** Friedrich von Logau, Sämtliche Sinngedichte. Hrsg. v. Gustav Eisner, Hildesheim/ New York 1974, 345; zit. n. Gentner (1991), 51.

Das Elend, 163–172

1) Notarielle Vereinbarung vom 20. Mai 1637. NW StAM FM, Amt Rheine, Nr. 342 und Amtsarchiv Emsdetten, A 438 a. **2)** Notarielle Vereinbarung vom 18. Mai 1672. NW StAM FM, Amt Rheine, Nr. 342. **3)** Wehrfester ist ein Eigenbehöriger mit Haus- und Landbesitz. **4)** Notarielle Niederschrift. 28. Dezember 1637. NW StAM Kloster Gravenhorst, Nr. 36, [15]. **5)** Vgl. Jürgen Buschmeyer, Emsdetten vom Dorf zur Stadt. 1000 Jahre Geschichte des Dorfes Emsdetten von der ersten Erwähnung 890 bis zur Stadtwerdung 1938. (Schriftenreihe des Kreisheimatbundes Steinfurt, 4) Greven 1988, 67-70. **6)** Vgl. 375 Jahre. Festbuch der Ostendorfer Schützengesellschaft 1612 e.V. Geschichte der Gesellschaft und der Bauerschaft Ostendorf, Nordwalde 1987, 54. **7)** Beschwerde des Amtes Ochtrup. o.D. NW StAM FM Landesarchiv-Militaria, Nr. 291 o.f. **8)** Urkunde vom 20. März 1637 und 22. Februar 1643. AGM I U, Nr. 110 und Nr. 113. **9)** Bürgermeister und Gemeinheit beurkunden, Lucas Royen von allen Auflagen, Einquartierungen und Kontributionen frei zu halten. 10. Januar 1940. AGM U, Nr. 111. Zur Bürgeraufnahme im Wigbold Metelen in den Jahren bis 1635 vgl. August Schröder, Bürgeraufnahmen im Wigbold Metelen 1585-1635, in: Beiträge zur westfälischen Familienforschung 13 (1954), 93-101. **10)** Urkunde vom 20. März 1632. StadtA AA I, Nr. 200 und Abschrift der Urkunde, 17. Jahrhunderts im Kopiar (Mscr. I 97), 738; zit. n. Wolf (1994), 238. **11)** Kaufvertrag vom 6. April 1615. Abschrift im Bürgerbuch, 488-492, zit. n. Schröder (1985), 358-360, hier 358-359. **12)** 34 Mr 6 1/2 d. Armenrechnung für das Jahr 1633. BAM GV Bevergern 36. **13)** „Verzeigniß Waß die Armen zum Bevergern, Ahn gehrten, Undt Landt heuwer, Auch gelt renten und sonsten, jährlich ein zu komen haben, hierbey ist zu Wisen, daß nach altem geprauche 1 Mark Einen halb Rthlr ist". Armenverzeichnis für das Jahr 1666. BAM GV Bevergern 36. **14)** „Garten" war die zeitübliche Bezeichnung für das Vagantendasein, für Betteln und Kleinkriminalität arbeitsloser Landsknechte. Burschel (1994), 277. **15)** Brief von Henricus Vathois, Pastor in Ibbenbüren. 13. April 1641. NStAO Rep. 130, Nr. 103, fol. 211. **16)** Prinz, [1950], 238. **17)** Eintrag im Rentenbuch des Gasthauses zum Goch aus dem Jahre 1633. HAW A 753, Nr. 92 und 94. **18)** Schreiben Daniel Scheles an Schweder Schele, Kuhoff, 30. August 1625. HWA Bestand A

Nr. 1136 und Ulrich Winzer, to troeste armer ellendiger verlaten lude, de in pestilencie befallen – Zu den Pestkrankenhäusern der Stadt Münster in der Frühen Neuzeit, in: Quellen und Forschungen zur Geschichte der Stadt Münster NF 17,1 , Münster 1996, 283. **19)** Vgl. Stadt im Wandel, Bd. 1. **20)** Führer (1974), 116. Hier sind wohl auch 'Fremde' aufgenommen worden, da im damaligen Sprachgebrauch 'elend' auch für 'fremd' genutzt wurde. vgl. Winzer (1996).**21)** Söbbing (1995), 2. **22)** Söbbing (1995), 13. **23)** Söbbing (1995), 11. **24)** Söbbing (1995), 9. **25)** Söbbing (1995), 9-11. **26)** Stadt im Wandel 1, 678.**27)** Söbbing (1995), 9. **28)** Schreiben des Magistrats an den Kurfürsten; zit. n. Führer (1974), 203.

Kriegstaktik und Verhandlungsgeschick, 173–185

1) Goldschmidt (1850), 110. **2)** Goldschmidt (1850), 110. **3)** Schreiben Münsterscher Räte an Wilhelm Heinrich, betr. Niederlegung Lingens. 14. August 1632. FAB Bestand A, Nr. 1370. **4)** Bericht des Grafen von Twickel an die Münsterschen Räte. Rheine 4. September 1635. NW StAM FM Landesarchiv, Fach 272, Nr. 2, fol. 136. **5)** NW StAM FM Landesarchiv, Fach 272, Nr. 2 fol. 109. **6)** Bei Sagebiel (1966), 40, wird der Termin der Übergabe mit dem 12. Mai 1634 angegeben. Der Befehl der Übergabe, datiert vom 2./12. Mai 1634, eine Bestätigung des Befehls durch Oxenstierna wurde am 4./14. Mai erteilt und die tatsächliche Übergabe erfolgte am 19./29 Mai 1634.**7)** Bericht des Grafen von Twickel an die Münsterschen Räte. Rheine, 4. September 1635. NW StAM FM Landesarchiv, Fach 272, Nr. 2, fol. 136. **8)** Bericht über die Verhältnisse des Amtes Bevergern. 2. Juni 1639. NW StAM FM Landesarchiv, Fach 272, Nr. 2 fol. 445. **9)** Kurfürst Ferdinand an Räte. Bonn, 4. März 1636. NW StAM FM Landesarchiv, Fach 272, Nr. 2 fol. 313. **10)** Bericht über den Kreistag. 26. Oktober 1642. FAB, E Urk. 99.**11)** Wisman Bertlinck, Burgvogt, an die Rechenkammer des Prinzen von Oranien. Bevergern, 18. August 1651. NStAO Rep. 130, Grafschaft Lingen, Nr. 105, fol. 258-259. Holz war knapp, eine Anweisung für die Stadt Lingen von 1650 erlaubte, nur eine bestimmte Anzahl Eichen und Buchen zu fällen, um sie zu verkaufen. Öffentlicher Anschlag. August 1650. NStAO Rep. 130, Nr. 105 fol. 310. **12)** Wisman Bertlinck, Burgvogt, an die Rechenkammer des Prinzen von Oranien. Bevergern, 18. August 1651. NStAO Rep. 130, Grafschaft Lingen, Nr. 105, fol. 246ᵛ. **13)** Wisman Bertlinck an die Rechenkammer des Prinzen von Oranien. Bevergern, 18. August 1651. NStAO Rep. 130, Grafschaft Lingen, Nr. 105, fol. 246-247. **14)** J. ab Alpen, De vita et rebus gestis Christophori Bernardi Episcopi et Principis Monateriensis Decas, Coesfeld 1694, 65-71, deutsche Übersetzung in: Büld (1977), 86-98, hier 97. **15)** Johann Theodor von Reinhard, Steinfurtische Geschichte, [um 1800], 1-102, hier 89. FAB, Bestand D 6. **16)** „Interimsvergleich des Arnold Jost mit seinen Neffen, den Gebrüdern Moritz und Friedrich Ludwig, alle Grafen zu Bentheim, Tecklenburg, Steinfurt und Limburg, über das Erbe ihres Bruders bzw. Oheims Wilhelm Heinrich, Inhaber der Grafschaft Steinfurt". 12. März 1638. FAB, Bestand D, U 12. **17)** Schreiben Melchior Vogts an Hermann Munnich. Steinfurt 12/22 Mai 1634. FAB, Bestand A, Nr. 1370, fol. 250. Das Schreiben ist in bereinigter Form in Rübel (1997), 30-31 abgedruckt. **18)** Bericht des Rektors; zit. n. Rudolf Rübel, Burgsteinfurt im Dreißigjährigen Krieg, in: Steinfurter Heimatbote vom 6.12.1958, 2; Nachdruck in: Burgsteinfurt 1997. Eine Reise durch die Geschichte, 650 Jahre Stadtrechte 1347-1997, hsg. vom Heimatverein Burgsteinfurt, Horb am Neckar 1997, 32. **19)** Von 1645-1647 war der Lehrbetrieb kurzfristig aufgenommen worden. Nach dem Friedensabschluß war sie 1651/52 wieder eröffnet, zwischen 1693 und 1713 erlebte sie noch einmal eine gewisse Hochblüte als reformierte Universität: vgl. 400 Jahre Arnoldinum 1588-1988. Festschrift, hrsg. vom Kreisheimatbund Steinfurt in Verbindung mit der Stadt Steinfurt (Schriftenreihe des Kreisheimatbundes Steinfurt, Bd. 6), Greven 1988. **20)** Zu Freiherr von Westerholt vgl. auch Lahrkamp (1964), 240-252. **21)** Vgl. Repgen (1983), 180. **22)** Fürstliche hessische Acciseliste. 25. Juli 1640. NW StAM FM Landesarchiv-Militaria, Nr. 291. **23)** Anweisung des Generalleutnant von Holzappel an Hauptmann Tellinghausen. Ahaus, 31. August 1639. NStAO Rep. 125 I, Nr. 140, fol. 2.

Ab 1641 Friedensverhandlungen und Friedensvertrag
Der lange Weg zum Frieden, 188–206

1) Nuntius Fabio Chigi (1599-1667), ab 1655 Papst Alexander VII. **2)** Alvise Contarini (1597-1651), Diplomat, Gesandter der Republik Venedig, Friedensvermittler. **3)** Zur Biografie der Gesandten, vgl. Kaster/Steinwascher (1996) **4)** Vgl. Schumann, Lengerichs Anteil am Westfälischen Frieden 1648, in: Jahrbuch Kreis Steinfurt 1989, 214-218. **5)** Johann Ludwig

Graf von Naussau (1590-1653), Reichshofrat, kaiserlicher Gesandter in Münster. **6)** Johann Krane (um 1600 - etwa 1672), Reichshofrat, kaiserlicher Gesandter in Osnabrück. **7)** Vortrag von Joseph Prinz, am 8.Oktober 1948 [Manuskript]. Kreisarchiv Steinfurt, Akte Westfälischer Friede. **8)** Teske, WZ (1997) **9)** Kaster/Steinwascher (1996), 195. **10)** Press (1991), 252. **11)** Vgl. Press (1991), 260. **12)** Vgl. Karte derTerriotialregelungen des Westfälischen Friedens, in: Durchhardt (1996), 23. **13)** Scholte (1948), 138. **14)** Die Zeitangabe nach dem Gregorianischem Kalender, die Eintragungen über den Besuch ist für den 28. Dezember 1645 bis zum 1. Januar 1646 angegeben. FAB Bestand G, 4372, fol. 17. **15)** Duchhardt (1996), 23. **16)** Im Prager Friedensvertrag, Artikel 11 war das Erzstift Christian Wilhelm von Sachsen auf Lebzeiten verliehen worden. Abschrift des Prager Friedens in FAB, Bestand E Urkunde 132. **17)** NW StAM FM Landesarchiv, Fach 486, Nr. 1. **18)** Duchhardt (1996), 23. **19)** Bericht des Postverwalters Arninck. Münster, 14. Mai 1646. Thurn und Taxisches Zentralarchiv Regensburg, Postakten 1252, Bl. 14; zit. n. Fleitmann (1966), 110. **20)** Vgl. Depping (1810), 142. **21)** Bericht mit Schadensliste von Dr. Pagenstecher über den schwedischen Überfall, 26. April 1648. FAB Bestand A Steinfurt Nr. 122. **22)** Vgl. Aufkündigung des Waffenstillstandes mit Schweden und Hessen. NW StAM FM Landesarchiv-Militaria, Nr. 100. **23)** Bericht des Postverwalters Arninck. Münster, 27. September 1647. Thurn und Taxissches Zentralarchiv Regensburg, Postakten 3797. Zit n. Fleitmann 1966, 111. **24)** Verzeichnis der Kosten für den Unterhalt der Königsmarckschen und Lamboyschen Truppen, o.D. [1647]. FAB Bestand A Steinfurt Nr. 122. **25)** Kaplan der französischen Gesandschaft Ogier, zit. n. Depping (1810), 143. **26)** Mit dem Einfall in Ungarn im Jahre 1663 begann der Krieg, der mit der Belagerung von Wien 1683 seinen Höhepunkt erreichte. **27)** Zur Person Alexander von Velen vgl. Heinz Knust, Alexander von Velen (1599-1675). Ein Beitrag zur westfälischen Geschichte, Bochum 1938; Rave (1975), 1-13; Manfred Wolf, Quellen zur Militärgeschichte der Frühen Neuzeit aus dem Archiv Landsberg-Velen. Findbuch (Veröffentlichungen der Staatlichen Archive des Landes Nordrhein-Westfalen Reihe F, Findbücher 9), Münster 1995, 14-16. **28)** Heiratsverschreibung vom 3. April 1655. FAB Urkunde Nr. 121. **29)** Vgl. Duchhardt/Jakobi (1996), 22-23. **30)** Vgl. Steinwascher/Rötrige (1996), 117-119. **31)** Die Unterscheidung „exercitium publicum religionis" von „exercitium privatum religionis" und „devotio domestica" erläutert bei Press (1991), 263. **32)** Goldschmidt(1850), 123. **33)** Placcat vom 14. April 1649; teilweiser Abdruck in: Goldschmidt (1850), 123-124. **34)** Goldschmidt (1850), 125. **35)** Bericht des Rentmeisters von Bevergern, Johan Lethmate. Rheine, 14. November 1650. NW StAM FM Landesarchiv, Fach 272, Nr. 4, fol. 491-492. **36)** Vgl. Duchhardt (1996), 38.

Abkürzungen und Literatur

Abkürzungen

Archive

AGM	Archiv der Gemeinde Metelen
	U = Urkunden
BAM	Bistumsarchiv Münster (Bischöfliches Diözesanarchiv Münster)
	GV = Generalvikariat
FAB	Fürstliches Archiv Burgsteinfurt
	A = Akten
	U = Urkunden
HAW	Hausarchiv Welbergen
NW StAM	Nordrhein-Westfälisches Staatsarchiv Münster
	FM = Fürstentum Münster
NStAO	Niedersächsisches Staatsarchiv Osnabrück
StAR	Stadtarchiv Rheine
StO	Stadtarchiv Ochtrup

Zeitschriften

OM	Mittheilungen des historischen Vereins zu Osnabrück, 1. Jg, Osnabrück 1848; ab 1882 Mittheilungen des Vereins für Geschichte und Landeskunde von Osnabrück, Bd. 14, Osnabrück 1889; ab 1952 Osnabrücker Mitteilungen. Mitteilungen des Vereins für Geschichte und Landeskunde von Osnabrück, Bd. 65, Osnabrück 1952.
StH	Steinfurter Heimatbote. Beiträge zur Weckung von Heimatsinn und Heimatfreude. Beilage zum Steinfurter Kreisblatt.
UK	Unser Kreis 1988. Jahrbuch für den Kreis Steinfurt, [Bd. 1] Emsdetten [1987]
W	Westfalen. Mitteilungen des Vereins für Geschichte und Altertumskunde Westfalens und des Landes-Museums der Provinz Westfalen. Jg. 1, Münster 1909; ab 1934 Westfalen. Hefte für Geschichte Kunst und Volkskunde, 19. Jg., Münster 1934.

WF Westfälische Forschungen. Mitteilungen des Provinzialinstituts für westfälische Landes- und Volkskunde. Im Auftrage des Instituts, hrsg. v. Ernst Rieger, Bd. 1, Heft 1-3, Münster 1938;
ab 1953
Westfälische Forschungen. Mitteilungen des Provinzialinstituts für Westfälische Landes- und Volkskunde. Im Auftrag des Instituts, hrsg. von Franz Petri, 6. Bd. Jg. 1943-1952, Münster/Köln 1953;
ab 1962
Westfälische Forschungen. [...] hrsg. von Peter Schöller, Bd. 14. Jg. 61 Münster Köln/Graz 1962;
ab 1974
Westfälische Forschungen. Mitteilungen des Provinzialinstituts für Westfälische Landes-und Volksforschung des Landschaftsverbandes Westfalen-Lippe. Im Auftrag des Instituts herausgegeben von Peter Schöller und Alfred Hartlieb von Wallthor, 25 Jg. 1973, Münster Köln/Wien 1974;
ab 1991
Westfälische Forschungen. Zeitschrift des Westfälischen Instituts für Regionalgeschichte des Landschaftsverbandes Westfalen-Lippe. hrsg. von Karl Teppe, Bd. 41, Münster 1991.

ZvGA Zeitschrift für vaterländische Geschichte und Alterthumskunde, hrsg. von dem Verein für Geschichte und Alterthumskunde Westfalens, Bd. 1, Münster 1838;
ab 1930

WZ Westfälische Zeitschrift. Zeitschrift für vaterländische Geschichte und Altertumskunde, hrsg. von dem Verein für Geschichte und Altertumskunde Westfalens, Münster 1930.

Literatur

Literatur vor dem 20. Jahrundert

Kürzung der bibliographischen Angaben in den Anmerkungen:
Autor (Jahr)

Böhemische geheimbe Cantzley. Das ist: Consulationes Oder Underschidliche Rathschläg und Vota, Der maisten und wichtigisten sachen/welche von Anfang der Böhemischen/und anderer folgenden Auffständ wegen vorgangener reiection, Neuwer wahl/darinnen Dennemarck/Savoyen und Pfaltz vorgeschlagen/sampt andern Confoederationen & c. von den Böhmischen so wol als auch andern Herrn und Ständen ins werck gericht worden/und fürgangen/oder fürgehen sollen. Von wort zu wort auß dem Original Protocol, so in der Haidelbergischen Cantzley gefunden worden/gezogen. Mit nohtwendigen Glossis erklärt. Getruckt im Jahr 1624.

DARPE, Friedrich; Zur Geschichte der Stadt Rheine, in: Zeitschrift für vaterländische Geschichte und Alterumskunde 38, Münster 1880, 43-141.

DARPE, Friedrich; Das Gildewesen der Stadt Rheine, in: Zeitschrift für vaterländische Geschichte und Alterumskunde 44 (1886) 1, 98-149.

DEPPING, Georg Bernhard; Reise eines Franzosen nach Münster während der Unterhandlungen des Westfälischen Friedens: Westfalen 27 (1948) 2, 138-143.

FAULHABER, Johan; Ingenieurs Schul Erster Anderer Dritter und Vierdter theil: mit 33 figuren in Kupffer Illustriert. Durch Johan Faulhabern Ingenieurn. Nürnberg: Wolffgang Endters, 1637.

Friedens-Schluß/Zwischen der Römischen Käyserlichen/Auch Aller-Christl. Königl. Mayst. Mayst. Mit der Röm. Käys. Mayst. Special-Gnad und Freyheit: Auch Churfürstl. Mayntzischer Concession nicht nachzudrucken. Gedruckt zu Mayntz bey Nicolao Heyll. In Verlegung Philipps Jacob Fischers zu Frankfurt 1649.

GOLDSCHMIDT, Bernhard Anton; Geschichte der Grafschaft Lingen und ihres Kirchenwesens, Neudruck der Ausgabe Osnabrück 1850, Osnabrück: H.Th. Wenner 1975.

HAGEDORN, A.; Beiträge zur Geschichte der Gemeinde Lienen u. des Kreises Tecklenburg, 1700/1815, in: Heimatjahrbuch des Kreises Tecklenburg, Lengerich 1925, 7 - 73.

HEILMANN, Johann; Das Kriegswesen der Kaiserlichen und Schweden zur Zeit des dreißigjährigen Krieges, mit besonderer Rücksichtnahme auf Aufbringung, Ergänzung, Unterhalt und Kriegszucht der Truppen, nebst den Schlachten bei Breitenfeld und Lützen. Mit zwei Plänen und einem neuen Titelblatt, Leipzig und Meißen: F.W. Goedsche, 1850. Photomechanischer Nachdruck, Krefeld: Verlag „Heere der Vergangenheit" 1977.

HOLSCHE, August Karl; Historisch-topographisch-statistische Beschreibung der Grafschaft Tecklenburg nebst einigen speciellen Landesverordnungen mit Anmerkungen, als ein Beytrag zur vollständigen Beschreibung Westphalens, Neudruck der Ausgabe Berlin und Frankfurt 1788, Osnabrück: Th. Wenner 1975.

JANSSEN, Joh. [Hrsg.]; Die Münsterischen Chroniken von Röchell, Stevermann und Corfey, hrsg. von Joh. Janssen (Die Geschichtsquellen des Bistums Münster, Bd. 3), Münster 1856.

KHEVENHÜLLER, F.CH.; Annales Ferdinandei, Leipzig 1726.

KLOPP, Onno; Der Dreißigjährige Krieg bis zum Tode Gustav Adolfs 1632, Bd. 1, Paderborn: Druck und Verlag von Ferdinand Schöningh 1891. Bd. 2: Vom Beginne 1621 an bis zur Übertragung des Herzogthumes Mecklenburg an Wallenstein 1628, Paderborn: Druck und Verlag von Ferdinand Schöningh 1893. Bd. 3/1: Die Jahre 1628 bis Ende 1630, Paderborn: Ferdinand Schöningh 1895. Bd. 3/2: Die Jahre 1631 bis Ende 1632, Paderborn: Ferdinand Schöningh 1896.

Münstersche Hoff- und Landgerichts: auch gemeine Ordnungen. Für diesem Durch Weilandt den Hochwürdigen Fürsten und Herren/Herrn Johanß/Bischoffen zu Münster/Administratorn der Stiffter Osnabrück und Paderborn verfassen/durch deß Stiffts Stende angenommen/und folgends durch die Röm. Keys. Mayt. unsern allergnädigsten Herrn/bestittigt: Jetzt aber Auß des Hochwürdigsten Durchleuchtigsten Fürsten und Herrn/Herrn Ferdinanden Ertzbischoffen zu Cölln/des H. Römischen Reichs durch Italien ErtzCatzulern un Churfürsten/Bischoffen zu Münster vnd Lüttig/Coadiutorn un Administratorn der Stifft Paderborn/Hildeßheim und Berteßgaden/Fürsten zu Stabel/Pfaltzgraffen bey Thein/in Obern und Nidern Beyern/Westphalen/Engern und Bullion Hertzogen/Marggraffen zu Franchimondt/et. gnädigstem befelch/auffs new auffgelegt. Was jetzt hirzu kommen/findet der günstiger Leser am folgenden Blat. Mit Churf. Durchl. gnad und Freyheit. Gedruckt zu Münster in Westphalen bey Lambert Raßfeldt/Im Jahr 1617.

NIEBERDING, E. H.; Geschichte des ehemaligen Niederstifts Münster und der angränzenden Grafschaften Diepholz, Wildeshausen ec. Ein Beitrag zur Geschichte und Verfassung Westphalens, 3. Band, Heft 2, Vechta: E.H. Fauvel 1849.

OLFERS, C. v.; Beiträge zur Geschichte der Verfassung und Zerstückelung des Oberstiftes Münster besonders in Beziehung auf Jurisdiktions-Verhältnisse, Münster: Coppenrath'sche Buch- und Kunsthandlung 1848.

OSSENBERG, H./GALEN, Dietrich von; der Vater Christoph Bernhards, in: Westfälsiche Forschungen 57 (1899), 60-89.

PHILIPPI, F.; Der Westfälische Friede. Ein Gedenkbuch zur 250jähr. Wiederkehr des Tages seines Abschlusses am 24. Oktober 1648 unter Mitwirkung der Professoren Dr. A. Pieper, D. C. Spannagel und Gymnasialoberlehrer F. Runge herausgegeben von Archivrath Dr. F. Philippi, Münster 1898.

PÜTTER, Joh. Sephan; Geist des Westphälischen Friedens nach dem innern Gehalte und wahren Zusammenhange der darin verhandelten Gegenstände historisch und systematisch dargestellt vom geheimen Justitzrath Pütter zu Göttingen, Göttingen: Vandenhoeck und Rupprecht, 1795.

Protokoll der Generalversammlung des Gesammtvereins der deutschen Geschichts- und Alterthumsvereine zu Münster in Westfalen, 1898. Berlin 1899.

RITTER, Moritz; Der Ursprung des Restitutionsediktes (1896), in: Hans Ulrich Rudolf [Hrsg.], Der Dreissigjährige Krieg. Perspektiven und Strukturen, (Wege der Forschung, Bd. 451) Darmstadt 1977, 135-174.

RUMP[IUS], Gerhard[us] Arnold[us]; Des Heil. Röm. Reichs uhralte hochlöbliche Graffschafft Tecklenburg. Aus viel und mancherley alten glaubwürdigen Geschicht-Büchern und Briffschafften zwar kurtz, aber doch eigend- und ordentlich aus schuldiger Liebe des Vatterlandes beschrieben, Bremen 1672. Fotografische Wiedergabe Diepenbroick-Grüter & Schulz Hamburg, 1935.

RUMP, [Hermann] [Hrsg]; Über den Anbau der wüsten Marken in Westphalen. Briefe eines Edelmanns und Beamten, Lippstadt: 1787.

Sammlung der Gesetze und Verordnungen, welche in dem Königlich Preußischen Erbfürstenthume Münster und in den standesherrlichen Gebieten Horstmar, Rheina-Wolbeck, Dülmen und Ahaus-Bocholt-Werth über Gegenstände der Landeshoheit, Verfassung, Verwaltung und Rechtspflege vom Jahre 1359 bis zur französischen Militair-Occupation und zur Vereinigung mit Frankreich und dem Großherzogthume Berg in den Jahren 1806 und resp. 1811 ergangen sind. Band I, Hochstift Münster 1359-1762, Münster: Aschendorffschen Buchhandlung 1842.

Sammlung einiger neuerer vorhin gedruckter und bisher ungedruckter Schriften von der im Westphälischen Friedensschluß erlaubten Selbst-Hülfe, der catholischen Landes-Herrn Geistlicher Gerichtbarkeit über ihre Evangelische Unterthanen, und den Simultaneo exercitio religionis worin die Gründe enthalten mit welchen sowohl die Catholische als die Evangelische ihre Auslegungen besagten Friedenschlusses zu behaupten suchen. Leipzig: Johann Wilhelm Schmidt 1756.

SCHÖNWITTERN, Joh. Godtfridt; Hundtägige Erquickstund: Das ist Schöne Lustige Moralische und Historische Discurß und Abbildungen: Von wunderbahrlichen geheimen und offnen Sachen der Natur und Verlauff der Welt und Zustand deß Römischen Reichs Das schwäre Gemüht der Menschen zu erfrischen und in Staats-Sachen unterrichtet zu werden. Darinnen neben Erziehung geheimen natürlichen und unnatürlichen Händeln auch die große Verenderung deß Teutschen und anderer Königreichen vor Augen gestellet wird Itzo mit newen Discursen hinc inde augirt mit Indicibus Capitum & Rerum in 2. Theil abgetheilet und in Truck gegeben, Erster Theil Durch Drey Weltweise Reyßgesellen zu dem Heil-Land in den Hundstagen Gehalten und erzehlt und selbst erfahren. Franckfurt 1651.

SCHRIEVER: Bevergern. Bramhorne. Die Diözesangrenze, Lingen a.d.Ems: 1896.

SCOTTI, J.J. [Hrsg.]; Provinzialgesetze, dritte Sammlung. Churkölnische, Westphälische und Recklinghausen'sche Landes-Verordnungen. Sammlung der Gesetze und Verordnungen, welche in dem vormaligen Churfürstenthum Cöln vom Jahre 1463 bis zum Eintritt der Königl. Preußischen Regierungen im Jahre 1816, herausgegeben von J. J. Scotti, I. Abt. 1 Teil, Düsseldorf: Joseph Wol 1830.

SCOTTI, J.J.; Sammlung der Gesetze und Verordnungen, welche in dem vormaligen Churfürstenthum Cöln (im rheinischen Erzstifte Köln, im Herzogthum Westphalen und im Veste Recklinghausen) über Gegenstände der Landeshoheit, Verfassung, Verwaltung und Rechtspflege ergangen sind, vom Jahre 1463 bis zum Eintritt der Königl. Preußischen Regierungen im Jahre 1816, Erste Abtheilung, 1. Theil, Düsseldorf: Joseph Wolf, 1830.

SOMMER, Joh. Friedr. Joseph; Darstellung der Rechtsverhältnisse der Bauerngüter im Herzogthum Westfalen nach älteren und neueren Gesetzen und Rechten (Commentar zu den Gesetzen über die gutsherrlichen und bäuerlichen Verhältnisse in denjenigen Theilen der Preußischen Monarchie zwischen der Elbe und dem Rhein, welche vormals zum Königreich Westfalen, zum Großherzogthum Berg, und zum französischen Reiche gehört haben, desgleichen im Herzogthum Westfalen, 1. Theil: Herzogthum Westfalen), Hamm/Münster: Schulz und Wundermann 1823.

STÜVE, C.; Die Iburger Klosterannalen des Abts Maurus Rost, bearbeitet von Oberlehrer a.D. Dr. C. Stüve (Osnabrücker Geschichtsquellen, hrsg. vom Historischen Verein zu Osnabrück, Bd. 3), Osnabrück 1895.

TOPHOFF; Christian von Braunschweig und Johann Jacob Graf von Anholt. Die Verwüstungen der Stifter Paderborn und Münster in den Jahren 1622-23, in: Zeitschrift für Vaterländische Geschichte und Altertumskunde 13 (1852), 91-189 und 14 (1853), 307-354.

TRATZBERG, Petrus Pappus von; Corpus Juris Militaris, Worinn/Das holländische Krieges-Recht/und Articuls Brieffe/Mit nützlichen Anmerckungen und Rechtsgründen erkläret: Durch Petrum Pappum von Tratzberg/JC. Nicht weniger auch/Kaysers Maximiliani II. Articuls Brieffe/Mit 33 Articuln auß Caroli V. Peinlicher Halßgerichts Ordnung; Sampt Schwedisch-Dännemärckisch und Schweitzerischen Kriegs-Rechten/begriffen. Allen Obristen/Capitäynen/Befehlchshaberbn/Commissarijs, Regiments-Schultheissen/Secretarijs, & c. Auch sonst allen Gerichtsverwesern sehr dienlich und hochnöthig. Frankfurt am Mäyn/Auff Christian Hermsdorffs Kosten/im Jahr 1658.

Vollenkommene Unterweisung/wie Raceten/Feuer-Wasser-Sturm-Kugeln/Granaten/Pech-Sturm-Kräntze/und allerhand Lust und Ernsthaffte Feuer-wercke zubereiten. Sampt gründlicher Anleitung zur Artillerie: als Vom Portier/von allerhand groben und kleinen Geschützen/wie solche zu probiren/zu Laden/zu richten u.d.g. Benebenst vielen dazu nötig dienlichen raren und fast unbekannden Instrumenten/von einem Liebhaber beyderley Wissenschafften an tag gegeben. Erster Theil. Osznabrück, Truckts auff Kosten Johann Georg Schwänders Tilman Bucholtz/Ihro HochFürstl. Gn. bestelter Buchtrucker/im Jahr 1660.

WEDDIGEN, M.P.F.; Westphälisches Magazin zur Geographie, Historie und Statistik, hrsg. von M. P. F. Weddigen, Band 4, Heft 13-16, Bückeburg: Johann Friedrich Althans 1788.

WESKAMP, Albert; Herzog Christian von Braunschweig und die Stifter Münster und Paderborn im Beginne des 30jährigen Krieges (1618-1622), Paderborn: Schöningh 1884.

WESKAMP, Albert; Das Heer der Liga in Westfalen zur Abwehr des Grafen von Mansfeld und des Herzogs Christian von Braunschweig. (1622-23), Münster: Regensber'sche Buchhandlung 1891.

WIERVS, Ioannes [Johann Weyer]; Arzney Buch: Von etlichen biß anher vnbekandten vnd vnbeschriebenen Kranckheiten/als da sind/der Schurbauch/Varen/oder lauffende Varen/Pestilentzische Pleurisis vnd Brustkranckheit/stechende Rippenwehe/Engelendischer Schweiß = auch Vrsachen/Zeichen/Dixta, vnd eigentlicher Curation derselben. Franckfurt am Mayn 1580. Nachdruck hrsg. von Marielies Saatkamp, Tecklenburg 1988.

WOESTE, Friedrich; Wörterbuch der Westfälischen Mundart, Norden/Leipzig: Diedr. Soltau's Verlag 1882; im Auftrag des Westfälischen Heimatbundes neu bearbeitet und herausgegeben von Erich Nörrenberg, Norden/Leipzig 1930.

WURZBACH, Constant; Biographisches Lexikon des Kaiserthums

Oesterreich von Wurzbach, Bd. 36, Wien: Durck und Verlag der k.k. Hof- und Staatsdruckerei, 1878.

Zur Geschichte des Klosters Osterberg, der Tecklenburgischen Reformation und des Guts Leye bei Osnabrück, in: Mittheilungen des historischen Vereins zu Osnabrück, Bd. 9 (1870), 244-279.

Literatur im 20. Jahrhundert

Kürzung der bibliographischen Angaben in den Anmerkungen:
Autor (Jahr)

ABEL, Wilhelm; Massenarmut und Hungerkrisen im vorindustriellen Deutschland, Göttingen 1972.

BÄTE, Ludwig [Hrsg.]; Der Friede in Osnabrück 1648. Beiträge zu seiner Geschichte, Oldenburg 1948.

BARUDIO, Günter; Der Teutsche Krieg 1618-1648, 1. Auflage 1985, Frankfurt a.M. 1988.

BAUERMANN, Johannes; Die Ausfertigungen des Westfälischen Friedens, in: Ernst Hövel [Hrsg.]; Pax Optima Rerum. Beiträge zur Geschichte des Westfälischen Friedens 1648. Unter Mitwirkung von J. Bauermann, B. Peus, K. von Raumer, H. Richtering, J.H. Scholte, H. Thiekötter, P. Volk, Regensberg/Münster 1948, 63-72.

BERGHAUS, Peter/KESSEMEIER, Siegfried [Hrsg.]; Köln Westfalen 1180 1980. Landesgeschichte zwischen Rhein und Weser. Katalog zur Ausstellung, hrsg. von Peter Berghaus und Siegfried Kessemeier im Auftrage des Landschaftsverbandes Westfalen Lippe, Münster 1980, [2] 1981.

BERGHAUS, Peter; Abriß der westfälischen Münzgeschichte, in: Wilhelm Kohl [Hrsg.], Westfälische Geschichte Band 1: Von den Anfängen bis zum Ende des alten Reiches, Düsseldorf 1983, 807-823.

Bevergern. Geschichte und Geschichten um eine alte Stadt, hrsg. von der Stadt Bevergern, Ibbenbüren 1966.

BÖRSTING, Heinrich/SCHRÖER Alois; Handbuch des Bistums Münster, Band 1: Geschichte, Münster 1946.

BÖTTCHER, Diethelm; Propaganda und öffentliche Meinung im protestantischen Deutschland 1628 – 1636, in: Hans Ulrich Rudolf, Der Dreissigjährige Krieg. Perspektiven und Strukturen (Wege der Forschung, Bd. 451), Darmstadt 1977, 325-367.

BORGMANN, Richard; Münsterländer in ausländischen Kriegsdiensten 1622/23, in: Beiträge zur Westfälischen Familienforschung 1 (1938) 3, 178-187.

BROCKPÄHLER, Wilhelm; Beiträge zur Heimatgeschichte von Wettringen, 1. Band: Zur 1100 Jahrfeier im Juli 1938, Münster 1938.

BROCKPÄHLER, Wilhelm; Wettringen. Geschichte einer münsterländischen Gemeinde, Emsdetten 1970.

BRUCH von, Rudolf; Die Rittersitze des Fürstentums Osnabrück, Neudruck der Ausgabe von 1930, Osnabrück 1982.

BÜCKER, Hermann; Der Nuntius Fabio Chigi (Papst Alexander VII.) in Münster 1644-1649, in: ZvGA 108 (1958) 1, 1-90.

BÜLD, Heinrich; Rheine a.d.Ems. Chroniken und Augenzeugenberichte 1430-1950, Rheine 1977.

Burgsteinfurt. Eine Reise durch die Geschichte, 650 Jahre Stadtrechte 1347-1997, hrsg. vom Heimatverein Burgsteinfurt, Horb am Neckar 1997.

BURSCHEL, Peter; Söldner im Nordwestdeutschland des 16. und 17. Jah. Sozialgeschichtliche Studien (Veröffentlichung des Max-Planck-Instituts für Geschichte, 113), Göttingen 1994.

CRAMER, Wilhelm; Geschichte der Grafschaft Lingen im 16. und 17. Jahrhundert (Veröffentlichungen des Provinzial-Instituts für Landesplanung, Landes- und Volkskunde von Niedersachsen an der Universität Göttingen, Bd 5, Reihe A) Oldenburg i.O. 1940.

DARPE, Franz; Codex Traditionum Westfalicarum, Bd. 7, Münster 1914.

DETHLEFS, Gerd; Verfassung der Stadt Münster, in: Münster 800-1800. 1000 Jahre Geschichte der Stadt, Münster 1984, 165-168.

DETHLEFS, Gerd; Soldaten und Bürger. Münster als Festung und Garnison. Dokumente, Fragen, Erläuterungen, Darstellungen, hrsg. Stadtarchiv Münster und Stadtmuseum Münster (Geschichte original – am Beispiel der Stadt Münster, 10), Münster 1983.

DETHLEFS, Gerd; Pest und Lepra, Seuchenbekämpfung in Mittelalter und früher Neuzeit, hrsg. vom Stadtarchiv Münster und Stadtmuseum Münster durch Hans Galen, Franz-Josef Jakobi, Joachim Kuropka, Helmut Lahrkamp (Geschichte original – am Beispiel Münster, Bd. 16), Münster 1989.

DETHLEFS, Gerd; Politisch-historische Themen auf sog. „holländischen" Kaminplatten des 17. Jahrhunderts, in: Wilhelm Elling/Sigrid Winkler-Borck, Ofen- und Kaminplatten. Hamaland-Museum, hrsg. vom Kreis Borken, Schöppingen 1992, 28-38.

DICKMANN, Fritz; Der Westfälische Frieden, Münster 1972, [6] 1992.

DÖLL, Wilhelm; Die Kupfermünzen der Stadt Rheine und ihre Gegenstempel, Rheine 1977.

300 Jahre Marienschule Borghorst 1981. 1681-1981, hrsg. von der Marienschule Borghorst, Steinfurt o.J. [1981]

DUCHHARDT, Heinz; Protestanten und „Sektierer" im Sozial- und Verfassungsleben der Bischofsstadt im konfessionellen Zeitalter, in: Franz-Josef Jakobi [Hrsg.], Geschichte der Stadt Münster Bd. 1, Münster 1993, 217-247.

DUCHHARDT, Heinz/DETHLEFS, Gerd/QUECKENSTEDT, Hermann; "... zu einem stets währenden Gedächtnis". Die Friedenssäle in Münster und Osnabrück und ihre Gesandtenporträts, Bramsche 1996.

DUCHHARDT, Heinz/JAKOBI, Franz-Josef; Der Westfälische Frieden. Das Münstersche Exemplar des Vertrags zwischen Kaiser/Reich und Frankreich vom 24. Oktober 1648. Hrsg. von Heinz Duchhardt und Franz Josef Jakobi, Teil 1: Faksimile, Teil 2: Einführung – Transkription – Übersetzung, Wiesbaden 1996.

EHBRECHT, Wilfried; Rat, Gilden und Gemeinde zwischen Hochmittelalter und Neuzeit, in: Franz-Josef Jakobi [Hrsg.], Geschichte der Stadt Münster Bd. 1, Münster 1993, 91-144.

1088 - 1988. Festschrift zum 900jährigen Bestehen der Bauerschaft Birgte, hrsg. vom Festausschuß, Hörstel-Riesenbeck [1988].

ELLING Wilhelm/WINKLER-BORCK, Sigrid; Ofen- und Kaminplatten mit Beiträgen von Gerd Dethlefs und Helmut Rüggeberg, hrsg. vom Kreis Borken, Schöppingen 1992.

Ereignis Karikaturen. Geschichte in Spottbildern 1600-1930, hrsg. vom Landschaftsverband Westfalen-Lippe, Westfälisches Landesmuseum für Kunst und Kulturgeschichte, Katalog zur Ausstellung, Münster 1983.

FARK, Josef; Brochtrup. Entstehung und Geschichte einer ehemaligen Bauerschaft, Rheine-Hauenhorst 1983.

FRANZ, Gunter; Der Dreißigjährige Krieg, 1. Auflage 1943, 4. Aufl. Stuttgart/New York 1979.

FRANZ, Günther; Der Dreißigjährige Krieg und das deutsche Volk. Untersuchungen zur Bevölkerungs- und Agrargeschichte, Jena 1943.

FÜHRER, Anton; Geschichte der Stadt Rheine. Von den ältesten Zeiten bis zur Gegenwart, in zweiter Auflage herausgegeben und bearbeitet von Heinrich Büld, Rheine 1974.

GALEN, Hans [Hrsg.]; Der Westfälische Frieden. Krieg und Frieden, Katalog zur Ausstellung 11. März - 30. Oktober 1988, Bd. 1, Greven 1987.

GALEN, Hans [Hrsg.]; Der Westfälische Frieden. Die Friedensfreude auf Münzen und Medaillen, hrsg. v. Hans Galen, Katalog zur Ausstellung 11. März - 30. Oktober 1988, Greven 1987.

GENTER, Carin; Pumpernickel. Das schwarze Brot der Westfalen (Schriften des Westfälischen Freilichtmuseums Detmold. Landesmuseum für Volkskunde, hrsg. im Auftrag des Landschaftsverbandes Westfalen-Lippe von Stefan Baumeier, Bd. 7), Detmold 1991.

GLASMEIER, Heinrich; Herzog Christian von Braunschweig und die Schlacht bei Stadtlohn am 8. August 1623, in: Die Heimat, vereinigt mit den Heimatblättern der Roten Erde. Monatsschrift für Land, Volk und Kunst in Westfalen und am Niederrhein, hrsg. vom Westfälischen Heimatbund, 5. Jg., Dortmund 1923, 189-193.

GREIWE, Franz/ILISCH, Peter; Der Rheiner Münzschatzfund von 1981, Rheine 1983.

HAGEN von, Hermine/BEHR;Hans-Joachim; Bilderbogen der westfälischen Bauerngeschichte. Von den Anfängen bis zur Französischen Revolution, Bd. 1, Münster-Hiltrup 1987.

HANSCHMIDT, Alwin; Zwischen bürgerlicher Stadtautonomie und fürstlicher Stadtherrschaft (1580-1661), in: Franz-Josef Jakobi [Hrsg.], Geschichte der Stadt Münster, Bd. 1, Münster 1993, 249-301.

HEBBELMANN, Georg; Münster - Stadt des Westfälischen Friedens. Westfalen im Bild. Eine Bildmediensammlung zur westfälischen Landeskunde, hrsg. im Auftrage des Landschaftsverbandes Westfalen-Lippe von Wolfgang Linke, (Historische Ereignisse in Westfalen, 4) Steinfurt [o.J.]

HENKEL, Arthur/SCHÖNE, Albrecht; Emblemata. Handbuch zur Sinnbildkunst des 16. und 17. Jahrhunderts, hrsg. von Arthur Henkel und Albrecht Schöne im Auftrag der Göttinger Akademie der Wissenschaften. Ergänzte Neuausgabe, Stuttgart 1976.

HOFFSCHULTE, Heinrich; Stärkere Regionen im Vereinten Europa. Die Rolle der Regionen, Landschaftsverbände und Provinzen in der Europäischen Einigung. Referat für Klausurtagung der CDU-Fraktion der Landschaftsversammlung Westfalen-Lippe am 7. Juni 1991, Steinfurt 1991.

HÖVEL, Ernst [Hrsg.]; Pax Optima Rerum. Beiträge zur Geschichte des Westfälischen Friedens 1648. Unter Mitwirkung von J. Bauermann, B. Peus, K. von Raumer, H. Richtering, J.H. Scholte, H. Thiekötter, P. Volk, Regensberg/Münster 1948.

HUNECKE, Markus; Das Franziskanerkloster in Rheine 1635-1812, (Aus Vergangenheit und Gegenwart. Quellen und Forschungen zur Geschichte der Stadt Rheine und ihrer Umgebung, hrsg. von der Stadt Rheine, Stadtarchiv, 1) Osnabrück 1995.

HUNSCHE, Friedrich Ernst; Brochterbeck. Aus der Geschichte eines Dorfes der alten Grafschaft Tecklenburg, hrsg. von der Gemeinde Brochterbeck in Zusammenarbeit mit der Amtsverwaltung Tecklenburg und dem Heimatverein Brochterbeck, Ibbenbüren 1969.

HUNSCHE, Friedrich Ernst; 300 Jahre Schützenverein Leeden 1665-1965, Lengerich 1965.

HUNSCHE, Friedrich E.; 1000 Jahre Gemarkung Lienen 965-1965, Lengerich 1965.

HUNSCHE, Friedrich Ernst; Geschichte des Kreises Tecklenburg, in: Der Kreis Tecklenburg, hrsg. von Konrad Theiss, Stuttgart/Aalen 1973, 64-104.

HUNSCHE, Friedrich Ernst; Rittersitze, adelige Häuser, Familien und Vasallen der ehemaligen Grafschaft Tecklenburg, Bd. 1, Tecklenburg 1988 und Bd. 2, Tecklenburg 1989.

INNEMANN, Volker; Die Münzprägung auf der Burg Schöneflieth bei Greven, in: Jahrbuch Kreis Steinfurt 1990, 33-41.

JAKOBI, Franz-Josef [Hrsg.]; Geschichte der Stadt Münster Bd. 1, Münster 1993.

JAKOBI, Franz-Josef [Hrsg.]; Bevölkerungsentwicklung und Bevölkerungsstruktur im Mittelater und in der frühen Neuzeit, in: Franz-Josef Jakobi [Hrsg.], Geschichte der Stadt Münster Bd. 1, Münster 1993, 485-534.

KASTER, Karl Georg [u.a.]; Osnabrück. 1200 Jahre Fortschritt und Bewahrung. Profile bürgerlicher Identität. Katalog zur Ausstellung, hrsg. von der Stadt Osnabrück, Nürnberg 1980.

KASTER, Karl Georg/STEINWASCHER Gerd, [Hrsg.]; 450 Jahre Reformation in Osnabrück: V.D.M.L.AE., Gottes Wort bleibt in Ewigkeit (Osnabrücker Kulturdenkmäler, Bd. 6), Bramsche 1993.

KASTER, Karl Georg/STEINWASCHER Gerd, [Hrsg.]; „... zum einem stets währenden Gedächtnis". Die Friedenssäle in Münster und Osnabrück und ihre Gesandtenporträts (Osnabrücker Kulturdenkmäler, Bd. 8), Bramsche 1996.

KESSEL, J.; Spanien und die geistlichen Kurstaaten am Rhein während der Regierungszeit der Infantin Isabella 1621-1633, Frankfurt 1979.

KEYSER, Erich [Hrsg.]; Westfälische Städtebuch (Deutsches Städtebuch. Handbuch städtischer Gesichichte, Bd. III Nordwest-Deutschland, II Westfalen) Stuttgart 1954.

KNUST, Heinz; Alexander von Velen (1599-1675). Ein Beitrag zur westfälischen Geschichte, Münster 1938.

KOHL, Wilhelm [Hrsg.]; Westfälische Geschichte Band 1: Von den Anfängen bis zum Ende des alten Reiches (Veröffentlichungen der Historischen Kommission für Westfalen im Provinzialinstitut für Westfälische Landes- und Volksforschung des Landschaftsverbandes Westfalen-Lippe, 43) Düsseldorf 1983.

KOHL, Wilhelm [Hrsg.]; Westfälische Geschichte. Bild und Dokumentarband (Veröffentlichungen der Historischen Kommission für Westfalen im Provinzialinstitut für Westfälische Landes- und Volksforschung des Landschaftsverbandes Westfalen-Lippe, 43) Düsseldorf 1982.

KOHL, Wilhelm; Das Zeitalter der Glaubenskämpfe (1517-1618), in: Wilhelm Kohl [Hrsg.] Westfälische Geschichte Band 1: Von den Anfängen bis zum Ende des alten Reiches, Düsseldorf 1983, 469-535.

KORSPETER, Gustav; Tecklenburg zu Beginn des Dreißigjährigen Krieges, in: Heimatjahrburch des Kreises Tecklenburg für die Jahre 1929 bis 1938, Ibbenbüren [o.J.], 21-44.

KRUG-RICHTER, Barbara; Zwischen Fasten und Festmahl. Hospitalverpflegung in Münster 1540 bis 1650 (Studien zur Geschichte des Alltags, Bd. 11), Stuttgart 1994.

KUCZYNSKI, Jürgen; Geschichte des Alltags des Deutschen Volkes. Mit einem Abschnitt über Arbeit und Arbeitswerkzeuge von Wolfgang Jacobeit, Studien 1, 1600-1650, Köln 1981.

KUSKE, Bruno; Wirtschaftsentwicklung Westfalens in Leistung und Verflechtung mit den Nachbarländern bis zum 18. Jahrhundert. Münster 1943.

LAHRKAMP, Helmut; Ein münsterischer „Kriminalfall" des Jahres 1637, in: Westfalen. Hefte für Geschichte und Volkskunde, Bd. 42, Heft 3, Münster 1964, 240-252.

LAHRKAMP, Helmut; 1585-1650, in: Köln Westfalen 1180 1980. Landesgeschichte zwischen Rhein und Weser. Katalog zur Ausstellung, hrsg. von Peter Berghaus und Siegfried Kessemeier im Auftrage des Landschaftsverbandes Westfalen Lippe, Münster 1980, 21981, 73-81.

LAHRKAMP, Helmut; Der Westfälische Friede. Zur Kulturgeschichte des Friedenskongresses, hrsg. vom Stadtarchiv Münster und Stadtmuseum Münster durch Hans Galen, Joachim Kuropka, Helmut Lahrkamp (Geschichte original - am Beispiel der Stadt Münster, 12), Münster 1983.

LAHRKAMP Helmut; Dreißigjähriger Krieg Westfälischer Frieden. Eine Darstellung der Jahre 1618 - 1648 mit 326 Bildern und Dokumenten, Münster 1997.

LANGER, Herbert; Neue Forschungen zur Geschichte des Dreißigjährigen Krieges (1968) in: Hans Ulrich Rudolf, Der Dreissigjährige Krieg. Perspektiven und Strukturen, (Wege der Forschung, Bd. 451) Darmstadt 1977, 89-131.

LANGER, Herbert; Der Westfälische Frieden. Pax Euopaea und Neuordnung des Reiches, Berlin 1994.

LEDEBUR Frh. von, Gerhard; Die Ledeburs. Geschichte der Uradelfamilie Ledebur, Kiel 1984.

LEHNEMANN, Wingolf; Irdentöpferei in Westfalen. 17. bis 20. Jahrhundert (Schriften der Volkskundlichen Kommission für Westfalen, Bd. 24), Münster 1978.

LUDORFF, A.; Die Bau- und Kunstdenkmäler des Kreises Steinfurt. Im Auftrage des Provinzial-Verbandes der Provinz Westfalen, bearbeitet von A. Ludorff. Mit geschichtlichen Einleitungen von Dr. Döhmann, Münster 1904.

LUNDKVIST, Sven; Schwedische Kriegsfinanzierung 1630-1635. Zusammenfassung (1966), in: Hans Ulrich Rudolf, Der Dreissigjährige Krieg. Perspektiven und Strukturen, (Wege der Forschung, Bd. 451) Darmstadt 1977, 298-303.

MACHENS, Konrad; Die Tuchmacherei des Osnabrücker Landes im 17. und 18. Jahrhundert. Ein Überblick, in: Osnabrücker Mitteilungen 69 (1960) 48-61.

Münster 800-1800. 1000 Jahre Geschichte der Stadt, Ausstellung im Stadtmuseum Münster, 21. September 1984 bis 30. Juni 1985, hrsg. vom Stadtmuseum Münster, Greven 1984.

NEMITZ, Anita; Ein Töddengeschäftsbuch (Nürnberger Beiträge zu den Wirtschafts- und Sozialwissenschaften, hrsg. von Wilhelm Vershofen, Heft 58) Nürnberg 1936.

NISSEN, Hans-Ude; Die Geschichte des Klosters und Stiftes Leeden (1240-1812), in: 900 Jahre Leeden. 1058-1958. Festschrift zur 900 Jahrfeier und zum Tecklenburger Kreisheimattag, Leeden 1958, 27-61.

900 Jahre Leeden. 1058-1958. Festschrift zur 900 Jahrfeier und zum Tecklenburger Kreisheimattag, Leeden 1958.

OBERPENNING, Hannelore; Neue Forschungen zum Handel der Tödden: Ein Arbeitsbericht, in: Wilfried Reininghaus [Hrsg.], Wanderhandel in Europa, (Untersuchungen zur Wirtschafts-, Sozial- und Technikgeschichte, Bd. 11), Dortmund 1993, 55-65.

OSCHMANN, Antje; Der Nürnberger Exekutionstag 1649-1650. Das Ende des Dreißigjährigen Krieges in Deutschland. (Schriftenreihe der Vereinigung zur Erforschung der Neueren Geschichte, 17), Münster 1991.

PARKER, Geoffrey; The 'Thirty Years' War, London, 1984.

PARKER, Geoffrey; Der dreissigjährige Krieg, aus dem Englischen von Udo Rennert, Frankfurt a. Main, 1987.

Pest und Lepra. Seuchenbekämfpung in Mittelalter und früher Neuzeit (Geschichte original – am Beispiel der Stadt Münster, 16), Münster 1989.

PETERS, Jan [Hrsg.]; Ein Söldnerleben im Dreißigjährigen Krieg. Eine Quelle zur Sozialgeschichte. Herausgegeben und bearbeitet von Jan Peter, Berlin 1993.

PETRI, Franz; Der Friede von Münster und die Selbständigkeit der Niederlande, Westfalen. Mitteilungen des Vereins für Geschichte und Altertumskunde Westfalens und des Landes-Museums der Provinz Westfalen, 37 (1959) 1-3, 17-28.

PHILIPPI, F.; Landrechte des Münsterlandes (Veröffentlichungen der Historischen Kommision für Westfalen. Rechtsquellen. Westfälische Landrechte, Bd. I: Landrechte des Münsterlandes), Münster 1907.

PIEPER, Paul; Der Westfälische Friede. Die Gedächtnis-Ausstellungen 1648-1948: Westfalen. Mitteilungen des Vereins für Geschichte und Altertumskunde Westfalens und des Landes-Museums der Provinz Westfalen, 28 (1950) 1, 59-75.

PRESS, Volker; Kriege und Krisen. Deutschland 1600-1715, München 1991.

PRIES, Hans-Walter; Markt und Märkte in Burgsteinfurt, Steinfurt 1989.

PRINZ, Joseph; Greven an der Ems. Die Geschichte der Stadt und des Amtes Greven, Greven/Ems [1950].

RAVE, Wilhelm; Alexander II. von Velen, in: Westfälische Lebensbilder. Im Auftrag der Historischen Kommission des Provinzialinstituts für westfälische Landes- und Volkskunde, hrsg. von Wilhelm Steffens und Karl Zuhorn, Bd. 6, Münster 1957, 1-13.

RITTMANN, Herbert; Deutsche Geldgeschichte 1484-1914, München 1975.

ROSEN, Anton; Kirche und Kirchspiel im Tecklenburger Land, Lengerich 1954.

ROTHERT, Hermann; Westfälische Geschichte, Bd. 2: Das Zeitalter der Glaubenskämpfe, Gütersloh 1950.

RUDOLF, Hans Ulrich [Hrsg.]; Der Dreissigjährige Krieg. Perspektiven und Strukturen, (Wege der Forschung, Bd. 451) Darmstadt 1977.

RÜBEL, Rudolf; Burgsteinfurt im Dreißigjährigen Krieg [1958]. Neudruck in: Burgsteinfurt. Eine Reise durch die Geschichte, 650 Jahre Stadtrechte 1347-1997, hrsg. vom Heimatverein Burgsteinfurt, Horb am Neckar 1997, 25-35.

SAGEBIEL, Martin Detmer; Geschichte der Stadt Bevergern vom Jahre 1366 bis zum Ende der französischen Fremdherrschaft, in: Bevergern. Geschichte und Geschichten um eine alte Stadt, hrsg. von der Stadt Bevergern, Ibbenbüren 1966, 15-98.

SALM, Hubert; Armeefinanzierung im Dreißigjährigen Krieg. Der Niederrheinisch-Westfälische Reichskreis 1635-1650, (Schriftenreihe der Vereinigung zur Erforschung der neueren Geschichte e.V., hrsg. von der Rheinisch-Westfälischen Akademie der Wissenschaften in Verbindung mit der Vereinigung zur Erforschung der Neueren Geschichte e.V. durch Konrad Repgen, Bd. 16) Münster 1990.

SCHOLTE, Jan Hendrik; Die niederländische Delegation zur Friedenskonferenz im Lichte der zu Aachen aufgefundenen Aufzeichnungen des Pfarrers Georg Ulrich Wenning, in: Ernst Hövel [Hrsg.], Pax Optima Rerum. Beiträge zur Geschichte des Westfälischen Friedens 1648. Unter Mitwirkung von J. Bauermann, B. Peus, K. von Raumer, H. Richtering, J.H. Scholte, H. Thiekötter, P. Volk, Regensberg/Münster 1948, 137-156.

SCHRÖDER, August [Bearb.]; Das Bürgerbuch der Stadt Rheine 1637-

1825, bearbeitet von August Schröder. (Beiträge zur westfälischen Familienforschung, Bd. 42, 1984), Münster 1985.

SCHUMANN, Gert; Geschichte der Stadt Lengerich. Von den Anfängen bis zur Stadtentwicklung 1727, Bd. 1, Lengerich 1981.

SCHUMANN, Gerd; Lengerichs Anteil am Westfälischen Frieden 1648, in: Jahrbuch Kreis Steinfurt 1989, 214-218.

650 Jahre Kirchengemeinde Lotte, hrsg. von der evangelischen Kirchengemeinde Lotte, Lengerich o.J. [1965]

SEIDLER, Josef; Khevenhüllers Bericht über die Schlacht bei Lützen. 1632 (1938), in: Hans Ulrich Rudolf, Der Dreissigjährige Krieg. Perspektiven und Strukturen, (Wege der Forschung, Bd. 451) Darmstadt 1977, 33-50.

SICKEN, Bernhard; Münster als Garnisonstadt - Vom städtischen Kriegswesen zum landesherrlichen Militärwesen, in: Franz-Josef Jakobi [Hrsg.], Geschichte der Stadt Münster Bd. 1, Münster 1993, 735-771.

SÖBBING, Ulrich; Eine Beschreibung der Pest von Johann Gigas (1582-1637), in: Westfälische Quellen im Bild, Bd. 31, Beilage zur „Archivpflege in Westfalen und Lippe". Hrsg. v. Westfälischen Archivamt, Heft 41, Münster 1995.

Stadt im Wandel. Kunst und Kultur des Bürgertums in Norddeutschland 1150-1650, hrsg. von Cord Meckseper. Ausstellungskatalog zur Landesausstellung Niedersachsen 1985 in Braunschweig, Band 1, Stuttgart-Bad Cannstatt 1985.

STEINWASCHER, Gerd; Krieg-Frieden-Toleranz: Quellen zum Dreissigjährigen Krieg und Westfälischen Frieden aus dem Fürstbistum Osnabrück, bearbeitet von Gerd Steinwascher in Zusammenarbeit mit Ursula Rötrige, hrsg. vom Landkreis Osnabrück (Kultur im Osnabrücker Land, Bd. 7) Melle 1996.

STENING, Karl-Heinz; Unruhige Zeiten. Altenberge im Krieg und Umbruch, Altenberge 1994.

STÜVE, Louis; Dat Schwedenhöksen, in: Heimatblätter der Roten Erde. Zeitschrift des Westfälischen Heimatbundes. Herausgegeben von Karl Wagenfeld, (Münster 1925) Heft 4, 188.

SYMANN, Ernst; Die politischen Kirchspielsgemeinden des Oberstifts Münster. Eine verfassungs- und verwaltungsgeschichtliche Studie, Münster 1909.

TESKE, Gunnar; Bürger, Bauern, Söldner und Gesandte. Der Dreissigjährige Krieg und der Westfälische Frieden in Westfalen, Münster 1997.

THEISING, Ulrich; Saerbeck 1100 - 1800. Beiträge zur Geschichte eines münsterländischen Kirchspiels im Alten Reich, in: Saerbeck. Geschichte des Dorfes und seiner Bauerschaften, hrsg. von der Gemeinde Saerbeck und dem Heimatverein Saerbeck, Saerbeck 1993, 59-278.

THEISING, Ulrich; Saerbeck 1100 - 1800. Beiträge zur Geschichte eines münsterländischen Kirchspiels im Alten Reich (Maschinenschrift) 1989.

TÖNSMEYER, Josef; Vom Landesfürstentum Rheina-Wolbeck zur

Gutsherrschaft Rheine-Bentlage, hrsg. von Hans Dieter Tönsmeyer, Rheine 1980.

Unterwegs im Kreis Steinfurt. Ein Führer von Rudolf Breuing, Friedrich Ernst Hunsche, Karl-Ludwig Mengels und Friedrich Schmedt unter Mitarbeit von Eckhardt Schmit, hrsg. vom Kreis Steinfurt, Greven [2] 1984.

VLIEGENTHART, Adriaan W.; Bildersammlung der Fürsten zu Salm, Rhede 1981.

400 Jahre Arnoldinum 1588-1988. Festschrift, hrsg. vom Kreisheimatbund Steinfurt in Verbindung mit der Stadt Steinfurt (Schriftenreihe des Kreisheimatbundes Steinfurt, Bd. 6), Greven 1988.

VOGEL, Walter; 1648-1748-1848-1898. Wie gedachte man früher in Osnabrück des Friedensschlusses?, in: All Fehd hat nun ein Ende, 1648-1948. Ein Gedenkbuch zur dreihundertjährigen Wiederkehr des Friedens von Osnabrück und Münster, Osnabrück 1948, 82-90.

Vom Bier und seinen Brauern im alten und modernen Burgsteinfurt. Steinfurter Heimatbote. Beiträge zur Weckung von Heimatsinn und Heimatfreude (Juni 1959) 6, 21-23 und (August 1959) 7, 25.

WÄSCHKE, Hermann; Anhaltische Geschichte, Bd. 3: Geschichte Anhalts von der Teilung bis zur Wiedervereinigung, Köthen 1913.

WARNECKE, Edgar F.; Das große Buch der Burgen und Schlösser im Land von Hase und Ems, Osnabrück 1980.

WARNECKE, Hans Jürgen; Althaus-Epitaph in der alten Kirche zu Welbergen, Unser Kreis. Jahrbuch für den Kreis Steinfurt (1989), 263-275.

Westfälische Lebensbilder. Im Auftrag der Historischen Kommission des Provinzialinstituts für westfälische Landes- und Volkskunde, Bd. 1-6, Münster 1930-1957.

Wettringen. 1150-Jahrfeier. 1150 Jahre 838-1988, hrsg. von der Gemeinde Wettringen, 1988.

WIEGAND, Gerd; Kuriositätenführer Münsterland und Teutoburger Wald, Königstein/Ts 1983.

WINZER, Ulrich; to troeste armer ellendige verlaten lude, de in pestilencie befallen – Zu den Pestkrankenhäusern der Stadt Münster in der Frühen Neuzeit, in: Quellen und Forschungen zur Geschichte der Stadt Münster NF 17,1) Münster, 240-298.

WISSING, Franz-Josef; Von einer Bauerschaft zur Stadt – Die Geschichte Hörstels von der vorgeschichtlichen Zeit bis zur Stadtwerdung im Jahre 1975, in: Hörstel – Gestern und Heute – oder wie aus einer Bauerschaft eine Stadt wurde, Hörstel-Riesenbeck 1987, 37-131.

WOLF, Manfred; Das 17. Jahrhundert, in: Wilhelm Kohl [Hrsg.], Westfälische Geschichte Band 1: Von den Anfängen bis zum Ende des alten Reiches, Düsseldorf 1983.

WOLF, Manfred; Das historische Umfeld des Töddenhandels, in: Unser Kreis 1991. Jahrbuch für den Kreis Steinfurt, Emsdetten 1991, 86-108.

WOLF, Manfred; Der Töddenhandel und die Töddendörfer. Drei Thesen, in: Wilfried Reininghaus [Hrsg.], Wanderhandel in Europa, (Untersuchungen zur Wirtschafts-, Sozial- und Technikgeschichte, Bd. 11), Dortmund 1993, 47-53.

WOLF, Manfred; Die Urkunden des Klosters Gravenhorst [Westfälische Urkunden (Texte und Regesten) Bd. 5] Münster 1994.

WOLF, Manfred; Quellen zur Militärgeschichte der Frühen Neuzeit aus dem Archiv Landsberg-Velen. Findbuch (Veröffentlichungen der Staatlichen Archive des Landes Nordrhein-Westfalen Reihe F, Findbücher 9), Münster 1995.

Personenregister

Alexander I., Graf von Velen zu Raesfeld (1630), 9, 94
Alexander II., Graf von Velen zu Raesfeld, Generalwachtmeister (1599-1675), 65, *66*, 67, 84, 174, *200*
Amalia Elisabeth, Landgräfin von Hessen-Kassel (1602-1651), 184, 188, 196
Anhalt, Christian von, 211 (10)
Anholt -> Johann Jakob von Bronckhorst-Batenburg, Graf zu,
Anna, Gräfin zu Bentheim, Tecklenburg und Steinfurt (1579-1624), 134
Anna Magdalena, Gräfin von Velen († 1692), *200*
Ansbach, Markgraf von, 76
Aquillera, Don Petro de, Rittmeister, 97, 100, 101, 102
Arlingk, Friedrich, *34*
Arnold Jo(b)st, Graf von Bentheim (1580-1643), 179, 180, 182, 185
Baden-Durlach -> Georg Friedrich
Ballinckhausen, Michael, *110*, 121
Banér, Johann, schwedischer Feldherr, 188
Barckhaus, Gerhard, Kaufmann, 95
Bardick, Berndt, *34*
Behre, Johann von, Vogt, 82
Bentheim -> Anna -> Arnold Jo(b)st -> Ernst Wilhelm -> Wilhelm Heinrich
Bethlen, Gabor, Fürst von Siebenbürgen (1580-1629), 8, 10, 22, 70, 80
Beverforde, Berndt Christoffen von, 84
Bischoven, Heinrich, *34*
Blanckart, Otto Ludwig von, Obrist, 47,
Bönninghausen, Lothar Dietrich, Freiherr von, Obrist (1597-1657), 151, *152*
Böwer, Bauer, 31
Brandenburg -> Friedrich Wilhelm -> Georg Wilhelm
Braunschweig-Lüneburg -> Georg
Braunschweig-Lüneburg-Wolfenbüttel -> Christian
Brinck, Johann, 120, 121
Brinckschmitz, Hermann, *34*
Cammers, Johann Heinrich, Schneider, 48
Chigi, Fabio, päpstlicher Nuntius und Vermittler (1599-1667), 129, 130, 188
Christian, Herzog von Braunschweig-Lüneburg-Wolfenbüttel (1599-1626), 8, 9, *10*, 11, *13*, *14*, 16, 17, *18*, *20*, 22, 76, 207 (26), 208 (45)
Christian IV., König von Dänemark (1577-1648), *80*, 81, 85
Christina, Königin von Schweden (1629-1684), *190*
Christoph Bernhard von Galen, Bischof von Münster (1606-1678), 192, *206*
Contarini, Alvise (1597-1651), 188
Córdoba, Gonzales Fernándes de, spanischer General, 8, 11, 15
Danckelmann, Johan († 1682), 108, *110*, 121, 122
Danckelmann, Sylvester, 121, 122
de Bake, Elisabeth, 134, 139, 140
Decker, Gerrat, 168
Diepenbroick, Bertha Anna von (1610-1647), 134, 136, 140, 143
Dodo, Graf von Innhausen und Knyphausen (1582-1636), 128, 173, 174, 212 (2)
Domann, Johannes, 162
Durlach, Markgraf von (Limbach) -> Georg Friedrich
Düthe, Berndt von, 84
Eilling, Johan Bürgermeister in Ochtrup und Gertrud, Ehefrau, *48*
Erling, Bauer, 32
Ernst Wilhelm, Graf zu Bentheim und Steinfurt (1623-1693), *182*
Erwitte, Dietrich Othmar von († 1631), 54
Ferdinand, Graf von Wartenberg, 142
Ferdinand II. von Österreich, römisch-deutscher Kaiser (1578-1637), 7, 75, 76, 140, 141, 183
Ferdinand III. von Österreich, römisch-deutscher Kaiser (1608-1657), 188, 192
Ferdinand von Bayern, Kurfürst von Köln, Bischof von Hildesheim, Lüttich, Münster und Paderborn (1577-1650), 8, 9, 12, *34*, 54, 82, 84, 119, 120, 138, 148, 183, 204, *205*
Ferneberg, Joannes von, Bischof, *45*
Franz Wilhelm, Graf von Wartenberg, Bischof von Osnabrück, Minden und Verden (1593-1661), 124, *125*,126, 128, 138, 139, 141, 142, 148, 173, 203
Frenck, Obrist, 11
Friedrich V., Kurfürst von der Pfalz, 'Winterkönig' von Böhmen

(1596-1632), 7, 8, 10, 22, 76, 188, 211 (10)
Friedrich Wilhelm, Kurfürst von Brandenburg (1620-1688), 97, 188, 196
Galen -> Christoph Bernhard
Galen von, Dietrich, 56, 210 (15),
Gallas -> Matthias
Georg, Herzog von Braunschweig-Lüneburg (1582-1641) 128, 173
Georg Friedrich, Markgraf von Baden-Durlach (1573-1638), 8
Georg Wilhelm, Kurfürst von Brandenburg (1595-1640), 141, 146, 188
Gigas -> Riese
Greve, Johan, Wandmacher, 110, *111*
Grimmelshausen, Johann Jakob, Christoph von (1620/21-1676), 62, 63, 162
Grotenhuis zu Grote, Maria von, Äbtissin, 94, 165
Grothaus, Catharina Margarete von (1588-1659), 134, 136
Grothaus, Gertraudt von, 136
Grothaus, Hermann von, 139
Gustav II. Adolf, König von Schweden (1594-1632), 140, 146, *149*, 150, 152
Havikenscheid (Haverkenschedt), Dietrich, Führer, 14, 97, 99, 100, 101, 207 (19)
Heinrich Matthias, Graf von Thurn (1567-1640), 10, 16, 70
Henri de la Tour d'Auvergne, Herzog von Bouillon, 211 (10)
Hense, Dietrich, 28
Hoddel, Lutke, *110*, *112*
Holzappel, Peter von, genannt Melander, hessischer Generalleutnant, (1585-1648), 185
Innhausen und Knyphausen -> Dodo
Jakob I., König von England (1566-1625), 8, 22, 80
Johann Adolf, Graf von Limburg-Styrum († 1623), *15*, 16
Johann Albrecht, Graf von Solms-Braunfels, 75
Johann Ernst, Herzog von Sachsen-Weimar (1594-1626), 8, 11, *14*, 81, 82, 212 (2)
Johann Georg, Kurfürst von Sachsen (1585-1656), 141, 146, 183
Johann Jakob v. Bronckhorst-Batenburg, Graf von Anholt (1582-1630), *15*, 25, 34, 41, 53
Johann Ludwig, Graf von Nassau-Hadamer (1590-1653), 192, 193
Johann Tserclaes, Graf von Tilly (1559-1632) 8, 11, *12*, *15*, 16, *20*, *22*, 26, 53, 54, 80, 148
Kannengießer, Johann, 114
Kerke, Dietrich, 59
Kerkering, Bernd, 199
Ketteler, Hermann von, Kapitän, 85, 179, *180*
Ketteler, Marschall, *34*
Khusten, Rentmeister, 93
Kipp, Johann, 114
Knyphausen, Rittmeister, *180*
Knyphausen und Innhausen -> Dodo
Kock, Johan, *112*
Koheuß, Pfarrer, *95*
Königsmarck, Hans-Christopf von, Obrist (1600-1663), 197, 199
Krane, Johann (um 1600-1672), 189, 192
Krestnik, Walradt, *110*
Lamboy, Wilhelm († 1659), 197
Langen, Fyge von, 123
Langen, Maria von (1551-1639), 134, 138, *138-139*, 142
Lethmathe, Erasmus, Stadt- und Gogrichter von Rheine, 115
Limbach, Elisabeth von, 56
Limbach, Isaac Lardin von, Obrist († 1627), 25, 26, 54-60, **68-82**
Limbach, Jacob Lardin von, 57
Limburg-Styrum -> Johann Adolf
Linnemeyer, Johan, *34*
Lips, Joest, 161
Luttersheim, Johann von, 149
Mansfeld -> Peter Ernst II.
Margarethe, Gräfin von Nassau-Wiesbaden (1589-1660), 125
Margarethe, Gräfin von Tecklenburg, Äbtissin (1538-1655), 133
Maria Clara, Gräfin zu Spaur († 1644), *17*, *18*, 208 (31, 33)
Matthias, Graf von Gallas (1584-1647), 65
Matthias von Österreich, ab 1612 römisch-deutscher Kaiser (1557-1619), 7
Mauritz (Moritz), Graf von Tecklenburg, 128, 129, 180
Maximilian I., Kurfürst von Bayern (1573-1651), 7, 9, 10, 150
Melander -> Holzappel
Meuschen, Dr. Bartholomäus, Jurist (1578-1629), *126*
Micholowitz, Friedrich von, Kapitän, 84, 93
Moritz, Prinz von Nassau-Oranien (1567-1625), 8, *70*, 71, 72.
Morrien, Gerhard von, Erbmarschall, 210 (15)
Morrien, Johan, 121
Morrien, Johannes, Richter, 56
Müllenbeck-Heymann, 155
Münster, Margarethe von, 134, 214 (43)
Nagel, Herman, 84
Nassau-Hadamer -> Johann Ludwig
Nassau-Oranien -> Moritz -> Wilhelm II.
Nassau-Wiesbaden -> Margarethe
Overmann, Heinrich G., Prior, (1752-1818), *128*
Oxenstierna, Axel, Reichskanzler (1583-1654), 174
Pagenstecher, Dr. Johann, 56, 57, 60, 79, 80, 196, 197
Pappenheim, Gottfried Heinrich, Graf von, General (1594-1632), 149, 150, 173
Pauw, Adriaen, Herr von Heemstede, Gesandter der niederländi-

schen Provinz Holland und Westfriesland (1585-1653), 194, *195*
Peter Ernst II., Graf von Mansfeld (1580-1626), 8, *9*, 25, 53, 73, 75, 79, 80, 82,
Philipp Sigismund von Braunschweig-Lüneburg-Wolfenbüttel, Bischof von Osnabrück (1568-1623), 123
Piper, Arndt, *34*
Plettenberg, Dietrich von, 51
Plettenberg, Melchior von, Hauptmann, 38, 84
Pompey, Nikolaus, 161
Potgeiter, Johan, Kaufmann, 110, *111*
Potmeyer, Kötter, *112*
Putman, Herman, 139
Rabenhaupt von Sucha, Carl Freiherr, General (1602-1675), 178
Raesfeldt, Wilhelm Luwer von, 28
Rave, Ortwin, Hauptmann, 84
Renteling, Hermann, Kaufmann, *111*
Richelieu, 193
Riese, Johann, gen. Gigas (um 1582-1636/37), 56, 57, 170, 171, 172, 210 (16)
Roggen, Johann, Verwalter Kloster Leeden, 139
Rördnig, Johan, *110*
Rudolf II. von Habsburg, ab 1576 römisch-deutscher Kaiser (1552-1612), 7, 70, 72
Rutenberg, Cornelia von, 165
Sachsen-Weimar -> Johann Ernst
Sachsen -> Johann Georg
Schallenberg, Joe, 139
Schele zu Schelenburg, Anna von († 1624), 48, **49-50**
Schick, Rittmeister, *34*
Schmeddes, Johann, Pfarrer, 120, 121
Schmidt, Ludolf, 32
Schreiber, Hauptmann, *180*
Schreiber, Heinrich († 1630), 84
Schulte, Johan, *110*, *112*
Selm, Hans von, 84
Smale, Hans, schwedischer Major, 197
Solms-Braunfels -> Johann Albrecht
Spinola, Ambrogio, spanischer Generalkapitän (1569-1630), 8, 9, 90
Stapel, Gerd, 155
Steinfurt -> Anna -> Ernst Wilhelm -> Wilhelm Heinrich
Steingröver, Claus, 166, *167*
Steinhausen, Julius von, Quartiermeister, 85
Stuve, Martin, Wandschneider, 110, *111*
Suerbeck, Wichard, Leutnant, 54, 57, 59
Sundarp, Johann, *34*
Sundorp, Heinrik, *34*
Sundorp, Hermann, *34*
Tecklenburg -> Anna -> Margarethe -> Mauritz
Thurn -> Heinrich Matthias
Thymann, Albert, 33
Thymann, Gerd, Bauer und Anna, Ehefrau, 163
Tilly -> Johann Tserclaes
tom Walde, Johan, 121
Twickel, Johann Beveren von (1605-1679), 174, 177, *178*
Uetzelen, Hans, Büchsenschmied, 51
van Harsolte, Rütger, 173
Velen zu Raesfeld -> Alexander II.
Vogts, Michael, 181
Vrohoff, Heinrich, 208 (4)
Wallenstein, Albrecht Eusebius Wenzel von (1583-1634), 70, 71, 80, 141, 148, 150
Warburg, Nikolaus, Vogt von Greven, 49
Warendorf, Catharina von, Äbtissin 142, *143*
Wartenberg -> Franz Wilhelm -> Ferdinand
Wehrendorp, Gieseker († 1633), 160
Wendt, Friedrich de, 84
Wernecke, Arnold, Kaufmann, 45
Wessel, Johann, 163
Westerholt, Freiherr von, *180*
Westerholt, Hermann von, Oberst, 142, 199
Westerholt, Johann von, 207 (19)
Westerholt zu Lembeck, Bernhard Hackfort Freiherr von, Generalwachtmeister (1596-1638), *182*
Wigger, Bauer, 99
Wilhelm Heinrich, Graf zu Bentheim und Steinfurt (1584-1632), 41, 125, 136, 173, 179
Wilhelm II., Prinz von Nassau-Oranien (1626-1650), 204
Wilhelm V., Landgraf von Hessen-Kassel (1602-1637), *152*, 152, 179, 180, 181, 182, 183
Winckel, Eilhart, Reiter, *63*
zum Waldt, Reinhard, Pfarrer, 100, 101-102,

Orts- und Sachregister